AF890750

Veröffentlichungen
der Vereinigung der Deutschen Staatsrechtslehr
Heft 29

Werner von Simson und Martin Kriele

Das demokratische Prinzip im Grundgesetz

Fritz Ossenbühl und Hans-Ullrich Gallwas

Die Erfüllung von Verwaltungsaufgaben durch Private

Berichte und Diskussionen
auf der Tagung der Vereinigung der Deutschen Staatsrechtslehrer
in Speyer am 8. und 9. Oktober 1970

Berlin 1971

Walter de Gruyter · Berlin · New York

ISBN 3 11 00 36 84 3

©
Copyright 1971 by
Walter de Gruyter & Co., vormals G. J. Göschen'sche Verlagshandlung, J. Guttentag, Verlagsbuchhandlung Georg Reimer, Karl J. Trübner, Veit & Comp., Berlin 30.
— Alle Rechte, auch die des auszugsweisen Nachdrucks, der photomechanischen Wiedergabe, der Herstellung von Mikrofilmen und der Übersetzung, vorbehalten. —
Printed in Germany. — Satz und Druck: Druckerei Chmielorz GmbH, Berlin 44 —

Inhalt

Jahrestagung 1970

In den Tagen vom 7. bis 10. Oktober 1970 fand die Jahrestagung der Vereinigung der Deutschen Staatsrechtslehrer in Speyer statt. Zu Beginn der Tagung begrüßte der Vorsitzende der Vereinigung, Herr Schneider (Heidelberg), die anwesenden Mitglieder, als Gäste weitere Kollegen, die an der Hochschule für Verwaltungswissenschaften in Speyer tätig sind, und die Vertreter der Fachzeitschriften. Er dankte dem Rektor der Hochschule für Verwaltungswissenschaften, Herrn Knöpfle, den weiteren Mitgliedern ihres Lehrkörpers und dem Personal der Hochschule für die überaus sorgfältige und aufmerksame Vorbereitung und die großzügige Ausrichtung der Tagung. Die Tagung war durch keine Störung getrübt. Sie fand in den modernen Räumen der Hochschule einen recht förderlichen technischen und architektonischen Rahmen.

Die Tagung bot zahlreiche Gelegenheiten zu gesellschaftlicher Begegnung. Die Hochschule für Verwaltungswissenschaften lud die Teilnehmer und ihre Damen zu einem Begrüßungsessen in die Räume der Hochschule. Der Ministerpräsident des Landes Rheinland-Pfalz begrüßte und bewirtete die Teilnehmer und ihre Damen in Frankenthal. Namens der Stadt Speyer wurden sie vom Oberbürgermeister im Rathaus nicht weniger gastlich empfangen. Durch den Speyerer Dom führte der Domprobst. Am Samstag, dem 10. Oktober, bereisten die Teilnehmer und ihre Damen noch das schöne Pfälzer Land. Bei all dem bot sich für Gastgeber und Gäste immer wieder Gelegenheit, Erfahrungen, Sorgen, Wohlwollen und Hoffnungen auszutauschen.

In der Mitgliederversammlung wurde der seit der letzten Jahrestagung verstorbenen Mitglieder der Vereinigung, Fritz Werner, Erich Kordt, Helfried Pfeifer, Wilhelm Merk, Rudolf Petz, Adolf Julius Merkl und Franz Jerusalem gedacht. Zahlreiche neue Mitglieder wurden der Vereinigung vorgestellt, darunter ihr erstes weibliches Mitglied, Frau Staff (Frankfurt).

Die nachstehend abgedruckten Referate wurden am 8. und 9. Oktober in der Hochschule für Verwaltungswissenschaften gehalten. An sie schlossen sich jeweils die Aussprachen an.

Erster Beratungsgegenstand:

Das demokratische Prinzip im Grundgesetz

1. Bericht von Professor Dr. Werner *von Simson*, Freiburg

Inhalt | Seite

A. Zum demokratischen Prinzip*)

Mir ist zumute wie einem Dorfkaplan, der beauftragt worden ist, vor dem Vatikanischen Konzil einen einstündigen Vortrag zu halten über das Thema: Die Bibel. Mein Trost ist, daß das vom Vorstand für den ersten Tag der diesjährigen Tagung bestimmte Thema seine einleitende clausula salvatoria in sich trägt. Es umfaßt, wollte man es voll ausschöpfen, so ungefähr den gesamten Bereich des geltenden deutschen Staatsrechts. So kann also nicht davon die Rede sein, vor der Staatsrechtslehrervereinigung das allseits Bekannte in oberflächlicher Skizzierung auszubreiten. Vielmehr muß das Referat dies alles voraussetzen, und Geistes- und Dogmengeschichte des Demokratiebegriffs müssen neben vielem anderen unerörtert bleiben.

I. Neuere Zweifel am demokratischen Prinzip

Aber gegen manches, was bis vor kurzem als selbstverständlich galt, erheben sich heute Zweifel. Teils stammen sie aus unseren eigenen Reihen, teils aus Nachbardisziplinen[1]). Auch mehr oder weniger radikale Zauberlehrlinge und Sonntagsjäger des Staatsrechts lassen sich hören und wissen einen Teil der

*) Die in eckige Klammern gesetzten Abschnitte wurden aus Zeitgründen nicht vorgetragen. Auf einen nach Vollständigkeit strebenden Zitierapparat wurde verzichtet.

[1]) Vor allem zählen hier die Politikwissenschaft und die Soziologie.

öffentlichen Meinung zu gewinnen. Die Staatsrechtslehre muß zu all dem Stellung nehmen, und ich fasse das gestellte Thema so auf, daß wir unsere Meinungen über diese Stellungnahme austauschen wollen.

Zunächst beginnt dieser Zweifel — insofern kann ich ihn als vorwiegend von außen kommend klassifizieren — mit dem Begriff der Demokratie selbst. Die Schöpfer des Grundgesetzes — bestärkt durch *Carlo Schmids* magistrale Definition im Parlamentarischen Rat[2]) — gingen praktisch noch von einem eindeutigen Begriff aus. Inzwischen lesen wir bei *Konrad Hesse*[3]), es gebe kaum einen verfassungsrechtlichen Begriff, dem so unterschiedliche Deutungen gegeben würden, wie dem der Demokratie. Obwohl das demokratische Prinzip die verfassungsmäßige Ordnung des GG primär bestimme, bestehe darüber, was „Demokratie" sei, eine Fülle verschiedenster, oft gegensätzlicher Auffassungen. Die Politologen sagen ähnliches[4]). Die sogenannte neue — in Wahrheit ja recht betagte — Linke wirft der heutigen Demokratie des Westens vor, sie sei weder demokratisch, noch wolle sie es sein. Sie tue nur so, um ihr wahres antidemokratisches Wesen zu verschleiern[5]).

Hätten wir nun also unsere Sicherheit verloren was den Begriff eines demokratischen im Gegensatz zu einem nicht-demokratischen Staat anlangt?

II. Die Eindeutigkeit des Prinzips in negativer, ausgrenzender Hinsicht

In der verfassungsrechtlich wichtigsten, der negativen, ausgrenzenden Hinsicht besteht kein Anlaß zu Zweifel und Unsicherheit. Der die Minimalanforderungen beschreibende Grenzbegriff „Demokratie" tritt deutlich hervor, wenn man sich ansieht, was die Diktaturbeflissenen in einem Staat abschaffen, sobald sie es können[6]). Dieser engere Begriff war nach

[2]) Parlamentarischer Rat, Plenum. Sitzung (8. 9. 1948), Stenographischer Bericht S. 13 ff.

[3]) *K. Hesse,* Grundzüge des Verfassungsrechts der Bundesrepublik Deutschland, 4. Aufl., 1970, S. 52.

[4]) *F. Scharpf,* Demokratietheorie zwischen Utopie und Anpassung, 1970, S. 8; *M. Hättich,* Demokratie als Herrschaftsordnung, 1967, S. 11 ff., mit Hinweisen auf weitere Autoren, die den Demokratiebegriff als mehrdeutig bezeichnen (S. 13).

[5]) *M. Hättich,* Demokratie und Demokratismus. Zum Demokratieverständnis der „Neuen Linken", in: *Schenck* (Hrsg.), Die Wiedertäufer der Wohlstandsgesellschaft, 1968, S. 124 ff.; vgl. auch *J. Agnoli/P. Brückner,* Die Transformation der Demokratie, 1968

[6]) S. z. B. *R. Dubs* (Hrsg.), Freiheitliche Demokratie und totalitäre Diktatur. Eine Gegenüberstellung am Beispiel der Schweiz und der Sowjetzone Deutschlands, Frauenfeld 1966.

der nationalsozialistischen Zeit der zunächst bei weitem wesentlichste. Er zeigte, worauf es vor allem ankommt, und wo wir uns nicht irre machen lassen dürfen. Man versucht ja, uns heute zu verunsichern, wie der seiner Erfinder würdige Ausdruck lautet. Alle überhaupt existierenden Regierungssysteme nennen sich jetzt demokratisch. Man spricht von einer kollektiven im Gegensatz zur individualistischen[7]) und ebenso von einer totalitären Demokratie. Auch der terminus „autoritäre Demokratie"[8]) wagt sich wieder hervor[9]). Demokratie soll dabei so viel heißen wie „legitimiert am wahren Volksinteresse".

Aber das ist eine Vorwegnahme des entscheidenden Problems und damit eine Verfälschung des wahren Unterschiedes zwischen demokratischen und nicht-demokratischen Zielsetzungen. Der Unterschied besteht ganz offenbar in folgendem: Bei den östlichen, wie überhaupt bei allen dogmatisch fundierten Regierungssystemen ist das Volksinteresse vorbestimmt von Wissenden, und die Aufgabe besteht nicht in seiner Erkenntnis, sondern in seiner Verwirklichung. Kollektiv, autoritär heißt hier eindeutig. Die anderen, Nichtwissenden, haben sich zu fügen, sonst handeln sie gegen das Volksinteresse. Sie zählen nur, soweit sie den Wissenden Beifall spenden.

Nach der Zielsetzung demokratischer Regierungsformen dagegen ist die Definition des Volksinteresses, welches die Staatsmacht legitimiert, einem Prozeß der freien Diskussion, und die Bestimmung derjenigen, welche diese Macht ausüben, einem nach festgelegten Regeln stattfindenden Kampf um die politische Macht überlassen[10]), Regeln, die in der Hauptsache folgendes sichern sollen: die Freiheit der Meinungsäußerung, die Mitwirkung bei der Bildung des Staatswillens und bei der Kon-

---

[7]) *H. Wheeler*, Democracy in a Revolutionary Era, Santa Barbara 1970, S. 6.

[8]) *R. Ahlberg*, Akademische Lehrmeinungen und Studentenunruhen. Linker Irrationalismus in politologischen und soziologischen Theorien, Freiburg i. Br. 1970, spricht (S. 17) von *Karl Jaspers* „totalitär-messianistischer Konzeption des 'Volkes'". Vgl. auch *L. Talmon*, Die Ursprünge der totalitären Demokratie, 1961 (deutsche Ausgabe von: The Origins of Totalitarian Democracy, London 1955).

[9]) *L. Romain-G. Schwarz* (Hrsg.), Abschied von der autoritären Demokratie, 1970. Kritisch darin: *Schwarz*, S. 40 ff. Der Begriff ist ein anderer als der von *W. Kägi*, Rechtsstaat und Demokratie, in: Festschrift für Giacometti, Zürich 1953, S. 107 ff., widerlegte Begriff der dezisionistisch-totalitären Demokratie, nach welchem die Mehrheit der an der Entscheidung teilnehmenden stimmfähigen Bürger eo ipso recht hat.

[10]) „Competition for political leadership" als das wesentliche Merkmal der Demokratie wird besonders hervorgehoben von *J. A. Schumpeter*, Capitalism, Socialism and Democracy, London 1943 und 1961, S. 269 ff.

trolle seiner Ausübung, die Bereitschaft, sich dabei überstimmen zu lassen, und das Recht der Minderheit, sich um die Macht zu bemühen[11]). Keines dieser Rechte kann effektiv sein ohne freie Meinungsäußerung[12]) und ohne daß eine Wahl besteht zwischen den jeweils Regierenden und anderen, die an deren Stelle regieren könnten. Keines dieser Rechte gibt es, so verstanden, in einer Despotie oder sogenannten Volksrepublik. Aber es gibt sie in jeder Demokratie. Das ist der Prüfstein, auf den die wechselseitigen Behauptungen über demokratische oder nicht-demokratische Zustände aufgetragen werden müssen.

[Aber auch die Demokratie, welche diese Probe besteht, bleibt immer nur ein Entwurf. Wir können kaum mehr von ihr sagen, als was *Hans Zacher* ihr zuschreibt: daß sie jedenfalls das Herrschaftssystem ist, welches die kleinste auf die Dauer vernachlässigte Minderheit aufweist[13]). Sie ist die Regierungsform, in der immer aufs neue die miteinander konkurrierenden gesellschaftlichen Ansprüche auf ihren gegenseitigen Vorrang hin geprüft werden sollen.]

Was wir heute vorfinden ist also die Eindeutigkeit des demokratischen Prinzips nach dieser negativen Seite. Dem steht seine Vieldeutigkeit nach der Seite seiner weiteren Entfaltung gegenüber. Erst wo das ausgrenzende Gebot gewahrt und der Staat insoweit demokratisch ist, öffnet sich der Blick für die nach diesem Verzicht zur Wahl stehenden vielfältigen Verwirklichungsformen der positiven demokratischen Existenz. Und hier allein, nicht im Verhältnis zu pseudo-demokratischen Lehren, kann von einer Vieldeutigkeit des Demokratiebegriffs die Rede sein.

III. Der Bereich des Unbezweifelten in der positiven Ausgestaltung des Prinzips

Für die konkrete Existenz des Staates, und auch gerade für seine konkrete demokratische Legitimation, sind aber Elemente der Eindeutigkeit erforderlich, die sich aus der negativen Definition noch nicht ergeben. Nicht alle diese Elemente können einem aktuellen politischen Willen entsprechen. Vieles muß,

---

[11]) Der Wechsel zwischen regierenden Parteien, und also die praktische Aussicht der Minderheit, zur Mehrheit zu werden, ist in der englischen Auffassung für das Funktionieren der Demokratie notwendig. Denn nur so kann die Minderheit sich überstimmen lassen, ohne sich ausgeschlossen zu fühlen.

[12]) *John Milton* (Areopagitica): „Give me the liberty to know, to utter, and to argue freely according to conscience, above all liberties".

[13]) *H. F. Zacher*, Freiheitliche Demokratie, 1969, S. 20.

so sehr es sich auch bezweifeln ließe, praktisch unbezweifelt bleiben. Ich nenne als Beispiel die Artikulation des pouvoir constituant durch die Landtage bei der Beschlußfassung über das GG. Vieles andere, so etwa die nähere Ausgestaltung des Wahlrechts, muß einfach so oder so entschieden und der weiteren, sonst alles zersplitternden Diskussion entzogen worden sein, wenn die demokratischen Forderungen der Freiheit und Gleichheit überhaupt irgendwie zur Geltung kommen und mit Ordnung und Leistung des politischen Gemeinwesens vereinbar sein sollen.

[Diese Elemente größerer Eindeutigkeit werden auf verschiedene Weise gewonnen. Es geschieht dies teils durch unbewußtes gemeinsames Verhalten[14]), teils durch vorab getroffene, das Tagesgeschehen bindende Entscheidungen. Die letzteren wieder entstehen zum einen Teil aus unbezweifelter konventioneller Übung, zum anderen aus zwangsläufiger Fortsetzung früheren Geschehens[15]), schließlich aber auch aus dem, was uns hier besonders beschäftigt, nämlich aus einer von der Verfassung bewirkten Festlegung, einem bewußten Vorsatz also. Dieser Vorsatz wiederum kann sich nur zum Teil in konkreter Normsetzung auswirken. Für vieles muß er sich auf das Offenhalten von späteren, wandelbaren Möglichkeiten und auf den Entscheidungsmechanismus richten, durch den Bestimmtheit und Wandel herbeigeführt werden.]

Denn der demokratische Staat kann natürlich nicht alles widerlegbar oder offen lassen. Er kommt ohne Unterstellungen nicht aus, er kann nicht alles wissen, was er wissen müßte, um nur auf einwandfrei erkannten Wahrheiten zu beruhen. Aber seine Unterstellungen sind von anderer Art als die der dogmatisch fundierten Systeme. Er nimmt nicht in Anspruch, daß die Wissenschaft halt zu machen habe vor seinen Axiomen. Er will nicht mehr behaupten, als daß diese Unterstellungen die frei gebildete Meinung einer großen, wechselnden Mehrheit darstel-

[14]) *F. A. von Hayek*, Die Irrtümer des Konstruktivismus, 1970, S. 8 und passim, macht es sich besonders zur Aufgabe, zu zeigen, „daß die Menschen in ihrem Handeln stets nicht *nur* von ihrer Einsicht in Kausalzusammenhänge zwischen bekannten, konkreten Mitteln und bestimmten, angestrebten Zielen, sondern stets auch von Verhaltensregeln geleitet werden, deren sie sich selten bewußt sind, die sie gar nicht absichtlich geschaffen haben, und deren Funktion und Bedeutung zu entdecken eine schwiergie und nur unvollkommen gelöste Aufgabe der Wissenschaft ist".

[15]) *F. Scharpf*, aaO. (s. Anm. 4) S. 61 weist nach Belegen von *A. von Brünneck* darauf hin, daß in den öffentlichen Haushalten der Bundesrepublik „die politisch nicht disponiblen 'versteinerten' Ausgabepositionen etwa 90 Prozent des Gesamtvolumens ausmachen."

len oder daß sie als nützliche Konvention, als eine Formel also, die um der Notwendigkeit eindeutigen Handelns willen die Diskussion zunächst einmal abschließt, unabhängig von ihrem objektiven Wahrheitswert akzeptiert werden.

Die wesentlichste derartige Unterstellung in der Demokratie betrifft das Formale. So wird z. B. unterstellt, die Mehrheit treffe eher das Richtige als die Minderheit[16]). Der oft gehörte Vorwurf der „Formaldemokratie" ist deshalb nichts anderes, als der Vorwurf des Nichtdemokraten gegen die Demokratie. Jede Demokratie ist zunächst eine Formaldemokratie. Denn der Verzicht auf das einer demokratischen Zustimmung nicht weiter unterliegende Absolute ist, wie vielfach erkannt worden ist, eben nur möglich, wenn die Regeln, die über den jeweiligen Vorrang einer Meinung über die andere entscheiden, ihrerseits für absolut genommen werden. Ein Organismus ohne Regeln, das weiß auch die Biologie, geht an sich selbst zugrunde.

[Die besonderen Bedingungen, unter denen allein diese hochkomplizierte politische Lebensform mit den Anforderungen staatlicher Selbsterhaltung vereinbar ist, und die Fragen, die sich aus dem Verhältnis der Demokratien zu Staaten ergeben, die strafferer Befehlsformen bedürfen oder zu bedürfen glauben, kann ich hier nicht erörtern. Diese Fragen sind bis in die jüngste Zeit hinein in katastrophaler Weise leicht genommen worden[17]). Wir fangen erst an, zu sehen, zu welchen Despotien der Versuch der Einführung von Freiheiten dort führt, wo deren Voraussetzungen nicht vorliegen. Wir müssen uns, in einem Zeitalter universaler Bedrohungen, auf die politischen Gebilde einrichten, die wir vorfinden, und nicht auf die, die wir uns an deren Stelle wünschten.]

Für die Unterscheidung, auf die es uns ankommt, bleibt es bei der klaren Alternative: Wo der Staat, sei es infolge nicht zu beseitigender Machtverhältnisse, sei es, weil er sonst seine Daseinsbedingungen nicht erfüllen kann, nicht auskommt mit freiwillig akzeptierten, keinem materiellen Wahrheitsanspruch widersprechenden, der Diskussion und freien Meinungsbildung offenstehenden Unterstellungen, wo er also wissenschaftliche, d. h. der prinzipiellen Widerlegbarkeit unterliegende Aussagen für unwiderleglich erklären und deren Leugner einsperren, töten oder verbannen muß, da mag an sonstiger Gleichheit und

---

[16]) Das war wenigstens die Prämisse, von der aus *Rousseau* zu der Ansicht gelangte, der in der Minderheit Stimmende habe sich geirrt, da es sein wahrer Wille gewesen sein müsse, in der Mehrheit zu stimmen.

[17]) Dies wird besonders deutlich in der Darstellung von *J. K. Galbraith,* Ambassador's Journal, London 1969.

Freiheit gewährt sein was will, da mögen Leistungen der höchsten Art erbracht werden, aber da besteht keine Demokratie. Denn da kann der Staat eine ganz bestimmte Gleichheit, nämlich die Gleichheit der Erkenntnismöglichkeiten und des damit verbundenen Rechts auf Irrtum, und eine ganz bestimmte Freiheit, nämlich die Freiheit der objektiven Wahrheitsfindung, nicht dulden. Das ist die Beziehung dieses undemokratischen Herrschaftstypus zur Wahrheit.

Seine Beziehung zur Freiheit und Menschlichkeit kann ich nicht besser ausdrücken als durch das Wort *Rilkes,* wonach „eine Zeit, die die göttliche Güte der Vorsehung vorweg auszuteilen unternimmt, zugleich auch die ältesten Vorräte der Grausamkeit unter die Menschen reißt"[18]). Wir Älteren, die wir die Unmenschlichkeit — nicht als Versagen, sondern als Prinzip — mit Augen gesehen haben, können kaum fassen, wie schnell dieses apokalyptische Bild der Vorstellung unserer Zeit verblaßt ist.

B. Zur Anwendung des demokratischen Prinzips

Es erübrigt sich, vor dieser Versammlung die einzelnen Regelungen, mit denen das GG auf die soeben geschilderte Alternative reagiert, noch etwa nachzuzeichnen. Stattdessen will ich versuchen, das allgemein Bekannte in bestimmte methodische Kategorien einzuteilen und damit die Technik zu schildern, mittels derer das GG das demokratische Prinzip zu politischem Leben zu bringen sucht. In dieser methodischen, eigentlich dem Gebiet der allgemeinen Staatslehre zugehörigen Richtung besteht nämlich nach meiner Meinung ein Nachholbedarf. Wir brauchen dieses methodische Instrumentarium um so nötiger, als wir zunehmend in überstaatliche Verfassungsfragen verstrickt werden, die in neue Begriffe gefaßt werden müssen.

Die Theorie des demokratischen Gedankens selbst mag ausgiebig genug behandelt worden sein. Ich habe ihr jedenfalls, wie Sie gesehen haben, nichts hinzufügen können. Die Theorie der Anwendung dieses Prinzips steht dagegen in ihren Anfängen. Man kann sie heute, wenn ich recht sehe, in drei Felder aufteilen:

In dem einen wird gefragt, ob die hier definierte Freiheit den Preis wert sei, den sie kostet, ob wir also Demokratie haben sollten bzw. uns leisten könnten, oder nicht, und ob da etwa Graduierungen möglich seien (unten I).

---

[18]) Zitiert bei *W. Haftmann,* Skizzenbuch. Zur Kultur der Gegenwart, 1960, S. 13, der hinzufügt: „Um 90 v. H. theoretisch zu beglücken, werden 10 v. H. praktisch erschlagen."

Im zweiten Feld ist die Frage, ausgehend von der Bejahung der ersten, welche Mittel zu Gebote stehen, um den erwünschten Freiheitsgrad und die vorläufigen Unbestimmtheiten zu sichern, die er verlangt. Wie kann also versucht werden, das politische Leben mit seinen Kräften und ständig drängenden Impulsen auf den Vorsatz der Freiheitsgewährung im demokratischen, wahrheitssuchenden Sinne festzulegen (unten II)?

Im dritten Felde schließlich stellt sich die Frage nach den wirklichen Folgen des derart Betriebenen, die Frage, die wir gewohnt sind, als die nach der Verfassungswirklichkeit zu bezeichnen (unten III).

I. Die Entscheidung für das demokratische Prinzip

Die erste Frage möchte ich aus unserem Thema ausklammern. Den Schöpfern des GG hat sie sich gar nicht erst gestellt. Sie durften ihr pouvoir constituant ja nur unter der Voraussetzung und ausdrücklichen Bedingung ausüben, daß sie einen demokratischen Staat gründeten. Darüber hinaus beschränkt sich, im Gegensatz zu Weimar, auch heute noch die grundsätzliche Ablehnung dieser politischen Lebensform auf eine unbedeutende Minderheit.

[Ein Teil davon zieht die einzig in Betracht kommende Alternative, die Zugehörigkeit zum kommunistischen Machtsystem in einer seiner Ausprägungen, vor. Ein anderer übt sogenannte theoretische Kritik, die in ihrer intelligenteren Schicht das Vorliegen der kommunistischen Alternative erkennt und sie ablehnt. Sie hat sich daher für die Abkehr von allen weltlichen Versuchungen entschieden[19]). Ihre weniger nachdenklichen Gefolgsleute können eine ernst zu nehmende dritte Möglichkeit nicht einmal andeutungsweise aufzeigen und halten das zum Teil auch für unter ihrer Würde. Für das weitaus überwiegende Bewußtsein unserer Zeit ist jedenfalls der demokratische Staat als möglich, ja als nötig erkannt und damit unserem staatsrechtlichen Denken vorgegeben. Diese Entscheidung ist nicht mehr, wie uns *Carl Schmitt* und *Hans Kelsen* im Interesse einer realeren Erfassung der damals in Betracht kommenden Möglichkeiten belehren mochten, beliebig und für die Geltung des Rechtes irrelevant[20]). Sie ist Vorbedingung für eine Qualität des Rechts, die wir heute mit seinem normativen Geltungsanspruch identifizieren.]

---

[19]) Vgl. *G. Rohrmoser*, Das Elend der kritischen Theorie. Theodor W. Adorno, Herbert Marcuse, Jürgen Habermas, 1970, S. 103 ff.; *C. Graf von Krockow*, Die Entscheidung, 1958, S. 92 Anm. 206.

[20]) Statt vieler vgl. *H. Ehmkes* Gleichsetzung von *C. Schmitt* und *H. Kelsen* in: Grenzen der Verfassungsänderung, 1953, S. 33 ff.

II. Die verfassungstechnischen Mittel zur Verwirklichung des demokratischen Prinzips

Begeben wir uns also getrost auf das zweite Feld, dessen Behandlung den Hauptteil dieses Berichts bildet. In diesem Felde stellt sich die Frage nach den Mitteln, mit denen das demokratische Prinzip in die Staatswirklichkeit zu übertragen ist. Hier sucht die Staatstheorie, die wir damit auch die demokratische Theorie nennen können, jetzt ihren eigentlichen Standort.

Die Demokratie ist ein Vorsatz. Aber wie führt man einen solchen Vorsatz in das politische Leben ein, so daß er zugleich das Essentielle gegenüber abweichenden späteren Willenslagen sichert und doch für das übrige den Willen frei läßt?

Die Kategorien, in die ich diese Mittel aufteilen möchte, sind: erstens die Ausschließung bestimmter Willensmöglichkeiten und die Festlegung des Willens auf bestimmte Ziele, zusammenzufassen als die Vorabbestimmung des Willens (unten 1), zweitens die Willensverteilung (unten 2), und drittens die Willensverschränkung (unten 3). Es handelt sich also darum, daß zunächst bestimmte Dinge als Möglichkeit politischen Wollens in dem derart verfaßten Staat überhaupt ausgeschlossen, andere dem Tageswillen durch die Verfassung vorgegeben oder doch aufgetragen werden; daß ferner die Möglichkeit des verbleibenden politischen Wollens auf verschiedene Willenssubjekte oder auf verschiedene Verfahren der Willensbildung verteilt wird; und daß schließlich die derart verteilten Willensmöglichkeiten untereinander verschränkt, d. h. voneinander abhängig gemacht, vorformuliert und auf bestimmte Alternativen reduziert werden, zwischen denen das zuständige Willenssubjekt allein wählen kann[21]). Alle drei Mittel dienen der Stabilisierung vorgefaßter oder von besonderen Bedingungen abhängiger Entschlüsse gegenüber dem auf aktueller Majorität beruhenden Willen. Sie stellen also eine Modifikation des einfachen demokratischen Prinzips dar.

---

[21]) Der Einwand von *H. Ehmke* (VVDStRL 24, S. 94 f.), die Frage der Organisation der Lenkungs-, Leitungs-, Koordinierungs- und Führungsfunktion im Staat komme zu kurz, wenn man davon ausgehe, „die ganze Politik (bestehe) offenbar einfach in Willensbildung", scheint mir nicht gegen die Auffassung zu sprechen, wonach die verfassungsrechtliche Sicherung politischer Fundamentalentscheidungen in der Tat durch die hier unterschiedenen Formen der Willensbeeinflussung erfolgt. Das politische Geschehen wird damit nicht voll erfaßt, aber in Grenzen verwiesen (*verfaßt*).

Wie setzt das GG diese Mittel ein?

1. Die Vorabbestimmung des Willens

a) Die Willensausschließung

Nehmen wir zunächst die Vorabbestimmung des Willens. Von dieser gehe ich zuerst auf die Willensausschließung ein.

Im GG ist das, was von seinem Staat überhaupt nicht gewollt werden kann, was also durch kein Tätigwerden eines verfassungsmäßigen Organs zum Staatswillen zu erheben ist, bekanntlich in Art. 79 III aufgezählt. Damit wird die Identifizierung bestimmter, für unangreifbar erklärter Verfassungszustände mit dem Gesamtbestand des konkret verfaßten Staates ausgesprochen. Ich übergehe die hierin liegende Problematik, sowohl was den Umfang dieses Katalogs als auch was die Legitimation zu derartigen Festlegungen betrifft. Sie ist uns allen geläufig. Wichtig ist mir hier nur die damit ausgesprochene Abkehr vom Positivismus sowohl der einfachen als auch der verfassungsändernden Gesetzgebung. Ein ein für allemal geltender positiver Verfassungswille beschränkt die Möglichkeit abweichender konstitutioneller und subkonstitutioneller Rechtsetzung.

[Daß dies bei uns durch einen Rechtssatz, und nicht, wie bei anderen Demokratien, durch das sichere Bewußtsein der Bürger erfolgt, die dem Staat bei Verletzung bestimmter Grundsätze die Gefolgschaft versagen würden, ist gut zu erklären. Denn gerade dem rechtlichen Deutschen fällt es unendlich schwer, das eigene Urteil über Eid und Gesetz zu stellen. Stein, York und die Göttinger Sieben, auch die Männer des Widerstands gegen Hitler, sind Ausnahmen. Heute besteht jedenfalls, neben dem inneren, ein äußeres Gesetz, vermöge dessen der Staat es zu seiner Bedingung und zugleich zu seiner Rechtfertigung macht, daß er für das Gebiet des ihm nicht zugänglichen, dessen was zu wollen ihm nicht erlaubt ist, jede mögliche Staatsmacht konsumiert und ausschaltet.]

Die negative Funktion der Verfassung betrifft zunächst die Abhängigkeit der Staatsmacht von demokratischer Legitimation, sodann die grundrechtlichen und anderen Freiheiten, schließlich das Ausklammern unmenschlicher Möglichkeiten aus dem rechtlich legitimierbaren Staatshandeln. Dieser Verzicht beansprucht jetzt unter den staatsbegründenden Faktoren den vielleicht höchsten Rang, höher noch als den der Legitimation durch eine Ordnung und Leistung, die auf diese Dinge keine Rücksicht nähme. Nicht was der Staat alles kann, sondern was er nicht können darf, bindet heute viele Bürger an ihren Staat. Und das Widerstandsrecht des Art. 20 IV richtet sich genauso gegen die von der öffentlichen Gewalt unternommenen, wie gegen private Angriffe auf die verfassungsmäßige Ordnung. Zugleich ist, in einem die Demokratie mehr und mehr faktisch unterbauenden Sinne, dieses Nichtkönnen zur Grundbedingung für die überstaatliche, immer lebenswichtiger werdende Gruppenzugehörigkeit der Demokratien untereinander geworden. Ubi libertas nicht nur, sondern ubicumque libertas, ibidem patria.

Auch andere, im GG selbst nicht als unveränderlich bezeichnete Grundsätze nehmen daran teil. Ich nenne nur den in Art. 26 I verbotenen Angriffskrieg. Die Verfassungswirklichkeit geht hier über den Verfassungstext hinaus. Die neuere Zeit neigt sogar dazu, und zwar nicht nur bei uns, das Gewissen, oder was dafür ausgegeben wird, schon in mehr und mehr formloser, eines Anerkennungsverfahrens nicht mehr bedürftiger Weise zur Geltung gegenüber dem Staatswillen kommen zu lassen. Plebiszitäre Erscheinungen, vom GG so ängstlich vermieden, treten auf, und ihre Unterdrückung wird politisch nicht leicht genommen. Kennzeichnend hierfür ist die neuere Behandlung des Demonstrationsrechts, und die Protestbewegung gegen den Krieg in Vietnam. Es sind Zeichen im guten, hoffnungsvollen, aber auch im bedrohlichen, dilettantisch irrenden oder bewußt zerstörerischen Sinne: Chancen und Gefahren der Demokratie.

b) Die positive Willensfestlegung

Soviel zur Willensausschließung. Die Frage der positiven Willensfestlegung ist zweifellos eine Frage des Aufbaus der Freiheit in der Gesellschaft, die Frage also zunächst, welche Entscheidungen als Grundbestand des ganzen Zusammenlebens vorweggenommen und damit der weiteren Diskussion, dem Wettbewerb der Meinungen und Überzeugungskräfte, der Veränderlichkeit je nach Zustimmung oder Ablehnung entzogen bleiben sollen. In welcher Hinsicht soll, um den fruchtbaren Begriff *Herbert Marcuses*[22]) hier anzuwenden, der Staat eindimensional, d. h. ohne Wahl bleiben, und in welcher anderen soll, gewissermaßen als Lohn und Sinn dieser Eindeutigkeit, die Ausbildung mehrerer Dimensionen und die Wahl zwischen diesen möglich, ja erforderlich sein?

Nach meiner Ansicht nimmt das GG zu dieser Frage — neben dem Bundesstaatsprinzip — Stellung durch die Eigenschaftswörter, mit denen es die Demokratie versieht. Rechtsstaatlich und sozial muß sie sein. Insoweit bleibt es bei *einer* Dimension. Aber solange sie dieses ist, soll und muß sie frei-

---

[22]) *H. Marcuse,* Der eindimensionale Mensch, 1969.

heitlich sein, und das heißt, daß mehrere Dimensionen, und die Wahl zwischen diesen, zu ihrem Wesen gehören. Lassen Sie uns unter diesem Gesichtspunkt einen kurzen Blick auf die Begriffsgruppe rechtsstaatlich und sozial auf der einen, und auf die Freiheitlichkeit auf der anderen Seite werfen.

aa) Die „rechtsstaatliche und soziale" Demokratie

Auf der Bonner Tagung 1953 sind die Begriffe sozial und rechtsstaatlich, und ihr Verhältnis zueinander, erörtert worden[23]). Es handelt sich hier um ein Grundthema des deutschen Staatsrechts. Als praktisch unbestritten kann heute gelten, daß die Verbürgungen der Rechtsstaatlichkeit nicht so weit reichen, unsoziale Zustände zu verteidigen, die sich ohne diese Verbürgungen beseitigen lassen würden. Auch daß das Wort sozial eine verfassungsrechtlich gebotene Auslegungsdirektive für die Rechtsanwendung ist, wird allgemein anerkannt.

[Die weiteren Verwirklichungen des Sozialen aber werden teils angesehen als einfache rechtliche Gegebenheiten innerhalb des verfassungsrechtlich Möglichen, aber nicht Gewährleisteten[24]), teils mit dem höheren Anspruch ausgestattet, sie entsprächen einer verfassungsrechtlichen Verpflichtung des Gesetzgebers, die bisher nur teilweise erfüllt worden sei, und die insbesondere die Auslegung der Grundrechte beherrschen müsse[25]).]

Darüber hinaus fragt es sich: wieviel von dem, was sozial ist, steht im GG, und wieviel ist der freiwilligen Verwirklichung überlassen? Ich folge der gegenwärtig auch wohl überwiegend gebilligten Meinung von *Otto Bachof*, wonach der grundsätzliche Akzent auf der Freiwilligkeit liegt[26]). Sozial heißt danach, wenn ich es richtig deute, nicht nur, daß die soziale Leistung erbracht, sondern auch, daß sie in freiwilliger Verantwortung erbracht wird.

[Ein schönes Wort aus *Mommsens* Römischer Geschichte mag dies erhellen: „Nach dem gleichen Naturgesetz" heißt es dort,

---

[23]) Bericht von *E. Forsthoff*, Mitbericht von *O. Bachof*, Begriff und Wesen des sozialen Rechtsstaates, in: VVDStRL 12, S. 8 ff. und 34 ff.

[24]) So auch *W. Abendroth*, Zum Begriff des demokratischen und sozialen Rechtsstaats im GG der BRD, in: Festschrift für Bergstraesser, Diskussionsbeitrag, 1954, S. 284; *ders.*, in: VVDStRL 12, S. 89; *ders.*, Obrigkeitsstaat oder soziale Demokratie? in: Gewerkschaftliche Monatshefte, Juni 1959, S. 349. Dazu *M. Hättich*, aaO. (s. Anm. 4) S. 5, bes. Anm. 5.

[25]) In dieser Richtung wieder: *H. Scholler*, Die Interpretation des Gleichheitssatzes als Willkürverbot oder als Gebot der Chancengleichheit, 1969.

[26]) VVDStRL 12, S. 81, Leitsatz 7.

„weshalb der geringste Organismus unendlich mehr ist als die kunstvollste Maschine, ist jede noch so mangelhafte Verfassung, die der freien Selbstbestimmung einer Mehrzahl von Bürgern Spielraum läßt, unendlich mehr, als der genialste und humanste Absolutismus; denn jene ist der Entwicklung fähig, also lebendig, dieser ist, was er ist, also tot".]

Aber in einer Hinsicht ist dieses Bild zu ergänzen, und es erlebt hier die berühmte normative Kraft des Faktischen eine Revitalisierung. Das eigene Handeln des Staates fügt der Rechtsstaatlichkeit materielle Inhalte zu. Was einmal in sozialer Hinsicht freiwillig gewollt war und verwirklicht worden ist, ist nunmehr, vielleicht nicht in allen, aber doch in allen wesentlichen Stücken, der Freiwilligkeit entzogen. Konnte der Zustand vor Erlaß des Bundessozialhilfegesetzes allenfalls für verfassungsmäßig angesehen werden, weil das soziale Geben, wie das BVerfG anerkannte, das Vorhandensein von Mitteln voraussetzt, über die nur in politischer, nicht in richterlicher Verantwortung verfügt werden kann[27]), so würde die ersatzlose Aufhebung dieses Gesetzes wohl kaum diese Probe bestehen. Und so geht es mit manchem anderen. Hat sich einmal gezeigt, daß ein bislang der Verfassung nicht genügender Zustand nicht mehr die Einrede der Unvermeidlichkeit für sich hat, so wird die Beseitigung dieses Zustandes zum positiven Verfassungsgebot[28]).

Eine weitere Bedeutung dessen, was das GG mit dem Wort sozial hat festlegen wollen, tritt mehr und mehr in den Vordergrund, die Tatsache nämlich, um mich einer Formulierung *Hans Peter Ipsens*[29]) zu bedienen, „daß dem verfaßten Träger der Verantwortlichkeit für die rational organisierte Selbsterhaltung von Menschen eines Territoriums[30]) heute obliegt, gesellschaftliche Konflikte im Innern weithin durch öffentliche Wirtschafts- und Sozialpolitik auszugleichen und zu neutralisieren". Das heißt: der Staat darf solche Konflikte heute nicht

---

[27]) BVerfGE 1, 105; 8, 329.

[28]) „Eine Mauer", sagt *Wallenstein*, „aus meinen eigenen Werken baut sich auf, die mir die Umkehr türmend hemmt" (Wallensteins Tod, I 4).

[29]) Verfassungsperspektiven der Europäischen Gemeinschaften 1970, S. 5.

[30]) Wenn *H. P. Ipsen*, aaO. (s. Anm. 29) S. 2 einer Formulierung *Arnold Gehlens* folgend, den letzten Sinn des Staates letzten Endes nur als rational organisierte Selbsterhaltung eines geschichtlich irgendwie zustandegekommenen Zusammenhangs von Territorium und Bevölkerung verstehen zu können glaubt, so unterschätzt er die Notwendigkeit des im Staat bewahrten Irrationalen, ohne das wir, wie *F. A. von Hayek*, aaO. (s. Anm. 14) erläutert hat, nicht auskommen.

ungelöst bestehen lassen, indem er die einseitige Majorisierung zuläßt, wo die Berücksichtigung der Minorität geboten ist. Er muß, darauf kommt es hinaus, dem Schwachen eine die Härten der Mehrheitsentscheidung ausgleichende Hilfe geben[31]). Soviel zu den Begriffen sozial und rechtsstaatlich.

bb) Die „freiheitliche" Demokratie

Damit ist angedeutet, welche Inhalte das GG, soweit das demokratische Prinzip in Frage kommt, als mit sich selbst identisch, als unveränderlich im Rahmen seines Bestehens in Anspruch nimmt. Daß es nicht mehr ist als dies, das eben wird durch das Wort freiheitlich ausgedrückt. Es bedeutet in diesem Zusammenhang, daß jede konkretere inhaltliche Ausformung des Staates, die den Anforderungen dieser Unveränderlichkeit entspricht, legitim ist im Sinne der Demokratiepostulate des GG[32]). In weiterer als in dieser Hinsicht ist der nach dem GG zulässige politische Wille nicht gebunden, soweit die Wahrung des demokratischen Prinzips in Frage kommt. Zwischen den möglichen Formen und Inhalten der Demokratie kann in diesem Rahmen die jeweilige Gegenwart frei wählen. Das bedeutet zugleich, daß diese Wahl in der eigenen Verantwortung dieser Gegenwart liegt.

Und hier finden wir denn auch den wahren Kern der Vorwürfe, welche — teils gut-, teils weniger gutgläubig — gegen die Freiheitlichkeit, also die mangelnde Bestimmtheit des GG in bezug auf die konkrete Ausformung des Staats- und Gesellschaftsbildes erhoben werden. Nicht, daß die gewünschten Zustände nach dem GG ausgeschlossen seien, ist das wahre gravamen, sondern daß zu ihrer Herbeiführung die Zustimmung einer Mehrheit erforderlich wäre. Die Mehrheit ist danach nicht einsichtig genug, um das für alle Erwünschte selbst zu erkennen und zu wollen. Das GG hätte ihr diesen Entscheidungsprozeß abnehmen und von den Möglichkeiten demokratischer Existenz diejenige als die einzig zulässige festlegen sollen, die heute von einer erleuchteten Minderheit als solche erkannt wird.

---

[31]) Dieser Gedanke wird eindringlich von W. *Abendroth*, Diskussionsbeitrag, in: VVDStRL 12, S. 86 ff. vertreten.

[32]) Mit Recht — *Dürig* nennt es selbstverständlich — beschränkt man aber wohl die Unveränderlichkeit der Grundsätze des Art. 1 und 20 auf eben das Grundsätzliche ihrer Aussage, so daß ausdehnende Interpretationen, wie z. B. das ausdrücklich auch auf Art. 20 gestützte Verbot der Finanzierung allgemeiner Parteizwecke aus staatlichen Haushaltsmitteln (BVerfGE 20, 56 ff.) nicht daran teilnehmen. Auch die Einführung des Abs. 4 in Art. 20 begegnet methodischen Bedenken, zumal sich über dessen Beurteilung unter dem Gesichtspunkt der Rechtsstaatlichkeit durchaus streiten läßt.

Wir brauchen gar nicht zu untersuchen, ob diesen Kritikern[33]) wirklich solche überlegenen Geistes- und Wertungskräfte zukommen. Denn auch dann müßten wir daran festhalten, daß innerhalb der genannten Grenzen, die das Hervorgehen undemokratischer Resultate aus demokratischen Prozessen verhindern sollen, die Auswahl der Lebensform eben nicht nach objektiven, vorweg entscheidenden Kriterien erfolgen soll, sondern danach, was eine bestimmte Zeit mit den in ihr Lebenden sich als richtig vorstellt. Und gerade dieses Recht, sich sein Glück selbst vorzustellen, sich die zum Glück der anderen zu erbringenden Opfer selbst zuzumuten, vor allem aber auch, über diese Dinge abweichend von anderen denken zu dürfen, kann eine Demokratie ihren Bürgern nicht vorenthalten, und auch, anders gesehen, nicht ersparen wollen. Die Möglichkeit näherer Anpassung der allgemeinen Vorsätze an das jeweils Mögliche und Erträgliche, die Freiheit der Entscheidung bei dieser Anpassung, die Wandelbarkeit und Aufnahmefähigkeit jedes gegebenen Zustandes, die Verantwortung schließlich für Gelingen und Fehlschlagen des Ganzen, gehören in das Blickfeld und die Entscheidungsgewalt der lebenden Zeit. Wer anderes für richtig hält, nenne es wie er will. Aber er nenne es nicht Demokratie.

Zwei Fragen, die sich aus dieser Freiheitlichkeit und Ausbaubedürftigkeit des grundgesetzlichen Staatsbildes ergeben, sollen wenigstens erwähnt werden. Einmal die Verteidigung der Demokratie gegen den Mißbrauch ihrer Freiheiten. Ich muß ihre Erörterung, mit all der in ihr liegenden Zweifelhaftigkeit, hier beiseite lassen.

[Hier wählt das GG jedenfalls einen Mittelweg: es läßt den Widerstand des Einzelnen zu, wenn der Staat versagt. Es erlaubt das Parteiverbot und die Aufhebung des verfassungsrechtlichen Schutzes bei der Ausübung bestimmter Grundrechte. Aber es unterstellt die Einleitung dieser Maßnahmen, außer vielleicht in ganz eindeutigen Fällen, der abwägenden Beurteilung durch die Regierung oder durch eines der beiden Gesetzgebungsorgane, und weist die ausschließliche Sachkompetenz dem BVerfG zu. Darin kommt zum Ausdruck, daß die Verteidigungsrechte Einschränkungen des demokratischen Gedankens

[33]) Z. B. *R. P. Wolff*, Das Elend des Liberalismus (übers. von *E. Balser)*, 1970. Auch *Winfried Martini*, Apologet *Salazars* im Sinne von *Dostojewskis* Großinquisitor, hält die Freiheitlichkeit des GG für verfehlt. Diese Mahnungen sind nicht überflüssig, sondern müssen ständig neu bedacht werden. Sie laufen im Grunde auf eine Einschätzung der Menschen in einem bestimmten Volk, und auf dessen Eignung zur Demokratie hinaus.

sind, wenn auch um seiner Erhaltung willen. Sie sollen verhindern, daß der demokratische Staat, wie *Hegel* sagte, stirbt an der Furcht zu sterben[34]).]

Ebenso wichtig ist die zweite Frage, wie nämlich zu verhindern ist, daß die rechtsstaatliche Verfassung, die, wie *Ernst Forsthoff* festgestellt hat, in relativ hohem Maße an den gesellschaftlichen status quo gebunden ist[35]), diesen in undemokratischer Weise verfestigt. Es wird ja heute mit besonderer Intensität der Vorwurf erhoben, nicht alle sozialen und politischen Konflikte seien in der Wirklichkeit unseres Staates der freien Auseinandersetzung anheimgestellt. Bestimmte interessengebundene Entscheidungen, so heißt es, seien in Wahrheit vom GG vorweggenommen und der demokratischen Veränderlichkeit entzogen worden. Es soll sich dabei keineswegs um nebensächliche Entscheidungen handeln. Vielmehr sind diese vorwegnehmenden Zementierungen, glaubt man der sogenannten kritischen Theorie, nachgerade für alles denkbare Übel, von der Ausbeutung ahnungslos Unterdrückter bis zur sexuellen Perversion, verantwortlich zu machen, und zwar, das ist die größte Gemeinheit, ohne daß es jemand merkt, außer eben den Schreibtischtätern der Menschheitsbefreiung.

Sieht man sich aber die umfangreiche, zum Teil leidenschaftlich entrüstete Literatur zu dieser Frage daraufhin an, um welche Entscheidungen es sich da handeln soll, so bleibt im Grunde keine einzige positive Regelung sichtbar, auf die sich dieser Vorwurf stützen könnte. Nicht nur die vom damaligen Minister *Höcherl* apostrophierten Beamten des Bundesinnenministeriums, sondern auch manche Kritiker unserer Verfassungszustände scheinen gelegentlich ohne das GG unterm Arm herumzulaufen. Eine angebliche Wurzel allen undemokratischen Übels etwa, das Privateigentum an den sogenannten Produktionsmitteln, widerlegt gerade diese Kritik: es ist im GG ja gar nicht zementiert. Art. 15 läßt seine Vergesellschaftung ausdrücklich zu. Er macht sie nur von einer lästigen Bedingung abhängig: daß nämlich eine Mehrheit — es braucht noch nicht einmal eine verfassungsändernde zu sein — sich dafür ausspricht. Nicht daß das GG diesen heilsamen Schritt verhindere, sondern daß es die freiwillige Zustimmung einer

---

[34]) Über Ansichten wie die *Otto Strassers* (Politische Studien, Heft 172 [1967], S. 138), wonach jedes Verbot undemokratischer Aktivitäten der Demokratie widerspreche, kann man sich, wenn man *Lenins* und *Hitlers* entsprechende Vernichtungsstrategien kennt, getrost hinwegsetzen.

[35]) VVDStRL 12, S. 15.

Mehrheit zu seiner Voraussetzung mache, ist also der wahre Vorwurf. Man muß bei uns wahrhaftig zweifeln, ob nicht die Gefahr der mißverstandenen Demokratie größer ist als die der Ablehnung demokratischer Zustände.

cc) Die „bundesstaatliche" Demokratie

Ein formales Element der durch das GG vorgeschriebenen Eindeutigkeit ist die Verfassung des Staates als Bundesstaat.

[Mit welchem Recht gehört sie zum unaufhebbaren Bestand? Die historische Legitimation ist verblaßt, sie betrifft nur zum geringen Teil überhaupt die heutigen Länder und ihre zu großen Teilen zugewanderte Bevölkerung. Von der Seite der Leistung her lassen sich gewichtige Einwendungen hören[36]). Beide Argumente lassen es möglich erscheinen, daß sich, wie der Bundestagsabgeordnete *Hans Dichgans* annimmt[37]) oder den Meinungsforschern in den Mund legt, bei einer Volksabstimmung über „Föderalismus oder Einheitsstaat" 70—80 % der Stimmen für den Einheitsstaat aussprechen würden.]

Die Umwandlung des Bundes in einen Einheitsstaat ist aber nicht nur der Tagesmeinung, sondern überhaupt jeder innerhalb des GG zulässigen Entscheidung entzogen. Das geschieht nicht nur, weil der grundgesetzlich verfaßte Staat ohne das Bestehen von Ländern inoperabel sein würde. Vielmehr bildet der Föderalismus heute einen eigenen Weg der demokratischen Verwurzelung und Legitimation, ein zusätzliches Schema der Gewaltentrennung nämlich, ein Aufrechterhalten engerer, regionale Mehrheitsverhältnisse honorierender, vom Einzelnen her überschaubarer und persönlich vertrauter Verbände, eine Möglichkeit divergierender, der Entfremdung steuernder Handhabung, auf die kaum zu verzichten ist. Diese regionale Bündelung des politischen Wollens hat einen eigenen demokratischen Wert[38]). Daß Leistungseinbußen der Preis dafür sind, sollte nicht gesagt werden, ohne daß in Erwägung gezogen wird, wie sehr die demokratische Legitimation, die Bewahrung der Lebensnähe politischen Handelns, ihrerseits ein für Freiheit und Verantwortung entscheidendes Leistungserfordernis sind. Wir haben es bei der Bundesstaatlichkeit mit Fragen zu tun, die in vielem noch ungelöst vor uns stehen. Ich muß auch sie hier aus verständlichen Gründen unerörtert lassen.

---

[36]) Zu all diesem: *K. Hesse*, Der unitarische Bundesstaat, 1962, passim.

[37]) Vom GG zur Verfassung, 1970, S. 121.

[38]) Vgl. *H. Zacher*, aaO. (s. Anm. 13) S. 180; sowie *H. Dichgans*, aaO. (s. Anm. 37) S. 121 ff.

dd) Die den Staat transzendierende Demokratie

Ich schließe die Behandlung der Willensfestlegungen mit dem Hinweis auf eine über den Staat hinausreichende Willensfestlegung. In Art. 25 GG erhalten die allgemeinen Regeln des Völkerrechts direkten übergesetzlichen Rang. In der Praxis nehmen sie sogar am Bestand des von verfassungswegen Unveränderlichen teil. Ähnliches dürfte, von einigen Einschränkungen abgesehen, für die Zugehörigkeit zur Europäischen Konvention zum Schutz der Menschenrechte und Grundfreiheiten gelten. Von den Europäischen Gemeinschaften wird noch die Rede sein.

c) Anhang: Zur Interpretierbarkeit der Vorabbestimmung

Abschließend zur Vorabbestimmung des Willens läßt sich sagen: die ein für allemal getroffenen, der weiteren demokratischen Diskussion entzogenen Vorabentscheidungen betreffen im wesentlichen die allgemeine, nur in Form der Ausgrenzungssätze konkretisierte Wertfeststellung. Jede denkbare Form, die dieser Wertfeststellung gerecht wird, bleibt von der entsprechenden Entscheidung der insoweit den Staat hervorbringenden, wandelbaren Gesellschaft abhängig, und zwar in der Abstufung von verfassungsändernden, von Zustimmungs- und von einfachen Gesetzen.

[Der Versuch, einzelne Ausformungsvorstellungen in den Bereich des ein für allemal Entschiedenen zu verlagern und sich dadurch von dem Erfordernis der Zustimmung einer gegenwärtigen Mehrheit zu dispensieren, wird trotzdem immer aufs neue unternommen. Jeder möchte seiner Meinung Verfassungsrang geben. Der eine will das ungeschmälerte Privateigentum und das Recht zur Monopolbildung zum Bestandteil der Menschenwürde oder der mit ihr identischen Freiheit erheben[39]), der andere möchte den Gleichheitssatz als konkreten Leistungsauftrag an den Staat[40]), ja an Private[41]) verstanden wissen[42]). Alles dies ist immer der Versuch, eine bestimmte Meinung vor abweichenden Meinungen einer späteren Zeit in

---

[39]) *E. R. Huber,* Deutsche Verfassungsgeschichte, Bd. IV, 1969, S. 978.

[40]) *H. Scholler,* aaO. (s. Anm. 25) S. 103.

[41]) Vgl. *H. C. Nipperdey,* Die Würde des Menschen, in: Naumann-Nipperdey-Scheuner (Hrsg.), Die Grundrechte, Bd. II, 1954, S. 18.

[42]) Auch die lange Geschichte der nordamerikanischen Demokratie bietet in dieser Hinsicht Beispiel über Beispiel. Hier wurde abwechselnd die rücksichtslose wirtschaftliche Betätigung (als economic due process), die Rassentrennung, die Prohibition, und dann auch wieder die Monopolkontrolle, die Integrierung der Rassen, der freie Alkoholgebrauch in Generalklauseln der Verfassung hineininterpretiert oder durch Ergänzung in die Verfassung hineingeschrieben.

Schutz zu nehmen, und auf diese Weise ein Stück Wahlfreiheit der anderen auszuschalten. Damit geht dann zugleich ein Stück aktueller Legitimation der jeweils bestehenden Zustände verloren.]

2. *Die Willensverteilung*

Damit kommen wir nun zu der Frage der Willensverteilung als eines Mittels zur Ausführung des demokratischen Vorsatzes. Sie wird in der Staatslehre gewöhnlich erörtert als die Verteilung der Möglichkeiten staatlichen Handelns, also als die Gewaltentrennung in all ihren vielfach diskutierten Varianten. Ob diese der Einschränkung der Herrschaft[43]) oder ihrer politischen Kontrolle, oder ob sie der Beteiligung an der Herrschaft und ihrer Verantwortung dient, ob wir hierbei von zwei, drei, vier[44]) oder gar sechs[45]) Gewalten sprechen sollten, ob die Trennung nach Machthabern oder nach Funktionen und damit verbundenen Verfahren vorzunehmen sei, und wie es schließlich mit der Gewaltenvereinigung[46]) oder doch der wechselseitigen Durchdringung der Gewalten stehe, das alles ist seit Jahrzehnten in und außerhalb unseres Kreises erörtert worden. Ich muß den Stand der Diskussion hier voraussetzen und mich auf zwei hauptsächliche Hinweise beschränken. Sie haben es erstens zu tun mit der Aufteilung staatlich-hoheitlichen Wollens: nämlich mit dem Verhältnis von Gesetzgebung und Verwaltung, von gegenwarts- und zukunftsbezogenen Entscheidungen und von nationalem und übernationalem Willen, und zweitens mit der Verteilung der Willensmöglichkeiten zwischen hoheitlich-eindeutigem und nicht-hoheitlich pluralistischem Handeln.

a) Die Aufteilung innerhalb staatlich-hoheitlicher Instanzen

aa) Die Verteilung auf Gesetzgeber und Regierungs- und Verwaltungsorgane

Ich beginne mit der Frage der Aufteilung staatlich-hoheitlichen Wollens. Hier ist in der neueren Diskussion vor allem

---

[43]) *Montesquieu:* „Le pouvoir arrête le pouvoir".

[44]) Vgl. zum Ganzen *K. Loewenstein,* Das Gleichgewicht zwischen Legislative und Exekutive: Eine vergleichende verfassungsrechtliche Untersuchung, in *H. Rausch* (Hrsg.), Zur heutigen Problematik der Gewaltentrennung, 1969, S. 40 ff.; *ders.,* Die neue Dreiteilung der Staatsfunktionen, ebd., S. 272 ff.; *ders.* Verfassungslehre 1959, S. 14 f., S. 39 ff.; *ders.,* Nachtrag zur Verfassungslehre, 1969, S. 423.

[45]) *R. Tugwell,* Draft of a Proposed Constitution of the United Republics of America, Santa Barbara 1970, S. 39.

[46]) Vgl. die zahlreichen Nachweise in den verschiedenen Arbeiten *K. Loewensteins,* aaO. (s. Anm. 44); *K. Hesse,* aaO. (s. Anm. 3), S. 192 ff.

die Verteilung der Entscheidung auf den Gesetzgeber einerseits und auf die Regierungs- und Verwaltungsorgane andererseits in den Vordergrund der Erwägung getreten. Wieviel von dem konkreten Verwaltungshandeln soll in einem normativen Prozeß vorentschieden, wieviel der fallweisen Verwaltungsentscheidung überlassen sein?

In Amerika ist diese Zuständigkeitsfrage vornehmlich unter dem Gesichtspunkt erörtert worden, wieviel Entscheidungsfreiheit die Tagesmeinung im Namen des demokratischen Prinzips gegenüber der Verfassung beanspruchen könne. *Fritz Scharpf* hat die Frage erneut aufgegriffen im Hinblick auf die Partizipation weiter Kreise an dem demokratischen Staatsleben. Er spricht von den „politischen Kosten des Rechtsstaats“[47]), und zwar indem er den Normierungsgrad des Verwaltungshandelns im amerikanischen und im deutschen Verfassungsleben vergleicht[48]). Den größeren Zwang zur vorwegnehmenden Normierung, den das deutsche Rechtsstaatsmodell voraussetzt, findet er bedenklich. Denn der Bestand an Informationen und an Beeinflussungsmöglichkeiten, der in die Entscheidung eingehe, und die politische Verantwortlichkeit des Entscheidenden erführen eine wesentliche Einbuße durch die gesetzliche Festlegung.

[Seine erste Einwendung geht dahin, dieser Normierungszwang vermindere die Qualität und Quantität der für die Entscheidung im demokratischen Sinne erheblichen Information, nämlich die Information über das Ausmaß der Zustimmung, welche die konkrete Entscheidung findet. Das zweite Bedenken von *Scharpf* ist, daß der Zwang zur vorwegnehmenden Normierung zu einer restriktiven Auswahl unter den Interessen und Gruppen führe, die das Entscheidungsprogramm politisch beeinflussen können. Schließlich glaubt *Scharpf* voraussetzen zu können, daß die vorwegnehmende Normierung des Verwaltungsprogramms die Effektivität politischer Verwaltungskontrollen vermindern und den Spielraum für eine selbstän-

---

[47]) *F. Scharpf*, Die politischen Kosten des Rechtsstaats, 1970.

[48]) Die amerikanischen „Großen“ bis zu den zwanziger Jahren dieses Jahrhunderts, insbesondere Justice *O. W. Holmes jr.* und Judge *Learned Hand* waren noch sehr darauf bedacht, daß die Verfassung wesentlich in streitbar-verantwortlicher Wirkung und damit auch in der Entscheidungssphäre jeder lebenden Generation liege. Eine neuere Richtung, für die vielleicht Judge *Charles Wyzanski jr.* oder *Paul Freund* maßgeblich eintreten, wollte dem Verfassungsgeist und dessen richterlicher Auslegung das letzte Wort geben. Heute scheint das Gewicht wieder mehr auf die politische Entscheidung der Gegenwart gelegt zu werden.

dige Politik der Verwaltung erweitern würde, beides Folgen, die unter dem Gesichtspunkt der Demokratie bedenklich erscheinen müßten. Innerhalb dieses Modells, so sagt *Scharpf*, bleibt es für die Exekutivbürokratie ohne politische Folgen, wenn eine Fehlkalkulation stattfindet, denn nicht die Bürokratie, sondern der politisch schwer zu fassende Gesetzgeber hat sie zu vertreten.]

Die Arbeiten von *Hans Peter Ipsen*[49]) und *Joseph H. Kaiser*[50]) würden, wenn ich sie recht interpretiere — und fürchterlich ist jedenfalls der erstere in seinem Zorn, wenn man ihn nicht richtig interpretiert — die Argumente selbst, auf die sich diese Bedenken stützen, nicht bestreiten. Aber sie würden, im Gegensatz zu *Scharpf*, die gerügten Folgen gerade insoweit billigen, als sie zu einer pauschalen Ermächtigung und zur Freistellung der Verwaltung von detaillierter politischer Kontrolle beitragen.

Ich will zu diesen verschiedenen Ansichten hier nicht selbst Stellung nehmen, sondern mich auf die Rolle des Berichterstatters beschränken, nicht aus Angst, sondern aus Zeitmangel. Das GG überläßt die genauere Bestimmung des Normierungsgrades, indem es unbestimmte oder doch nur nach der negativ-ausgrenzenden Seite hin bestimmte Verfassungsbegriffe verwendet, in hohem Maße der Verfassungsauslegung[51]). Sie muß ihren Weg finden zwischen dem Postulat demokratischer Entscheidungsnähe und politisch bestimmter Kontrolle, wie *Scharpf* es in den Vordergrund stellt, und dem Planungs- und Leistungsspielraum, auf den die moderne Verwaltung angewiesen ist, und den *Kaiser* und *Ipsen*, im Einzelnen nicht immer einig, ihr zu vindizieren suchen.

---

[49]) AaO. (s. Anm. 29) S. 14 ff.; *ders.*, Aktuelle Fragen des europäischen Gemeinschaftsrechts, 1965.

[50]) Vgl. seinen Bericht: Bewahrung und Veränderung demokratischer und rechtsstaatlicher Verfassungsstruktur in den internationalen Gemeinschaften, in: VVDStRL 23, S. 1 ff.

[51]) Es ist weithin eine Frage der eigenen Einschätzung durch das BVerfG, wieweit es sich für befugt hält, eine Frage als durch das GG entschieden oder als offengelassen zu bezeichnen. Bei diesem Typus der richterlichen Einschätzung wird, wie die Rechtsprechung des Supreme Court der USA z. B. zur Frage der racial equality zeigt, die Verfassungsentscheidung als eine eventuelle, zunächst offen bleibende, aber für den Fall des Eintritts bestimmter Verhältnisse bindende aufgefaßt — eine Auslegungstechnik, die der theologischen Dogmatik, wie mir scheint, ganz geläufig ist, und die im Staatsrecht, wie oben schon angedeutet, zu der Erscheinung der praktischen Unumkehrbarkeit einmal erreichter Erfüllung von Verfassungsaufträgen führt.

Ich möchte diesen Erwägungen noch eine weitere hinzufügen, die sich aus der zunehmenden Komplexität und Reichweite der notwendigen politischen Entschlüsse ergibt.

Die Verlagerung solcher Entschlüsse auf eine prinzipielle, der demokratischen Tagesdiskussion nicht weiter zugängliche Ebene kann ein sehr taugliches Mittel sein zur Verfestigung labiler und sonst nicht stabilisierbarer politischer Willenskonstellationen[52]). Bei den unerläßlichen Aufgaben der Zusammenfügung hoch komplexer politisch-wirtschaftlicher Gefüge zu immer größeren, aber auch immer entfernteren und diffuseren Entscheidungseinheiten sind so viele Einzelübereinstimmungen zu gleicher Zeit erforderlich, daß keinerlei Wahrscheinlichkeit ihr simultanes Eintreten erhoffen lassen könnte, sollten alle diese Übereinstimmungen jedesmal von der politischen Tagesmeinung und -verantwortung all der vielen Beteiligten abhängen. Da ist ein „corriger la probabilité" durch stabilisierende Willensfestlegungen unentbehrlich, Festlegungen, die zu gegenseitigen subjektiven Rechten und damit zu richterlicher Prüfung führen[53]). Ein Opfer an unmittelbarer demokratischer Legitimation ist erforderlich zugunsten einer anderen, immer wichtiger werdenden Legitimation: der Legitimation an der Leistung, die für alles andere erst den Boden hergibt. Es bleibt uns vielfach nichts anderes übrig, als, wie *Max Frisch* einmal treffend sagt, die Freiheit zu bewirtschaften, so sehr sie auch ihren eigenen, von allen Zwecken unabhängigen Wert hat.

Das GG, zunächst nur auf die Wiederherstellung der Freiheit selbst bedacht, begnügt sich, wie gesagt, damit, diese Frage offen zu lassen. Es bleibt hier ein verfassungsrechtlicher Leerraum auszufüllen. Diese Aufgabe hat sowohl eine zeitliche wie eine räumliche Dimension. Die zeitliche Dimension betrifft die Willensverteilung zum Zwecke der Bewahrung permanenter Güter, die räumliche die Willensverteilung zum Zwecke der Schaffung handlungsfähiger Organe in übernationalen Räumen. In beiden Richtungen läßt es das GG an eigenen Regelungen fehlen.

bb) Die Verteilung auf kurz- und langfristig ausgerichtete Willensorgane

---

[52]) Vgl. hierzu *W. von Simson*, Der politische Wille als Gegenstand der Europäischen Gemeinschaftsverträge, in: Festschrift für Riese, 1964, S. 83 ff.

[53]) Dies gilt besonders im Europäischen Gemeinschaftsrecht, in welchem der Gerichtshof der Gemeinschaften das politische Handeln der Staaten an ihren vertraglichen Verpflichtungen, auf die Klage des Betroffenen hin, zu messen befugt ist.

Weder im Text des GG, noch in der Auslegungspraxis spiegelt sich, um mit der Bewahrung zu beginnen, der Gedanke wieder, daß bestimmte Güter ein Besitz nicht nur der gegenwärtigen, sondern auch kommender Generationen sind, und hiernach gerade im demokratischen Verständnis auch nicht zur alleinigen Disposition einer einzelnen Generation stehen dürfen. Und doch ist es ja eigentlich eine typische Verfassungsaufgabe, Sachwalter der permanenten Werte gegenüber den Tagesinteressen zu sein. Landschaft, Wasser, Luft, Bodenschätze sind nicht frei verfügbare, sondern anvertraute Güter. Das GG schweigt hier, im Gegensatz zu manchen Landesverfassungen. Die bayerische Verfassung geht weiter. Aber auch sie verkündet in ihrem Art. 141 nur ein Programm und schafft keine besondere, für diese Verantwortung zuständige Willensinstanz. Es scheint aber, oder es ist wenigstens zu hoffen, daß sich allmählich ein überparteilicher, auch über der Tagespolitik stehender permanenter Konsens hinsichtlich der drängendsten Bewahrungsprogramme bildet, so daß der mangelnde Verfassungssatz hier zunächst jedenfalls durch die Verfassungswirklichkeit ersetzt wird. Auch völkerrechtliche Verträge können, wie hier nur andeutend bemerkt sei, dabei eine wichtige Rolle spielen[54]).

cc) Die Verteilung auf staatliche und zwischenstaatliche Institutionen

Dieselben zielbezogenen Notwendigkeiten oder Abwandlungen demokratischer Legitimation begegnen uns dann auch auf dem Gebiet der Entfaltung. Es müssen, kurz gesagt, heute vielfach Dinge gewollt werden, die ein einzelner Staat für sich allein nicht mehr wollen kann. Dieser Fragenkomplex hat den Gegenstand einer Diskussion auf der Berliner Tagung 1957 gebildet, und *Karl Carstens* hat aus nächster Nähe der prak-

---

[54]) So wurde etwa die jüngste Diskussion über eine Neuordnung des Meeresvölkerrechts u. a. durch die Erfahrung angestoßen, daß das bestehende Rechtsgefüge gegenüber einigen neuartigen, bald vielleicht schon irreparablen Gefährdungen des Meeresraumes versagt. Zu Spezialfragen aus diesem Kreis regelungsbedürftiger, umwelt- und fischereipolitischer Probleme vgl. z. B. *E. Böhme*, Tankerunfälle auf hoher See, 1970; *N. Pelzer*, Rechtsprobleme der Beseitigung radioaktiver Abfälle in das Meer, 1970. Zum Schutz des gefährdeten marinen „Erbteils der Menschheit“ und der langfristigen gemeinsamen meerespolitischen Interessen der Völkerrechtsgemeinschaft werden seit 1966 z. T. sehr weitgehende materiell- und organisationsrechtliche Neuregelungen vorgeschlagen. Vgl. etwa *E. Mann Borgese*, The Ocean Regime. A Suggested Statute for the Peaceful Uses of the High Seas and the Sea-Bed Beyond the Limits of National Jurisdiction, Santa Barbara 1968; *W. Graf Vitzthum*, Pacem in Maribus, AöR 96 (1971) S. 100 ff.

tischen Erfahrung dazu Stellung genommen[55]). Was er damals gesagt hat, trifft auch heute noch zu. Die pauschale Übertragung eines ganzen, immer wichtiger werdenden Zusammenhangs von Willensentscheidungen auf zwischenstaatliche Organe ist notwendig, und zwar ohne daß, oder jedenfalls doch bevor, diese Organe Staatlichkeit gewinnen. Wie können diese Organe demokratisch legitimiert, wie für die Einhaltung von Verfassungsgeboten verantwortlich gemacht werden?

Die Staats- und Europarechtler sind hier geteilter Meinung. Homerisches Pathos belebt die Äußerungen der Streitenden. Man hält sich gegenseitig verfassungsrechtlichen Leichtsinn *(Rupp)*[56]) und Unkenntnis des Europarechts *(Ipsen)*[57]) vor. Sie sehen, wie das Problem der Staatsrechtslehre zu Herzen geht.

Das GG folgt der Mahnung *Napoleons:* Une constitution doit être courte et obscure. Es überläßt diese Frage der Verfassungsauslegung, die die politische Entwicklung in Rechnung zu stellen hat. Und in der Tat ließ sich damals nicht und läßt sich auch heute nicht festlegen, in welchem Maße sich die Probleme des Freiheits- und Gleichheitsschutzes und der demokratischen Beteiligung und Mitverantwortung aus dem staatlichen Leben heraus in zwischenstaatliche Bezirke verlagern werden, und wieweit es überhaupt möglich ist, hier von einzelstaatlicher Regelung her das Heft in der Hand zu behalten.

[Das GG begnügt sich damit, die deutschen Verfassungsanforderungen kein Hindernis sein zu lassen, weil eben das Bestehen auf solchen Anforderungen mit dem Einbringen staatlicher Handlungsbefugnisse in überstaatlich-gemeinsame Regie nicht zu vereinbaren ist. Aber damit wird das Problem des Verfassungsschutzes aufgeworfen, nicht schon gelöst.]

Im Augenblick ruht der Verfassungsschutz in diesem Bereich auf zwei Säulen: der sachlich begrenzten Eingriffskompetenz der bisherigen zwischenstaatlichen Einrichtungen, und der verfassungsrechtlichen Homogenität der beteiligten Staaten. Insofern ist, wie *Karl Carstens* damals festgestellt, und wie *Hans Peter Ipsen* kürzlich wieder bestätigt hat[58]), bisher noch alles gut gegangen. Aber ich bin doch, mich hierin gegen Hamburg auf die bayerische Seite von *Hans Zacher* schlagend, dessen Ansicht[59]), „daß die Verfügbarkeit über die Kernelemente des re-

[55]) VVDStRL 16, S. 133.
[56]) NJW 1970, S. 353 ff., 354.
[57]) AaO. (s. Anm. 29) S. 1 ff., 17.
[58]) AaO. (s. Anm. 29) S. 19 ff.
[59]) AaO. (s. Anm. 13) S. 221; vgl. auch allgemein *G. Zieger,* Das Grundrechtsproblem in den europäischen Gemeinschaften, Tübingen 1970.

publikanischen, demokratischen und sozialen Rechtsstaats, auch soweit zwischenstaatliche Einrichtungen in Frage kommen, doch schließlich irgendwo enden muß". Darin, daß die bisherigen Schritte verfassungsrechtlich vertretbar sind, will ich *Ipsen* zustimmen. Aber unsere verfassungsrechtliche Verantwortung, für die das GG ja nicht konstituierend, sondern nur exemplifizierend ist, begleitet auch die aus dem Bereich des GG entlassenen Entscheidungsbereiche. Die Gemeinschaften streben nach Ausdehnung, auch über den Kreis demokratisch gesicherter Staatswesen hinaus. Der, wenigstens indirekt, den heimischen Parlamenten verantwortliche Ministerrat mag nicht immer das maßgebliche Organ, die Eingriffskompetenz der Gemeinschaften nicht immer auf grundrechtsunempfindliche Unternehmen beschränkt bleiben. Auch die Besetzung des Gerichtshofes kann sich, als Folge politischer Entwicklungen, verändern.

Dies alles legt die Forderung nahe, daß, je nach dem Grade der fortschreitenden Vergemeinschaftung, die Zustimmung des Bundes zu weiteren Kompetenzübertragungen und Kompetenzerrichtungen nicht bedingungslos erfolgen kann, ohne Rücksicht also auf die Verfassung, in der wir auch außerhalb unseres Staates leben wollen. Soviel, denke ich doch, müssen wir auf diesem Gebiet in das GG hineinlesen.

b) Die Aufteilung zwischen staatlich-hoheitlichen und nichthoheitlichen Instanzen

Ist im Vorhergehenden schon deutlich geworden, daß die Willensverteilung über den Staatswillen und seine getrennten Gewalten hinausgeht, so gilt das aber nicht nur für die Beteiligung fremdhoheitlicher Willensträger an den für den Staat relevanten Entscheidungen. Ein weiteres, für die demokratische Willensverteilung wesentliches Gebiet betrifft, wenn man so sagen darf, die Gewaltenteilung zwischen dem Staat und nichthoheitlichen Instanzen. Die klassische Gewaltentrennungslehre hatte es ja mit der Teilung der hoheitlichen Gewalt innerhalb ihrer selbst zu tun. Für den freiheitlichen demokratischen Staat ist es aber gerade kennzeichnend, daß das Wollen und Handeln des vom Staat umfaßten Lebens nicht von diesem allein wahrgenommen wird. Das Thema der Willensverteilung zwischen dem eindeutig entscheidenden Staat und den pluralistisch aufeinander wirkenden Kräften ist, soweit diese politisch wirksam organisiert sind, also vornehmlich als Verbände auftreten, auf der Würzburger Tagung 1965[60]), und auch

[60]) Bericht von *G. Leibholz,* Mitbericht von *G. Winkler,* Staat und Verbände, in: VVDStRL 24, S. 5 ff., 34 ff.

sonst, ziemlich ausgiebig erörtert worden. *Werner Weber*[61]) hat ihm auch in der Gewaltenteilungslehre Hausrecht verschafft.

Ich beschränke mich hier auf die Bemerkung, daß der Akzent dieser Diskussion, und damit auch der Umfang der in Betracht kommenden Interessen, sich mehr und mehr zu verschieben scheint. Die Diskussion hatte vorwiegend unter dem Gesichtspunkt begonnen, daß die demokratische Willensbildung allein in den Verfassungsorganen zu Hause sei und durch das Tätigwerden und die Einflußnahme von außerstaatlichen Gruppen und Verbänden feudalisiert und gefährdet werden könne. *Joseph H. Kaiser*[62]) erläuterte dann im Einzelnen, inwieweit diese Erscheinungen einen Beitrag leisten zur sachgerechten, informierten, und — was das demokratisch wichtigste ist — gegensätzlichen, bei den Verfassungsorganen um den Vorrang der Berücksichtigung kämpfenden Meinungsbildung, und damit zur demokratischen Legitimation des politischen Handelns. Neuerdings wird das Problem, unter dem Einfluß soziologischer und politologischer Modelltheorien, in einem noch umfassenderen Zusammenhang gesehen als früher. Die Aufrechterhaltung zentraler Entscheidungsfähigkeit einerseits, die pluralistische Einflußnahme organisierter Interessen andererseits, dazu aber die Partizipation bisher nicht geweckter oder erkannter Interessen, und damit die Gewinnung dieser Bedürfnisse und Ziele Einzelner für ein volleres demokratisches Leben und gegen unerkannte Manipulationen sind das Ziel. Die Schaffung geeigneter Kanäle und Filterungssysteme, in sich autonomer, von außen her aber koordinierbarer Subsysteme der Meinungsbildung, Informationsweitergabe, Wahlausübung sind die Mittel. Was uns gegenwärtig von der Politikwissenschaft angeboten wird, enthält neben anderem eine empirische Fortentwicklung von *Wilhelm Hennis'* Darstellung des Amtsgedankens als der Essenz des Demokratiebegriffs[63]). Sie wird zusammengefaßt von *Fritz Scharpf*[64]) in dem Versuch einer, wie er es nennt, komplexen Demokratietheorie. Man spürt das Eindringen industrieller Organisationsprinzipien in die politische Wissenschaft.

[Der Pluralismus soll hiernach nicht beschränkt bleiben auf eine Interessenartikulation, die auf der zentralen Entscheidungsebene um die Entscheidung ringt. Es sollen möglichst

[61]) *W. Weber*, Die Teilung der Gewalten als Gegenwartsproblem, in: Festschrift für C. Schmitt, 1959, S. 265.

[62]) Die Repräsentation organisierter Interessen, 1956.

[63]) Amtsgedanke und Demokratiebegriff, in: Staatsverfassung und Kirchenordnung, Festgabe für Smend, 1962, S. 51 ff.

[64]) AaO. (s. Anm. 4).

alle Probleme, die nicht von zentraler Bedeutung sind, in engeren, miteinander konkurrierenden Verarbeitungs- und Entscheidungsbereichen gelöst und miteinander in Einklang gebracht werden. Die zentrale Entscheidungsinstanz würde bei solchen Problemen nur eingreifen, wenn unter den Subsystemen keine Einigung erfolgt, oder wenn sie aus anderen Gründen Anlaß hat, zu intervenieren oder zu kontrollieren.]

Wieviel von solchen Gedanken ist im GG verwirklicht?

3. Die Willensverschränkung

Mit dieser Frage kommen wir zu der Willensverschränkung, dem eigentlichen technischen Weg, auf dem sich die Notwendigkeit vorausschauender, vorausschätzender, einheitlich vorgehender Willensbildung vereinen läßt mit der Kontrolle durch einen egalitären, in sich also nicht prinzipiell unterschiedenen Volkswillen, mit der Aufnahme eines Höchstmaßes von Informationen, mit der Berücksichtigung möglichst vieler, auch organisationsunfähiger Interessen und Bedürfnisse, mit der Bewahrung anvertrauter Werte, und schließlich mit der Freiheit und Verantwortlichkeit des Einzelnen.

a) Die Verschränkung verschiedener Wahlmöglichkeiten

Ich möchte es als die Aufgabe der Willensverschränkung bezeichnen, in dem Dilemma zwischen zentraler, ungehemmter Willensbildung und egalitärer Freiheit und Verantwortung Wahlmöglichkeiten mit verwertbaren Ergebnissen zu schaffen. Hierzu bedarf es eines Entwurfs der zur Verfügung gestellten Wahlmöglichkeiten. Eine Wahl, welche die höchste Spitze zwischen Millionen verschiedener Einzelvorstellungen träfe, wäre ebensowenig sinnvoll, wie eine Wahl des Einzelnen zwischen unzähligen, von ihm in kaum einer Hinsicht übersehbaren Möglichkeiten politischen Handelns. In beiden Richtungen bedarf es verschränkender Festlegungen. In beiden Richtungen stellt das GG selbst, als Gesamtverfassung, eine Willensverschränkung dar, und zugleich nimmt es, innerhalb seiner Geltung, einige solcher Festlegungen vor, die jetzt näher zu erörtern sind.

aa) Die Verschränkung von zentralen und regionalen Entscheidungsebenen

Zunächst ist hier die Aufteilung in zentrale und regionale Problembereiche, also in Bundes-, Länder- und Gemeindezuständigkeiten zu nennen. Parallel hierzu geht die Aufteilung in die Gesetzgebungszuständigkeit und die Verwaltungszuständigkeit bei der Ausführung der Bundesgesetze. Die jeweils kompetente Instanz kann, auf das Ganze bezogen, nur beschränkt in eigener Willensausübung handeln. Sie muß den Willen einer anderen Instanz in ihre Willensbildung inkorporieren oder für sie Raum lassen.

bb) Die Verschränkung von demokratischen und undemokratischen Entscheidungsverfahren

Ferner erwähne ich die vom demokratischen Entscheidungsverfahren ausgenommenen Sachbereiche. Für diese überläßt das GG die Willensbildung der auf sich bezogenen Gruppe, z. B. den Parteien, den Glaubensgemeinschaften, der Familie, den wissenschaftlichen Institutionen, oder gar dem einzelnen, weil die erwünschte Vielfältigkeit oder die Qualität der Entscheidung von dieser Autonomie abhängt und in demokratisch egalitären Legitimierungsprozessen nicht hervorzubringen ist. Das Einbeziehen solcher zum Teil undemokratisch gewonnener Resultate in den demokratischen Prozeß, und andererseits die Verhinderung undemokratischer Gewalt- und Schrankenbildung bei Entstehung und Übernahme dieser Resultate, nicht aber die um keinen Qualitätsverlust bekümmerte Gleichschaltung, ist hier die demokratische Aufgabe. Das hat *Wilhelm Hennis*[65]) in seiner Analyse des Begriffs der Demokratisierung, und das hat kürzlich *Edith Eucken-Erdsiek* in ihrer großen Apologie der Freiheit — das Buch heißt „Die Macht der Minderheit" — mit gleicher Lebendigkeit dargetan[66]).

Für diese Gewinnung von Resultaten unterhalb der zentralen Entscheidungsebene läßt das GG den nötigen Raum. *Hans Zacher*[67]) spricht dem „Gruppenpluralismus" den verfassungsrechtlichen Nutzen zu, „die übermäßige Geschlossenheit des parteidemokratisch-parlamentarischen Herrschaftsbetriebs aufzulockern".

cc) Die Verschränkung von Wählerwillen und Willen des Gewählten

Als wichtigste, die politische Willensverschränkung betreffende Institution aber müssen wir die Wahl des repräsentativen gegenüber dem reinen Versammlungs- oder Volksabstimmungstyp der Demokratie ansehen. Daß von einem inhaltlich aus dem Volkswillen hervorgehenden Regierungswillen in politischen, über die Dimension der Schweiz hinausgehenden Räumen nicht die Rede sein kann, ist nicht ernsthaft zu bestreiten, und auch die gelegentlich wieder auftauchende Sehnsucht nach der Räteverfassung ändert daran nichts.

---

[65]) *W. Hennis*, Demokratisierung. Zur Problematik eines Begriffs, 1970.

[66]) *E. Eucken-Erdsiek*, Die Macht der Minderheit, 1970.

[67]) AaO. (s. Anm. 13) S. 125.

Bei uns jedenfalls erfolgt die Ausübung der Staatsgewalt durch Betrauung von besonderen Organen und durch Bestellung und Kontrolle dieser Organe[68]). Der einzelne übt seinen Willen in Form einer Wahl aus. Die demokratische Aufgabe besteht darin, das politische Leben, die Sachkenntnis, den Überblick, den zusammengefaßten Herrschaftswillen, die Entscheidung, und wie sonst man die Lebens- und Geschehenskräfte geschichtlicher Existenz beschreiben mag, Kräfte, die dem Einzelnen gar nicht zugänglich sein können, in eine Form zu bringen, in der eine Wahl möglich ist. Nur wenn eine solche Form gefunden wird, und nur in dem Maße, in welchem sie, gemessen an den Ordnungs- und Leistungserfordernissen der Zeit, überhaupt gefunden werden kann, ist es denkbar, daß die Staatsgewalt in irgend einem Sinne vom Volke ausgeht.

dd) Die Verschränkung in der Mehrgleisigkeit des politischen Gesamtwollens

Der Staatswille insgesamt wird auf diese Weise in ein „sic et non", in ein: so ist es, und auf diese bestimmte Weise könnte es auch anders sein, verwandelt, und ob es so oder anders ist, das allein bestimmt, wo die Verfassung nicht Sätze enthält, die alle Möglichkeiten binden, ein egalitärer Volkswille. Die Bestimmung dessen aber, was als sic und was als non in Frage kommt, vertraut das GG den Parteien an. Deren demokratische Aufgabe ist es, den Prozeß der Vorformung des Staatswillens pluralistisch oder zum mindesten dualistisch zu gestalten. Wenn der Einzelne überhaupt etwas soll wollen, wenn er überhaupt jemanden soll verantwortlich machen, wenn auf ihn und das, was er glaubt, überhaupt eine Rücksicht soll genommen werden können, dann geht das nur in der Form einer Wahlmöglichkeit bei der Herrschaftsbetrauung. Herrschaft als Amt ist Herrschaft mit der Möglichkeit der Ablösung. Und diese Möglichkeit ist nicht nur um der Kontrolle, sondern mehr noch um der Verantwortung willen wesentlich. Die Verantwortungslosigkeit des einzelnen moralischen Bewußtseins in bezug auf das Staatshandeln erscheint ja immer da, wo der Einzelne sagen kann oder muß: Ich kann doch gar nichts ändern! Nur wo er die Herrschaft abberufen und sie durch eine andere ersetzen kann, kann er etwas ändern und ist verantwortlich, wenn er es nicht tut. Und daher kommen die moralischen Kräfte einer Nation auch erst zum Tragen, wenn die regierende Partei fürchten muß, die andere, die Opposition, könnte ihr die Mißachtung dieser Kräfte entgegenhalten und damit die öffentliche

[68]) Der Bundestag handelt im eigenen Willen, aber der Wähler hat ihn zum Wollenden gemacht.

Meinung für sich in Bewegung setzen. Die Herrschaft des Apparats, ohne die nicht auszukommen ist, wird also relativiert durch die Existenz eines Alternativapparats, oder doch eines alternativ zur Verfügung stehenden Bedieners der Apparatur[69]). In der Wahl zwischen diesen Alternativen ist Mitsprache und Verantwortung des einzelnen gebunden.

b) Einzelne im GG vorgenommene Willensverschränkungen

aa) Die Verschränkung der Willensmöglichkeit verschiedener Organe

Ich brauche, vor dieser Versammlung, die im GG mit diesem Ziel vorgenommenen Willensverschränkungen nicht im Einzelnen zu schildern. Das Schema ist klar. In Gemeinden, in denen Übersichtlichkeit und Nähe der Probleme eine direkte Entscheidung einzelner erlauben, ist keine Betrauung gewählter Organe vorgeschrieben (Art. 28 I S. 3). Sonst aber wird auch auf dieser untersten politischen Stufe eine Vertretung tätig, und das GG bestimmt, daß bei deren Bestellung dieselben Grundsätze gelten, wie bei der Bundestagswahl. Daß die Wahl nicht eine Beauftragung, sondern eine Betrauung ist, wird in Art. 38 I noch einmal ausdrücklich bestätigt. Hier wird also der Gewählte aus der Vinkulierung mit dem Wählerwillen entlassen. Der Wähler kann nur die Betrauung, nicht das Handeln des Betrauten bestimmen. Und der Betraute, so sehr er auch von einer Richtung im Gegensatz zu einer anderen bestellt ist, gilt von der Bestellung an[70]) als Vertreter aller, die für oder gegen ihn gestimmt haben, oder die der Wahl ferngeblieben sind. Hier sollen auch die Anliegen aufgehoben sein, für die kein organisierter Wille eintritt, und die bei direkter Kontrolle des Gewählten durch den Wähler nicht zu ihrem Recht kämen.

Ein ebenso wichtiger Grund für die ausschließende Verschränkung des Wählerwillens ist aber, daß politische Dinge sich nur nach ihren Resultaten beurteilen lassen. Bis dahin beruhen sie auf Einschätzungen, die gar nicht auf eine dem Wähler zugängliche Formel zu bringen sind. Alle vier Jahre werden dem Wähler die Resultate unterbreitet. Nach diesen allein kann, nach diesen allein darf er urteilen. Das setzt voraus, daß während dieser Zeit der Wählerwille die Regierung zunächst einmal in Ruhe läßt, damit es zu den positiven oder negativen Resultaten kommen kann.

Die Verschränkung findet aber nicht nur im Verhältnis des Wählerwillens oder des Gruppenwillens zu umfassenderen Or-

---

[69]) Diese Alternative bestand auch während der Großen Koalition.
[70]) Nicht vorher: s. *H. Trautmann*, JZ 1970, S. 405 ff.

ganen, also in der Diktion des BVerfG nach oben hin statt, sondern auch in umgekehrter Richtung. Das tritt in Erscheinung bei der Duldung und Förderung der öffentlichen Meinung, ja der Öffentlichkeit überhaupt, durch die so viel apostrophierten Herrschenden, aber auch, wo die Regierung bei bestimmten Willensäußerungen an den Weg der Gesetzgebung gebunden ist, oder wo bestimmte Zustimmungserfordernisse an die Ausübung des Regierungs- oder Gesetzgebungswillens gestellt werden.

Schließlich sei als Beispiel noch die Autonomie der Tarifpartner erwähnt, deren unverschränkte, d. h. nicht in einen vom Staat gesetzten Handlungsspielraum gebundene Betätigung zum ernsten Problem wird. Es genügt, zu erwähnen, daß eine Lohnerhöhung von 10 % zu einem Kaufkraftimpuls von DM 25 Mrd. oder, wie mir Herr *Hettlage* sagte, zu einer Preissteigerung von 2—3 % führen kann.

bb) Verschränkungen des Willensgefüges

Neben diesen Willensverschränkungen zwischen verschiedenen Organen, die also z. T. nur zusammen wollen können, gibt es Verschränkungen inhaltlicher Art. Der Bundestag kann den Kanzler abberufen, aber nur, wenn er einen neuen wählt. Er, oder der Bundesrat, können, wenn zwei Drittel der Mitglieder es wollen, den Bundespräsidenten wegen Verfassungsverletzung zur Rechenschaft ziehen. Aber nur seine gesamte Stellung, nicht eine einzelne Handlung, kann in Frage gestellt werden. Es kann also das betreffende Organ das Ganze, aber nicht das Einzelne, das Große, aber nicht das Kleine wollen. Das ist eine demokratisch höchst bedeutsame und sachgemäße Konfiguration der Willensbildung. Die mit dem Amt betraute Stelle bleibt kritisierbar, aber nicht lenkbar. Denn sie ist verantwortlich, solange sie betraut ist. Und die Kritik der derart verantwortlichen Instanz ist kein Weisungsrecht, sondern eine Kritik im Nachhinein, so wie wir es in dem Verhältnis zwischen Wähler und Bundestag und zwischen Bundestag und Regierung[71]) gefunden haben.

---

[71]) Vgl. BVerfGE 1, S. 394 zur Verteilung der Funktionen zwischen Regierung und Parlament: „Art. 59 Abs. 2 GG (hat) dem Bundestag kein Recht gegeben, in den Zuständigkeitsbereich der Regierung einzugreifen. Der Bundestag bleibt auf die allgemeinen verfassungsmäßigen Kontrollmöglichkeiten beschränkt. Er regiert und verwaltet nicht selbst, sondern er kontrolliert die Regierung. Mißbilligt er deren Politik, so kann er dem Bundeskanzler das Mißtrauen aussprechen (Art. 67 GG) und dadurch die Regierung stürzen. Er kann aber nicht selbst die Politik führen."

III. Das demokratische Prinzip in der Verfassungswirklichkeit

Der dritte und letzte Aspekt unserer Betrachtung der Anwendung des demokratischen Prinzips betrifft die Verfassungswirklichkeit. Ihr kann ich nur noch ein kurzes Wort widmen. Lange Zeit war das konstitutionelle Denken durch die Vorstellung beherrscht, daß durch ein System der Vorabbestimmung des Willens, der Willensverteilung und der Willensverschränkung ein für allemal die Freiheits- und Gleichheitssicherungen in ein funktionierendes, ein automatisches Gleichgewicht enthaltendes Verhältnis zu bringen seien. Diese Vorstellung wird in neuerer Zeit als unzureichend erkannt, und zwar wird die Wirksamkeit der grundgesetzlichen Postulate heute von zwei Seiten her in Frage gestellt.

1. Die Gefährdung durch mangelndes Demokratiebewußtsein und undemokratische Herrschaftsansprüche

Es geschieht dies einmal von einem mangelnden Demokratiebewußtsein und der Entwicklung undemokratischer Herrschaftsansprüche her. So werden demokratische Parolen eingesetzt, um Andersdenkende auszuschalten. Man lernt, Abstimmungsvorgänge zu inszenieren, Drohungen und Störungen demokratisch zu rechtfertigen, Ressentiments und Benachteiligungen anderer hochzuspielen und als Kampfmittel für die Förderung eigener Herrschaftsansprüche einzusetzen. All dies begegnet einer gefährlichen Kritik- und Teilnahmslosigkeit, und nicht selten auch Feigheit.

Auf der anderen Seite entstehen Monopole, und zwar sowohl wirtschaftlicher als auch meinungsbildender Art. Diese Monopole sind weder im GG vorgesehen noch werden sie durch das herrschende System begünstigt. Sie entstehen, weil sich keine Gegenkräfte bilden, weil also das demokratische Recht, sich ihnen gegenüber im entgegengesetzten Sinne hervorzutun, von den Berechtigten nicht wahrgenommen wird. Das GG ist hier nicht zu tadeln. Eine Verfassung kann Pluralität ermöglichen und fördern, aber nicht selbst hervorbringen.

2. Die von der Natur der modernen Aufgaben und Probleme ausgehende Bedrohung

Die zweite Bedrohung geht von der Natur der modernen Aufgaben und Probleme aus. Nicht nur das GG nimmt insofern eine Willenseinschränkung vor, sondern der Drang der tatsächlichen Entwicklung, der Bevölkerungsexplosion, der Technologie, insbesondere der Waffen- und Nachrichtentechnik, und der wissenschaftlich-technischen Bedrohungen tut dasselbe.

Ein großer Teil der Entscheidungen — und das gilt auch für Entscheidungen des Privatunternehmers — sind heute gar keine eigentlichen Entscheidungen mehr. Sie sind Schlußfolgerungen aus ermittelten oder für richtig gehaltenen Tatsachen und aus Konstellationen, die unterhalb jeder bewußten Entscheidungsebene durch spontanes, vielfältiges, zunächst unkontrollierbares Handeln und Geschehen herbeigeführt worden sind[72]).

Lassen Sie mich nur ein Beispiel geben. Wenn die Informationen, die zum Eingreifen der Amerikaner in Vietnam führten, zutrafen, so gab es kaum eine andere Entscheidungsmöglichkeit. Die wahre Entscheidung lag also in der Einschätzung der Sachlage, nicht in den Folgerungen.

Erreichen diese Tatbestände den Zustand, in dem sie für umfassendere, vom Einzelnen her gar nicht intentionierte Entscheidungen erheblich werden, so bleibt dann nur noch die Wahl zwischen wenigen Alternativen, wenn überhaupt noch eine Wahl bleibt. Es wird nun immer mehr die Aufgabe bürokratischer Informations- und Planungsstäbe, von oben vorentscheidend in dieses Geschehen einzugreifen, und es andererseits von unten, nach übergeordneten entscheidenden Stellen hin, in die Form klarer Alternativmöglichkeiten zu bringen. Anders als auf diese Weise kann in den riesigen, hochkomplexen Entscheidungsbereichen unserer Zeit überhaupt nicht mehr regiert und entschieden werden. Der Entscheidende muß fast austauschbar sein, und alles zu Entscheidende muß auf die Form zwingender Schlußfolgerungen gebracht werden[73]).

Die Persönlichkeit, die den Entscheidungen nicht mehr gewachsen sein kann, muß also durch ein System, einen Apparat ersetzt werden. Das bedeutet aber eine zunehmende Entscheidungsmacht der Bürokratie. Wer kontrolliert sie, wer teilt ihre Verantwortung? Das GG schweigt zu diesem Problem. Es ist das wichtigste Problem, vor dem das Verfassungsrecht heute steht. Aber seine verfassungspolitische Lösung führt über das Thema dieses Berichts hinaus. Der Weg, der sich anbietet, ist der der Schaffung gegeneinander argumentierender Bürokratien, sei es der Ministerien, der Parteien, der Gesetzgebungsorgane oder der Verbände, schließlich auch der Presse. Diese sind es, die durch ihre Übereinstimmung eine neue Art der Legitimierung von Regierungsentscheidungen verfügbar und zum Teil notwendig machen, und die durch ihren Widerspruch

[72]) Hierzu *F. A. von Hayek,* aaO. (s. Anm. 14).

[73]) Hierzu *H. Wheeler,* The Rise and Fall of Liberal Democracy, Santa Barbara 1969.

auch in diesem Felde der Willensbildung eine Kontrolle, d. h. das Abberufen einer Herrschaft, ermöglichen können. Die Schaffung einer vielfältig bewegten Öffentlichkeit und eines vielfältig verteilten Sachverstands in dieser Öffentlichkeit kann allein das demokratische Prinzip am Leben erhalten.

3. Die Entwicklungsfähigkeit des demokratischen Prinzips im GG

Neue Formen der Partizipation und Kontrolle müssen sicherlich gefunden werden, wenn Demokratie und Freiheit sich retten sollen. Das GG konnte insofern noch keine Regelungen enthalten. Die Zeit scheint auch heute noch nicht reif, um Vorschläge für konkrete Bestimmungen zu machen, die in das GG aufzunehmen wären[74]). Es muß uns genügen, daß das GG offen ist für neue Ausformungen des demokratischen Prinzips.

---

[74]) Nach meiner Ansicht würden allerdings weder die von *H. Dichgans,* aaO. (s. Anm. 37), noch etwa die von *H. Lindemann,* Das antiquierte Grundgesetz, 1966, vorgeschlagenen Verfassungsänderungen von irgendeiner grundsätzlichen, diesem Problem gerecht werdenden Bedeutung sein, so wichtig auch sonst die von diesen Autoren angestellten Erörterungen sein mögen.

Leitsätze des Berichterstatters über:

Das demokratische Prinzip im Grundgesetz

A. Zum demokratischen Prinzip

1. Der Demokratiebegriff, der zur Zeit der Ablösung des Hitlerregimes für eindeutig galt, wird heute vielfach in Zweifel gezogen. Er wird von vielen nicht mehr als das Schema zur Ermöglichung eines variierenden Ausgleichs zwischen einander widersprechenden, um den Vorrang ringenden Meinungen und Interessen verstanden. Vielmehr soll er zur Legitimierung einzelner und zur Diskreditierung anderer Meinungen eingesetzt werden. Man spricht in diesem Sinne von kollektiver, totalitärer und autoritärer Demokratie.

2. Das aber ist ein Widerspruch zu dem eigentlichen Sinn der Demokratie: das Richtig- oder Falschsein einzelner nicht allgemein anerkannter Meinungen offenzuhalten, und die Vielfalt und Widersprüchlichkeit nebeneinander bestehender Auffassungen mittels eines formalen, den jeweiligen Vorrang bestimmenden Ausgleichsmechanismus zu bewahren und mit den Bedürfnissen einheitlicher Staatslenkung zu vereinbaren.

3. In Hinsicht dieser materiellen Unentschiedenheit ist das demokratische Prinzip eindeutig, und vor Verfälschungen zu bewahren. Im Hinblick auf seine konkrete Verwirklichung ist es vieldeutig. Denn seine aktuelle Bestimmtheit ist nicht von vornherein festgelegt, sondern einem Prozeß der Herstellung von Eindeutigkeit überlassen. Diese positive Eindeutigkeit muß immer aufs neue hergestellt und als Ergebnis demokratischer Konkurrenz gerechtfertigt werden.

4. Allerdings enthält auch die Staatswirklichkeit der Demokratie Elemente des Unbezweifelten, ohne deren Hinnahme kein Staatsleben möglich wäre. Sie unterscheiden sich von den Axiomen dogmatisch fundierter Herrschaftssysteme jedoch dadurch, daß sie nicht als unwiderlegliche Wahrheiten, sondern nur als nützliche Konventionen aufgefaßt werden, die lediglich solange unentbehrlich sind, als nicht andere, wahrheitsnähere, sie ersetzen können.

B. Zur Anwendung des demokratischen Prinzips

Die Theorie des demokratischen Gedankens ist ausreichend entwickelt. Die Theorie seiner Anwendung steht in ihren Anfängen. Sie läßt sich in drei Felder aufteilen:

— *die Frage, mit welchen Kosten der demokratische Staatstypus erkauft wird, und ob angesichts heutiger Leistungsansprüche und Überlebensgefahren dieser Preis zu verantworten ist (unten I);*

— *die Frage, ausgehend von der Bejahung der vorigen, welche verfassungstechnischen Mittel zu Gebote stehen, um das demokratische Prinzip mit den Freiheiten und vorläufigen Unbestimmtheiten, die es dem Staatsleben auferlegt, in die Staatswirklichkeit einzuführen und zu sichern (unten II);*

— *die Frage nach den wirklichen Folgen des derart Betriebenen in den uns heute erkennbaren Verhältnissen (unten III).*

I.

Die erste Frage hat sich den Schöpfern des GG nicht gestellt. Sie durften ihr pouvoir constituant nur unter der Voraussetzung und Bedingung ausüben, daß sie einen demokratischen Staat errichteten. Die Frage stellt sich aber auch heute nicht. Für die Bundesrepublik gäbe es in der gegenwärtigen Situation politischer, durch entgegengesetzte Grundanschauungen zusammengehaltener Großformen nur die Alternativen einer Zugehörigkeit zum kommunistischen Machtsystem in einer seiner Ausprägungen, oder ein Sichverlieren in vagen ideologischen Konzepten, deren Verwirklichungsfähigkeit nicht ersichtlich ist. Beide Alternativen werden von dem überwiegenden verfassungstragenden Bewußtsein der Bundesrepublik abgelehnt.

II.

Die zweite Frage, d. h. die Frage nach den Mitteln, mit denen das demokratische Prinzip in die Staatswirklichkeit übertragen werden kann, führt zur Unterscheidung von drei Mitteln:

— *die Ausschließung bestimmter Willensmöglichkeiten des Staates, und die Festlegung seines Willens auf bestimmte Ziele; zusammenzufassen als die Vorabbestimmung des Staatswillens (unten 1);*

— *die Willensverteilung, d. h. die Verteilung des verbleibenden politischen Wollens auf verschiedene Willenssubjekte oder auf verschiedene Verfahren der Willensbildung (unten 2);*

— *die Willensverschränkung; durch sie werden verschiedene Willensmöglichkeiten von einander abhängig gemacht, vorformuliert und auf bestimmte Alternativen reduziert; nur zwischen ihnen kann das zuständige Willenssubjekt dann wählen (unten 3).*

1. Die Vorabbestimmung des Staatswillens betrifft

a) in der Willensausschließung (dem ersten ihrer beiden Elemente) folgende Dinge:

— *die Unabänderlichkeit gewisser Strukturprinzipien des Staates, insbesondere der demokratischen Legitimation der Staatsmacht;*

— *die Unantastbarkeit gewisser Werte und ihres Zurgeltungkommens im Staat;*

— *die Aufrechterhaltung der Verantwortung des Einzelnen für das Staatshandeln, mit der Folge, daß sich der Einzelne aus Gewissensgründen dem Staat versagen kann.*

b) Die Willensfestlegung (das andere Element der Vorabbestimmung) ist eine Frage des Aufbaus der Freiheit in der Gesellschaft. Das GG nimmt zu dieser Frage durch die Eigenschaftswörter rechtsstaatlich, sozial und freiheitlich Stellung, mit denen es die Demokratie versieht.

aa) Gewisse Grundentscheidungen unterliegen nicht dem Wandel der Tagesmeinung, sondern sind jedem aktuellen Wollen vorgegeben. Die Kontrolle des aktuellen Staatswillens an dem Maßstab dieser Vorsätze erfolgt durch das Bundesverfassungsgericht. Wesentliche Vorsätze dieser Art sind das Sozialstaatsprinzip und die Rechtsstaatlichkeit. Auch das Bundesstaatsprinzip gehört hierher.

Das konkrete Verfassungsgebot dieser Willensfestlegungen ist ausgrenzend und korrigierend. Ihre positive Ausgestaltung jedoch ist nicht in die Verfassungsregelung einbezogen. Sie bleibt — das ist eine wesentliche Bedeutung des dem demokratischen Prinzip hinzugefügten Begriffs „freiheitlich" — der Zustimmung der Tagesmeinung und damit der Verantwortung der lebenden Zeit überlassen. Insofern ist das GG ein Entwurf, der der Verwirklichung bedarf.

bb) Wohl aber nimmt das einmal Verwirklichte, jedenfalls in seinem wesentlichen Gehalt, an dem Schutz der Verfassungsregelung teil. Das Verfassungsgebot, zunächst bedingt durch die Einrede der Unausführbarkeit, wird durch die Tatsache der einmal geglückten Ausführung zur konkret bindenden Norm.

cc) Die Verfassung des Staates als Bundesstaat, ein formales Element der Willensfestlegung, ist erforderlich, weil eine Anzahl von Verfassungsorganen davon abhängen und sonst durch andere ersetzt werden müßten.

Sie hat aber auch einen eigenen demokratisch-legitimierenden Wert: Durch regionale Bündelung des politischen Wollens im ganzen und der politischen Zuständigkeit im einzelnen leistet sie einen Beitrag zur Verwurzelung des politischen Handelns in einer teilnehmenden und zur Kontrolle fähigen Überzeugung.

2. Die Willensverteilung, ein weiteres Mittel der Übertragung des demokratischen Prinzips in die Staatswirklichkeit, ist nicht länger nur eine Frage der Verteilung staatlich-hoheitlichen Wollens (unten a) in funktioneller (unten aa)), zeitlicher (unten bb) und räumlicher (unten cc) Hinsicht, sondern auch einer Frage der Verteilung der Willensmöglichkeiten zwischen hoheitlich-eindeutigem und nicht-hoheitlich pluralistischem Handeln (unten b).

a) Für das hoheitliche Handeln ist der neueren Diskussion vor allem

aa) die Verteilung der Entscheidung auf den Gesetzgeber und die — im Gegensatz zu diesem direkt politisch beeinflußbaren und politisch haftenden — Regierungs- und Verwaltungsorgane in den Vordergrund getreten. Das Problem stellt sich insbesondere da, wo der Gesetzgeber sich auf pauschale und auslegungsbedürftige Aussagen beschränkt und auf diese Weise die politisch nicht verantwortliche Rechtsprechung zur Entscheidung beruft, oder wo er die Verwaltung durch generelle Ermächtigungen von eigener Verantwortung, allerdings auch von politischer Pression, freistellt.

Hier stehen sich die Postulate demokratischer Legitimation und ungehemmter Aktionsfähigkeit gegenüber. Das GG überläßt die genauere Bestimmung des Normierungsgrades, an den die Verwaltung gebunden sein soll, in weitem Maße der Rechtsprechung.

Hierbei ist auch folgender Gesichtspunkt zu berücksichtigen: Die zunehmende Komplexität der Entscheidungszusammenhänge bringt die Gefahr mit sich, daß die zur Entscheidung notwendigen politischen Übereinstimmungen nicht mehr mit ausreichender Wahrscheinlichkeit zur gleichen Zeit herbeizuführen sind. Deshalb bedarf es der stabilisierenden Festlegung einzelner Willenskonstellationen, die nur in dieser Festlegung in weitere, im Wege der Übereinstimmung herzustellende Zusammenhänge eingebracht werden können. Hinter diesem Erfordernis müssen die Anforderungen detaillierter demokratischer Legitimation zurücktreten.

bb) Die im GG vorgenommenen Willensverteilungen ignorieren den Umstand, daß gewisse Werte der Verfügung durch eine einzelne politische Generation entzogen und der Verantwortung eines zeitlich übergreifenden Willens überlassen bleiben sollten. Ein solches an zeitlicher Permanenz legitimiertes Willensorgan, wie es andere Verfassungen, jedenfalls im Prinzip, kennen, fehlt im GG. Zum Ausgleich bildet sich, insbesondere was die Bewahrung von Landschaft, Wasser, Luft und Bodenschätzen angeht, ein praktischer Konsens hinsichtlich langfristiger Programme und Verbote, der auch in internationale Bezirke hineinwirkt.

cc) In der Ausdehnung auf zwischenstaatliche, nur gemeinsam zu lösende Probleme beschränkt sich das GG auf die Ermächtigung des Gesetzgebers zur Einbringung von Hoheitsrechten in gemeinsame Ausübung durch zwischenstaatliche Institutionen. Darunter wird jetzt allgemein auch die gemeinsame Begründung von neuen, das Gebiet der Geltung des GG einschließenden Hoheitsrechten verstanden.

Die Frage der Sicherung demokratischer Rechte in diesen überstaatlichen Zusammenhängen ist in den gegenwärtigen Verhältnissen noch nicht drängend. Sie verdient aber Aufmerksamkeit im Hinblick auf die Ausdehnung der Befugnisse zwischenstaatlicher Einrichtungen und hinsichtlich der Ausdehnung des Mitgliederkreises auf demokratisch weniger gefestigte Staaten.

Das GG enthält keine ausdrücklichen Kautelen in dieser Hinsicht. Es entspringt aber einer fundamentalen Überzeugung, die es uns zur Pflicht macht, bei neu entstehenden Herrschaftstypen auf eine demokratische Bindung zu achten, wenn auch dabei dieses Konzept gewisse Modifikationen erfahren müßte.

b) Die Willensverteilung betrifft aber nicht nur die Verteilung des Willens zwischen den getrennten staatlichen und zwischenstaatlichen Gewalten, sondern auch die Willensverteilung zwischen hoheitlichen Gewalten und nichthoheitlichen Gruppen und Verbänden. Denn auch deren Entscheidungen sind für das Staatsleben relevant. Die aus dieser Form der Willensverteilung resultierende Konkordanz zwischen der Auf-

rechterhaltung zentraler Entscheidungsfähigkeit einerseits und der Partizipation und Kontrolle organisierter Interessen andererseits kann ein volleres demokratisches Leben ermöglichen.

3. Die Willensverschränkung ist das verfassungstechnische Mittel, die Willensmöglichkeiten des nach der Willensverteilung Zuständigen von vornherein auf gewisse Alternativen festzulegen. Es handelt sich darum, in dem Spannungsfeld zwischen Staatsleistung und Verhinderung des Machtmißbrauchs, zwischen Eindeutigkeit des Willens und allgemeiner Partizipation und Kontrolle, zwischen Vertragsbindung und Planung einer- und freier, offengehaltener Entwicklung andererseits den geometrischen Ort zu bestimmen. Es müssen Wahl und Entscheidungsmöglichkeiten eröffnet und zugleich muß sichergestellt werden, daß deren Ergebnisse im Rahmen der politischen Gesamtverantwortung verwertbar sind. Im Wege der Willensverschränkung werden zu diesem Zweck bestimmte, diesen Anforderungen genügende Möglichkeiten formuliert und zur Wahl gestellt.

Die Auswahl dieser Möglichkeiten ist, wie bereits bei der Willensverteilung angedeutet, zum Teil im GG selbst erfolgt, zum Teil ist sie den politischen Parteien und anderen beschränkt autonomen Gruppen überlassen.

a) Im GG sind zunächst Aufteilungen zwischen Bundes-, Länder- und Gemeindezuständigkeiten, sowie Grad und Umfang des Einflusses dieser Zuständigkeiten aufeinander festgelegt. Die Länder wirken bei der Bundesgesetzgebung mit und führen grundsätzlich die Gesetze aus. Der Bund gewährleistet bestimmte Verfassungs-, Ordnungs- und Leistungsverhältnisse in den Ländern. So muß der Wille des einen den Willen des anderen in der vorgeschriebenen Weise inkorporieren oder für ihn Raum lassen.

b) Andere Bereiche sind von den allgemeinen demokratischen Verfahren ausgenommen und eigenständigen Entscheidungsträgern zugewiesen. Bei diesen ist zum Teil ein innerdemokratisches Verfahren vorgeschrieben — z. B. bei den Parteien und in Körperschaften des öffentlichen Rechts mit genossenschaftlicher Struktur —, teils wird aber auch anerkannt, daß für die spezifische Art des hier in Frage kommenden Resultats der demokratische Prozeß nicht das geeignete Vehikel ist. Es werden dann die undemokratisch gewonnenen Ergebnisse als solche in den demokratischen Gesamtprozeß eingebracht. Kirchen, Wissenschaften, Bundeswehr, die Resultate von Arbeits- und Lohnkämpfen, aber auch die Wahrung über-

politischer Interessen, wie die Währungspflege durch die Bundesbank, sind Beispiele.

c) Die wichtigste Willensverschränkung betrifft die allgemeine Einrichtung der Mehr- oder doch der Zweigleisigkeit des politischen Gesamtwollens. Dieses Gesamtwollen wird mehr und mehr komplex und kann praktisch nur noch im Wege der Delegation ausgeübt werden. Es ist in so hohem Maße auf Vorausschätzung zukünftiger Entwicklungen angewiesen, daß auch seine Kontrolle nicht mehr im Wege der Weisung, sondern nur noch im Wege nachträglicher Kritik möglich ist.

Diese wird durch die Willensverschränkung auf Pauschalmöglichkeiten reduziert. Der Wähler kann die Staatsführung im ganzen ersetzen, aber kaum noch im einzelnen beeinflussen. Nur die gesamte Stellung des Bundespräsidenten, nur die gesamte Existenz einer politischen Partei, nicht einzelne Handlungen unterliegen der Korrektur durch andere Verfassungsorgane.

III.

In der Verfassungswirklichkeit, dem dritten Feld der Anwendung des demokratischen Prinzips, wird die Wirksamkeit der grundgesetzlichen Postulate heute von zwei Seiten her in Frage gestellt.

1. Es geschieht dies einmal von einem mangelnden Demokratiebewußtsein und der Entwicklung undemokratischer Herrschaftsansprüche her.

a) So werden demokratische Parolen eingesetzt, um Andersdenkende auszuschalten. Man lernt, Abstimmungsvorgänge zu inszenieren, Drohungen und Störungen demokratisch zu rechtfertigen, Ressentiments und Benachteiligungen Anderer hochzuspielen und als Kampfmittel für die Förderung eigener Herrschaftsansprüche einzusetzen. All dies begegnet einer gefährlichen Kritik- und Teilnahmslosigkeit.

b) Auf der anderen Seite entstehen Monopole, und zwar sowohl wirtschaftlicher als auch meinungsbildender Art. Diese Monopole sind weder im GG vorgesehen noch werden sie durch das herrschende System begünstigt. Sie entstehen, weil sich keine Gegenkräfte bilden, weil also das demokratische Recht, sich ihnen gegenüber im entgegengesetzten Sinne hervorzutun, von den Berechtigten nicht wahrgenommen wird.

Das GG ist hier nicht zu tadeln. Eine Verfassung kann Pluralität ermöglichen und fördern, aber nicht selbst hervorbringen.

2. Die zweite Bedrohung geht von der Natur der modernen Aufgaben und Probleme aus. Nicht nur das GG nimmt insofern eine Willenseinschränkung vor, sondern der Drang der tatsächlichen Entwicklung, der Bevölkerungsexplosion, der Technologie, insbesondere der Waffen- und Nachrichtentechnik, und der wissenschaftlich-technischen Bedrohungen tut dasselbe.

Die politischen Entscheidungen werden immer mehr zu zwangsläufigen Folgerungen aus ermittelten oder für richtig gehaltenen Daten. Der politische Entscheidungsprozeß wird zum Prozeß der Tatsachenermittlung und -aufbereitung.

Neue Formen der Partizipation und Kontrolle müssen gefunden werden, wenn Demokratie und Freiheit sich retten sollen. Das GG kann insofern noch keine Regelungen enthalten. Die Zeit scheint noch nicht reif, um Vorschläge für konkrete Regelungen zu machen, die in das GG aufzunehmen wären. Es muß uns genügen, daß das GG offen ist für neue Ausformungen des demokratischen Prinzips.

Das demokratische Prinzip im Grundgesetz

2. Mitbericht von Professor Dr. Martin Kriele, Köln

Seite

I. Einleitung

Die juristische Interpretation des demokratischen Prinzips im Grundgesetz muß einsetzen bei Art. 20 II 1: „Alle Staatsgewalt geht vom Volke aus“[1]). Dieser Grundsatz ist in zahlreichen Einzelbestimmungen *konkretisiert*, insbesondere in den

[1]) Zu den diesbezüglichen Erörterungen im Parlamentarischen Rat vgl. JöR (NF) Bd. 1, S. 195 ff.

Vorschriften über Repräsentation des Volkes, über Budgetrecht, Parteien, Wahlen, Abstimmungen, Petitionen, Freiheit der Meinung, der Presse, der Versammlung, der Vereinigung, sowie in einer großen Zahl von Gesetzes- und Geschäftsordnungsregeln. Das demokratische Prinzip des Art. 20 II 1 ist bisher nur in sehr wenigen Fällen unmittelbar zur Begründung richterlicher Entscheidungen herangezogen worden[2]) und wird auch wahrscheinlich selten relevant werden; denn es lebt hauptsächlich in seinen Konkretisierungen.

Daraus folgt aber nicht, daß im Rahmen unseres Themas alle diese konkretisierenden Vorschriften zu interpretieren seien. Das wäre nicht nur eine zeitliche und sachliche Überforderung. Es wäre auch juristisch deshalb problematisch, weil Art. 79 III, der das demokratische Prinzip der legalen Verfassungsänderung entzieht, mit diesem Verbot nicht seine Ausgestaltungen im einzelnen, sondern eben nur das Prinzip meinen kann[3]). Die Hauptfrage läßt sich deshalb so stellen: Was ist in den verschiedenen Konkretisierungen des Demokratieprinzips das essentiell Demokratische, gewissermaßen der *demokratische Wesensgehalt,* der in Art. 20 II eingeht?

Andererseits kann Art. 20 II nicht ohne Bezugnahme auf die Konkretisierungen ausgelegt werden[4]). Vielmehr muß das demokratische Prinzip aus seinem systematischen Zusammenhang heraus unter Berücksichtigung der genetischen Auslegung interpretiert werden. Der Rückgriff auf den *Typus „parlamentarische Demokratie“* westlicher Prägung[5]) und die Gründe, die seine Entwicklung bedingten, ist zum Verständnis der ratio legis unerläßlich.

Zum Typus parlamentarische Demokratie gehen die Demokratietheorien von sehr unterschiedlichen Kennzeichnungen aus. Parlamentarische Demokratie, heißt es, sei die Staatsform der

---

[2]) Vgl. vor allem BVerfGE 1, 14, 33; 11, 310, 321.

[3]) So auch *W. O. Schmitt-Glaeser,* Der Begriff der freiheitlich demokratischen Grundordnung und Art. 79 Abs. 3 des GG, DÖV 1965, S. 433, 437; zur Interpretation des Art. 79 Abs. 3 GG als „Schranke gegenüber einer Allmacht der Mehrheit“ *Hamann-Lenz,* Das Grundgesetz für die Bundesrepublik, Deutschland, 3. Aufl., 1970, Anm. A. 1, S. 538.

[4]) Vgl. auch *K. Hesse,* Grundzüge des Verfassungsrechts der Bundesrepublik Deutschland, 4. Aufl. 1970, S. 52 ff.

[5]) Zur Abgrenzung von der „sozialistischen Demokratie“ vgl. *K. von Beyme,* Stichwort „Demokratie“ in: Sowjetsystem und demokratische Gesellschaft, Bd. 1, 1966, Sp. 1139 ff. mit weiteren zahlreichen Literaturangaben.

Identität von Regierenden und Regierten[6]), der Gleichheit[7]), der Mehrheitsherrschaft[8]), der Toleranz[9]), des Pluralismus[10]), der Konkurrenz der Machteliten[11]), der Interessenbalance[12]), der Komplexität[13]), des Kompromisses[14]) oder der Partnerschaft[15]). Alles das sind Aspekte, die ganz oder teilweise richtig sind. Keine dieser Theorien erklärt aber alles, was zum demokratischen Verfassungssystem des Grundgesetzes gehört. Und umgekehrt: jede dieser Theorien müßte konsequenterweise zu wenigstens einigen Folgerungen führen, die mit dem demokratischen Verfassungssystem des GG unvereinbar sind. Kurz: keine dieser Theorien bezeichnet den *gemeinsamen Nenner,* auf den die verschiedenen Rechtsinstitute, in denen sich das demokratische Prinzip im GG konkretisiert, gebracht werden können. Eine kritische Auseinandersetzung ist an dieser Stelle nicht möglich; doch bieten sich im Zuge des folgenden Inter-

---

[6]) In der rousseauistischen Tradition vor allem *C. Schmitt,* Verfassungslehre, Neudruck 1954, S. 234; neuerdings spricht man auch von „Partizipation", vgl. dazu *F. Scharpf,* Demokratietheorie zwischen Utopie und Anpassung, 1970, S. 54 ff. m. w. Nachw.; hierher gehört auch die Definition von *Abraham Lincoln,* Demokratie sei „Government of the people, by the people, for the people".

[7]) *G. Leibholz,* Strukturprobleme der modernen Demokratie, 2. Aufl. 1964, S. 135, 137, 147, 152 f.; *derselbe,* Die Gleichheit vor dem Gesetz, 2. Aufl. 1959, S. 16 ff.; *K. Hesse,* VVDStRL 17 (1959), S. 17.

[8]) Hierzu: *Elias Berg.* Democracy and the Majority Principle — A Study in Twelve Contemporary Political Theories, Göteborg, 1965.

[9]) Vgl. Schüle, Festgabe für Smend, 1952, S. 335, 338; zur juristischen Ausprägung des Begriffs Toleranz vgl. auch *F. Werner,* Recht und Toleranz, in: Verhandlungen des 24. Deutschen Juristentages, 1963, Bd. 2, S. 138 ff.; *U. Eisenhardt,* Der Begriff der Toleranz im öffentlichen Recht, JZ 1968, S. 214 ff.

[10]) *A. F. Bentley,* The Process of Government, 1908; *R. A. Dahl,* Pluralist Democracy in the U. S., 1967; zu dieser Richtung vgl. *F. Scharpf,* aaO. (Anm. 6), S. 29 ff.

[11]) *J. A. Schumpeter,* Kapitalismus, Sozialismus und Demokratie, 1950, S. 427 ff. (wegen weiterer amerikanischer Literatur vgl. *F. Scharpf,* aaO., Anm. 6, S. 33 ff.); *R. Dahrendorf,* Gesellschaft und Demokratie in Deutschland, 1964, S. 41; in einem etwas anderen Sinne: *S. M. Lipset,* Political Man, 1960, S. 402 (Demokratie als „permanent insecurity for those in governing position").

[12]) *H. Lasky,* A Grammar of Politics, 6. Aufl. 1937; *B. Crick,* Eine Lanze für die Politik, 1966; vgl. jetzt *F. K. Fromme,* Der Demokratiebegriff des Grundgesetzes, DÖV 1970, S. 518.

[13]) Vgl. *N. Luhmann,* Komplexität und Demokratie, Politische Vierteljahreszeitschrift 10 (1969), S. 314 ff., *F. Scharpf,* aaO. (Anm. 6), S. 66 m. w. Nachw.

[14]) Z. B. *W. Trillhaas,* Stichwort „Kompromiß" in: Ev. Staatslexikon, Sp. 1113 ff.; *J. Messner,* Das Naturrecht, 4. Aufl. 1958, S. 721 ff.; *P. Furth,* Der Kompromiß als Wesensmerkmal der Demokratie, in: Die Kirche in der Welt 7 (1954), S. 89 ff.

[15]) *L. Roos,* Demokratie als Lebensform, 1969, S. 246 ff.

pretationsversuchs Gelegenheiten, beispielhaft einige Gesichtspunkte aufzugreifen.

Die Frage drängt sich auf: kann es überhaupt einen gemeinsamen Nenner für so entgegengesetzte Prinzipien wie Volksherrschaft und Repräsentation geben, denen ähnlich polare Begriffspaare entsprechen: Parlamentssouveränität und Verfassungsbindung, Mehrheitsprinzip und Minderheitenschutz, Gleichheit und Freiheit? Ist das GG nicht aus Kompromissen zwischen im Grunde unvereinbaren Ideen gebildet? Werden Verfassungsauslegung und Verfassungskonflikte nicht letztlich davon bestimmt, welcher dieser Ideen man aus gesinnungsmäßiger Zuneigung das größere Gewicht zumißt? Oder entsteht dieser Anschein nur, wenn man zuvor einseitige Aspekte verabsolutiert und mit logischer Konsequenz ins Extrem treibt, statt sie *dialektisch zu relativieren* und aufeinander zu beziehen?

Wenn es einen gemeinsamen Nenner gibt, so muß man ihn in der Geschichte der demokratischen Institutionen suchen (nicht also in der Geschichte der demokratischen Theorien, in denen die Ideenantagonismen schon angelegt sind). So wesentlich sich das Grundgesetz vom englischen Verfassungsrecht unterscheidet, so ist doch ein Blick in die *Geschichte des englischen Parlamentarismus* deshalb von Bedeutung, weil die englischen Institutionen in eigenständiger und kontinuierlicher Entwicklung den Typus der parlamentarischen Demokratie geprägt haben. Es ist in diesem Zusammenhang freilich nicht möglich, und nach den Ausführungen Herrn von Simsons auch nicht nötig, mehr zu tun, als einige Gesichtspunkte hervorzuheben.

II. Zum Typus „parlamentarische Demokratie"

1. Herrschaft des Volkes und Herrschaft des Rechts.

Meine Ausgangsthese ist folgende:

Herrschaft des Volkes im Sinne der parlamentarischen Demokratie ist identisch mit Herrschaft des Rechts (im Sinne der *rule of law*, nicht des Rechtsstaats). Herrschaft des Rechts[16])

[16]) Vgl. dazu etwa *H. Kelsen*, Reine Rechtslehre, 2. Aufl., 1960, S. 334 und öfter; *H. Krabbe*, Die Lehre der Rechtssouveränität, Groningen 1906 (hierzu *P. Häberle*, Zur gegenwärtigen Diskussion um das Problem der Souveränität, AöR 92 (1967), S. 259 ff., 263). Zum unterschiedlichen Inhalt des Begriffs Rechtssouveränität bei Krabbe und Kelsen siehe *G. E. Langemeijer*, Betrachtungen zum Begriff der Souveränität, in: Die moderne Demokratie und ihr Recht, Festschrift für Leibholz, 1966, Bd. 2, S. 91 ff. Siehe ferner die Bemerkung von *Ch. F. Menger* (Moderner Staat und Rechtspre-

darf nicht im Sinne des traditionellen deutschen Rechtsstaatsbegriffs des 19. Jh. gedeutet werden[17]), weil in diesem Rechtsstaatsbegriff die Verknüpfung der materiellen Rechtsidee mit ihren institutionellen *Realisierungsbedingungen* fehlte. Er erschöpfte sich in Gesetzlichkeit und reduzierte den Gedanken der materialen Gerechtigkeit auf den moralischen Appell, der sich letztlich auch an einen absoluten Souverän richten kann[18]).

Herrschaft des Rechts ist eher im Sinne der rule of law zu deuten[19]). Diese geht davon aus, daß sich das Recht dialektisch nach prozessualen Regeln aus den im Volk gemachten Erfahrungen der Unzulänglichkeit des schon bestehenden Rechts verwirklicht. Parlamentarische Demokratie ist geschichtlich und theoretisch zu begreifen aus der Übertragung des Gedankens des *gerichtlichen Prozesses* auf den *politischen Prozeß* der Gesetzgebung. Sie entstand aus der Suche nach den verhältnismäßig günstigsten institutionellen Bedingungen für die Verwirklichung des Naturrechts im positiven Recht.

Das englische Parlament hat seine geschichtliche Wurzel bekanntlich in der curia regis, einem Organ, das ursprünglich

---

chung, 1968, S. 25), das GG weise insofern „dualistische" Züge auf, als es dem demokratischen Prinizp der Volkssouveränität das materiell-rechtsstaatliche Prinzip der „Souveränität" des Rechts gegenüberstellte; hiergegen *U. Scheuner*, Das Grundgesetz in der Entwicklung zweier Jahrzehnte, AöR 95 (1970), S. 353 ff., 383 f.

[17]) Zur Vorgeschichte des „klassischen" Rechtsstaatsbegriffs vgl. *U. Scheuner*, Die neuere Entwicklung des Rechtsstaats in Deutschland, in: Hundert Jahre deutsches Rechtsleben, Festschrift zum hundertjährigen Bestehen des Deutschen Juristentages 1860—1960. S. 229 f.; *E. W. Böckenförde*, Entstehung und Wandel des Rechtsstaatsbegriffs, in: Festschrift für Adolf Arndt, 1969, S. 53 ff., 55 ff., 59; zur geistesgeschichtlichen Grundlage des „liberalen" Rechtsstaates nunmehr *Ch. Heinze*, Autonome und heteronome Verteilung, 1970, S. 18 ff.; zum „materialen" Rechtsstaatsbegriff vgl. *H. Heller*, VVDStRL Bd. 4, S. 115.

[18]) Nach *Kant* ist zwar die repräsentative Republik „die einzig bleibende Staatsverfassung, wo das *Gesetz* selbstherrschend ist und an keiner bestimmten Person hängt" (Metaphysik der Sitten, § 52, Ausg. Vorländer 1922, S. 170); aber auch in der absoluten Monarchie ist nach Kant der Zustand allgemein verpflichtender Gesetzlichkeit (also eine abstrakte Rechtsstaatlichkeit) gegeben. Diese darf nicht revolutionär beseitigt werden, der Übergang zur Republik wird der reformerischen Weisheit des Monarchen anheim gegeben.

[19]) *F. Neumann*, (Demokratischer und autoritärer Staat, 1967, S. 108) meint sogar etwas zugespitzt, die englische Lehre der „Rule of Law" und der deutsche Rechtsstaat „haben nichts gemein". Zur Rule of Law siehe *Sir Alfred Denning*, The changing Law, 1953, S. 5 ff.; *Sir Carlton Kemp Allen*, Law and Order, 2nd Ed., 1955, S. 22; *Sir Iver Jennings*, The Law and the Constitution, 5. Aufl. 1963, S. 42 ff.; *derselbe* in: Jennings-Ritter, Das britische Regierungssystem, 1970, S. 107 ff., 119 ff.

u. a. Rechtsprechungs- und Rechtsfortbildungsfunktion hatte. Seine Gesetzgebungsfunktion wurde seit dem 17. Jh. verstanden als *Rechtsfortbildung in größeren Zusammenhängen*, unabhängig von Präjudizien. Der Gesetzgeber war Beschleuniger, Richtpunktsetzer und Ordner der Rechtsfortbildung[20]).

Das Common Law gab es als Richterrecht vor den Gesetzen; Recht entsteht überhaupt zunächst als Richterrecht[21]). Die politische Gewalt zwingt den Austrag der Macht-, Interessen- und Ansichtsgegensätze in eine *prozessual geregelte Meinungskontroverse*, die in eine *verbindliche Dezision* mündet. Der Anfang der Rechtsgewinnung ist, daß jemand im Volk eine situationsbedingte Unrechtserfahrung macht und klagt. In einer Welt, in der sein Fall nicht gesetzlich vorentschieden ist, behauptet er eine Normhypothese z. B. von der Art: „so etwas braucht man sich nicht gefallen zu lassen". Gegenstand der Kontroverse ist die Frage, ob es gerechtfertigt wäre, die Normhypothese durch Entscheidung zur Norm zu machen und zwar durch präjudizielle Wirkung der ratio decidendi im Richterrecht oder durch Gesetz.

Rechtfertigen bedeutet, wie Chief Justice *Hale* schrieb: die in Frage kommenden Normalternativen vergleichen, die voraussichtlichen Konsequenzen für das praktische, menschliche, wirtschaftliche, soziale Leben abschätzen und diejenigen wählen, die bei unparteiischer Abwägung der begünstigenden und benachteiligenden Wirkungen die relativ geringsten Nachteile und größten Vorteile mit sich bringt[22]).

Die Möglichkeit, trotz der erheblichen Meinungsverschiedenheiten zu argumentieren und begründet zu entscheiden, beruht auf einem Urteilsvermögen und Gerechtigkeitssinn, von dem man annahm, daß er den Menschen, wenn auch in verschiedenen Graden der Begabung und Entwicklung gemeinsam sei, und den man deshalb als sensus communis oder *„common sense"* voraussetzte[23]). Die zugeordnete Dogmatik verstand sich als prudentia und nicht als scientia. Ihre Kernbegriffe waren, wie *Kluxen* für das englische 18. Jahrhundert gezeigt hat: circumstances, conveniency, opportunity, expediency, probabili-

---

[20]) *Matthew Hale*, Consideration Touching the Amendment or Alteration of Laws, ed. by Francis Hargrave (Collecteana juridica, 1791, S. 253—289; vgl. dazu *M. Kriele*, Die Herausforderung des Verfassungsstaates, Hobbes und die englischen Juristen, 1970, S. 18 ff.

[21]) Eingehender: *M. Kriele*, Theorie der Rechtsgewinnung, 1967, insbesondere S. 60 f.

[22]) *M. Kriele*, aaO., S. 162 f., 198 ff.

[23]) *Gadamer*, Wahrheit und Methode, 2. Aufl., S. 16 ff.

ty[24]). Fortschritte in der Einsicht wurden nicht durch Deduktion, sondern durch situationsbedingte Erfahrung gewonnen, durch „challenge and answer", durch „trial and error".

Man ging davon aus, daß politische Meinungsverschiedenheiten zum größten Teil (nicht alle) prinzipiell diskutierbar, aber so komplex sind, daß sie auf verbindliche Dezisionen angewiesen sind, deren Richtigkeit dann aber wieder in Frage gestellt werden kann. Rechtlicher Fortschritt ist ein unendlicher *Prozeß von Diskussion und Dezision*[25]).

In dem Maße, in dem die sozialen Verhältnisse komplexer werden, werden sie regelungsbedürftiger und gewinnt die parlamentarische Gesetzgebung mehr und mehr an Übergewicht über richterliche Rechtsbildung. Damit wird auch der *Entscheidungsprozeß komplexer.* Die diffuse Vielfalt von Anregungen und Ansichten zwingt zur Abfilterung des Relevantesten und Vordringlichsten. Volksherrschaft durch Parlamentarismus bedeutet deshalb in einer ersten vorläufigen Kennzeichnung dreierlei:

Einmal: Anstoß zum parlamentarischen Entscheidungsprozeß geben die im Volk gemachten situationsbedingten Erfahrungen der Entscheidungsbedürftigkeit und der öffentlichen Relevanz einer Sache. Gegenstand der Diskussion sind Selektion und zeitliche und rechtliche Prioritätenordnung, also die Fragen, welche Sachen entscheidungsbedürftig, welche von ihnen vordringlich sind und welche Entscheidung gerechtfertigt wäre. Die von den Repräsentanten getroffene *Entscheidung über Relevanz und Priorität* muß sich vor dem common sense der Wähler rechtfertigen. Der demokratische Legitimationszirkel ist also ein ständiger *Rechtfertigungs*prozeß. Die Wahl gewährleistet, daß sich die Bewertung der Relevanzen und Prioritäten im Großen und Ganzen im *Einklang mit dem common sense* hält.

Zum anderen: der grundlegende Satz des juristischen Ethos ist: *audiatur et altera pars* (oder, wie es deutschrechtlich hieß: Eenes Mannes Rede ist keenes Mannes Rede, man muß sie hören alle beede). Sind drei an der Sache beteiligt, so müssen sie alle drei zu Worte kommen, sind hundert beteiligt, so alle hundert, sind es alle, so müssen eben alle zu Gehör kommen. Da das praktisch nicht möglich ist, drängt dieses Ethos zwangsläufig zu Organisationsformen, die eine Repräsentation aller ermöglichen.

---

[24]) *K. Kluxen* (Hrsg.) Parlamentarismus, 1967, S. 99, 103.

[25]) Dazu näher *M. Kriele,* aaO., S. 191 ff.

Und schließlich: Das Problem der Repräsentation entsteht daraus, daß im politischen Prozeß, im Unterschied zum juristischen, *Plädierende und Entscheidende identisch* sein müssen. Nicht schiedsrichterliche Führung, sondern Entscheidung durch Mehrheit. Die Rolle des Königs als eines möglichen pouvoir neutre wurde im Lauf der Geschichte mehr und mehr zurückgedrängt. Das scheint auf den ersten Blick dem Grundsatz zu widersprechen: niemand kann Richter in eigener Sache sein. *Madison*[26]) entwickelt im „Federalist" das Prinzip der Mehrheitsentscheidung aber gerade aus diesem Satz, und das im Ergebnis zu Recht. Denn im politischen Prozeß ist eine *neutrale Instanz unmöglich*. Jeder denkbare Schiedsrichter ist, so sehr ihn sein Amt aus der Gesellschaft heraushebt, doch zugleich Mitglied der Gesellschaft, als solches in Interessen, Ideologien, Traditionen verstrickt und also notwendigerweise Partei[27]).

Im Prozeß des politischen Meinungskampfes gibt es nur gewissermaßen nautische Positionen[28]). Alles ist in Bewegung. Auch der festgehaltene Standpunkt ändert seine Funktion durch die Bewegung der Umwelt. Jede denkbare Position ist dialektisch einseitig. Niemand kann je sagen, seine Ansicht sei absolut vernünftig. Es gibt nur Grade von *Vertretbarkeit und Plausibilität*. Dafür gibt es aber keinen anderen Maßstab als den der möglichst breiten und dauerhaften Zustimmung. Es ist wie in der juristischen Dogmatik: daß ständige Rechtsprechung und herrschende Ansicht vernünftiger sind als die Mindermeinung, die nicht zu überzeugen vermag, ist nicht sicher, aber wahrscheinlicher als die gegenteilige Annahme.

Aus diesen historischen Prämissen entwickelten sich die Institutionen der parlamentarischen Demokratie mit einer gewissen Zwangsläufigkeit. Deutungsprobleme der Demokratie entstehen meistens aus einer Auflösung dieses dialektischen Zusammenhangs von Volksherrschaft und Repräsentation. *Volksherrschaft* wurde umgedeutet in *Volkssouveränität, Repräsentation in Wahrheitsfindung* durch Diskussion.

2. *Zur Umdeutung der Volksherrschaft in Volkssouveränität.*

Die auf *Rousseau* und die Verfassung von 1793 zurückgehende Idee von der Volkssouveränität deutet die notwendige *Identität*

---

[26]) *James Madison*, The Utility of the Union as a Safeguard against Domestic Faction and Insurrection, in Hamilton, Madison, Jay, The Federalist Papers (No. 10), The New American Liberary, 1961, S. 79.

[27]) So für den absoluten Monarchen *N. Elias*, Über den Prozeß der Zivilation, Bd. 2, 1962, S. 222 ff., insbesondere S. 239—241.

[28]) *Odo Marquard*, Skeptische Methode im Blick auf Kant, S. 54.

von Plädierenden und Entscheidenden um in *Identität von Herrschenden und Beherrschten.* Entscheidend soll der unmittelbare Volkswille und nicht die dialektisch erarbeitete Meinung über das Gerechtfertigte sein. Diese Theorie gibt es in zwei idealtypischen Varianten, je nachdem ob der Volkswille *empirisch* — so wie er ist (volonté de tous) — oder *hypothetisch* — so wie er sein sollte (volonté générale) — verstanden wird[29]).

Soll der *hypothetische Volkswille* zur Geltung gebracht werden, so ist die Bezugnahme auf den Volkswillen eigentlich entbehrlich. Statt zu sagen, was man will, sagt man, was das Volk wollen würde, wenn es seine wahren Interessen objektiv erkennte. Die Frage ist dann nur, wer darüber zu entscheiden hat, was der wahre Volkswille ist. Will man den empirischen Volkswillen dennoch nicht völlig ignorieren, so muß man darauf bedacht sein, den empirischen Volkswillen dem hypothetischen anzupassen: Erziehungsdiktatur. Dialektik geht, ebenso wie Humanität, im alles rechtfertigenden Zweck auf und damit verloren.

Wird im Namen des demokratischen Prinzips die unmittelbare Realisierung des *empirischen Volkswillens* gefordert, so kann das auf ein Rätesystem[30]) hinauslaufen[31]), das in der Regel gekennzeichnet ist durch:

imperatives Mandat,

Abberufbarkeit der Gewählten,

Allzuständigkeit des Rats und

meist auch mittelbare Wahl, die von der Basisgruppe über Lokal- und Regionalräte zum Zentralrat führt.

Alle diese Elemente stehen mit den in Art. 20, 38, und 39 GG niedergelegten Grundsätzen im Widerspruch.

---

[29]) Dazu *D. Schindler,* Über die Bildung des Staatswillens in der Demokratie, 1921, S. 31—51. Zur Entwicklung einer totalitären Demokratiekonzeption aus rousseauistischen Ansätzen vgl. *I. Fetscher,* Rousseaus politische Philosophie, 2. Aufl. 1968, S. 259 ff.; *J. L. Talmon,* The Rise of Totalitarien Democracy, 1952, dazu *F. Scharpf,* aaO. (Anm. 6), S. 26.

[30]) Vgl. hierzu *J. Agnoli — P. Brückner,* Die Transformation der Demokratie, 1968; *F. Naschold,* Organisation und Demokratie, 1969, S. 24 ff.; *K. v. Beyme,* Die parlamentarischen Regierungssysteme in Europa, 1970, S. 470 ff.

[31]) Aber nicht notwendigerweise, vgl. *Ivo Krbek,* Repräsentation nach der Doktrin der Volkssouveränität, in: Die moderne Demokratie und ihr Recht (Leibholz-Festschrift) Bd. 2, 1966, S. 69 ff. Der Standpunkt des Verfassers ist nicht nur durch die Terminologie („konkrete" gleich unmittelbare, „abstrakte" gleich repräsentative Demokratie) dem hier Vorgetragenen entgegengesetzt.

Die „Volkssouveränität" läßt sich freilich auch dem parteienstaatlichen Parlamentarismus unterschieben und interessiert uns vor allem in dieser Gestalt[32]). Parlamentarische Demokratie gilt dann, wie es *Hans Maier* ausgedrückt hat, als ein *„defizienter Modus unmittelbarer Volksherrschaft"*[33]). Ansätze zu solchem Denken finden sich gelegentlich auch bei angelsächsischen Theoretikern[34]). Der Wirklichkeit der parlamentarischen Institutionen, die von der rule of law ausgehen, sind sie ursprünglich aber fremd. *Rousseau* ersetzte den souveränen König *Hobbes'*scher Prägung durch das souveräne Volk, das im Paralament organisiert wird[35]). Im angelsächsischen Rechtsdenken konnte es aber *keinen Souverän* geben[36]). Auch der Monarch hatte nur die ihm durch das Recht zugewiesenen Kompetenzen. Souveränitätsanmaßung im 17. Jahrhundert führte zu Revolution und Bürgerkrieg, aber nicht, wie in der französischen Revolution, mit dem Ziel, königliche Souveränität durch Volkssouveränität zu ersetzen, sondern mit dem Ziel, wieder allgemeinen Respekt für die Rechts- und Kompetenzordnung zu erzwingen[37]).

---

[32]) z. B. *G. Leibholz*, Zum Begriff und Wesen der Demokratie, in: Strukturprobleme der modernen Demokratie, 1964, S. 142 ff.; dazu ausführlich *L. Roos*, aaO. (Anm. 15), S. 42 ff. Wir haben dann, zugespitzt ausgedrückt, angelsächsische Institutionen mit französischer Ideologie; aus dieser Spannung entstehen zahlreiche Probleme. Vgl. dazu *E. Fraenkel*, Deutschland und die westlichen Demokratien, 4. Aufl. 1968, S. 81 ff. Beispiel für eine solche Unterschiebung: *W. Abendroth*, Das Grundgesetz, eine Einführung in seine politischen Probleme, 1966, S. 78 ff.

[33]) *H. Maier*, Politische Wissenschaft in Deutschland, 1969, S. 186; ähnlich *H. Kelsen*, Vom Wert und Wesen der Demokratie, 1929, S. 24 f. (abgedruckt in: Lenk-Neumann, Theorie und Soziologie der politischen Parteien, 1968, S. 132, 139).

[34]) Vgl. dazu *F. Nuscheler*, Walter Bagehot und die englische Verfassungstheorie, Heidelberger politische Schriften, Bd. 2, 1969; *K. Streifthau*, Die Souveränität des Parlaments, 1963, S. 28 ff. (über Bentham) und S. 43 ff. (über J. Austin).

[35]) *W. Kägi*, Rechtsstaat und Demokratie, in: Festschrift für Giacometti, 1953, S. 109 f.

[36]) Auch die kontinentale Staatslehre bemüht sich immer wieder, vom abstrakten „Souverän" zur dialektisch verstandenen, d. h. in die institutionelle Ordnung integrierten und diese respektierenden „Souveränität" zu kommen. *Hegel* spricht in diesem Sinne von „Idealität" der Souveränität (Rechtsphilosophie, §§ 278 f.), *M. Hauriou* bestimmt Souveränität geradezu als „Selbstbeherrschung", Précis de Droit Constitutionel, 1923, S. 159. Auf der Basis der Scheelerschen Philosophie kommt *E. Denninger*, Rechtsperson und Solidarität, 1968, S. 273 ff., 280 ff. zu ähnlichen Formulierungen.

[37]) *M. Kriele*, Die Herausforderung des Verfassungsstaates — Hobbes und englische Juristen, 1970, vor allem die Abschnitte 5 und 7.

3. Zur Umdeutung der Repräsentation in Diskussion.

In der parlamentarischen Demokratie ist *Staatswillensbildung Meinungsbildung,* die in eine verbindliche Dezision mündet. Meinungen werden freilich nur idealiter durch Vernunft, die bloß das Interesse des Ganzen und die gerechte Abwägung partikularer Interessen im Auge hat, bestimmt. Meinungen sind unvermeidlich selbst durch Willensrichtungen motiviert.

Deshalb lassen die Theoretiker der Volkssouveränität den Staatswillen unmittelbar aus den Einzelwillen hervorgehen und erklären die Vermittlungsstation der Meinungsbildung für eine sowohl überflüssige als auch illusorische Annahme.

Dieser *Vulgärvoluntarismus* gewinnt seine Gängigkeit aus der Polemik gegen einen rationalistischen Repräsentationsbegriff. Seine klassische Formulierung fand er bei *Carl Schmitt. Schmitt* hat die geistesgeschichtliche Grundlage des Parlamentarismus durch die Begriffe *Diskussion und Öffentlichkeit* gekennzeichnet[38]). Diskussion deutete er so, als sei der Austausch von Argumenten zwischen den Parlamentariern gemeint. Was durch öffentliche Diskussion bewirkt werden solle, sagt *Schmitt,* „war nicht weniger als Wahrheit und Gerechtigkeit selbst"[39]). Diesem Idealbild stellt *Schmitt* die desillusionierende Realität gegenüber[40]): nicht vernünftig diskutierende Abgeordnete, sondern ideologisch festgelegte Fraktionen, der einzelne Abgeordnete durch Fraktionszwang gebunden.

Der Wirklichkeit des Parlamentarismus lag aber trotz des Anscheins, den die von *Schmitt* zusammengestellten Zitate vermitteln, niemals dieser Diskussionsbegriff zugrunde. Daß politische und soziale Fundamentalgegensätze nicht ausgetragen werden können, indem man sich einmal in Ruhe zusammensetzt und Argumente austauscht, das war auch schon im 17., 18. und 19. Jahrhundert so und ist übrigens auch den theoreti-

---

[38]) *C. Schmitt,* Die geistesgeschichtliche Lage des heutigen Parlamentarismus, 2. Aufl. 1926, S. 37 f.

[39]) *C. Schmitt,* aaO. (Anm. 38), S. 61. Diese Ansicht wird heute nicht mehr ernsthaft vertreten (vgl. *Th. Ellwein,* Politische Verhaltenslehre, 1964, S. 78 f.; *H. Krüger,* Allgemeine Staatlehre, 1964, S. 444 — „Wunderglaube" —); trotzdem knüpft die „linke" Parlamentarismuskritik (in Nachfolge von *C. Schmitt)* noch immer gern hier an, vgl. *J. Agnoli — P. Brückner,* aaO. (Anm. 30), S. 7 ff., 55 ff.; dazu *F. Scharpf,* aaO. (Anm. 6) S. 23 f.

[40]) Ähnlich (Parlamentarismus als technisch-rationales System ohne Integrationskraft), *R. Smend,* Verfassung und Verfassungsrecht, 1928, S. 36 ff.; dazu *W. Bauer,* Wertrelativismus und Wertbestimmtheit im Kampf um die Weimarer Demokratie, 1968, S. 291 ff. (dessen Urteil über die *Smend*'sche Integrationslehre insgesamt zu einseitig ausgefallen ist).

sierenden Beobachtern der Wirklichkeit des englischen Parlaments im allgemeinen nicht entgangen. Das ideologiekritische Denken war, von *Bacon* vorgeprägt, von *Mandeville, Shaftesbury* und *Hume* ausgebildet, schon im frühen 18. Jahrhundert Gemeingut der politischen Öffentlichkeit Englands, hauptsächlich in der Gestalt der Rückführung von „reason" auf „passion", „appetite", „interest"[41]).

Das bedeutet aber nicht, daß Argumente überhaupt politisch funktionslos, daß sie bloß Derivate von Residuen oder Spiegelungen von Klasseninteressen seien, wie es die radikale „Ideologieentlarvung" verschiedener Couleur beschreibt[42]). Das ist das andere und ebenso falsche Extrem.

Meinungen sind untrennbar verknüpft mit Interessen, mit Machtfragen, mit Autoritäten, mit Traditionen, die man oft nur geistes- und religionsgeschichtlich verstehen kann. Freiwillige Optionen für politische Gruppen oder Parteien kann man heute im Zeitalter der *Tiefenpsychologie* aus individual-, gruppen-, alterspsychologischen und anderen Strukturen und Konstellationen erklären. Politische Meinungen sind wie die Spitzen von Eisbergen, was sie letztlich bestimmt, bleibt unter der Oberfläche des Bewußtseins. Das Argument aber bleibt über der Oberfläche und kann sie deshalb nicht unmittelbar bewegen.

Was politische Meinungen ändern kann, sind tiefreichende *Erfahrungen*. Die Sicht des Vierzigjährigen unterscheidet sich meist sehr von der des Zwanzigjährigen. Die Sicht der päpstlichen Sozialenzykliken und der sozialistischen Parteiprogramme von heute unterscheidet sich wesentlich von der von vor fünfzig oder hundert Jahren. Doch führen im politischen Bereich gleiche Erlebnisse zu ganz unterschiedlichen Erfahrungen. Das erklärt sich daraus, daß die komplexen wirtschaftlichen, sozialen, geschichtlichen und anderen Zusammenhänge nur durch theoretische Interpretationsschemata erklärt werden können. Erfahrung entsteht durch ein Hin- und Herwandern des Blicks zwischen *Erlebnis* oder Information einerseits und theoretischem *Erklärungsschema* andererseits. Die Interpretationsschemata bilden den Kitt für Gruppensolidarität. Nehmen die in der Gruppe geltenden Autoritäten neue Erfahrungsgesichtspunkte auf und vertreten sie, so prägen sie die Gruppenmeinung allmählich um.

---

[41]) Siehe *K. Kluxen*, Das Problem der politischen Opposition, Entwicklung und Wesen der englischen Zweiparteienpolitik im 18. Jahrhundert, 1956, vor allem das 5. Kap.; *K. Lenk*, Problemgeschichtliche Einleitung, in: *K. Lenk* (Hrsg.), Ideologie — Ideologiekritik und Wissenssoziologie, 3. Aufl. 1967, S. 18 ff.

[42]) Vgl. die Nachweise bei *K. Lenk*, aaO. (Anm. 41).

Argumente haben also eine doppelte Funktion. Einerseits schaffen sie Problembewußtsein, sie erklären, was, wie man im Englischen so treffend sagen kann, „issue“, der Kern der Streitfrage ist. D. h., sie vermitteln die Interpretationsschemata, die aus dem unendlichen Fluß diffuser Erlebnisse das Relevante sichtbar machen. Dadurch erst werden Erlebnisse zu Erfahrungen. Andererseits relativieren Argumente die Interpretationsschemata, indem sie Tatsachen geltend machen, die mit diesen nicht oder nicht zulänglich erklärbar sind und wandeln die Schemata auf diese Weise um. Kurz: Argumente und Diskussionen ändern Meinungen meistens nicht unmittelbar und sofort, aber sie leiten langfristig die Erfahrungen, die ihrerseits Meinungswandlungen herbeiführen. Wenn man so die Einsichten der Ideologiekritik und der Gruppenpsychologie einbezieht, so wandelt sich das rationalistische Verständnis der Diskussion in ein dialektisches, wenn man unter Dialektik versteht: Verwirklichung des Naturrechts im Prozeß geschichtlicher Erfahrung.

Ihren dialektischen Gang in diesem Sinne nimmt die Geschichte auch ohne parlamentarische Demokratie, dann aber auf langwierigen und blutigen Wegen über Souveränität und Revolution, Bürgerkrieg, Diktatur und Terror. Der Sinn der parlamentarischen Demokratie ist, die geschichtliche Dialektik gewissermaßen an prozessuale Regeln zu binden, die ihr Freiheit geben und zugleich ihre Friedlichkeit gewährleisten. Die geistesgeschichtliche Grundlage der parlamentarischen Demokratie kann man mit *Ernst Troeltsch*[43]) in der *gemeineuropäischen Naturrechtstradition* finden, sofern man unter Naturrecht nicht einen feststehenden Normenkomplex versteht, sondern den geschichtlichen Prozeß dialektischer Rechtfertigung, die die relativ größte Chance der Verwirklichung der Gerechtigkeit im positiven Recht eröffnet.

Im Folgenden wird das demokratische Prinzip zunächst in Konfrontation mit der Idee der Volkssouveränität und sodann in Konfrontation mit der rationalen Repräsentationsidee beleuchtet.

III. Art. 20 II GG und Volkssouveränität.

1. Das Grundgesetz erkennt an, daß der *pouvoir constituant* beim Volk lag. Wie es in der Präambel heißt, „. . . hat das deutsche Volk in den Ländern . . . kraft seiner verfassungsgebenden Gewalt dieses Grundgesetz beschlossen“.

---

[43]) *E. Troeltsch,* Naturrecht und Humanität in der Weltpolitik, Berlin 1923, abgedruckt in engl. Sprache in: *O. Gierke,* Natural Law and the Theory of Society I, Cambridge 1934, Appendix I, S. 201 ff.

Der pouvoir constituant ist aber nunmehr im Grundgesetz aufgehoben: *pouvoir constitué*. Im Wege des Art. 79 kann das Grundgesetz *geändert*, aber nicht *ersetzt* werden. Eine neue Verfassung zu schaffen ist tatsächlich möglich, aber nicht *verfassungsrechtlich* vorgesehen. Die Möglichkeit der Verfassungsablösung ist eine Frage der Staatslehre, nicht des Staatsrechts.

Da das Grundgesetz als provisiorische Regelung bis zur Wiedervereinigung gedacht war, ist allerdings in Art. 146 vorgesehen, daß dann das (ganze) deutsche Volk in freier Entscheidung eine es ablösende Verfassung beschließen kann. Man hat aus Art. 146 auf die Möglichkeit geschlossen, daß sich auch das „Volk der Bundesrepublik" eine neue Verfassung geben kann. Das ist nicht richtig. Eine Volksabstimmung über eine neue Verfassung im Gebiet der Bundesrepublik wäre ein *revolutionärer* Akt. Mit der Berufung auf Art. 146 will man dem Bedürfnis nach Legitimitätskontinuität scheinbar entgegen kommen, in Wirklichkeit die Legitimitätskontinuität aber durchbrechen[44]).

Die *Selbstbeschränkung der verfassunggebenden Gewalt* in Art. 79 III, 21 II, 9 II, 20 IV kann eben nicht legal, sondern nur revolutionär überspielt werden. Diese Selbstbeschränkung ist freilich mit der rousseauistischen Vorstellung der Volkssouveränität nicht in Einklang zu bringen[45]). Demokratie als Prozeß der Rechtsverwirklichung erklärt sie zwanglos: eine in der neuzeitlichen Geschichte des westlichen Verfassungsstaats erreichte Stufe des Fortschritts wird festgehalten[46]).

Die verfassungsgebende Volkssouveränität gehört zwar für die meisten Franzosen seit der französischen Revolution zu einer mindestens einmal im Leben persönlich erfahrenen Realität.

---

[44]) *H. Dichgans*, Eine verfassungsgebende Nationalversammlung?, ZRP 1968, S. 61 ff.; dazu *W. Schütte*, ZRP 1969, S. 34. Vgl. ferner *W. Thieme*, Für eine Totalrevision des Grundgesetzes, ZRP 1969, S. 32 ff.; *R. Dahrendorf*, Der Volkswirt 1968, S. 16; *Th. Eschenburg*, „Die Zeit" v. 28. 6. 1968, S. 5 und v. 5. 7. 1968, S. 7; *H. Schäfer*, Bedarf unser Grundgesetz einer Gesamtrevision, in: Aus Politik und Zeitgeschichte, Beilage zu „Das Parlament", vom 3. 4. 1968, S. 3 ff.; *F. K. Fromme*, „Totalrevision" des Grundgesetzes, in: „Zeitschrift für Politik", 1970, S. 87 ff.; *U. Scheuner*, Der Staat, wie wir ihn wünschen, Nach zwanzig Jahren Bundesrepublik, in: Politische Meinung, 1969, S. 19 ff.

[45]) Vgl. *U. Scheuner*, Festschrift für Kaufmann, 1950, S. 317 f.; *W. Kägi*, aaO. (Anm. 35), S. 132 ff.

[46]) Das ist der richtige Kern der herkömmlichen Formel von der „wertgebundenen Demokratie"; siehe *H. Peters*, Festschrift für Giacometti, 1953, S. 229 ff.; *Dürig*, in: Maunz-Dürig-Herzog, Kommentar zum Grundgesetz, RN 20 zu Art. 79; weitere Nachweise bei *L. Roos*, aaO. (Anm. 15), S. 169, Anm. 72.

Deshalb steht sie in der französischen Ideologie sehr im Vordergrund. Für die Demokratie vorwiegend angelsächsischer Prägung gehört sie zu einer theoretisch bewußten Möglichkeit, die außer bei Staatsgründungen nur für besondere Ausnahmesituationen in Frage kommt. Vernünftig ist, den Ausnahmezustand zu vermeiden[47]) und nicht die *Stabilität der demokratischen Verfassung* durch unnötige Appelle an den pouvoir constituant aufs Spiel zu setzen.

2. Das Grundgesetz unterscheidet in Art. 20 II zwischen *Trägerschaft* und *Ausübung* der Staatsgewalt und spricht dem Volke die Trägerschaft zu. Doch wird *alle* Staatsgewalt durch besondere Organe ausgeübt. Daß sie vom Volk ausgeht, besagt in diesem Zusammenhang: alle Organe unterliegen dem Anspruch, für das Volk, in seinem Interesse zu handeln[48]). Entscheidungskompetenz bedeutet Entscheidungsverantwortung.

Unterschiebt man dem demokratischen Prinzip des Grundgesetzes den rousseauistischen Begriff der Volkssouveränität, so folgt daraus zumindest eine durch die Verfassungsordnung eingeschränkte Universalkompetenz, also mindestens die Auslegungsregel: das Volk könne Entscheidungen treffen, soweit das GG das nicht ausdrücklich ausschließe. Die Volkssouveränität quillt dann in alle Grundgesetzlücken hinein.

Rule of law bedeutet demgegenüber Einbindung jeder Gewalt in die Kompetenzordnung. Wie im juristischen Prozeß der Vertretene nicht statt des Prozeßvertreters handeln kann und auch nicht beliebig neben ihm, so auch im politischen Prozeß. Während Entscheidungs*kompetenz* Entscheidungs*verantwortung* bedeutet, ist innerstaatliche Souveränität gerade durch den Ausschluß der Verantwortlichkeit gekennzeichnet. Deshalb hat auch das Volk nur die Kompetenzen, die sich aus dem Grundgesetz ergeben.

Im Hinblick auf *Plebiszite* ist eine Kompetenz zu Abstimmungen über die im GG vorgesehenen Fälle hinaus zu verneinen. Das ergibt sich eindeutig aus der genetischen Auslegung[49]). Die Grundgesetzväter waren der Ansicht, daß die Instabilität der Weimarer Verfassung durch die vielfältigen plebiszitären Möglichkeiten mitbedingt war. Wieweit diese Ansicht zu Recht bestand, ist eine historische und verfassungspolitische Frage. Für die juristische Auslegung ist entscheidend, daß die im GG vor-

---

[47]) *Odo Marquard,* Hegel und das Sollen, Philosophisches Jahrbuch 72 (1964) S. 103 ff.

[48]) Übereinstimmend: *K. Hesse,* VVDStRL 17 (1959), S. 19 f.

[49]) Wie vor allem *F. K. Fromme:* Von der Weimarer Verfassung zum Bonner Grundgesetz, 1960, S. 150 ff. belegt hat.

gesehenen Abstimmungsfälle erschöpfend sein sollten. Der Einführung weiterer plebiszitärer Elemente in das Grundgesetz stünde das demokratische Prinzip aber nicht im Wege; sie ließe sich verfassungspolitisch aus diesem Prinzip durchaus rechtfertigen.

Die Frage, ob unverbindliche, aber offizielle und förmliche *Volksbefragungen* in zur Entscheidung anstehenden Sachen mit dem demokratischen Prinzip vereinbar sind, hat das Bundesverfassungsgericht im Atombewaffnungsfall offen gelassen[50]). M. E. ist die Frage zu verneinen. Denn liegt die Kompetenz zur Entscheidung der Sache bei einem Bundesorgan, so trägt dieses auch die Entscheidungsverantwortung. Das Organ könnte zwar rechtlich dem Ergebnis der Volksbefragung zuwider handeln. Damit würde es aber die Legitimität des Repräsentativsystems erschüttern. Das Volk könnte nicht verstehen, warum es dann befragt worden ist. Man wäre also praktisch genötigt, der Entscheidung zu folgen. Das aber hieße, sich der Entscheidungsverantwortung entziehen[51]).

3. Volksherrschaft manifestiert sich drittens im Prinzip der *Gleichheit* — nicht als Gegenprinzip zu Freiheit, sondern zu Privilegien: Recht auf Ungleichheit für alle, nicht nur für einige[52]). Aus Gleichheit folgt deshalb nicht z. B. Auflösung der Ämter- und Kompetenzordnung, sondern gleicher Zugang zu öffentlichen Ämtern und folglich eine verfassungsrechtliche Pflicht, Gleichheit der Bildungschancen herzustellen und zu bewahren.

Besonders wichtig, wenn auch erst jüngeren Datums, ist das allgemeine und gleiche *Wahlrecht*. Die Entwicklung dahin empfing im 19. Jahrhundert die wichtigsten Impulse aus der französischen Revolution. Der Schluß, daß es sich deshalb um einen Ideenkompromiß zwischen rousseauistischer Volkssouveränität und Parlamentarismus handele, ist jedoch nicht berechtigt. Politische Selbstbestimmung folgt vielmehr konsequent aus der notwendigen Identität von Plädierenden und Entscheidungen selbst. Die Erfahrung der französischen Revolution förderte das Selbstbewußtsein und die politische Kraft, die nötig war, um diese Konsequenz gegen die hemmende Kraft der Bevorrechtigten durchzusetzen, aber nicht gegen die Herrschaft des Rechts, sondern gegen Privilegien.

---

[50]) BVerfGE 8, 104 ff.

[51]) a. A. *Hamann*, Das Grundgesetz, 2. Aufl. 1960, Anm. 36 zu Art. 20.

[52]) *O. Marquard*, Hegel und das Sollen, aaO. (Anm. 47), S. 103 ff., 113; *Th. W. Adorno*, Minima Moralia, S. 130 f.

Zunächst hatte die englische Geschichte des Parlamentarismus die Voraussetzung dafür geschaffen, daß das oberste Entscheidungsorgan überhaupt ein aus Wahlen hervorgegangenes Parlament war. Das wichtigste Argument der englischen Juristen des 17. Jahrhunderts dafür war die unendliche Komplexität der entscheidungsfälligen Probleme, die den prozeßhaften Charakter des Entscheidungsvorgangs erfordert. Der *Hobbes*'sche Einwand, daß dabei ein *anthropologischer Optimismus* vorausgesetzt sei, verfehlte das Problem der Komplexität und mußte schon deshalb wirkungslos bleiben[53]). Zum anderen erwies sich dieser Einwand auch als in sich unschlüssig. Die Annahme, der Mensch sei böse, ausgenommen die Mächtigen in Staat, Wirtschaft und Militär, ist ja weder realistisch noch konservativ, sondern bloß unbegründet. Die Entwicklung der Demokratie beruhte nicht, wie man so oft behauptet, auf der Annahme, daß der Mensch gut sei, sondern auf der Annahme, daß die Mächtigen auch nicht besser seien als andere Leute[54]) und obendrein der Verführung durch die Macht ausgesetzt[55]).

Ausschlaggebend für die ständige Verbreiterung des Wahlrechts wurden jedoch zwei Einsichten:

Einmal: common sense, *politisches Urteilsvermögen*, Gerechtigkeitssinn ist *unabhängig* von Besitz, Bildung und beruflichem Erfolg und durch alle Schichten des Volkes gleichmäßig verteilt, ebenso wie die Demagogisierbarkeit[56]). Die Wahrheit dieses Satzes hat die Geschichte oft erwiesen. Z. B. waren unter den Enthusiasten Hitlers Besitz und Bildung reichlich ver-

---

[53]) Vgl. *M. Kriele*, Die Herausforderung des Verfassungsstaates, 1970, Abschnitt 10.

[54]) Vgl. zur Idee des „common man" als Voraussetzung der Demokratie *C. J. Friedrich*, Demokratie als Herrschafts- und Lebensform, 1959, S. 37 ff., 47 ff.; *L. Roos*, aaO. (Anm. 15) S. 176 ff. mit weiteren Nachweisen.

[55]) *L. Roos*, aaO. (Anm. 15) S. 186 ff. (mit weiterer Literatur) spricht geradezu von „Institutionalisierung des anthropologischen Mißtrauens". Vermittelnd: *R. Bäulin* in: Evengelisches Staatslexikon, 1966, Stichwort „Demokratie", Sp. 280 f.

[56])Als *Wigard* in der Debatte des Verfassungsausschusses der Deutschen Nationalversammlung über das Wahlgesetz im Januar 1849 bestritt, daß mit Besitz und Bildung bessere politische Urteilskraft einhergingen, erwiderte ihm *Dahlmann:* er glaube nicht, daß Herrn Wigard der Beweis gelungen sei, daß unter den Ungebildeten ebensoviel Bildung herrsche wie unter den Gebildeten und daß die Abhängigen ebenso frei seien wie die Unabhängigen *(Wilhelm Mommsen*, Deutsche Parteiprogramme vom Vormärz bis zur Gegenwart, 1951, S. 41 f.). Das verfehlte Wigards Argument und ist ein Beispiel für die advokatische Demagogie, mit der die Bildung ihre Privilegien verteidigte.

treten, während mancher rechtschaffene Arbeiter die Wahrheit wußte. Das erforderliche Sachwissen setzt zwar ein Minimum an Volksbildung voraus. Allgemeine Schulpflicht ist deshalb ein zwingendes Erfordernis des demokratischen Prinzips. Aber angesichts der Komplexität übersteigt das Sachwissen ohnehin die Fassungskraft selbst der Erfahrensten. Der Wähler wird in der Regel nicht von Sacheinsichten motiviert, sondern von Vertrauen in die gleichgerichtete Beurteilung der Relevanzen und Prioritäten im großen und ganzen.

Sodann: Der Blick für die *Unmöglichkeit der Neutralität* wurde in dem Maße geschärft, indem sich im 19. Jahrhundert der Gegensatz zwischen Arm und Reich zuspitzte und die soziale Frage virulent wurde. Das Honoratiorenparlament wurde ideologiekritisch als Klassenparlament gedeutet. Empörung über soziale Ungerechtigkeit, Verbreiterung der Volksbildung und ein durch die französische Revolution gestärktes Bewußtsein gleicher Menschenwürde machte die Parole „one man, one vote" schließlich unabweisbar. Die ohnehin unausweichliche *Identität von Plädierenden und Entscheidenden* wurde vom Parlament *auf die Wählerschaft ausgedehnt.*

4. Volksherrschaft manifestiert sich ferner in den *Prärogativen der Parlamente.* Die regelmäßig wiederkehrende *Wahl* des Bundestages und der Landtage ist der Kern der demokratischen Legitimation. Die demokratische Legitimität aller anderen Staatsorgane ist durch sie vermittelt: *einmal* durch ihre unmittelbare oder mittelbare Abhängigkeit organisatorischer, personeller, budgetmäßiger Art und die rechtliche und politische Kontrolle.

Was die budgetmäßige Kontrolle angeht, so machen allerdings Planung und Gemeinschaftsaufgaben die Parlamente zwar nicht rechtlich, aber praktisch zu Vollzugsorganen von Entscheidungen, die auf der Ebene der Regierung und Verwaltung getroffen sind. Das *Budgetrecht,* angesichts der „festliegenden Ausgabeposition" ohnehin auf 10 % des Haushalts geschrumpft, wird fast gänzlich ausgehöhlt[57]). Vorschläge zur Abhilfe laufen im wesentlichen hinaus auf Informations- und Mitspracherechte der Parlamente oder ihrer Ausschüsse bei der Beratung und Aufstellung der Pläne, auf Bewilligungsbedürftigkeit des Plans oder Ausbau der parlamentarischen Hilfs-

[57]) Zur Problematik vgl.: *Stern-Münch,* Kommentar zum Stabilitätsgesetz, 1967, 1. Teil Einführung, S. 55 m. w. Nachw.; *M. Abelein,* Finanzplanung und Haushaltsrecht, ZRP, 1969, S. 242 ff.

dienste[58]). Davon sind Linderungen, aber wohl kaum Lösungen des Problems zu erwarten.

Zum anderen vermittelt die Wahl die demokratische Legitimität der Gesetze[59]). Die Prärogative des gewählten Organs manifestiert sich vor allem in der Rechtsetzungsprärogative, also der Kompetenz, jede generelle Rechtsfrage im Rahmen der Verfassungsordnung an sich zu ziehen und für alle anderen Organe verbindlich zu entscheiden. Deshalb gehören zum demokratischen Prinzip die Gesetzmäßigkeit der Verwaltung, die *Unterworfenheit des Richters unter das Gesetz,* die das demokratisch unerläßliche Korrelat seiner Unabhängigkeit ist, und das Verwerfungsmonopol des Bundesverfassungsgerichts.

Die rousseauistische Idee der Volkssouveränität tendiert zu einer Umdeutung der *Rechtsetzungsprärogative* zu einem *Rechtsetzungsmonopol.* Praktische Folge ist das Verbot konkurrierender Rechtsgewinnung. Die Beschränkung der Verwaltung auf Gesetzesvollzug, auch im Bereich der Leistungsverwaltung, wird postuliert. Die juristische Methodenlehre wird auf Gesetzesauslegung reduziert, die ganze Theorie der Rechtsgewinnung auf ein Prokrustesbett von Postulaten und Fiktionen gespannt. Hier besonders zeigt sich: das Problem Prärogative oder Monopol der parlamentarischen Rechtsetzung — das ist nicht eine Frage der Option, sondern der Einsicht in das Wirkliche und Mögliche[60]).

---

[58]) Vgl. die Vorschläge von *Abelein,* aaO. (Anm. 57) S. 244; U. Scheuner, Verfassungsrechtliche Probleme einer zentralen staatlichen Planung, in: *J. A. Kaiser* (Hrsg.), Planung, Bd. 1, 1965, S. 67 ff.; zur demokratischen Kontrolle der Planung vgl. *R. Herzog,* Stichwort „Planung", in: Evangelisches Staatslexikon, 1966, Sp. 1524 ff.; zur Notwendigkeit der Planung im demokratischen Staat bereits K. *Mannheim,* Diagnose unserer Zeit, 1952, S. 11 ff.

[59]) Zur Legitimationsfunktion der Wahlen vgl. u. a. *N. Gehrig,* Parlament-Regierung-Opposition, 1969, S. 78; von *Nitzsche,* Stichwort „Wahlen", in: *A. Görlitz,* Handlexikon zur Politikwissenschaft, 1970, S. 458 ff.; W. *Piepenstock,* ZRP 1969, S. 159 ff.; ferner *Hamann-Lenz,* Grundgesetz für die Bundesrepublik Deutschland, 3. Aufl. 1970, S. 356.

[60]) Zum Begriff „Rechtsetzungsprärogative" vgl. *M. Kriele,* „Theorie der Rechtsgewinnung", 1967, S. 60 ff. Die Unterworfenheit des Richters unter das Gesetz ist mit der Annahme, daß es kein Rechtsetzungsmonopol, sondern nur eine Rechtsetzungsprärogative geben könne, nicht im mindesten infrage gestellt, wie behauptet worden ist. Auf die „Frage, ob der Richter gegenüber dem Gesetz größere Freiheit haben sollte . . . kann es nur ein entschiedenes Nein geben: der Richter ist dem Gesetz unterworfen. Dieses Prinzip aufweichen, bedeutet, die gesetzgebende Gewalt ihrer Prärogative berauben, und die rechtlichen Dezisionen der Willkür des Richters und dem dunklen Einfluß unkontrollierbarer interessierter Milieus zu überliefern. Kurz, es bedeutet Preisgabe der Prinzipien von Ge-

5. *Staatsbürgerliche Einflußrechte.* Die zwischen den Wahlen liegende, vom Volk ausgehende Mitwirkung an der Meinungs- und Willensbildung durch Parteien, Verbände, öffentliche Meinung, Petitionen ist nicht nur zur Vorbereitung auf die Wahl wesentlich. Die Staatsorgane werden von ihr angeregt, informiert, kontrolliert und im großen und ganzen im Einklang mit den Meinungen des Volkes gehalten, Meinungsfreiheit vorausgesetzt.

Besondere Probleme wirft in diesem Zusammenhang die *Konzentration der Presse* auf. Das Bundesverfassungsgericht ist zu Recht davon ausgegangen, daß Meinungs- und Pressefreiheit nicht nur die individuelle Freiheit schützt, sondern unerläßlich für die Demokratie überhaupt ist[61]). Diese Feststellung ist näher dahin zu konkretisieren, daß diese Unerläßlichkeit im Hinblick auf drei Gesichtspunkte besteht, nämlich:

a) demokratische Meinungsbildung,

b) demokratische Kontrolle und

c) demokratische Legitimität — ein Element das unter dem Gesichtspunkt des Art. 5 verhältnismäßig wenig berücksichtigt wird.

Die *Legitimität,* d. h. die innere Akzeptierung der demokratischen Rechtsordnung vom Volk, hängt aus mindestens drei Gründen von der Meinungsfreiheit ab[62]):

1. Das als ungerecht Empfundene muß öffentlich artikuliert werden können, damit sich nicht Empörung aufstaut, die in Widerstand oder Revolution treibt.

2. Es muß eine reelle Chance bestehen, daß die öffentliche Diskussion das Regelungsbedürftige heraussondert und abgewogener Entscheidung zuführt. Auf dieser Chance beruht sowohl die Hoffnung auf Besserung als auch das Vertrauen darauf, daß das schon Entschiedene im großen und ganzen annehmbar ist.

---

waltenteilung und Demokratie usw." (aaO. S. 64 und öfter). Das in der „Theorie der Rechtsgewinnung" erörterte Problem ist die Frage, ob, wieweit und unter welchen Bedingungen sich in Gesetzen und anderen Rechtssätzen praktische Vernunft verwirklicht und was daraus für die Methodenlehre folgt. Unaufgeschlossenheit für diese Fragestellung führte gelegentlich zu Mißverständnissen und Unterstellungen.

[61]) BVerfGE 10, 118, 121; 12, 205, 259 ff.; 20, 162, 174 f., vgl. ferner *U. Scheuner,* VVDStRL 22, 1 ff.; *H. Ehmke,* Festschrift für *Arndt,* 1969, S. 84 ff.; *M. Kirn,* ZRP, 1970, S. 102 ff. m. w. Nachw.

[62]) Siehe hierzu *Th. I. Emerson,* Toward a General Theory of the First Amendment, The Yale Law Journal, 1963, 1. Halbbd., S. 72 ff.; *H. Ridder,* Meinungsfreiheit, in: Die Grundrechte, Handbuch der Theorie und Praxis der Grundrechte, Bd. 2, 1954, S. 243 ff.

3. Die Gründe für getroffene Entscheidungen müssen vermittelt werden, weil sonst querulatorische Emotionen die Verfassung zerstören können[63]). Querulanten sind Verlierer im gerichtlichen oder administrativen Verfahren, denen die Entscheidung unbegreiflich ist und die deshalb die Motive des Entscheidenden verdächtigen. Im politischen Prozeß werden zwangsläufig breite Bevölkerungsschichten zu Verlierern und neigen entsprechend zu revolutionären oder reaktionären Ressentiments. Wenn diese sich nicht durch Information und Nachdenklichkeit auflösen, können sie so sehr an Breitenwirkung und Intensität gewinnen, daß sie die Legitimität der Verfassungsordnung zerstören können. Der Hugenbergkonzern hat, ohne je unmittelbar für die NSDAP zu plädieren, wesentlich dazu beigetragen, die Legitimitätsgrundlage der Weimarer Demokratie über die Belastungsgrenze hinaus zu erschüttern.

Das Problem der Pressekonzentration muß unter allen diesen Aspekten unabhängig von der politischen Richtung und presseethischen Verantwortung Springers und Bauers beurteilt werden. Der demokratische Staat unterscheidet sich vom absolutistischen dadurch, daß er nicht auf die *Tugend und Einsicht des Machthabers,* sondern auf *rechtliche Institutionen* vertraut. Deshalb kommt es auch weder darauf an, ob sich ein kurzfristiger Einfluß auf das Wahlverhalten, noch ob sich konkrete Meinungssteuerung durch den Konzernherrn erweisen läßt[64]). Entscheidend ist die Wirkungs*möglichkeit* durch parteiische Personalpolitik. Diese Möglichkeit schafft unangemessene Macht über Wahlen und damit über Parlamente, Regierungen und Staat und Staatsform insgesamt. Die Staatsorgane handeln zwar im Einklang mit den Meinungen des Volkes. Was das Volk aber meint, hängt weitgehend von den wahren, halbwahren, unwahren und vorenthaltenden Informationen ab. Wirtschaftliche Verfügungsmacht über Information ist ein undemokratisches Privileg, mit Tendenz zu einer neuen Art von Souveränität.

Wie Herzog hervorgehoben hat, geht die liberale Formulierung der Pressefreiheit von der Voraussetzung eines liberalen Wirtschaftsmodells aus, das die Herstellung einer bunten Pluralität der Meinungen von dem *„Selbstregulierungsmechanis-*

---

[63]) *N. Luhmann,* Legitimation durch Verfahren, 1969, S. 234 ff. („ableiten der Enttäuschung in Bahnen, die der Struktur nicht schaden").

[64]) So aber *R. Herzog* in Maunz-Dürig-Herzog, Grundgesetz, RN 180 zu Art. 5.

mus Markt" erwartet[64a]). Der Wegfall dieser Voraussetzung ist aus wirtschaftlichen und technischen Gründen anscheinend unaufhaltsam. Wenn das zutrifft, so ist es nicht nur eine als möglich zu erwägende, sondern eine bereits bestehende „Pflicht des Staates, Gefahren abzuwehren, die einem freien Pressewesen aus der Bindung von Meinungsmonopolen erwachsen können"[65]). Private Rundfunk- und Fernsehanstalten sollen nach den Erklärungen ihrer Befürworter dem Verfassungserfordernis der Pluralität Rechnung tragen. Der Einbau pluralistischer Elemente in Privatunternehmen ist also prinzipiell möglich. Daß er aber politisch kaum noch durchsetzbar ist, zeigt, daß der Staat übermächtigen Einzelnen fast ausgeliefert ist.

6. *Öffentlichkeit*[66]) des Beratungs- und Entscheidungsprozesses ist kein Absolutum, sondern ein dem demokratischen Prinzip dienendes Prinzip. Aus dem Sinn des demokratischen Prinzips ergibt sich die Auswahl der Form der Öffentlichkeit, für die es eine breite Skala von Möglichkeiten gibt. Sie reicht von Formen unmittelbarer Demokratie über akklamierende oder schweigende Zuhörerschaft, über Berichterstattung durch Wortlaut- und Beschlußprotokolle, Beschreibung des wesentlichen Gangs der Verhandlungen, nachträgliche Begründungspflicht, Aufhebung der Vertraulichkeit generell oder in einzelnen Punkten, bis zu genereller oder ausnahmsweiser Erlaubnis der Akteneinsicht.

Öffentlichkeit dient der Repräsentation durch *Transparenz der Entscheidungen,* nicht aber der unmittelbaren Teilhabe am Entscheidungsprozeß, wie die Theoretiker der Volkssouveränität meinen[67]). Deshalb lassen sich mitberatende oder auch akklamierende Zuhörerschaft aus dem demokratischen Prinzip des Grundgesetzes nicht rechtfertigen, sondern sind mit ihm unvereinbar.

[64a]) *R. Herzog,* aaO. (Anm. 64); ähnlich *F. Kübler* und *S. Simitis,* Presse und Wettbewerb, JZ 1969, S. 445 ff. (448).

[65]) BVerfGE 20, 162, 176.

[66]) Hierzu: *W. Martens,* Öffentlich als Rechtsbegriff, 1969; *J. Habermas,* Strukturwandel der Öffentlichkeit, 2. Aufl. 1965; *P. Haeberle,* Struktur und Funktion der Öffentlichkeit im demokratischen Staat, in: Politische Bildung, 1970, Heft 3, S. 3 ff.; *R. Smend,* Zum Problem des Öffentlichen und der Öffentlichkeit, in: Gedächtnisschrift für Walter Jellinek, 1955, S. 11 ff.; *U. K. Preuss,* Zum staatsrechtlichen Begriff des Öffentlichen, 1969.

[67]) Eine normative Verbindlichkeit der „öffentlichen Meinung" wird in der heutigen Staatslehre (statt vieler: *H. Krüger,* Allgemeine Staatslehre, 1964, S. 453) und Politologie (ausführlich dazu: *L. Roos,* aaO., Anm. 15, S. 228 ff.) allgemein abgelehnt. *J. Habermas,* aaO. (Anm. 66), S. 242 ff. spricht der verbandsmäßig organisierten Öffentlichkeit eine weitgehende politische Kontrollfunktion zu.

Die Transparenz des Entscheidungsprozesses zwingt zur *Rechtfertigung der Entscheidung* und erhöht damit die Chance der Verantwortbarkeit vor dem common sense, festigt ihre demokratische Legitimität und kann wichtig für ihre Interpretation werden. Diese Gründe, so gewichtig sie sind, sind aber mit *Gegengründen* abzuwägen:

Die Sachlichkeit der Diskussion kann beeinträchtigt werden durch Verführung zu effekthaschender Rhetorik, durch Rücksicht auf partikulare Interessen oder diffuse Emotionen (Reden zum Fenster hinaus), durch Scheu vor dem Wagnis der Artikulation unausgereifter Erwägungen. Deshalb ist eine Differenzierung etwa zwischen Öffentlichkeit der Plenarverhandlung und Nichtöffentlichkeit der Ausschußverhandlung sinnvoll. Die Öffentlichkeit der Verhandlungen der Bundestagsausschüsse kann vom demokratischen Prinzip des Grundgesetzes her sinnvoll sein, ist aber nicht gefordert.

Außerdem kann die Rücksicht auf außenpolitische, militärische, betriebliche oder private Interessen Vertraulichkeit erfordern.

Das demokratische Prinzip fordert öffentliche *Beratung* nur im gewählten Repräsentationsorgan des Volkes, im übrigen lediglich öffentliche *Rechtfertigung* der Entscheidung. Das kann, aber muß nicht durch Transparenz auch der Beratung geschehen. Da diese Transparenz aber die rechtfertigenden Gründe am deutlichsten sichtbar macht, ist die Begründungspflicht nach der Regel verteilt: soviel Transparenz wie möglich, soviel Vertraulichkeit wie nötig[68]). Angesichts gegenwärtiger Trends ist es aber angebracht zu betonen, daß oft gute Gründe die Vertraulichkeit nötig machen. Sich über sie hinwegzusetzen, ist rücksichtslose Mißachtung z. B. außenpolitischer Interessen, verfassungsrechtlicher Kompetenzverteilung oder privater Rechtsgüter und ist deshalb nicht Ausweis demokratischer Gesinnung, sondern im Gegenteil Verletzung demokratischer Konventionalregeln.

IV. Art. 20 II GG und Repräsentation.

Nun einige Gesichtspunkte, die sich aus der Gegenüberstellung des demokratischen Prinzips mit dem rationalistischen Repräsentationsbegriff ergeben.

1. Aus der Identität der Plädierenden und Entscheidenden erwächst der ethische Anspruch, der mit der Idee der *Reprä-*

---

[68]) Das wird in der politologischen Literatur oft zu wenig differenziert, vgl. die Ausführungen bei *L. Roos*, aaO. (Anm. 15) S. 223-239.

sentation erhoben ist, nämlich auf sachliche und verantwortliche Meinungsbildung. Der Verwurzelung in Tradition, Leidenschaft, Vorurteil, Eigeninteresse soll soviel Vernunft wie möglich abgerungen werden. Der Anspruch geht also über das Standesethos des Rechtsanwalts, dem die Einseitigkeit erlaubt ist, hinaus, weil der Abgeordnete gewissermaßen *zugleich Anwalt und Richter* ist. Die parteiliche Einseitigkeit ist aber unausweichlich und kann durch den ethischen Anspruch nur gemäßigt und in Grenzen gehalten werden.

Sie ist angesichts der *demokratischen Prozeßregeln* auch erträglich und kann zur Wahrheitsfindung beitragen, ebenso wie der einseitige, ja polemische Anwalt vor Gericht der zutreffenden Sachverhaltsermittlung dienen kann — vorausgesetzt, daß die Gegenpartei uneingeschränkt ebenfalls zu Worte kommt, weil er nämlich jedenfalls alle für die eine Seite relevanten Gesichtspunkte herbeischafft. Doch könnte die prozessuale Sachverhaltsdiskussion oft selbst dann nicht zu Einigkeit führen, wenn es weder Entscheidungsfristen noch Beweisschwierigkeiten gäbe, weil verschiedene Parteien von verschiedenen Normhypothesen ausgehen und infolgedessen verschiedene Tatsachen relevant finden. Vor Gericht haben die Parteien oft verschiedene Versionen desselben Sachverhalts, auch wenn sie sich gewissenhaft an die Wahrheit halten, weil sie verschiedene Gesichtspunkte als relevant hervorheben. Noch mehr gilt das im politischen Prozeß, wo Interessebedingtheit und ideologische Prägung zu völlig verschiedener Sicht der Dinge führen können. Vernunft ist ihrem Wesen nach dialektisch und kann sich nicht anders verwirklichen als durch Parteien und Parteienkampf[69]).

2. *Parteien* haben nicht den Parlamentarismus in sein Gegenteil verkehrt und sind überhaupt dem repräsentativen Prinzip nicht entgegengesetzt[70]). Sie entstanden vielmehr konsequent aus den Strukturprinzipien des repräsentativen Parla-

[69]) In der Tradition der Rhetorik unterschied sich die juristische von der politischen Rhetorik nur darin, daß für den Juristen die Beurteilung geschlossener Sachverhalte, für den Politiker die Abschätzung künftiger Entscheidungskonsequenzen überwog und als typisch galt. Die Grenzen zwischen juristischer und politischer Rhetorik waren aber flüssig. Der wesentliche Bestandteil an Lehren war für beide Typen identisch und wurde meistens in einheitlichen Rhetorikschulen zusammen unterrichtet, vgl. *Perelman,* Traité de l'Argumentation.

[70]) So aber *G. Leibholz,* Der Strukturwandel der modernen Demokratie, 1952, S. 16 ff.

mentarismus selbst[71]). In dem Maße, in dem die Wählerschaft zahlenmäßig wuchs und in dem die Sachprobleme komplexer wurden, bedurfte die Vermittlung zwischen Fraktion und Volk zunehmender Organisation[72]). Der Zwang zu organisierten Parteien entstand aus Gründen des praktischen Funktionierens und nicht etwa aus einem Ideenkompromiß zwischen Repräsentation und Identität. Es gibt keine parlamentarische Demokratie in der Welt ohne Parteiensystem, wohl aber ohne maßgeblichen Einfluß der rousseauistischen Denktradition.

Da es im dialektischen Rechtfertigungsprozeß kein neutrales Urteil geben kann, kann es ohnehin nur parteiliche Ansichten geben, unabhängig davon, wieweit sich Parteien zu politischen Organisationen verfestigt haben. *Politische Parteien* sind vergleichbar den *Prozeßparteien* vor Gericht, und die Gleichheit des Wortes „Partei" ist weder historisch noch sachlich zufällig. Die primäre Funktion der politischen Parteien im politischen Prozeß ist das Plädieren. Der über die von den Parteien organisierten Wahlen ins Parlament gelangte Abgeordnete ist gewissermaßen Anwalt mit Generalvollmacht. Das freie Mandat des Abgeordneten ist historisch aus der Prozeßvollmacht des Anwaltes entstanden[73]). Seine Doppelrolle als Plädierender und Entscheidender wirkt freilich auf die Partei zurück und unterstellt sie dem Anspruch, ihr Plädoyer vor dem ganzen Volk rechtfertigen zu können.

3. *Fraktionsbildung* ist wegen der Komplexität der zur Entscheidung anstehenden Fragen unvermeidbar. Denn Entscheidungsbildung setzt voraus, daß aus einer diffusen Vielfalt von Ansichten und Absichten durch Kompromisse und Diskussionen immer wieder Einigkeit darüber hergestellt wird, welche Probleme relevant, vordringlich, entscheidungsbedürftig und entscheidungsreif sind und in welchem Sinne sie vernünftigerweise entschieden werden sollten, kurz Einigkeit über Relevanzen und zeitliche und sachliche Prioritäten. Solche Einigkeit läßt sich nur aus Gruppenloyalität gewinnen, deren bester Kitt die Frontstellung gegenüber einem gemeinsamen politischen Geg-

---

[71]) Es ist streitig, wieweit man die Idee der Partei in das 17. Jahrhundert zurückverfolgen kann; fest steht, daß sie im 18. Jahrhundert in England allgemein anerkannt war, vgl. dazu *K. Kluxen*, Das Problem der politischen Opposition, 1956, S. 29 ff.

[72]) *K. Hesse* und *G. E. Kafka*, VVDStRL 17 (1959), S. 11 ff., 18 f., 53 ff., 55; *A. J. Rinck*, Der verfassungsrechtliche Status der Parteien in der Bundesrepublik, in: Die moderne Demokratie und ihr Recht, Bd. 2, S. 305, 307 ff.

[73]) Hierzu *Gaines Post*, Plena Potestas and Consent in Medieval Assemblies, in: Studies in Medieval Legal Thought, 1964, S. 91 ff, 116; *Ch. Müller*, Das imperative und freie Mandat, 1966, S. 125 ff.

ner ist. Auch erfordern die meisten Fragen Spezialwissen und Sachverstand, die nur fruchtbar werden können, wenn die Arbeitsteilung und das ganze Geflecht von Solidarität, persönlicher Autorität und wechselseitigem Vertrauen funktioniert, was in aller Regel nur unter der Voraussetzung der Polarität von Mehrheit und Minderheit gelingt.

Für die Auslegung des Art. 38 I folgt daraus, daß Fraktionsloyalität mit dem repräsentativen Prinzip nicht in Widerspruch steht, soweit sie nicht durch verwerfliche Nötigungsmittel erzwungen ist[74]).

Unabhängigkeit von Aufträgen und Weisungen besteht zwar rechtlich nicht nur gegenüber partikularen und regionalen Interessen, sondern auch gegenüber Fraktion und Partei. Der Abgeordnete, der nur in begründeten Ausnahmefällen von der Fraktionslinie abweicht, respektiert aber damit die Funktionsvoraussetzung des Parlamentarismus. Zurückstellung abweichender eigener Meinungen ist auch mit der Gewissensunterworfenheit des Art. 38 I vereinbar, weil das Gewissen die weiterreichenden politischen Gesichtspunkte sowohl der Funktionsbedingung des Ganzen als auch der politischen Grundüberzeugung, auf der die Fraktionssolidarität beruht, in die Erwägungen einschließen muß. Zudem erhöht die Fraktionsloyalität die Unabhängigkeit des Abgenordneten, nämlich gegenüber partikularen und regionalen Interessen, deren Ansprüche mit dem Hinweis auf die Fraktionsentscheidung leichter zurückgewiesen werden können.

4. Die in jüngster Zeit wieder diskutierte gesetzliche Einführung des *Mandatsverlustes bei Parteiwechsel* würde m. E. Art. 38 I GG nicht verletzen[75]). Denn sie würde weder die Abhängigkeit des Abgeordneten von der Partei, noch von Aufträgen und Weisungen vergrößern.

Eine gewisse Abhängigkeit von der *Partei* besteht zwar für den Abgeordneten, der auf die Aufstellung als Kandidat einer Partei angewiesen ist. Aber diese Abhängigkeit bleibt beim

---

[74]) Vgl. *E. Friesenhahn*, VVDStRL 16 (1958), S. 24 f., m. w. Nachw.; *P. Badura*, Bonner Kommentar, Art. 38 RN 78; *W. D. Hauenschild*, Wesen und Rechtsnatur der parlamentarischen Fraktionen, 1968.

[75]) Vgl. *M. Kriele*, Mandatsverlust bei Parteiwechsel? ZRP 1969, S. 241 f. Die dort vorgenommene Differenzierung zwischen Listenmandat und Wahlkreismandat hält der Verf. nicht mehr aufrecht, weil auch die Wahl des Wahlkreiskandidaten fast immer ganz überwiegend durch seine Parteizugehörigkeit motiviert ist; in gleichem Sinn: *F. F. Siegfried*, Mandatsverlust bei Parteiausschluß, Parteiaustritt oder Parteiwechsel, ZRP 1971, S. 9 ff., a. A.: *H. Trautmann*, JZ 1970, S. 405 ff.; *P. Badura*, Bonner Kommentar, Art. 38 RN 79, neuestens: *Schröder*, ZRP 1971, 97 ff. und *Kriele*, ZRP 1971, 99 ff.

Parteiwechsel erhalten, lediglich die Partei wechselt. Die Freiheit aber, seinem Gewissen zu folgen und die Partei zu wechseln, bleibt dem Abgeordneten auch dann, wenn mit dem Parteiwechsel der Mandatsverlust verbunden ist. Die Gegenmeinung setzt offenbar das verächtliche Bild eines Abgeordneten voraus, der lieber seine Gewissensentscheidung opfert, als für den Rest der Legislaturperiode auf seinen Sitz zu verzichten. Um was für eine „Gewissensentscheidung" muß es sich dabei handeln! Eine solche Auslegung fügt dem Schutz des Gewissens nichts hinzu. Sie ermöglicht und fördert aber die Mediokrität und Käuflichkeit der Abgeordneten. Sowohl die Abgeordneten als auch die Abgeordneteneinkäufer werden in Versuchung geführt, neue Abhängigkeiten werden geschaffen, das Ansehen des Parlaments wird erschüttert. Gerade der Mandatsverlust würde den Abgeordneten, der aus ehrlichen Gewissensgründen die Partei wechselt, vor falschem Verdacht schützen und seine Unabhängigkeit von der Partei festigen.

Auch eine Abhängigkeit von *Aufträgen und Weisungen* aus der Wählerschaft würde durch die Einführung des Mandatsverlustes nicht begründet. Denn die Wahl darf nicht mit Aufträgen und Weisungen verwechselt werden. Aufträge und Weisungen der Wählerschaft sind speziell. Die Wahlentscheidung aber wird von der generellen Linie der Partei bestimmt. Das gilt — den Fiktionen und Mythen zum Trotz — in aller Regel auch bei der sogenannten Persönlichkeitswahl. Bei der Listenwahl zumindest ist es zweifellos. Nur von abstrakter Warte aus kann man den Wähler deswegen tadeln; er verhält sich vielmehr systemgerecht und trägt der Funktionsweise der Fraktionen Rechnung.

Die *Wahlentscheidung* ist fast die einzige und jedenfalls wichtigste Kompetenz der Wählerschaft, die Basis der demokratischen Legitimität. Parteiwechsel des Abgeordneten heißt: diese Entscheidung nicht respektieren, sie *nachträglich gegenstandslos* machen, ja ins Gegenteil verkehren. Das ist verselbständigte Macht, Mißbrauch der Weisungsunabhängigkeit.

Demokratisch wäre die wechselseitige Respektierung: die Wählerschaft respektiert die Entscheidung des Abgeordneten zum Parteiwechsel, dieser respektiert die Wahlentscheidung der Wählerschaft durch Mandatsniederlegung. Die Entrüstung, mit der bisher Parteiwechsel von Abgeordneten bei Beibehaltung des Mandats von der Wählerschaft quittiert worden ist, zeigt, daß es sich dabei um eine jetzt schon im Volk geltende *„Konventionalregel"* handelt, die nur von einem rationalistischen Repräsentationsbegriff aus theoretisch in Frage gezogen werden kann.

5. Es ist dies nur ein Beispiel für *Konventionalregeln*[76]) im Bereich des Verfassungslebens, die sich aus dem demokratischen Prinzip ergeben. Sie beanspruchen Verbindlichkeit, auch wenn sie vor Gericht nicht durchsetzbar sind. Die Stabilität der Demokratie hängt letztlich, wie wir in der Weimarer Republik erfahren haben, vom politischen Klima ab, also davon, wieweit undemokratisches Verhalten als unehrenhaft gilt.

Vom Standpunkt des rationalistischen Repräsentationsbegriffs aus müßten die Konventionalregeln Ähnlichkeit mit den Regeln des wissenschaftlichen Austausches haben, vom Standpunkt der pluralistischen Demokratietheorie aus müßten sie den Marktregeln vergleichbar sein. In Wirklichkeit ähneln sie eher den Regeln des juristischen Prozesses und laufen hinaus auf *Respektierung von Parteirollen und Verfahrensmethoden* des demokratischen Prozesses und damit auf Achtung der gemeinsamen Verfassungsbasis.

Es ist wichtig, daß das Verdikt *„undemokratisch"* jedenfalls aus offiziellem Mund nicht leichtfertig mißbraucht und abgenutzt wird. Andererseits muß es aber auch mit der nötigen Entrüstungsschärfe und Öffentlichkeitsbreite dort angewandt werden, wo Konventionalregeln verletzt werden. Die Bezeichnung und Präzisierung dieser Regeln ist deshalb eine wichtige Aufgabe der Staatsrechtslehre. Diese muß sich dabei von folgenden Gesichtspunkten leiten lassen: die Regeln dürfen nicht überfordern, sie müssen nötig sein, um die Demokratie als Staatsform zu stabilisieren, und sie müssen, unabhängig vom konkreten Anlaß, der ihre Erforderlichkeit bewußt macht, unparteilich gelten können.

Beispiele für solche demokratischen Konventionalregeln sind neben der Forderung auf Mandatsniederlegung bei Parteiwechsel z. B. die Forderungen, daß keine Partei sich mit Begriffen identifiziert, die, wie Staat, Nation und Demokratie das politische Ganze bezeichnen, daß auch die parlamentarisch nicht repräsentierte Opposition bis zur Toleranzgrenze organisierter Verfassungsfeindlichkeit respektiert wird, daß die Minderheit in Ausschüssen und Wahlorganen anteilig repräsentiert wird, daß Rechtfertigung nicht durch Nötigung, Einschüchterung und Irreführung ersetzt wird, daß Vertraulichkeitsregeln nicht verletzt werden, auch wenn dies nicht strafbar ist.

---

[76]) *R. Sohm*, Die fränkische Reichs- und Gerichtsverfassung, Weimar 1871, 1911, S. XIV f. verwendet den Begriff „Konventionalregeln" für Verhaltensregeln, die für diejenigen gelten, die sich ihnen unterworfen haben.

V. *Demokratisierung*

1. *Politische oder verfassungsrechtliche Frage?*

Die verfassungsrechtliche Beurteilung der Demokratisierung der Gesellschaft setzt zunächst voraus, daß man sich über die Abgrenzung zwischen juristischer Verfassungsinterpretation einerseits und Kompetenz des demokratischen Gesetzgebers andererseits Rechenschaft gibt. Die Ansicht, daß die Stabilität der politischen Demokratie von der Demokratisierung der Wirtschafts- und Sozialordnung abhängen könne, war z. Zt. der Entstehung des GG verbreitet. Die Entstehungsgeschichte des GG erweist aber[77]), daß man von einer verfassungsrechtlichen Absicherung wirtschafts- und sozialpolitischer Ordnungsmodelle bewußt abgesehen und ihre Ausformung dem demokratischen Gesetzgeber überlassen hat. Das BVerfG hat deshalb zu Recht den Schluß auf die wirtschaftspolitische Neutralität des GG gezogen. Im gleichen Sinne, aus gleichen Gründen und mit gleichen Einschränkungen ist das GG auch *gesellschaftspolitisch neutral.*

Ebenso wie man versucht hat, etwa die soziale Marktwirtschaft und mit gleicher Schlüssigkeit sozialistische Wirtschaftsmodelle aus dem GG abzuleiten[78]), liegt auch die Versuchung nahe, aus dem Demokratiebegriff und anderen Klauseln des GG gesellschaftspolitische Folgerungen zu ziehen, insbesondere das Erfordernis der Homogenität gesellschaftlicher Ordnungen mit der politischen Verfassung verfassungsrechtlich abzustützen. Das aber heißt: den Gegner solcher Forderungen als Gegner grundgesetzlicher Prinzipien hinstellen, ihn in den Bereich der Verfassungsillegitimität verweisen. Damit stellt man die Konsensgrundlage und die Friedensfunktion der Verfassung in Frage und radikalisiert den Parteienkampf. Das gleiche gilt selbstverständlich auch umgekehrt für den Versuch, gesellschaftliche Forderungen nach Demokratisierung gesellschaftlicher Bereiche verfassungsrechtlich für illegitim zu erklären. Die Kontroverse um die Demokratisierung bleibt der demokratischen Auseinandersetzung überlassen.

Das gilt mit zwei Einschränkungen:

Einmal: die gesellschaftspolitische Neutralität des Grundgesetzes ist ebensowenig wie die wirtschaftspolitische absolut.

---

[77]) *Sörgel,* Konsensus und Interessen, 1969.

[78]) *H. C. Nipperdey,* Die soziale Marktwirtschaft in der Verfassung der Bundesrepublik, 1954; *H. Ehmke,* Wirtschaft und Verfassung, 1961, S. 18 ff. stellt der Nipperdey'schen Wirtschaftsverfassung eine ebenso schlüssige verfassungsrechtliche Ableitung des Sozialismus gegenüber, um die Methode der Deduktion aus dem Grundgesetz ad absurdum zu führen.

Aus dem Grundgesetz können sich unantastbare Prinzipien ergeben, die den Rahmen für die demokratische Auseinandersetzung abstecken. Eine Grenze der gesellschaftspolitischen ebenso wie der wirtschaftspolitischen Neutralität liegt da, wo die *Demokratie als Staatsform gefährdet* ist. Maßnahmen, die dazu geeignet sind, die Legitimität der demokratischen Staatsverfassung zu bewahren und zu stärken, sind vom demokratischen Prinzip im Grundgesetz gerechtfertigt und, wenn sie dazu erforderlich sind, geboten.

Zur Kunst des Verfassungsinterpreten gehört es, die Erkenntnis der Grenze juristischer Zurückhaltung nicht zu verfehlen. Einerseits darf sich der Verfassungsinterpret unbeschadet seiner persönlichen politischen Ansicht als Jurist nicht mit umstrittenen ideologischen Konzeptionen identifizieren. Andererseits darf er nicht wirklichkeitsblind oder schüchtern mit Berufung auf die „weise Zurückhaltung" des Verfassungsinterpreten vor Erosion der demokratischen Legitimität oder gar der Verfassungszerstörung kapitulieren.

Zum anderen: eine Berufung auf das demokratische Prinzip im Grundgesetz, die verfassungsrechtlich verfehlt ist, braucht deshalb nicht auch in der *politischen Rhetorik* illegitim zu sein. Aus dem Grundsatz gesellschaftspolitischer Neutralität des Grundgesetzes ergeben sich keine Einwände dagegen, Bestrebungen als „demokratisch" zu bezeichnen, die z. B. auf Ausbau der Chancengleichheit, Verbreiterung der Bildung, Versachlichung der politischen Auseinandersetzung, Mitbestimmung in Unternehmen und anderen Organisationen, Funktionalisierung der Autorität, Erziehung zu Respekt und Toleranz etc. zielen. Es bleibt der freien geistigen Auseinandersetzung in der Demokratie überlassen, zwischen gesellschaftspolitischen Bestrebungen und dem Grundgesetz einen geistigen und geschichtlichen Zusammenhang herzustellen und politische Bestrebungen mit Tendenzen zu begründen, die sich auch im Grundgesetz niedergeschlagen haben. Daß sie zu Verfassungsrecht erstarken, ist nicht ausgeschlossen, setzt aber zumindest voraus, daß sie bewährt und nicht mehr umstritten sind und daß Konsens über ihre Ableitbarkeit aus grundgesetzlichen Prinzipien entstanden ist.

2. *Funktionale und politische Organisationen*

In idealtypischer Zuspitzung kann man funktionale und politische Organisationen unterscheiden[79]). In *funktionalen Organi-*

---

[79]) Dieser Organisationstypologie entspricht die Aufgabendifferenzierung: Programmiertes und programmierendes Entscheiden. Vgl. *N. Luhmann*, Zweckbegriff und Systemrationalität, 1968, S. 177:

sationen sind die Zwecke im wesentlichen vorgegeben, z. B.: produzieren, handeln, verwalten, Interessen vertreten, erziehen, unterrichten, forschen, heilen. Gegenstand der Diskussion ist die Frage nach den geeigneten Mitteln. In politischen Organisationen stehen nicht nur die Mittel, sondern auch die Zwecke zur Debatte, die Rechtfertigung ihrer Selektion und ihrer zeitlichen und sachlichen Prioritätenordnung. Funktionalen Organisationen ist die Zweckrationalität zugeordnet, politischen die demokratische Dialektik des Meinungs- und Richtungskampfes. Die Chance der optimalen Zweckerreichung wird in funktionalen Organisationen möglicherweise, aber nicht notwendigerweise durch demokratische Organisationen erhöht. Das Ministerium z. B. erfüllt seine Zwecke besser, wenn es nicht nach dem Muster des politischen Ganzen demokratisch, sondern bürokratisch strukturiert ist. Die komplexe und arbeitsteilige Gesellschaft macht die Verteilung von Funktionen, Kompetenzen, Weisungsbefugnissen nötig, und nimmt auf diese Weise Sachverstand und Berufserfahrung in ihren Dienst.

Hingegen ist die Chance der Vernünftigkeit und Gerechtigkeit politischer Entscheidungen relativ am größten unter der Bedingung demokratischer Organisationsformen. *Demokratische Struktur* bedeutet mindestens, daß die Entscheidungssuprematie bei einem aus gleichen Wahlen hervorgegangenen Repräsentationsorgan liegt, wie bei der Selbstverwaltungskörperschaft oder dem Verein. Ob solche Strukturen vorgeschrieben werden können, ist eine Frage der Grundrechtsauslegung.

3. *Politische Organisationen*

Satzungsautonomie ist nicht nur als Bestandteil der allgemeinen Vertragsfreiheit, sondern auch speziell durch Art. 9 GG grundrechtlich geschützt. Zwingende Vorschriften über den Mindestinhalt von Satzungen, wie sie u. a. in den §§ 26 ff. BGB für eingetragene Vereine enthalten sind, sind aber dadurch nicht ausgeschlossen[80]). Solches zwingende Recht ist allerdings im Licht des Grundrechts auszulegen. Es wäre jedenfalls verfassungswidrig, wenn es den Wesensgehalt des Grundrechts antastete. Von Mindestregelungen über die demokratische

---

zum Demokratisierungspotential bei verschiedenen Entscheidungstypen siehe auch *F. Naschold*, Organisation und Demokratie, 1969, S. 62 ff.

[80]) a. A. wohl *K. Hesse*, VVDStRL 17 (1959), S. 39, der § 2 Abs. 2 des Berliner Gesetzes über die Vereins- und Versammlungsfreiheit v. 29. 9. 1950 (VBl. S. 442), wonach Vereinigungen verpflichtet sind, Aufbau, und Willensbildung nach demokratischen Grundsätzen zu gestalten, für verfassungswidrig hält, da sich aus Art. 9 GG eine derartige Verpflichtung nicht ergebe.

Struktur kann man das nicht sagen, wenn lediglich ein Rahmen abgesteckt wird, der der freien Satzungsgestaltung genügend Spielraum läßt und die funktionalen Zweckmäßigkeiten nicht behindert. Z. B. wären zwingende Vorschriften etwa über die Bestellung des Vorstandes durch die Mitgliederversammlung oder die kollegiale Verfaßtheit des Vorstandes zulässig, schon deshalb, weil sie bloß die körperschaftliche Struktur des Organisationstypus verdeutlichen würden[81]).

Nicht nur gesetzliche Einschränkbarkeit, sondern unmittelbar verfassungsrechtliche Eingeschränktheit findet sich ausdrücklich nur in Art. 28 I für Länder, Kreise und Gemeinden und in Art. 21 I 2 für politische Parteien — charakteristisch politische Organisationen.

Für *Gewerkschaften* hat man eine Eingeschränktheit der Satzungsautonomie im Hinblick auf demokratische Organisationsstrukturen daraus abgeleitet, daß die Gewerkschaften neben der Auseinandersetzung im Tarifbereich auch Einflußnahme auf die Staatsgewalt erstreben[82]). Das Faktum der Interessenvertretung gegenüber dem Staat allein macht freilich aus einer funktionalen noch keine politische Organisation im angegebenen Sinn. Doch funktionale und politische Organisationen sind Idealtypen. In der Wirklichkeit gibt es Zwischenstufen. Für die Gewerkschaften ist kennzeichnend die große Breite nach der Zahl der Mitglieder, nach der ideologischen Herkunft in der Einheitsgewerkschaft und nach der politischen Zielsetzung, die sich auf fast den ganzen Bereich des Arbeits-, Wirtschafts- und Sozialrechts erstreckt. Damit ist zugleich eine erhebliche politische Macht verbunden, die die Verfassungslegitimität wesentlich von der demokratischen Grundhaltung der Gewerkschaften abhängig macht. Das alles rückt die Gewerkschaften in einen Zwischenbereich zwischen zweckbestimmter Interessenvertretung und politischer Organisation. Deshalb erscheint eine Eingeschränktheit der Satzungsautonomie gerechtfertigt. Sie ergibt sich rechtlich aus der Analogie zu Art. 21 I 3.

Was hier am Beispiel der Gewerkschaften erörtert worden ist, gilt entsprechend für andere Organisationen, wie Arbeit-

---

[81]) Vgl. *G. Hueck*, Der Grundsatz der gleichmäßigen Behandlung im Privatrecht, 1958, S. 45.

[82]) Vgl. *H. Ridder*, Zur verfassungsrechtlichen Stellung der Gewerkschaften 1960, S. 29; *U. Scheuner*, Der Inhalt der Koalitionsfreiheit, in: Weber-Scheuner-Dietz, Koalitionsfreiheit, 1961, S. 68, folgert aus der in Art. 9 Abs. 3 enthaltenen institutionellen Verankerung öffentlicher Aufgaben die Rechtspflicht zur „Erhaltung eines inneren demokratischen Aufbaus“; vgl. auch *I. v. Münch*, Bonner Kommentar, RN 149 zu Art. 9.

geberverbände[83]), Vertriebenenverbände, Bauernverbände und dergleichen[84]).

4. Hochschulen.

Die sog. Demokratisierung der *Hochschule*[85]) hat bisher lediglich zum Einbau ständestaatlicher Organisationsmaximen geführt[86]). Demokratische Struktur nach dem Prinzip „one man, one vote" ist glücklicherweise noch nicht einmal gefordert worden. Die ständischen Organisationsformen sollen u. a. einen Kooperations- und Rechtfertigungszwang erzeugen. Davon verspricht man sich einen Edukationseffekt. Autoritärer Anspruch und ihm korrespondierende Devotion, die bei Erreichung entsprechender Lebensstellung wiederum in autoritäre Gebärde umschlägt — diese dem Obrigkeitsstaat zugeordneten Verhaltensformen will man durch demokratische ersetzen: Respekt vor prinzipieller Gleichberechtigung und Reduktion der Autorität auf das funktional gerechtfertigte oder das der Person freiwillig zuerkannte Maß. Inwieweit geht es also um *demokratische Bewußtseinsbildung*, nicht um demokratische Institutionen[87]).

Maßnahmen, die auf Legitimität des demokratischen Verfassungssystems zielen, können vom Demokratieprinzip des Grundgesetzes her zwar tendenziell wünschenswert sein. Sie können aber nicht verfassungsrechtlich gefordert sein. Denn es ist strittig und bleibt eine Frage der politischen Auseinandersetzung, ob die demokratiestärkende Wirkung eintreten wird,

---

[83]) *U. Scheuner*, aaO. (Anm. 82), S. 68; *I. v. Münch*, aaO.

[84]) Nach *W. Besson*, Aufgaben und Grenzen der Staatsführung in der modernen Demokratie, 1964 (dazu *L. Roos*, aaO. Anm. 15, S. 101 ff.) treten in der modernen, sozialstaatlichen („nachbürgerlichen") Welt die Interessenverbände mehr und mehr in politischen Funktionen ein; damit wird das Problem ihrer Demokratisierung zunehmend akut.

[85]) Hierzu *H. H. Rupp*, Die Universität zwischen Wissenschaftsfreiheit und Demokratisierung, JZ 1970, S. 165 ff.; *G. Roellecke*, Wissenschaftsfreiheit als institutionelle Garantie?, JZ 1969, S. 726 ff.; *H. H. Rupp* und *W. K. Geck*, VVDStRL 27 (1969), S. 113 ff., 143 ff. Zur Entwicklung dieses Demokratisierungsgedankens vgl. *Friedeburg* u. a., Freie Universität und politisches Potential der Studenten, 1968, S. 69, 75, 242 f., 320 ff., 369 ff. und öfter.

[86]) *W. Hennis*, Demokratisierung, Zur Problematik eines Begriffes, 1970, S. 16 ff. hält "paritätische Zusammensetzung" von Entscheidungsgremien im halbstaatlichen bzw. gesellschaftlichen Bereich dort für wünschenswert, wo „im Kern einer Institution der Ausgleich von verschiedenen Interessen steht" (Rundfunkräte, Schlichtungskommissionen für Tarifstreitigkeiten etc.).

[87]) Zur Hochschulverwaltung als funktioneller Amtspflichterfüllung (und nicht Ausbeutung von Feudalrechten) *H. Schelsky*, Abschied von der Hochschulpolitik, 1969, S. 32 ff.

wieweit die Effizienz der Hochschule beeinträchtigt bleibt, wieweit man etwaige Effizienzbeeinträchtigung um des Edukationseffekts willen in Kauf nimmt. Diese Fragen kann nur der demokratische Gesetzgeber entscheiden.

Schließlich sollen die Mitwirkungsrechte einen Zwang erzeugen, die gesellschaftliche und politische Relevanz der Forschung zu bedenken und Problemstellungen zu rechtfertigen. So wünschenswert solche Reflexionen mitunter sein mögen, sie zu erzeugen kann nur Gegenstand freier wissenschaftlicher Kritik sein. Ein institutionalisierter *Rechtfertigungszwang* verletzt das Grundrecht der Freiheit von Forschung und Lehre in seinem Wesensgehalt. Zwar ist richtig, daß das Demokratieprinzip eine systematische Schranke für Grundrechte bilden kann. Es darf aber dann nicht zuvor im Sinne einer ideologischen Gesinnungsforderung umgedeutet werden. Das demokratische Prinzip schränkt Art. 5 Abs. 3 nicht ein.

5. *Wirtschaft*

Was die sog. Demokratisierung der Wirtschaft betrifft[88]), so geht es neben dem Edukationseffekt um *Kontrolle wirtschaftlicher Macht*. Diese besteht in drei Richtungen: a) Marktmacht, b) politischer Einfluß, c) Herrschaft über die arbeitsrechtlich Abhängigen[89]). Die noch von Naphtali[90]) vertretene Konzeption, wonach Demokratisierung das geeignete Mittel zur Kontrolle von Marktmacht und politischem Einfluß sei, wird politisch kaum noch vertreten. Nur im Hinblick auf *demokratische Teilhabe als Selbstzweck* angesichts der Herrschaft über die arbeitsrechtlich Abhängigen spielt die Demokratisierungstendenz heute eine ernsthafte politische Rolle[91]).

---

[88]) Zu den Demokratisierungskämpfen der Nachkriegszeit vgl. *E. Schmidt*, Die verhinderte Neuordnung 1945-1952, 1970.

[89]) Hierzu: *H. Deist*, in: Wirtschaftliche Macht und Rechtsstaat, hrsg. v. Justizministerium des Landes Nordrhein-Westfalen und dem DGB, Landesbezirk Nordrhein-Westfalen, 1961, S. 15 ff.; *L. Vaubel*, in: Eigentum und Eigentümer in unserer Gesellschaftsordnung, 1960, S. 11 ff.; *E. Benda*, Industrielle Herrschaft und sozialer Staat, 1966, S. 17; vgl. auch *H. Kronstein*, Recht und wirtschaftliche Macht, ausgewählte Schriften, 1962, S. 93 ff.; *O. Kunze*, Mitbestimmung als Legitimationsproblem, 1970.

[90]) *F. Naphtali*, Wirtschaftsdemokratie (hrsg. im Auftrag des Allgemeinen Deutschen Gewerkschaftsbundes) 1928; hierzu *E. Benda*, aaO. (Anm. 89), S. 178 ff.; Vorläufer: *Sidney* und *Beatrice Webb*, Industrial Democracy, London, 1897.

[91]) Zur „demokratischen Teilhabe" vgl. *I. Fetscher*, Konkrete Demokratie — heute, Festschrift für Otto Brenner, 1967, S. 377 ff.; *F. Scharpf*, aaO. (Anm. 6) mit umfangreichen Literaturnachweisen auch aus der amerikanischen Politologie; *F. Naschold*, Organisation und Demokratie, 1969.

In diesem Selbstzweckargument kommt weniger die institutionelle als vielmehr die individualrechtliche Seite des Demokratieprinzips zum Ausdruck. Denn solange wir an den Maximen des Gesellschaftsrechts und der Marktwirtschaft festhalten, läßt sich das wirtschaftliche Unternehmen nicht als demokratisch verfaßte Gemeinschaft organisieren. Dann bedeutet Demokratisierung der Wirtschaft Einbau gewisser Mitbestimmungselemente, die die soziale Abhängigkeit des Arbeitnehmers bis zu einem gewissen Grade ausgleichen. Selbst wenn man den am weitesten reichenden Mitbestimmungsforderungen entsprechen wird, so wird die Betriebsverfassung nur wenig Ähnlichkeit mit einer demokratischen Verfassung haben. Der Ansatzpunkt für die verfassungsrechtliche Prüfung der „Demokratisierung" unter dem Gesichtspunkt des Selbstzwecks kann deshalb nicht das Demokratieprinzip des Art. 20 sein, sondern es sind die *Grundrechte* oder auch die *Sozialstaatsklausel.* Da eine unmittelbare Drittwirkung der Grundrechte oder der Sozialstaatsklausel nicht anerkannt werden kann, folgt aus diesen Bestimmungen aber kein verfassungsrechtliches Gebot.

Dies eben — und damit möchte ich schließen — ist der Sinn des demokratischen Prinzips: wenn und soweit die gesellschaftliche Demokratisierung vernünftig und menschlich ist, muß sich das im Prozeß der offenen politischen Auseinandersetzung erweisen.

Leitsätze des Mitberichterstatters über:

Das demokratische Prinzip im Grundgesetz

I.

Zum Typus parlamentarischer Demokratie.

1. Der Anschein, parlamentarische Demokratie im Sinne des GG sei ein Kompromiß zwischen den im Grunde unvereinbaren Prinzipien Volksherrschaft und Repräsentation, entsteht nur, wenn man Aspekte mit logischer Konsequenz ins Extrem treibt, statt sie aufeinander zu beziehen.

a) Der Volksherrschaft wird die rousseauistische Idee der Volkssouveränität unterschoben. Im Verfassungsstaat gibt es aber keinen Souverän.

b) Der parlamentarischen Repräsentation wird der Sinn der Wahrheitsfindung durch öffentlich diskutierende Abgeordnete unterschoben — meistens zu dem Zweck, den Wegfall dieser angeblichen „geistesgeschichtlichen Grundlage" des Parlamentarismus behaupten zu können.

2. Die parlamentarische Demokratie entstand aus der Suche nach den verhältnismäßig günstigsten institutionellen Bedingungen für die allmähliche Verwirklichung des Naturrechts im positiven Recht. Man ging davon aus, daß sich das Recht dialektisch nach prozessualen Regeln aus den im Volk situationsbedingt gemachten Erfahrungen der Unzulänglichkeit des Rechts fortentwickelt. Parlamentarische Demokratie ist geschichtlich und theoretisch zu begreifen aus der Übertragung des Gedankens des gerichtlichen Prozesses auf den politischen Prozeß der Gesetzgebung. — Insofern ist Herrschaft des Volks Herrschaft des Rechts.

3. Staatswillensbildung ist Meinungsbildung, die in verbindliche Dezision mündet. Im Unterschied zum juristischen Prozeß kann es im politischen Prozeß keine neutrale Instanz geben, weil jeder Amtsinhaber zugleich Mitglied der Gesellschaft und als solches in Interessen, Ideologien, Traditionen verstrickt ist. Der Parlamentarismus zieht im Mehrheitsprinzip daraus die Konsequenzen der Identität von Plädierenden und Entscheidenden (nicht der Identität von Regierenden und Regierten).

II.

Zum demokratischen Prinzip im Grundgesetz.

4. Das Grundgesetz erkennt an, daß der pouvoir constituant beim Volk liegt. Er ist aber im Grundgesetz aufgehoben (pouvoir constitué). Eine Ablösung des GG durch eine neue Verfassung ist deshalb, außer im Falle der Wiedervereinigung (Art. 146), nicht legal möglich.

5. Das Volk ist Träger der Staatsgewalt (Art. 20 II 1). Daraus folgt die Verpflichtung aller Staatsorgane, stellvertretend für das Volk, in seinem Interesse zu handeln. Entscheidungskompetenz beinhaltet Entscheidungsverantwortung. Plebiszite über die im GG vorgesehenen Fälle hinaus und offizielle Volksbefragungen bedürfen der Ermächtigung durch Grundgesetzergänzung.

6. Demokratische Gleichheit ist nicht Gegenprinzip zu Freiheit, sondern zu Privilegien. Die Abschaffung aller Wahlprivilegien folgte aus der Unmöglichkeit der Neutralität im politischen Prozeß und aus der Erfahrung, daß politisches Urteilsvermögen und Demagogisierbarkeit (allgemeine Schulpflicht vorausgesetzt) weitgehend unabhängig von Besitz, Bildung und beruflichem Erfolg sind.

7. Der Kern der demokratischen Legitimation ist die regelmäßig wiederkehrende Wahl des Bundestages und der Landtage. Sie vermittelt die demokratische Legitimität der Gesetze. Auch die demokratische Legitimität aller übrigen Staatsorgane ist durch sie vermittelt: einmal durch ihre unmittelbare oder mittelbare Abhängigkeit organisatorischer, budgetmäßiger Art und die rechtliche und politische Kontrolle, zum anderen durch Gesetzmäßigkeit der Verwaltung, Unterworfenheit des Richters unter das Gesetz (das demokratisch unerläßliche Korrelat der Unabhängigkeit) und das Verwerfungsmonopol des BVerfG. Rechtsetzungsprärogative des parlamentarischen Gesetzgebers bedeutet aber nicht Rechtsetzungsmonopol.

8. Mitwirkung an der Meinungsbildung durch Parteien, Verbände, öffentliche Meinung, Petitionen, Versammlungen usw. regt die Staatsorgane an, informiert, kontrolliert und hält die Entscheidungen im großen und ganzen im Einklang mit den Meinungen des Volkes. — Meinungsvielfalt im Pressewesen ist durch den Selbstregulierungsmechanismus Markt nicht mehr gewährleistet. Die Pressekonzentration stellt uns vor das klassische Problem des Verfassungsstaats: Vertrauen entweder in das Gute im Mächtigen oder in rechtlich-institutionelle Sicherungen.

9. Öffentlichkeit dient nicht unmittelbarer Teilhabe an der Entscheidung, sondern der Transparenz im Dienste des Rechtfertigungszwangs, der Legitimität und der Interpretationsfähigkeit der Entscheidung. Öffentliche Rechtfertigung der Entscheidung ist immer, öffentliche Beratung nur im Plenum der Parlamente gefordert. In anderen Organen stehen der öffentlichen Beratung oft Gründe der Praktikabilität und der Rücksicht auf öffentliche und private Interessen entgegen. Das Demokratieprinzip fordert Abwägung nach der Regel: soviel Öffentlichkeit wie möglich, soviel Vertraulichkeit wie nötig. Vertraulichkeitsverletzungen können mit dem demokratischen Prinzip nicht gerechtfertigt werden.

10. Parteien vermitteln Volk und Parlament. Sie entstehen aus den Strukturprinzipien des repräsentativen Parlamentarismus selbst, nicht aus einem Ideenkompromiß zwischen Repräsentation und Identität. An Parteimeinungen ist der Anspruch zu stellen, daß sie vor dem ganzen Volk gerechtfertigt werden können.

Fraktionsloyalität als Regelfall ist Voraussetzung der Entscheidungsfähigkeit und erhöht die Unabhängigkeit des Abgeordneten von partikularen Einflüssen. Fraktionsdisziplin ist bis zur Grenze verwerflicher Nötigung mit Art. 38 I vereinbar.

11. Wahlentscheidungen orientieren sich in aller Regel ganz überwiegend an der Partei und nicht an der Person, und das ist auch systemgerecht. Parteiwechsel des Abgeordneten ist zu respektieren; aber der Abgeordnete verhält sich demokratisch, wenn er die Wahlentscheidung durch Mandatsniederlegung respektiert. Gesetzliche Einführung von Mandatsverlust bei Parteiwechsel würde Art. 38 I nicht verletzen.

12. Aus dem demokratischen Prinzip ergeben sich Konventionalregeln, die gerichtlich nicht durchsetzbar sind. Von ihrer Einhaltung hängt das politische Klima ab, innerhalb dessen der demokratische Verfassungsstaat nur lebensfähig ist. Ihre Verletzung ist „undemokratisch“. Sie fordern z. B. Verzicht auf parteiliche Identifikation mit Begriffen, die wie „Staat“, „Nation“ oder „Demokratie“ das politische Ganze bezeichnen, Respektierung der Opposition (auch der parlamentarisch nicht repräsentierten) bis zur Toleranzgrenze organisierter Verfassungsfeindlichkeit, anteilige Beteiligung der Minderheit in Ausschüssen und Wahlorganen, Verzicht auf Vertraulichkeitsverletzungen, auch wenn diese nicht strafbar sind und ähnliches.

III.

Zur Demokratisierung der Gesellschaft.

13. Das demokratische Prinzip im GG ist gesellschaftspolitisch neutral. Eine Grenze bilden gesellschaftlich bedingte Gefährdungen der Demokratie als Staatsform. Es kann berechtigt sein, politische Werbung für Demokratisierung (nicht verfassungsrechtliche Gebote) mit dem Hinweis auf geschichtliche Tendenzen zu begründen, die sich auch im GG niedergeschlagen haben. Solche dem GG entlehnten politischen Wertentscheidungen können u. U. zu Verfassungsrecht erstarken, wenn darüber Konsens entsteht.

14. Eine gesellschaftliche Organisation ist demokratisch strukturiert, wenn ihr oberstes Entscheidungsgremium aus gleichen Wahlen ihrer Mitglieder hervorgeht. Paritätische Mitwirkungsrechte sind nicht demokratisch, sondern ständisch. Eine politische Aufforderung dazu kann nur an den Grundrechten und der Sozialstaatsklausel, nicht aber am Demokratieprinzip legitimiert werden.

15. Politische Organisationen, die, wie Gewerkschaften, Arbeitgeberverbände usw. auf breiter mitgliedschaftlicher Basis an der Erarbeitung politischer Zielvorstellungen mitwirken, unterliegen dem Gebot innerer Demokratie aus der Analogie zu Art. 21 I 3. Anderen privatrechtlichen Organisationen kann innere Demokratie ohne Verletzung des Art. 9 I insoweit vorgeschrieben werden, als die körperschaftliche Struktur des Organisationstypus verdeutlicht wird.

Das demokratische Prinzip im Grundgesetz

3. Aussprache und Schlußworte

Zacher (Diskussionsleiter):

Zu Beginn der Nachmittagssitzung darf ich zunächst besonders die erste Dame begrüßen, die unserer Vereinigung angehört: Frau *Staff*.

Zur Diskussion darf ich folgendes bemerken. Es ist gedacht, daß zunächst Herr *Eichenberger* einen Diskussionsbeitrag über die Problematik der Demokratie in der Schweiz geben wird, sodann Herr *Walter* aus österreichischer Sicht. Alsdann werden wir zur allgemeinen Diskussion übergehen. Sie sehen an der Tafel vier Aspekte aufgezeichnet, die etwa bei der Diskussion eingehalten werden sollen. Ich will sie auch noch einmal akustisch erläutern. Zunächst einmal soll erörtert werden: der Demokratiebegriff im allgemeinen und zwar auch historisch und vergleichend. Zugleich soll auch etwas gesagt werden zum rechtlichen Demokratiebegriff nach dem Grundgesetz. Als zweiter Punkt kommt, was uns allen sehr am Herzen liegt: das Verhältnis staatliche Demokratie und Gesellschaft und zwar in der Richtung von der gesellschaftlichen Ambiance zur staatlichen Organisation, aber auch umgekehrt von der staatlichen Demokratienorm zur Gesellschaft. Als Drittes sollen dann die Details der demokratischen Ordnung unter dem Grundgesetz erörtert werden: die positive Ausprägung, die die Demokratie im Grundgesetz gefunden hat. Und als letzter Punkt der Tagesordnung soll die supranationale und internationale Dimension der Demokratie angesprochen werden, die ja vor allem im Referat von Herrn *von Simson* zum Ausdruck gekommen ist. Ich darf damit die Beratungen eröffnen.

Eichenberger: Ich darf Sie kurz über einige Elemente des Themas aus der schweizerischen Sicht orientieren. Sie kennen die Neigung der Schweizer, ihre Demokratie als die praktisch bestmögliche Ausformung des demokratischen Prinzips für einen Kleinstaat zu halten, und angesichts ihrer fleißigen Fremd- und Selbstkritik besteht auch eine latente Missionsbereitschaft selbst gegenüber Flächenstaaten, die mit mehr oder weniger Wohlwollen hingenommen wird. Trotz den vielen Eigenarten ihres Staats möchte die Schweiz doch auch wieder nicht gern als staatsrechtlicher Sonderling betrachtet werden, der ein Leben fernab von der bedrängenden weltweiten Demokratieproblematik im Windschatten führen könnte. In der Tat steht auch sie im windigen Wetter, in das die mit dem ausgedehnten Sozial- und Verwaltungsstaat konfrontierte Demokratie geraten ist und dem die Schweiz wegen des institutionellen Ausbaus und wegen der dichten Verflechtung der Demokratie mit der gesamten Sozialordnung ganz besonders ausgesetzt ist. Sie erlebt die Demokratieproblematik gleichsam breiter, intensiver, krisenhafter. Sie ist durch ihre Kleinheit, durch ihre relativ hochgradige Homogenität, durch den Zwang, die vielfältigen Minderheitenprobleme mit einer lebendigen Demokratie jeden Tag zu bewältigen oder besser: gar nicht aufkommen zu lassen, sowie durch Gunstbezeugungen der Geschichte existentiell demokratisch.

Wenn sie in normlogischer Übertreibung mit Vorliebe als Referendumsdemokratie bezeichnet wird, so hat man sie noch nicht charakterisiert. Das Referendum macht weder das Ganze, noch das Zentrum, noch das letztlich Wesentliche der schweizerischen Demokratie in normativer und in politischer Hinsicht aus. *Hans Huber* hat dies wiederholt dargetan. Die Schweiz ist in der „verwirklichten Verfassung" *(Konrad Hesse)* eine halbdirekte Demokratie im Sinne der französischen Typenlehre, die auf dem kräftigen Unterbau einer Repräsentativverfassung Elemente der unmittelbaren Demokratie übernommen hat und in welcher der politische Prozeß in einem spezifischen und hochkomplexen Miteinander von Behörden und Volk abzuwickeln ist. (Das auszeichnende „Miteinander" hat Herr *Friesenhahn* an der Berliner Staatsrechtslehrer-Tagung als allgemeines Phänomen aufgewiesen und gerade für die Schweiz wissenschaftlich und praktisch in hohem Maß fruchtbar gemacht). Grundrechte hegen und stützen diese Demokratie.

Die institutionellen Schöpfungen der schweizerischen Demokratie waren das Werk des 19. Jahrhunderts, denen das 20. Jahrhundert beinahe nichts mehr beigefügt hat. Die erste Bundesverfassung von 1848 schuf einen repräsentativen Gesetzgebungsstaat, in dem das Volk auf Parlamentswahlen und die Verfassungsgebung beschränkt war. Abgeschwächte Rezeptionen der Volkssouveränitätslehren versetzen das Parlament als sogenannte oberste Gewalt in eine Suprematie. Ihm oblagen die Wahl einer stabilisierten Regierung, die dichte Kontrolle der vermeintlich auf den Vollzug zurückgebundenen Exekutive und die exklusive Legiferierung. Die Totalrevision von 1874, die den demokratisierenden Bewegungen in den Kantonen nachfolgte, und eine Partialrevision von 1891 führten das fakultative Gesetzesreferendum und die Verfassungsinitiative ein. Ein Ausläufer von 1921 forcierte die Volksbeteiligung im fakultativen Referendum für langfristige Staatsverträge, eine Institution, die nur zweimal benutzt wurde und der gegenwärtig eine Modeströmung eine fragwürdige Verstärkung zu verschaffen trachtet. Die Aktivbürgerschaft hat, in Erahnung ihrer Grenzen und der eigenen Gefährdungen durch demagogische Manipulationen, zweimal die Volkswahl der Bundesregierung verworfen, ferner die Volksinitiative für einfache Gesetze abgelehnt. Die Gliedstaaten freilich gingen angesichts ihrer Kleinheit weiter. Das Volk wählt die Kantonsregierungen, wodurch dem Kantonsparlament das schlagkräftigste Instrument der Gewaltenhemmung und der Realisation von Verantwortlichkeit aus den Händen geschlagen wurde. Die Kantone kennen die Gesetzesinitiative, zu einem großen Teil das obligatorische Gesetzesreferendum und ein Verwaltungsreferendum vorzüglich als Finanzreferendum. Die fünf verbliebenen Landsgemeinden, oft als reale Volksherrschaften gepriesen, sind nur ganz beschränkt deliberierende, zum Teil nicht einmal dezidierende Versammlungsdemokratien, und ihre bloße einmalige Einberufung im Jahr nimmt ihnen vollends den Hauch eines Abbilds athenischer Volksherrschaft. Hingegen ist die Versammlungsdemokratie in den vielen mittleren und kleinen Gemeinden Wirklichkeit; hier bietet sie oft die erquickende Bestätigung, daß im Rahmen bescheidener öffentlicher Aufgaben das Volk sachlich-politische Gestaltungskräfte unmittelbar erfolgreich aktivieren kann.

Richtete das 19. Jahrhundert die demokratischen Institutionen ein, ist das 20. Jahrhundert dasjenige tiefgreifender Verfassungswandlungen, der Ausbreitung von ungeschriebenem Verfassungsrecht und der Ausbildung einer Art von konstitutionellen Konventionalregeln.

Nun durchziehen aber sonderbare Zwiespältigkeiten das Verfassungsleben. *Hans Huber* hat die Situation in seinem Berliner Vortrag 1963 und in seiner letztjährigen Bonner Ansprache über das Gesetzesreferendum gültig dargelegt. Ich begnüge mich der knappen Zeit wegen auf wenige Erscheinungen: In der *Staatspraxis* werden Funktionen und Zusammenspiele den ungeheuren und unabsehbaren Ansprüchen des Leistungsstaats zögernd, aber doch unaufhaltsam angepaßt. Führung des Staatsganzen aus gesamtheitlicher Sicht, Effektivität von Leitung und Verwaltung, Koordination und Planung an den schwerfälligen verfassungsmäßigen Verfahren vorbei, rationalisierte Kontrollprozeduren statt der punktuellen und impulsiven Pseudokontrollen durch eine okkasionelle öffentliche Meinung — dies sind immer lauter erhobene Forderungen. Stille so gut wie sichtbare, plötzliche so gut wie zähflüssige Reformen richten sich allmählich daran aus. In der *reflektierenden Diskussion* hingegen, in der öffentlichen Erörterung und sogar in wissenschaftlichen Verfassungsinterpretationen werden Wandlungen noch nicht allgemein anerkannt. Man hält an Leitbildern oder an Vor-Verständnissen fest, als sei *Rousseau* noch mitten unter uns und hätte *Tocqueville* nicht gelebt und gedacht. Vorstellungen der realen Volkssouveränität, die Gleichsetzung von hypothetischem und empirischem Volkswillen werden immer wieder aufgefrischt. Die identitäre Demokratie fasziniert. Die vorgegebene Volkseinheit wird wie selbstverständlich erwartet, die Richtigkeitsproblematik, wie sie kürzlich *Hans Ryffel* dargelegt hat, wird übergangen, der Pluralismus, obwohl in praxi recht tauglich vollzogen, z. B. in einer qualifizierten Kompromißfähigkeit, die eine teils gelobte, teils verfemte „Konkordanzdemokratie" *(Richard Reich)* befördert, wird selbst im wissenschaftlichen Raum oft als Übel verworfen. Aus der Vorstellung der identitären Demokratie werden mit rascher Hand Folgerungen deduziert, so für das Parlament, z. B. seine nominelle Überhöhung über die Exekutive unter gleichzeitiger Funktionshemmung im Milizsystem der Abgeordneten, für die Rückbindung der Justiz, für die Beibehaltung, ja, Ausweitung der Volksrechte, obwohl diese der Funktionstauglichkeit des vehement geforderten Leistungsstaats in die Quere kommen. Der immer wieder drohende Zug zur Erziehungstyrannis und der etwa von *Werner Kägi* unentwegt signalisierte Hang der öffentlichen Meinung zu einem gewissen demokratischen Absolutismus können durch die Verfassung selbst nur beschränkt verbaut werden. Überhaupt folgt der schweizerische Staatsrechtler gerne der abschließenden These des Erstreferenten, die er auf folgenden Satz ausweiten möchte: Das Verfassungsrecht kann offenbar gerade die bedrängendsten Zeitfragen, z. B. Planung, hohe Effektivität, reale Kontrollen in demokratischen Prozeduren, noch nicht lösen, obwohl breite Schichten und viele Anhänger einer neuerlichen Totalrevision der Bundesverfassung dies glauben möchten. Das bedeutet keineswegs, die Verfassung werde vor den neuartigen Aufgaben und Funktionen dauernd abseits stehen müssen. Man wird Entwicklung und Möglichkeiten sorgfältig beobachten und dann zugreifen, wenn die Fähigkeiten zur verfassungsmäßigen Erfassung und Gestaltung heranreifen. Unheimlich ist nicht die Verzögerung, sondern die Befürchtung, daß solche Heranreifung ausbleiben könnte. Die kapitale Frage bleibt, wie die Verfassung jetzt und morgen die Demokratie funktionsfähig zu machen vermag, wie die Demokratie im modernen Staat einzurichten sei.

In der Schweiz stehen folgende Gestaltungsfragen voran, für die die Staatsrechtslehre der Staatspraxis das Problembewußtsein vermehrt zu wecken sucht: Wo und in welchem Ausmaß können unmittelbare Mitwirkungsrechte des Volkes angesichts der wachsenden Staatsaufgaben sinnvoll eingerichtet bleiben? Dabei ist zweierlei zu bedenken: Volksrechte lassen sich politisch nicht verringern; also geht es allenfalls um Umformungen, um sie sinnvoll und wirksam zu erhalten. Sodann muß man sich mit der unausweichlichen, aber kaum erfaßten Tatsache auseinandersetzen, daß Demokratie nur bis zu einer gewissen Schwelle rational getragen und bestimmt werden kann, während ein beachtlicher Rest unabdingbar im emotionalen Bereich verharrt. Nächste Frage: Wie lassen sich die stark veränderte Presse und die Massenkommunikationsmittel zuhanden der direkt-demokratischen Einrichtungen ohne grundlegende Verfälschungen einsetzen, eine Frage, die für die Schweiz brennender wird als die nach der Rolle intermediärer Gewalten im direkt-demokratischen Prozeß. Weitere Frage: Wird die Repräsentationsidee noch zureichend begriffen und dann die Repräsentationskraft dem Parlamente zugemutet, oder anders gefragt: Wie soll das unentbehrliche Repräsentativelement verstanden und gestaltet werden? Folgende Frage: Darf das enorme Leistungsbedürfnis durch die Regierung endlich offen anerkannt und wie kann es in einer relativen Harmonie mit den Möglichkeiten und mit der Wirklichkeit von Milizparlament und einer von der Sachkunde per se abgetrennten Aktivbürgerschaft praktisch institutionalisiert und gesichert werden? Gibt es verbesserte Kontrollmöglichkeiten, die die tatsächlichen Entscheidungsprozesse ins Auge bekommen, ohne in perfektionistischen Kontrollvorgängen die behördliche Handlungsfreiheit zu ersticken? Wie können Grundrechte für die funktionsfähige Demokratie gedeutet und entwickelt werden? Und endlich: Ist Verantwortlichkeit — dieser Kernbegriff neuen Demokratieverständnisses — real zu machen, d. h. außer auf der moralischen auch auf der handfesten rechtlich-politischen Ebene in gesicherten Vorgängen zu vollziehen? — Sie sehen: Auch die Schweiz ringt mit der offenen Problematik der Demokratie, hoffend, immer wieder tragfähige Ausformungen zu finden für den in der Aufgabenfülle anscheinend fast unbegrenzten Staat, dessen forcierte Leistungsforderungen dem Demokratieprinzip hinderlich zu werden drohen.

Walter: Meine Aufgabe liegt darin — nicht in Konfrontation zu den Referenten, sondern sie gewissermaßen ergänzend — die *spezifischen Züge der Demokratie in der Verfassungsordnung Österreichs* aufzuzeigen. Erlauben Sie mir, da ich ja aus einer stärker positivistisch aufgeladenen Atmosphäre komme, dabei zunächst vom Bundesverfassungsgesetz auszugehen.

Das österreichische B.-VG. beginnt mit einer Art Bekenntnis zum demokratischen Prinzip. Der erste Satz des Artikels 1 lautet: „Österreich ist eine demokratische Republik", ein Satz, dessen Aufnahme in eine Verfassung wohl — wie es auch geschehen ist — kritisiert werden kann, weil der demokratische Charakter eines Verfassungssystems ja nicht durch einen dies behauptenden Satz der Verfassungsordnung hergestellt werden kann, sondern durch ihre demokratischen Einrichtungen. Dieser theoretischen Einsicht gemäß, daß nämlich im Art. 1 B.-VG. eine Selbstdeutung des erst zu deutenden Verfassungsrechtsmaterials liege, hat denn auch zu heftigen Einwänden gegen diese Bestimmung von Seiten des verfassungsrechtlichen Beraters der Staatsregierung *Hans Kelsen* geführt. Wenn ich etwas Anekdotisches beifügen darf, so ist es dies, daß Staatskanzler *Renner* schließlich die Bestimmung *Kelsen* gegenüber mit dem Hinweis als unabweislich gekennzeichnet hat, daß Kelsen theoretisch sicher recht habe, man in einer Verfassung aber eben einige schöne Sätze, die den Leuten gefallen, haben müsse.

Fragt man sich nun, was für eine Vorstellung von Demokratie der österreichische Verfassungsgesetzgeber des Jahres 1920 hatte, so scheint hierzu zunächst der zweite Satz des Art. 1 einen gewissen Weg zu weisen, indem er nämlich der Deklarierung des demokratischen Prinzips beifügt, daß das *Recht* vom Volk *ausgehe*. Damit wird durchaus im Sinne der später von *Kelsen* zum Prinzip der Demokratie geäußerten Gedanken — ich erinnere an das in erster Auflage 1920 erschienene Buch über Wesen und Wert der Demokratie — das demokratische Prinzip als ein bestimmtes *Prinzip der Rechtserzeugung* aufgefaßt; ein Prinzip der Rechtserzeugung — orientiert an der Freiheit des Einzelnen — das auf dem *Grundgedanken* beruht, daß die Rechtsunterworfenen mit gleichem rechtlichen Einfluß selbst das sie bindende Recht erzeugen sollen. Daß dieser Grundgedanke durch die Mittelbarkeit der Verwirklichung des demokratischen Prinzips beeinträchtigt wird, ist zuzugestehen, aber ich meine mit Herrn *Kriele*, daß man Volksherrschaft und Repräsentation durchaus aufeinander zu beziehen vermag, insbesondere wenn man die Bedeutung der Wahl kennt. Ich wollte zunächst damit zum Ausdruck bringen, daß das Prinzip der Demokratie in der österreichischen Verfassungsrechtsordnung als ein formales, die Art der Rechtserzeugung betreffendes Prinzip aufgefaßt wird. Ich bin allerdings nicht der, wenn ich recht verstanden habe, vormittags vertretenen Meinung, daß mit der demokratischen Rechtserzeugung lediglich ein „Ausgleichsmechanismus" geschaffen sei oder lediglich Identität von „Plädierenden und Entscheidenden", sondern daß doch ein sehr wesentlicher Wertgesichtspunkt hinter der demokratischen Mehrheitsentscheidung steht; nämlich die Freiheit wenigstens der Mehrheit, nach *ihrem* Gesetz zu leben. Nur darin, nicht aber in der Hoffnung, daß die Mehrheit recht hat — von Wahrheit möchte ich in diesem Zusammenhang gar nicht sprechen — erscheint mir der demokratische Gedanke gerechtfertigt zu sein und so scheint man sich ihn vorgestellt zu haben. Ich glaube in diesem Zusammenhang, daß Herr *Kriele* den Nachweis auch nur einer Wahrscheinlichkeit, daß die Mehrheit recht hat, nicht wird führen können. Hingegen möchte ich betonen, daß in der Demokratie im Sinne des österreichischen Verfassungssystems sicherlich nicht die Festlegung etwa eines ganzen Wertungssystems, also eines ganzen Systems inhaltlich bestimmter Werte liegt. Diese weiteren grundlegenden Werte sind in anderen Baugesetzen des Verfassungsgefüges enthalten.

Diese anderen grundsätzlichen Prinzipien des österreichischen Verfassungsgefüges müssen angeführt werden, um die Stellung des demokratischen Prinzips aufzuzeigen. Unbestritten tritt neben dem demokratischen Prinzip das rechtsstaatliche Prinzip in der österreichischen Verfassung hervor; ebenso das bundesstaatliche Prinzip. Erachtet man das republikanische Prinzip als nicht schon im demokratischen Prinzip enthalten (wobei es auf die Frage der Begriffsbildung ankommt), dann müßte man auch dieses nennen. Und zu Recht hat *Adolf Merkl* immer wieder das sich besonders in den Grundrechten manifestierende liberale Prinzip der österreichischen Verfassungsrechtsordnung hervorgehoben. Auch der Gedanke der Gewaltentrennung — freilich nicht in seiner reinen Ausprägung — kann als ein solches Grundprinzip angesehen werden. Ein Sozialstaatsprinzip kann der österreichischen Verfassungsordnung — entgegen andersartigen, dogmatisch aber unhaltbaren Behauptungen — nicht entnommen werden. Die anderen erwähnten Prinzipien muß man bei Erörterung des demokratischen Baugesetzes der österreichischen Verfassung — wie schon erwähnt — deshalb behandeln, weil sie das demokratische Prinzip *begrenzen* und erst *alle Prinzipien gemeinsam den Grundgehalt des Verfassungssystems manifestieren.* So schränkt etwa das bundesstaatliche Prinzip das demokratische Prinzip in gewisser Richtung ein, wenn man an die nicht vollkommen bevölkerungsproportionale Repräsentanz der Landesbevölkerung im Gesetzgebungsverfahren des Bundes denkt. Das liberale Prinzip schränkt das demokratische ein, weil es gewisse Freiheitsräume statuiert, in die auch im Wege demokratischer Gesetzgebung nicht eingegriffen werden kann; und das rechtsstaatliche Prinzip schließlich steht mit dem demokratischen insofern in einem gewissen Antagonismus, als es auch im unbestrittenermaßen demokratischen Staat bei bestehender demokratischer Legitimation der Organe innerhalb des Staatsgefüges autokratische Elemente gibt und geben darf. Damit soll nur angedeutet sein, daß die österreichische Lehre das Verfassungssystem als durch mehrere sich verflechtende Baugesetze geprägt ansieht. Die aktuelle Relevanz dieser Betrachtung zeigt sich z. B. darin, daß man bei richtiger Betrachtung dem Ruf nach „Demokratisierung", wie er heute auch in demokratischen Verfassungen modern geworden ist, entgegensetzen kann und muß, daß es eben noch andere Grundprinzipien des Verfassungssystems gibt, die Berufung auf *einen* Grundsatz von mehreren somit noch keine hinreichende Begründung abgeben kann. Immerhin muß man dem, was man bei uns „das Unbehagen in der Demokratie" genannt hat, auf den Grund gehen. Und dies scheint doch darin zu liegen, daß die Fiktion der Repräsentanz (man denke an das Vokabel „Volksvertretung" und dazu an das freie Mandat) durchschaut wurde. Gewiß kann es keinen Übergang zur unmittelbaren Demokratie geben, aber ein Ausbau der Institute der unmittelbaren Demokratie scheint doch ein möglicher Weg zu sein. Ich darf sagen, daß Österreich hier in der Mitte zwischen der Verfassungsordnung der Bundesrepublik und der Schweiz steht, allerdings seine Einrichtungen der unmittelbaren Demokratie in einem sehr vorsichtigen Ausmaße ausgebaut hat. Die Einrichtung des „Volksbegehrens" hat sich immerhin als ein taugliches Instrument der Kanalisierung von Unbehagen erwiesen, wie sich beim Rundfunk-Volksbegehren und Schulzeit-Volksbegehren gezeigt hat.

Wenn der Art. 1 des österreichischen B.-VG. das demokratische Prinzip zum Ausdruck bringt, so meint er damit das demokratische Prinzip der Ausprägung der *mittelbaren Demokratie,* neben die freilich auch *Elemente der unmittelbaren Demokratie* treten und treten können und er meint die Verwirklichung der demokratischen Organisationsform, insbesondere im Bereiche der *Gesetzgebung.* Darum ist es so wichtig, wie Herr *von Simson* ja auch ausgeführt hat, daß die demokratische Gesetzgebung nicht abdankt und anderen Kräften das

Feld überläßt. Ob in diesem Punkte Herr *Kriele* — ich erinnere an das Wort „bloße Rechtssetzungsprärogative" des demokratischen Gesetzgebers — eine andere Auffassung vertrat, habe ich nicht ganz deutlich gesehen.

Die Erkenntnis, daß das demokratische Prinzip *ein* Baugesetz der österreichischen Verfassung ist, hat nun juristische Relevanz im Hinblick auf die Bestandsgarantie dieses Prinzips, nicht zwar im Sinne einer Unabänderlichkeit, wohl aber in Richtung auf eine erschwerte Abänderbarkeit. Art. 44 Abs. 2 B.-VG. bestimmt nämlich, daß *gesamtändernde* Bundesverfassungsgesetze einer Volksabstimmung bedürfen. Und die Lehre und Judikatur nimmt — wohl zutreffenderweise — an, daß unter einer Gesamtänderung der Verfassung nicht etwa eine Neuformulierung oder Neusystematisierung des Verfassungsstoffes zu verstehen ist, sondern ein Abgehen von den grundsätzlichen Prinzipien, die das Verfassungssystem prägen. Insofern ist das demokratische Prinzip also nur unter den erwähnten Voraussetzungen aus dem österreichischen Verfassungsgefüge zu entfernen. Es zu modifizieren — etwa durch gewisse Änderungen des Wahlsystems, durch Verschiebungen zwischen repräsentativer und unmittelbarer Demokratie — steht jedoch der einfachen Verfassungsgesetzgebung frei.

Es mag vielleicht überraschen, daß die demokratische Verfassung auch ein *Abgehen vom demokratischen Prinzip* ausdrücklich ermöglicht, aber das österreichische B.-VG. ist eben typischerweise nicht vom Gedanken der sogenannten wehrhaften Demokratie geprägt, wozu sich freilich Ansätze in dem in Verfassungsrang stehenden Art. 8 und 9 des Staatsvertrages von Wien 1955 finden, der auch deshalb interessant ist, weil er Österreich zu einer „demokratischen" Staatsform völkerrechtlich verpflichtet, wobei freilich Demokratie schon eine viel unbestimmtere Bedeutung haben dürfte.

Mit diesen Hinweisen konnte die österreichische Verfassungsrechtssituation in bezug auf das demokratische Prinzip nur ganz allgemein skizziert sein; und dies in der Hoffnung, Sie nicht zu sehr von unserem eigentlichen Beratungsgegenstand weggeführt zu haben.

Schneider: Ich ergreife das Wort in einiger Sorge. Ist doch die Gefahr nicht auszuschließen, daß das, was ich sage, Ihnen verehrter Herr Kollege *Hans Schneider* — wie auch schon — in die Schuhe geschoben wird. Das wäre mir überaus peinlich.

Ich möchte an einen Ausdruck anknüpfen, den Herr *Eichenberger* in seinem Bericht gebrauchte: den Ausdruck *identitäre Demokratie*. In beiden Referaten ist der Sache nach zwischen der richtigen und der unrichtigen, der wirklichen und der scheinbaren, der absolutistischen, der totalitären und der freiheitlichen, rechtsstaatlichen, im GG konzipierten Demokratie unterschieden worden. Die Grenzlinie kann meines Erachtens vom Ausdruck identitäre Demokratie her bestimmt werden. Die Momente, welche freiheitliche, rechtsstaatliche Demokratie konstituieren, weder das Prinzip der Gewaltenteilung, noch dasjenige der Repräsentation sind von der Basis der identitären Demokratie verständlich. Im Sinne der identitären Demokratie wird der Wille des souveränen Volkes nicht allein mit Recht und Gerechtigkeit, sondern auch mit dem Willen aller identifiziert und damit eine unfehlbare und unanfechtbare Instanz eingesetzt. Von dieser Instanz aus kann im Grunde nicht einmal die Funktion der Mehrheitsentscheidung, geschweige denn diejenige der Verfassungsgerichtsbarkeit begriffen werden. Das Risiko der Diskrepanz zwischen Recht und Macht, Instanz und Instanz bleibt außer Betracht. Herr *Eichenberger* hat auf die eminent praktische Bedeutung hingewiesen, welche dem Umstand zukommt, ob demokratische Institutionen im Sinne der identitären Demokratie interpretiert werden oder nicht.

Von dieser Basis aus eine Frage an Herr *Kriele:* Sind Sie nicht auch der Meinung, daß die Redensart von der Identität der Regierenden mit den Regierten ihren Grund allein in der Identitätsvorstellung hat, daß auf diese Redensart verzichtet werden müßte, wenn man die Demokratie in ihrem Sinne als Prozeß bzw. als ein Inbegriff von Prozessen begreift?

Kriele: Ich kann die Frage nur bejahen. Identität von Regierenden und Regierten gibt es nicht. D. h. freilich nicht, daß man die Folgerung *Schumpeters* ziehen müßte, Demokratie sei Konkurrenzkampf der Machteliten. Da wird es ins andere Extrem getrieben, und die rechtlichen Institutionen, die auch noch charakteristischerweise zur parlamentarischen Demokratie gehören, geraten wiederum aus dem Blick.

Schneider: Sie, Herr *Kriele,* sind der Auffassung, daß das Prinzip der Gewaltenteilung „identitär" nicht verstanden werden kann. Ich bin darüber hinaus der Ansicht, daß dies auch für das Mehrheitsprinzip und für die Tatsache gilt, daß zwischen der „Auslese" der Aktivbürger und den übrigen Bürgern unterschieden werden muß. Würden Sie auch diese Konsequenz ziehen?

Badura: Das Thema „Das demokratische Prinzip im Grundgesetz" hat den Referenten zwei verschiedene, aber zusammenhängende, Aufgaben gestellt, nämlich einmal uns darüber zu unterrichten, was nach ihrer Auffassung die politische Idee

„Demokratie“ sei, und dann uns zu sagen, was nach ihrer Auffassung im Grundgesetz für eine Art von Demokratie verwirklicht worden ist. Es ging also darum, Demokratie als *politische Idee* und als *Verfassungseinrichtung* zu unterscheiden, in Verbindung zu bringen und darzustellen.

Es war für mich überraschend, in wie selbstverständlicher Weise die Referenten von einem verhältnismäßig greifbaren Begriff von Demokratie ausgehen konnten, sei er nun staatsrechtlich, sei er politisch gedacht. Dazu gehört auch, daß *Herr von Simson* in seinen Thesen 1 bis 3 eine Art Minimalinhalt von Demokratie im Sinne eines „formalen Ausgleichsmechanismus“ vorgestellt hat und das Problem der unterschiedlichen Vorstellungen nur als eine Sache der Verwirklichung dieses so verstandenen demokratischen Prinzips bezeichnet.

Auf der anderen Seite finde ich es auch eigenartig, wenn Herr *Kriele* in seiner These 13 sagt, daß das demokratische Prinzip im Grundgesetz *„gesellschaftspolitisch neutral“* sei. Er hat zwar nicht erläutert, was der Ausdruck „gesellschaftspolitisch“ bezeichnen soll, weil er ihn offenbar als nach der Umgangssprache eindeutig voraussetzt. Aber gleichgültig, welche genaue Bedeutung gemeint ist — ich kann diese These nicht für richtig halten. Zwar glaube ich auch, daß die demokratische Idee ein politisches Prinzip für ein bestimmtes verfassungsrechtlich geordnetes *Verfahren* der politischen Willensbildung darstellt. Aber darüber hinaus, nach ihrer Entstehung und Wirkungsweise, bezieht sie sich auf eine aus diesem Verfahren resultierende Bestimmung und Veränderung der Staatsaufgaben. Darin kann ich nicht etwas sehen, das „gesellschaftspolitisch neutral“ wäre. Mit dieser Beurteilung scheint mir ein nennenswerter Teil der eigentlichen Schwierigkeit der hier gestellten Frage und zwar gerade in der Form, wie sie in der Gegenwart aufgeworfen wird, offen zu bleiben.

Das Problem der Demokratie ist mindestens ein zweifaches: Es geht um eine bestimmte Methode der *Etablierung legitimer Herrschaft* und um eine bestimmte Methode der *Schaffung und Verwirklichung des Rechts*. Ich finde es ganz richtig, wenn Herr *Kriele* in seiner These 2 die vielleicht etwas in den Hintergrund geratene Vorstellung unterstreicht, daß das demokratische Prinzip auch auf eine bestimmte Organisation der Rechtserzeugung abzielt. Damit ist zugleich anerkannt, daß die Rechtserzeugung etwas Politisches ist. Dies hebt einen zutreffenden Gesichtspunkt hervor, es bleibt aber bei Herrn *Kriele* mehr oder weniger beiseite, daß Demokratie außerdem eine Methode der Etablierung legitimer Herrschaft ist. Wenn es nur um diese beiden Elemente der Demokratie ginge, wäre es noch verhältnismäßig einfach. Es kommt jedoch noch hinzu, daß Demokratie — wie es ihre folgerichtigen Verfechter immer verstanden haben — ein *evolutionäres* und in gewisser Weise auch *revolutionäres Prinzip* ist, ein Prinzip, das niemals vollständig in den Institutionen einer bestehenden Verfassung aufgeht, sondern immer bestehen bleibt als ein Prinzip der Kritik und ein Prinzip des Weiterdrängens; in diesem Sinne gibt „Demokratisierung", so sehr es sich um ein Schlagwort handelt, ein richtiges Moment der demokratischen Idee an. In diesem Sinne möchte ich Herrn *von Simson* in seiner These 11 verstehen, wo er von der „Verantwortung der lebenden Zeit" spricht, die eben die Verwirklichung der materiellen Inhalte immer wieder neu aufgibt.

Als Ausgangspunkt der Betrachtung des Problems der Demokratie scheint es mir richtig — Herr *Schneider* hat eben auf einen ähnlichen Punkt Wert gelegt —, daß die politische Idee der Demokratie und ihre Verwirklichung nicht von Staat, Recht und der Herstellung einer gerechten politischen Ordnung gelöst werden. Wenn man von einer *„konstitutionellen" Demokratie* spricht, besagt dieses Adjektiv eigentlich etwas Selbstverständliches; denn Demokratie ist als eine *Staatsform* des *Verfassungsstaates* gedacht. Als eine Staatsform — das heißt als ein Prinzip in bezug auf eine politisch organisierte Gesellschaft, und als ein Prinzip des Verfassungsstaates — das heißt als ein Prinzip des Staates, der seinen politischen Prozeß an das Recht bindet. Trifft das zu, dann ist die *unmittelbare Demokratie* in der Tat nicht ein politisches oder staatliches Prinzip; denn die unmittelbare Demokratie läuft auf die Aufhebung von Staatlichkeit, von Politik, von Herrschaft überhaupt hinaus. Bei konsequenter Postulierung und folgerichtig durchdacht, ist unmittelbare Demokratie als Aufhebung von Staat verstanden worden, jedenfalls von Staat in der Gestalt, wie er in der Entwicklung des Verfassungsstaates institutionalisiert worden ist. Von Herrn *von Simson* würde ich gern hören, ob dieser Punkt zu den in seiner These 4 zitierten „Elementen des Unbezweifelten" gehört, sei es daß diese, was mir eigentümlich erschiene, nur „nützliche Konventionen" wären, oder aber vielleicht eine Bedingung überhaupt der Verwirklichung von Demokratie. Wenn Herr *von Simson* dann in These 9 vom „Aufbau der Freiheit in der Gesellschaft" spricht und wenn man den Zusammenhang von Freiheit und Staat betrachtet, kann dieses „Element" nur auf eine bestimmte Art von Staatlichkeit bezogen sein.

Wenn man diesen Überlegungen folgt, wird man dahin kommen müssen, Demokratie nicht so sehr als ein Verfahren der unmittelbaren Artikulation zu begreifen, sondern als ein Verfahren der Legitimation, der Kontrolle und der Kritik politischer Herrschaft, wie es ja auch von den Referenten in verschiedenen Hinsichten hervorgehoben worden ist. Damit setzt sich die Fragestellung in den Problemen der *Repräsentation* fort, denen man nicht ausweichen kann, weil die Formulierung dieser Frage und ihre Beantwortung — nämlich wie Demokratie als Herrschaftsform zu verstehen sei — die eigentliche Schwierigkeit der Verwirklichung und überhaupt der Schaffung eines demokratischen Staates betrifft.

In dem Begriff der Repräsentation, wie immer man ihn faßt, — und damit kommen auch der Parlamentarismus und die Möglichkeit des Parlaments unter modernen Verhältnissen in das Thema hinein — ist stets vorausgesetzt, daß die Gesellschaft als *politische Einheit* bereits besteht. Das ist auch paradoxerweise die Wahrheit *Rousseaus,* der die unmittelbare Demokratie verficht, dennoch aber immer von der existierenden politischen Einheit der Gesellschaft ausgeht, in der die „bürgerliche Religion" die Voraussetzung für die „Republik" ist, in der Demokratie verwirklicht werden kann. Aus dieser Prämisse der Repräsentation leiten sich weitere Konsequenzen für die Frage des Parteienstaates ab, die Erscheinungsweise der parlamentarischen repräsentativen Demokratie unter den uns bekannten Bedingungen. An dieser Stelle darf ich beiläufig erwähnen, daß mir die These 11 von Herrn *Kriele,* daß die gesetzliche Einführung von Mandatsverlust bei Parteiwechsel Art. 38 Abs. 1 GG nicht verletzen würde, mit der Garantie des *freien Mandats* nicht in Einklang zu stehen scheint. Der damit verfolgte Sinn der Trennung von Institution (Abgeordnetenmandat) und Partei würde damit praktisch verloren gehen.

Als letztes komme ich zum Punkt der *Selbstverwaltung,* der — wenn ich das richtig gesehen habe — in beiden Referaten verhältnismäßig abwehrend behandelt worden ist. Diese Beurteilung möchte ich nicht teilen. Wenn auch der Begriff der „Wirtschaftsdemokratie" ein politisches Schlagwort ist, das insofern falsch ist, als es die Bedeutung von „Demokratie" über ihr eigentliches Anwendungsfeld hinaus erstreckt, kann man doch den Art. 165 WeimRVerf und die in ihm ausgedrückten Ziele und Einrichtungen nicht völlig von dem politischen Prinzip der Demokratie abtrennen. Demokratie, wie sie wirklich funktioniert und wie sie besonders im angelsächsischen Rechtsbereich stets als selbstverständlich verstanden wurde, ist mit der politischen Idee der Selbstverwaltung verbunden. Wegen dieses Zusammenhanges darf ich nur auf *Thomas Jefferson* verweisen. Es ist meiner Ansicht nach ein von der französischen Theorie beeinflußtes Vorurteil der kontinentalen und auch der deutschen Vorstellung von Demokratie, eine so scharfe Trennung zwischen Demokratie und Selbstverwaltung zu ziehen. Dabei ist mir bewußt, daß die Notwendigkeit der Einheit der politisch organisierten Gesellschaft und die Frage der Koordination der Selbstverwaltungseinheiten eine theoretische und praktische Schwierigkeit darstellt, die gerade von *Kelsen* — wie vorhin Herr *Walter* betont hat — deutlich gekennzeichnet worden ist. Dennoch würde ich es nicht für richtig halten, so scharf zu trennen. Es liegt gerade im Gedanken der Selbstverwaltung, darin eine „Aufhebung" im Sinne Hegels der Polarität von staatlicher Organisation und gesellschaftlicher Unmittelbarkeit zu sehen.

Zacher: Herr *Badura,* ich möchte zu Ihrem letzten Beitrag selbst etwas sagen. Die demokratische Situation der Selbstverwaltung hat zwei Seiten: nämlich die Spannung zwischen der partikularen Einheit und der ganzen Einheit, die bei Herrn *von Simson* ja auch im föderalen System zum Ausdruck gekommen ist; aber auch die demokratiegerechte Innenstruktur von Selbstverwaltungseinheiten. Und ich glaube, daß die Zurückhaltung zum Letzteren besteht und zu erklären ist.

Häberle: Ich möchte zum Teil als Kritik an dem soeben von Herrn *Badura* Gesagten sowie zu manchen Thesen von Herrn *Kriele* folgendes vorbringen: Es geht mir stärker um den Zusammenhang von Verfassungstheorie und Demokratieverständnis nach dem GG. Heute erscheint mir nur eine *konkrete* demokratische Verfassungstheorie als möglich — jede Spielart des westlichen Demokratieverständnisses setzt bewußt oder unbewußt ein bestimmtes Verfassungsverständnis voraus. Das liegt um so näher, als Demokratie die Lehre von der „guten Staatsordnung" überhaupt geworden ist und als eine „Parallelität" in wichtigen Punkten zwischen dem Demokratieverständnis einerseits und der Verfassungstheorie andererseits besteht: einmal in bezug auf die *Offenheit* der Verfassung und die von beiden Herren Referenten herausgearbeitete Offenheit der Demokratie (*von Simson* — These 2, *Kriele* — These 8); ferner hinsichtlich der Bedeutsamkeit der *Verfahren*: die „relative Wahrheit" liegt heute im Verfahren, das erkennt sowohl die Verfassungstheorie wie die Diskussion zum Demokratieverständnis an; auch hier besteht zwischen den beiden Referenten ein Konsens; schließlich liegt eine Annäherung von

Verfassungs- und Demokratieverständnis im Bereich dessen vor, was man als eine Art „Ethik des *Kompromisses*“ in der Demokratie bezeichnen könnte und dem das Prinzip „praktischer Konkordanz“ *(Hesse)* entspricht. Das zeigt, daß heute Verfassungstheorie von vornherein nur als demokratische Verfassungstheorie möglich ist. Die Fragen der „Staatlichkeit“ interessieren mich recht wenig, da unsere demokratische Ordnung (nur) von der Verfassung konstituierte Ordnung ist.

Zuletzt eine kritische Bemerkung zu Herrn *Kriele:* Mir scheint, er hat das Volk zu weitgehend zur Abdankung gezwungen bzw. das Volk ist verloren gegangen oder abhanden gekommen. Er spricht in These 2 von „Herrschaft des Rechts“ — mir wäre der Gedanke der Souveränität der Verfassung lieber, da die Verfassung als Ordnung der res publica nicht im Recht aufgeht. So sehr mich die Abschaffung der voluntaristischen Volkssouveränität rousseauscher Prägung überzeugt: ist nicht ein großer Teil der Problematik jetzt auf den Rechtsbegriff verschoben? Von der konkreten demokratischen Verfassungstheorie aus wäre das Volk als differenzierte Größe stärker in die Verfassung „einzubringen“, z. B. im Rahmen eines öffentlichen, demokratischen Teilhabeverständnisses der Grundrechte, wie dies das Bundesverfassungsgericht seit dem Lüth- über das Spiegel-Urteil bis hin zur Leserbrief-Entscheidung so eindrucksvoll von der Grundrechtsseite her tut, wobei freilich auf die Unsicherheit und das Demokratiedefizit in Entscheidungen zum organisationsrechtlichen Teil (z. B. im Volksbefragungs- und Schleswig-Holstein-Urteil) und neuestens wieder auf den zu unreflektiert verwandten, ideologieanfälligen Begriff der „streitbaren Demokratie“ negativ hinzuweisen wäre. Auch sonst müßte gefragt werden, wie das Volk im Rahmen einer demokratischen Verfassungstheorie stärker als bei Herrn *Kriele* zu aktivieren wäre.

Roellecke: Herr *Kriele* hat sehr schön gezeigt, daß sich die Theorie der Demokratie — entgegen der Auffassung Herrn *von Simsons* — doch noch weiter entwickeln läßt. Ich freue mich, Herrn *Kriele* in allen wesentlichen Punkten zustimmen zu können. Nur in zwei Punkten, meine ich, hat er nicht ganz konsequent argumentiert. Der erste betrifft den Mandatsverlust bei Parteiwechsel. Darauf möchte ich hier nicht eingehen. Der zweite Punkt erscheint mir ungleich wichtiger. Er betrifft die Qualifikation der Mehrheitsentscheidung. In dieser Frage möchte ich weitgehend Herrn *Walter* folgen.

Herr *Kriele* behauptet auf der einen Seite, Mehrheitsentscheidungen seien wahrscheinlich richtiger als Entscheidungen einer Minderheit oder einzelner Personen. Auf der anderen Seite sagt er zutreffend: Da alle in irgendeiner Form am demokratischen Willensbildungsprozeß beteiligt seien, könne es in diesem Prozeß keine neutrale Instanz geben. Wenn das aber so ist, dann kann es auch keine Instanz geben, die objektiv: unabhängig von der Mehrheit, über die Qualifikation von Mehrheitsentscheidungen entscheiden könnte. Und wenn das so ist, dann ist es überhaupt unmöglich, Mehrheitsentscheidungen abstrakt-allgemein zu qualifizieren, das heißt, außerhalb des Verfahrens, das zu einer Mehrheitsentscheidung führt. Der Grad der angeblich objektiven Richtigkeit — wahrscheinlich oder absolut? — ist unter diesen Voraussetzungen unerheblich. Die Konsequenz wäre, daß nicht die sichere, wahrscheinliche oder mögliche Richtigkeit Mehrheitsentscheidungen legitimiert, sondern daß es für Mehrheitsentscheidungen nur eine Qualifikation geben kann: das rechtsstaatlich-demokratische Willensbildungsverfahren.

Marcic: Gerne hätte ich zur Theorie der Demokratie unter dem Aspekt ihres Vertrags- und Kompromißcharakters das Wort ergriffen. Es gälte, den eigenartigen Zusammenhang zwischen ihr und dem Vorrang des Gewohnheitsrechtes zu beleuchten, wie er sich namentlich in der Entwicklung des common law in England behauptet: Die Methode der Rechtserzeugung kraft Gewohnheit ist von Grund auf demokratisch; das Recht wird von unten nach oben unter Mitwirkung der Rechtsgenossen (des Volkes) hergestellt. Gewohnheitsrecht und Vertrag sind, wie *Kelsen* aufweist (Reine Rechtslehre[2] 1960, S. 234 f., 284 f.; Allgemeine Staatlehre 1925, S. 232) die beiden Urgestalten demokratischer Rechtsschöpfung. Da die Zeit drängt, sehe ich mich genötigt, nur zu den lehrreichen Ergänzungsausführungen des Herrn Kollegen Robert *Walter* ein paar Anmerkungen vorzubringen.

1. Art. 1 der österreichischen Bundesverfassung (B-VG) spricht in seinem zweiten Satz — nicht, wie häufig zitiert, von der Staatsgewalt. Art. 1 B-VG lautet: „Österreich ist eine demokratische Republik. Ihr Recht geht vom Volk aus". Auf Drängen *Renners* ließen sich *Kelsen* und der Unterausschuß bestimmen, „die Gewaltenterminologie zu beseitigen und sie durch eine Rechtsterminologie zu ersetzen. Diese terminologische Änderung wurde in der ganzen Verfassung durchgeführt. Diese spricht nicht mehr, wie dies in anderen Verfassungen üblich ist, von gesetzgebender, vollziehender und richterlicher ‚Gewalt', sondern von den bezüglichen Funktionen und Kompetenzen . . ." (Kelsen, Die Bundesverfassung vom 1. Oktober 1920. Hsg. von Froehlich, Merkl, Kelsen. 5. Teil: Die Verfas-

sungsgesetze der Republik Österreich. Wien und Leipzig, 1922, S. 65). Diese bewußte Abkehr von der Gewalt, die sich in Österreich vor einem halben Jahrhundert ohne „Kritische Theorie" und ohne „Neue Linke" vollzog, geschah nicht von ungefähr; sie hängt mit dem zusammen, was die Herren Kollegen *Kriele* und *von Simson* gesagt haben — es hat mich sehr beeindruckt — mit dem Gedanken der *rechtsbeschränkten* Demokratie. Dieser ist das Ergebnis eines Konzeptes, welches Demokratie und Rechtsstaat nicht gegeneinander ausspielt, vielmehr auf die von vornherein gegebene Einheit von Volkssouveränität und Rechtssouveränität baut. Dieses Verhältnis drückt sich positivrechtlich namentlich in den Grundrechten und in der Verfassungsgerichtsbarkeit aus.

2. Der zweite Satz des Art. 1 B-VG gibt, zusammen mit Art. 9 B-VG, der dem Art. 4 der Weimarer Reichsverfassung entspricht, einen weittragenden Aspekt frei (Art. 9 B-VG: „Die allgemein anerkannten Regeln des Völkerrechts gelten als Bestandteile des Bundesrechts"). Hier öffnet sich die österreichische Rechtsordnung prinzipiell dem Völkerrecht. Von diesem Boden aus, der deutlich die Handschrift *Verdroß'*, *Merkls* und *Kelsens* trägt, bestünde die Möglichkeit, sogar den Monismus im Sinne des Primats des Völkerrechtes für Österreich zu vertreten (*Verdroß* und *Miehsler* vertreten den gemäßigten Monismus ambivalent). Die Auffassung wird dadurch bekräftigt, daß der zweite Satz des Art. 1 B-VG nicht sagt „alles Recht", sondern präzise nur: „ihr Recht", nämlich das positive eigenstaatliche Recht der Republik Österreich (des Gesamtstaates) „geht vom Volk aus".

3. Ebenfalls auf Seiten des Herrn Kollegen *Kriele* stehe ich in der Frage der grundsätzlichen Wertung der Mehrheit. Die Hypothese der Richtigkeitsgewähr der Mehrheit setzt ihrerseits eine Hypothese voraus: Es ist die von *Aristoteles* klar aufgewiesene, von *Rousseau* übernommene und von *Hegel* wiederholte Annahme, daß die Mehrheit die Richtigkeit indiziert (und zwar *nicht* unfehlbar), weil es *einen* Geist, *eine* Vernunft gibt, an der die Menschen als Vernunftwesen partizipieren. Die Richtigkeit wird verifiziert, wenn die Mehrheit die Minderheit überzeugt, „überredet" hat. Natürlich kann man das Ideologie nennen; ich vermeine jedoch, daß für die Annahme einer solchen Bedingung der Richtigkeitsgewähr der Mehrheit sehr viel spricht.

4. Das nächste, das ich in Ergänzung zu Herrn Kollegen *Walter* erwähnen möchte, ist eine Eigenart der österreichischen Demokratie: Sie artikuliert das Prinzip der Demokratie nicht

nur auf der relativ ranghöchsten Stufe der Gesetzgebung, sondern in ganz deutlicher Weise auch in der Ebene der Gerichtsbarkeit in Art. 91 Abs. 1 B-VG: „Das Volk hat an der Rechtsprechung mitzuwirken". Entscheidend für den Bereich der Vollziehung in ihrem Zweig als Verwaltung (Exekutive) ist Art. 60 B-VG, wonach das Volk kraft Abstimmung den Bundespräsidenten in dessen Amt beruft (Abs. 1), wozu die Möglichkeit tritt, ihn vorzeitig aus politischen Gründen plebiszitär abzuberufen (Abs. 6). Als besondere österreichische Eigenart für den Bereich der Verwaltung soll schließlich das so weitläufig ausgebaute System der *Selbstverwaltung* herausgekehrt werden.

5. In einem Punkt darf ich noch an Herrn Kollegen *Walter* anknüpfen: Er hat betont, daß Österreich in seiner rechtlichen Verfügbarkeit nach Art. 44 Abs. 2 B-VG (wo es um das Verfahren der Gesamtänderung der Verfassung durch Eliminierung von Bauprinzipien geht) von völkerrechtswegen beschränkt ist; hiezu nannte Herr Kollege *Walter* ganz allgemein das demokratische Prinzip. Ich darf hiezu spezifizieren: *Merkl* (letztmals: Die Baugesetze der österreichischen Bundesverfassung, in: Die Republik Österreich, hrg. v. H. R. Klecatsky, Wien 1968, S. 79 — 105) hat als erster die Aufmerksamkeit darauf gelenkt, daß wir völkerrechtlich nicht mehr frei seien, uns eine beliebige Demokratie zu wählen, daß wir vielmehr auf Grund von Art. 8, 6 und 1 des Staatsvertrages von Wien vom 15. Mai 1955 verpflichtet seien, am Typus der rechtsstaatlichen Mehrparteiendemokratie festzuhalten.

6. Zum Schluß möchte ich anmerken, daß der Präsident des österreichischen Verfassungsgerichtshofes, der sich kraft seines Amtes höchste Zurückhaltung auferlegt, *Walter Antoniolli*, der zugleich erster Ordinarius für Öffentliches Recht an der Universität Wien ist, vor dem Zweiten Österreichischen Juristentag in seinem Festvortrag die Gewaltentrennung als Element der Rechtsstaatlichkeit als unabänderliches Fundamentalprinzip ansieht, das sich sogar der Disposition des Bundesvolkes gemäß Art. 44 Abs. 2 B-VG entziehe (Antoniolli, Herrschaft durch Gewaltentrennung. In: Neues Forum XI/128, August 1964, S. 358). Faßt man unsere Verfassungsordnung so auf, dann kommen wir dem Art. 79 Abs. 3 GG sehr nahe.

Scholler: Der Herr Mitberichterstatter hat ausgeführt, daß es in der Demokratie Verlierer gebe. Nun gibt es offenbar auch Gewinner, aber diese Gewinner haben keine Souveränität. In dieser Umschreibung enthüllt sich etwas sehr präzises, nämlich, daß nicht nur das Denken in Identitäten, sondern daß auch die Vorstellung der Repräsentation des Gesamtvolkes durch die einmal Gewählten überholt ist, denn sonst könnte es ja keine Verlierer geben, abgesehen von den Kandidaten, die kein Mandat erhalten haben. Wenn also, wie Herr *Walter* sagte, die Repräsentation durchschaut worden ist — ich würde nicht so weit gehen, ich würde sagen, sie ist nicht mehr funktionsfähig, sie schafft nicht mehr den Integrationsprozeß — dann müßte man einen Schritt weitergehen. Wir brauchen eine Demokratie als Prozeßregelung, ohne diese Fiktion oder Identität, daß die einmal gewählte Mehrheit repräsentativ sei für das Gesamtvolk.

Meines Erachtens kann es auch ohne Schaden geschehen, wenn man Demokratie begreift als Prozeß, in welchem die Parteien eine gleiche Chance haben zu regieren oder regiert zu werden. Daraus folgt andererseits, daß die Gleichgewichte stärker ausgebaut werden müssen und vor allem, daß die Ausbalancierung der Regierung dadurch erfolgt, daß man der Opposition, also dem Verlierer, Kompensationsmöglichkeiten gibt, z. B. im Rahmen der Massenkommunikationsmittel. Das geschieht heutzutage in der Verfassungswirklichkeit, aber ich würde es als notwendige Ergänzung dieses auszubalancierenden Prozesses der Verfassungswirklichkeit ansehen, daß vom Verfassungsrecht her die notwendigen Instrumente geschaffen werden.

Leibholz: Mir scheint, daß bei der Analyse dessen, was unter dem Demokratiegebot des Grundgesetzes zu verstehen ist, die spezifisch-demokratische und -liberale Komponente schärfer herausgearbeitet werden sollte, als dies geschehen ist. Dies ist um so notwendiger, als das Grundgesetz sich nicht zur Demokratie schlechthin, sondern einem bestimmten Strukturtypus dieser Demokratie, nämlich der freiheitlichen Demokratie, sowohl seinem materialen Gehalt wie seiner organisatorischen Struktur nach bekannt hat.

Demokratie als politisches Herrschaftsprinzip impliziert, daß das Volk sich selbst regiert, d. h., daß das Volk die oberste, universale und finale Entscheidungsinstanz ist, von der sich alle politische Auctoritas im Staate ableitet. Dieses Volk erscheint in der Demokratie als der Schöpfer der politischen Wirklichkeit und ist in der Ausübung seiner souveränen Gewalt durch keine anderen Regeln gebunden, als durch die, die es sich selbst bei der Ausübung seiner verfassunggebenden Gewalt gegeben hat.

Demokratischen Vorstellungen entspricht es weiter, soviele Bürger wie möglich an der politischen Willensbildung teilnehmen zu lassen. Je mehr Volk mobilisiert werden kann, um so mehr kommt man der Vorstellung nahe, daß das Volk als Ganzes in der politischen Wirklichkeit als real-handelnde Einheit in Erscheinung tritt. Die Gleichheit ist somit das Vehikel, mit dessen Hilfe — heute bedient man sich hierzu des Ausdrucks „Demokratisierung" — „die Herrschaft des Volkes durch das Volk für das Volk" in der Demokratie gesichert werden soll.

Demokratisch ist hiernach das Mehrheitsprinzip, weil durch dieses erst die größtmögliche Anzahl der Aktivbürger das Gefühl erhält, nur dem eigenen Willen unterworfen zu sein. Bei einer solchen, auf die möglichst weitgehende Verwirklichung der Gleichheit gerichteten demokratischen Mehrheitsentscheidung kann es daher nicht — wie es bei einer liberalen Interpretation des Mehrheitsprinzipes der Fall sein würde — auf die inhaltliche Qualität, d. h. die sachliche Richtigkeit der Entscheidung ankommen. Unter demokratischen Gesichtspunkten ist es allein die Macht, die hinter der Mehrheit steht, die die Mehrheitsentscheidung rechtfertigt.

Die Referate lassen auch die Frage offen, wie eine in Freiheit vollzogene, demokratische Mehrheitsentscheidung unter dem Aspekt des Demokratiegebotes zu qualifizieren ist, soweit diese den Eigenwert und die Subjektqualität der menschlichen Person in Frage stellt, diese nur als Werkzeug und Objekt gelten läßt und zur Disposition der in ihrer Tendenz totalitär ausgerichteten Mehrheit stellt. Schon nach *Marx* und *Engels* sollte durch eine solche Mehrheitsentscheidung das Volk mit Hilfe freier Wahlen in die Lage gesetzt werden, sich in dieser Weise der Opposition zu entledigen. In unserem Jahrhundert hat diese Frage nicht nur theoretische Bedeutung. Es gibt westliche Staaten, in denen ein Drittel respektive ein Viertel der wahlberechtigten Bevölkerung totalitär ausgerichtet ist. Es sei ferner an die Ereignisse in den dreißiger Jahren erinnert, die zur Etablierung des nationalsozialistischen Regimes geführt haben. In Südamerika — man denke z. B. an die letzten Wahlen in Chile — liegen die Dinge nicht sehr anders. Ist man bereit, solche Entscheidungen, auch wenn man die besondere Problematik des Art. 79 Abs. 3 GG ganz außer acht läßt, unter dem westlichen Demokratiegebot als demokratisch zu bezeichnen? Wäre dies z. B. der Fall, wenn in einem kommunistischen Staat die Mehrheit in Freiheit sich zu seinem Regime bekennen würde?

Schließlich noch ein Wort zur Demokratisierung der Gesellschaft, die von dem Herrn Zweitreferenten zum Schluß seines Referates angeschnitten worden ist:

Wir sind heute Zeugen einer Entwicklung, die in fortschreitendem Maße dahin tendiert, die Wirtschaft und andere ihrem Wesen nach unpolitische Bereiche unseres Lebens zu demokratisieren, d. h. der Herrschaft einer radikalen Egalité zu unterwerfen. Zur Erreichung dieses Zieles bedient man sich zum Teil sozialer Grundrechte oder — wie dies im Grundgesetz z. B. der Fall ist — des Bekenntnisses zum Sozialstaat. Der moderne Verfassungsstaat des Westens ist aufgrund dieser Entwicklung mehr und mehr zu einem sozialen Leistungs- und Wohlfahrtsstaat geworden. Bei dieser Sachlage erhebt sich die Frage, ob die vom Grundgesetz feierlich verbrieften Freiheitsrechte des Menschen auf die Dauer noch die Grundlage unserer freiheitlichen demokratischen Ordnung bleiben können. Freiheit und Gleichheit stehen nämlich in einem inneren Spannungsverhältnis zueinander. So wie die hemmungslose Betätigung der Freiheit zu einer unerträglichen Ungleichheit führen kann, kann eine fortschreitende Perfektionierung der Gleichheit im politischen und gesellschaftlichen Bereich dazu führen, die Freiheit, zu der sich das Grundgesetz ebenso bekennt wie zur Gleichheit, fragwürdig zu machen. Die weitverbreitete Vorstellung, als ob das Bündnis, das die westlichen Demokratien seit Jahrhunderten mit der Freiheit eingegangen sind, ein apriorisches Bündnis sei, das aufgehoben werden könne, ohne zugleich die Demokratie selber in Frage zu stellen, beruht auf einem Mißverständnis. Das Bündnis ist begrifflich nicht ein notwendiges, weil Demokratismus und Liberalismus an verschiedenen politischen Werten orientiert sind, der Liberalismus an dem Personsein des Menschen und der persönlichen Freiheit, der Demokratismus am Volk, das als ein ideelles Ganzes in der politischen Wirklichkeit sich manifestiert. Heute besteht die Gefahr, daß — je mehr die Gesellschaft demokratisiert wird — diese Demokratisierung auf Kosten der Freiheit und damit zugleich aller autonomen Lebensbereiche erfolgt, die ohne Freiheit ihren materialen Gehalt nicht zu entfalten vermögen. Man denke an die Universitäten, die Justiz, die Kirche, die einer verantwortungsmäßig gebundenen Freiheit bedürfen, um ihre Funktionen im gesellschaftlichen Bereich zu erfüllen, etwa der Wahrheit zu dienen, Recht zu sprechen, das Wort Gottes zu verkünden. Vergessen wir nicht, daß die freiheitliche Komponente unserer Demokratie heute zugleich für eine Wert- und Lebensordnung steht, die die divergente Mannigfaltigkeit des Lebens zu einem „personalen Ganzen" zusammenfaßt, das anti-totalitär ausgerichtet ist. Die freiheitliche Komponente des Demokratiegebots des Grundgesetzes läuft Gefahr, unterminiert zu werden, wenn es nicht gelingt, der nach Perfektionierung drängenden, radikal-egalitären Entwicklung um der Erhaltung der Freiheit willen Einhalt zu gebieten.

Von Simson: Also den Gedanken haben wir — ich glaube für beide sprechen zu können — zum Teil natürlich ausgeklammert, einfach, weil das Thema lautete „Das demokratische Prinzip im *Grundgesetz*". Manches ist im Augenblick noch nicht so akut, daß wir ihm einen Teil von unseren sechzig Minuten widmen konnten. Ich wollte nur eines sagen: ich habe ja auf die Möglichkeit einer Kategorie der Willensbildung hingewiesen, die nicht dem Handeln einer Generation überlassen sein könne. Ich gebe zu, daß ich dabei hauptsächlich die Werte der Natur als Beispiel angeführt habe. Aber es wäre wohl zu erwägen, ob auch Werte wie die Freiheit, bei denen der Wille einer einzelnen Generation nicht nur über die Verhältnisse der eigenen, sondern zugleich über die einer zukünftigen Zeit entscheiden würde, zur Disposition der jeweiligen Gegenwart stehen und ob eine Generation für diese Willensmöglichkeit eine demokratische Legitimation in Anspruch nehmen könnte.

Kriele: Darf ich zunächst etwas zu den letzten Ausführungen sagen, Herr *Leibholz*. Ich sprach nicht allgemein von „Demokratie", sondern von „parlamentarischer Demokratie" (auch wenn ich „Demokratie" sagte). Ich meine damit den bestimmten Verfassungstypus, der sich in der Neuzeit zunächst in England entwickelt hat, der von dort nach Amerika tradiert wurde und von da zurückgewirkt hat nach Europa, der aber auch mittelbar in Kontinentaleuropa als kritischer Maßstab gewirkt hat. Im 18. Jahrhundert hat das englische Beispiel die Legitimitätsgrundlage des absolutistischen Staates in Frage gestellt. Der absolutistische Staat beruhte auf dem Gedanken der Souveränität und der Behauptung, die Alternative zur Souveränität seien Chaos, Bürgerkrieg und Religionskämpfe. *Montesquieu* und andere haben im 18. Jahrhundert gesagt, das sei ja gar nicht wahr, es gebe eine dritte Möglichkeit. Sie brauchten nicht zu theoretisieren, denn sie konnten auf ein Gegenbeispiel in der europäischen Wirklichkeit verweisen. England hat das ganze absolutistische System mit dem Gedanken der institutionalisierten Liberalität, die sich mit dem Parlamentarismus angelsächsischer Prägung verknüpfte, verunsichert.

Eine ganz andere Tradition ist die kontinentaleuropäische der demokratischen Umkehr des monarchischen Absolutismus. Man wehrte sich gegen den monarchischen Souverän, nicht indem man das Prinzip der Souveränität in Frage stellte, sondern indem man den königlichen Souverän ersetzte durch den Volkssouverän. Wenn man diesen Begriff der Demokratie einmal zur Voraussetzung macht, dann folgt natürlich, daß das Volk die Freiheit abschaffen kann, dann folgt überhaupt, daß Demokratie zu einem Gegenbegriff zu Freiheit werden kann.

Man ist sich einig darüber, daß der Parlamentarische Rat eine Demokratie westlicher Prägung wollte. Ich möchte das näher dahin konkretisieren: er wollte eine parlamentarische Demokratie vorwiegend (nicht ausschließlich) angelsächsischer Prägung. Hinzuzusetzen ist, daß diese angelsächsische Prägung auch inzwischen ins französische Verfassungsdenken und überhaupt in die ganze westliche Welt eingegangen ist, wie umgekehrt der Parlamentarismus mit plebiszitären Elementen und dem allgemeinen und gleichen Wahlrecht „demokratisiert" worden ist, ohne jedoch die Rechtsverfassung preiszugeben und der Volkssouveränität zu opfern. Die theoretischen Probleme, die Sie, Herr *Leibholz*, angeschnitten haben, entstehen, zugespitzt, dann, wenn wir primär angelsächsischen Institutionen die französische Ideologie unterschieben. Das gibt Reibungen, und diese Reibungen haben Sie in drei Punkten sehr charakteristisch aufgezeigt.

Damit zusammen hängt das Problem, das mich in der bisherigen Diskussion am meisten bewegt hat: Mehrheit! Warum eigentlich soll die Mehrheit entscheiden? Gewährleistet die Mehrheit die Richtigkeit der Entscheidung? Soweit, Herr *Marcic*, würde ich nicht gehen. Ich würde aber auch nicht sagen, Herr *Walter*, der Sinn des Mehrheitsprinzips sei nur, daß der Minderheit Freiheit bleibt. Die Wahrheit liegt in der Mitte. Die Mehrheitsentscheidung bringt unter bestimmten Voraussetzungen, nicht unbedingt, aber unter der Voraussetzung einer freien Diskussion, die relativ beste Chance der Verwirklichung der Vernünftigkeit oder Gerechtigkeit oder wie man vielleicht ruhig sagen sollte, des Naturrechts, mit sich. Der Gedanke ist ungefähr der: Wenn einer vor Gericht ungerecht verurteilt wird und er hat eine zweite oder dritte Instanz, dann ist die Wahrscheinlichkeit, daß sich die Wahrheit durchsetzen wird, etwas größer, als wenn es nur eine Instanz gäbe. Und wenn sich die Entscheidung im Einklang hält mit der ständigen Rechtsprechung, und wenn dieser Rechtsprechung in der öffentlichen Diskussion und speziell auch in der Diskussion der Rechtswissenschaft vorgearbeitet worden ist, und wenn ihr Gesetze zugrundeliegen, die der demokratische Gesetzgeber gebilligt hat, dann ist zwar immer noch keine Gewähr dafür gegeben, daß sie vernünftig ist, aber die Wahrscheinlichkeit ist größer. Wenn man das nicht annimmt, Herr *Roellecke* oder Herr *Walter*, dann würde ich fragen, warum argumentieren

Sie als Rechtsdogmatiker? Doch weil Sie uneingestandenermaßen selbst davon ausgehen, daß Ihre Argumente eine innere Überzeugungskraft haben, daß sie uns der Vernünftigkeit näherführen, daß sie uns Einsichten vermitteln. Wenn Sie diese Voraussetzungen nicht im Grunde selbst machten, dann wären Sie Naturwissenschaftler geworden und würden nicht in der „jurisprudentia" mitwirken.

Der Gedanke der parlamentarischen Demokratie beruht auf einer Naturrechtstradition, die sich orientierte an Erfahrungen z. B. mit Humanisierung des Strafrechts und des Strafvollzuges, mit Beschränkung der Todesstrafe auf Kapitalverbrechen, Abschaffung der Folter usw. Im Anfang des 17. Jahrhunderts haben Leute wie *Graf Spee* oder *Coke* einen verzweifelten Kampf geführt, es hat an die zweihundert Jahre gebraucht, dann haben ihre Gedanken sich durchgesetzt. Solche Erfahrungen stehen dahinter, wenn man von „rechtlichem Fortschritt" sprach. Man nahm an, daß dieser rechtliche Fortschritt eine desto größere Chance hat, je größer die Freiheit des öffentlichen Plädierens ist. Wenn man argumentiert, dann mit der Absicht und dem Ziel, der Vernunft relativ näher zu kommen. Die parlamentarische Demokratie hat in erster Linie den Sinn, die Chancen der Vernunftverwirklichung zu vergrößern. Wenn man nicht mehr annimmt, daß es wenigstens tendenziell die rechtliche Verwirklichung von Wahrheit, Vernunft, Gerechtigkeit, Naturrecht geben könne, dann natürlich muß man demokratischen Institutionen, wie z. B. dem Mehrheitsprinzip, einen neuen Sinn unterlegen. Das führt dann aber zu keinen Erklärungsmöglichkeiten, die alles miterklären, was sonst noch zur parlamentarischen Demokratie gehört, wie Freiheit, Gewaltenteilung und alles, was Herr *Schneider* angesprochen hat, also die Verknüpfung von liberaler Rechtsstaatlichkeit mit Demokratie.

Münch: Die Referenten sind davon ausgegangen, daß im Grundgesetz nicht eine beliebige Demokratie, sondern eine ganz bestimmt geprägte Demokratie westlicher Auffassung zum Ausdruck gekommen ist. Man erinnere sich, welche Propaganda aus dem angelsächsischen Bereich für die Demokratie gekommen ist. Sie meinte eigentlich nichts anderes als den Rechtsstaat. Dort wird unter Demokratie sehr viel Rechtsstaat verstanden, und ich bin mit Herrn *Leibholz* der Meinung, daß das in den Referaten nicht genügend zum Ausdruck gekommen ist, obwohl es wichtig ist.

Demokratie als Organisationsprinzip ist nur ein Mittel, eines der Mittel, mit denen man einen Staat organisieren kann. Wir wissen auch, daß sich als solches die Demokratie nicht überall empfiehlt; im Balkan, in Südeuropa, in Lateinamerika, in den neuen Staaten hat sie sich nicht bewährt, es gehört also mehr dazu. In den alliierten Deutschlandplänen von 1944/45 ist Demokratie ein reiner Formel-Kompromiß.

Das rechtsstaatliche Element braucht man nicht in der Demokratie zu finden; es gibt rechtsstaatliche Elemente — darüber ist neuerdings geschrieben worden — auch im aufgeklärten Absolutismus und natürlich auch in den Europäischen Gemeinschaften.

Wie definieren wir unabhängig von unserer Verfassung die Demokratie? Ich würde vorschlagen: der Volkswille soll überall maßgebend sein; möglichst viele sollen an der Bildung des Volkswillens teilnehmen; der Volkswille wird nach dem Mehrheitsprinzip ermittelt. Demokratisierung der Gesellschaft — wenn man sie ernst nimmt —, würde bedeuten, daß in jedem Lebensbereich, in dem wir stehen, der Wille einer Mehrheit bestimmend ist, daß sich jeder einzelne nach dem Willen der Mehrheit fügen soll. Das ist, wie Herr *Leibholz* ganz richtig sagt, das Ende der Freiheit, denn dann wird jeder Andersfühlende, -denkende und -handelnde niedergewalzt und getötet.

Die Verbindung von Demokratie und Rechtsstaat ist problematisch, weil der demokratische Wille sich an den rechtsstaatlichen Schranken stößt. Die radikalen Demokraten erheben dann den Vorwurf, daß im Verfassungssystem Voraussetzungen stecken, die heute dem Willen der Mehrheit nicht mehr entsprechen. Dieser Widerstreit läßt sich nicht ganz auflösen. Ich halte es nicht für einen Vorwurf, daß in einer Verfassung Werte garantiert sind, Es gibt Werte, die so persönlichkeitsformend sind, daß derjenige, der sie angreift, zum Todfeind wird. Solche Vorurteile, meinetwegen auch Tabus, beseitigen zu wollen, ist naiv und beschwört die ernstesten Konflikte herauf.

Es ist kein Vorwurf gegen unser Verfassungs- und Staatssystem, daß Entscheidungen ohne eine direkt demokratische Prozedur gefällt werden. Das ganze demokratische Prinzip wird neuerdings durch das technokratische angefochten; man muß sehen, daß die ausgesprochen a-demokratischen Europäischen Gemeinschaften durchaus funktionieren. Insofern möchte ich Herrn *von Simsons* These 27 zustimmen. Sie mildert sich dadurch, daß, vermöge der allgemeinen Staatsaufsicht und der parlamentarischen Verantwortlichkeit in einer obersten Instanz die Demokratie kontrolliert wird — allerdings muß sie sich dann die Organe und Prozeduren schaffen, die solche Kontrolle sachgerecht leisten.

Rudolf: Nur noch eine Bemerkung zur Mehrheitsentscheidung: Die Entscheidung der Minderheit ist nicht die einzige Alternative zur Mehrheitsentscheidung. Es gibt noch die Einstimmigkeit. Das Einmütigkeitsprinzip klingt zwar für das innerstaatliche Recht sehr utopisch, doch versuchen einige ostasiatische Staaten, es zu praktizieren. Grundsätzlich wird dort eine Angelegenheit so lange diskutiert, bis man eine Einigung erzielt hat. Der Streit um das japanische Hochschulgesetz von 1969 hat sich deshalb in erster Linie daran entzündet, daß man das Gefühl hatte, das Gesetz sei im Parlament nicht genügend diskutiert worden. Der Nachteil des Unanimitätsprinzips liegt auf der Hand: Die Gesetzgebung wird ineffizient.

Doehring: Ich möchte nur einen kurzen Moment meinem Unbehagen Ausdruck geben, daß hier über die Demokratie schlechthin diskutiert wird. Das alles ist historisch und rechtsphilosophisch außerordentlich interessant. Ich habe aber Schwierigkeiten über Demokratie konkret zu diskutieren, wenn es sich nicht um Demokratie nach Maßgabe einer bestimmten Verfassung handelt. Was Herr *Leibholz* gerade gesagt hat, hat mich daher angeregt, diesen Gedanken noch einmal zu betonen. Er fragt, ist Demokratie frei, sich selbst zu vernichten? Ich würde sagen, nach Maßgabe der einen Verfassung ja, nach Maßgabe der anderen Verfassung nein. Ich glaube, daß es eine allgemeingültige Antwort darauf nicht gibt. Deswegen meine ich auch, wenn man über unsere Demokratie spricht, sind es jetzt die Grenzen, die der Mehrheitsentscheidung und dem rechtserzeugenden System gesetzt sind, die uns konkret interessieren müssen. Wenn wir dann hier prüfen, welches Staatsverhalten zulässig ist, dann sind die Grenzen vom Grundgesetz mitgegeben. Daher meine Frage an die beiden Referenten: haben Sie nicht vielleicht etwas wenig Wert darauf gelegt, diese Grenzen zu zeigen? Sie haben das System beschrieben, aber diese Grenzen kamen mir etwas zu kurz. Um zur Frage von Herrn *Leibholz* zurückzukehren: unsere Verfassung jedenfalls kann unsere Demokratie nicht legal vernichten, aber unsere Verfassung kann auch nicht über fremde Rechtsordnungen, etwa diejenige der DDR, etwas aussagen. Diese ist nach ihren eigenen Maßstäben zu beurteilen.

E. Küchenhoff: „Ich möchte zunächst einige *Thesen beider Referate zur Meinungs- und Willensbildung* aufgreifen. Herr *von Simson* hat in Satz 2 seiner These 29 ausgeführt: „Der Wähler kann die Staatsführung im ganzen ersetzen, aber kaum noch im einzelnen beeinflussen." In These 36 hat er anscheinend zur Korrektur dieses Befundes „neue Formen der Partizipation und Kontrolle" gefordert, „wenn Demokratie und Freiheit sich retten sollen" und zu These 35 hat er u. a. die Forderung nach Presse- und Informationsvielfalt befürwortet. Ich möchte in diesem Zusammenhang darauf hinweisen, daß gerade durch die Massenmedien *schon heute* auch während der Legislaturperiode fortwährend auf die laufende Politik eingewirkt wird. Diese Mitwirkung hat Herr *Kriele* in These 8 zutreffend beschrieben. Er hat auch ausdrücklich gesagt, daß diese Mitwirkung an der Meinungsbildung nicht nur der Vorbereitung der Wahlen dient, sondern daß laufend auf die Politik Einfluß ausgeübt wird.

Dieser Einfluß ist genau wie der Einfluß der Wähler inhaltlich von dem *Informationsstand* der Bürger bestimmt. Der Informationsstand der Bürger hängt von dem *Informationsverhalten der Massenmedien* ab. Hier ist das Feld, in dem auch wir uns viel intensiver als bisher mit neuen Formen der Partizipation und der Kontrolle beschäftigen müssen. Nicht allein die Pressekonzentration, sondern vor allem die Verfälschung und Unterdrückung von Nachrichten sind eine große Gefahr für eine repräsentativ-demokratische Meinungsbildung. Die optimale Sanktion, nach der wir zu suchen haben, kann ganz sicher nicht im Strafrecht liegen, dessen Wirkungsmöglichkeiten auch hier begrenzt sind und dessen Abbau wir nicht entgegenfordern können. Die Ausnahme solcher Schreiberei, die Ausnahme von Nachrichtenverfälschung, Nachrichtenunterdrückung und auch Aufhetzung vom Pressebegriff im Grundrecht der Pressefreiheit, wie ich sie seit langem vertrete, reicht mir selbst nicht aus. Die Einführung einer *öffentlichen Rüge* der Verletzung publizistischer Wahrheitspflichten durch Landespressekommissionen, wie sie gegenüber nationalen und regionalen Monopolen im Gesetzentwurf von *Peter Glotz* gefordert wird, stößt noch auf die Schwierigkeit, daß sich für Nachrichtenverfälschung und Nachrichtenunterdrückung kaum ein abstraktallgemeiner Tatbestand wird formulieren lassen, der den Anforderungen rechtsstaatlicher Tatbestandsbestimmtheit entspricht. Doch dürfen wir vor diesen Schwierigkeiten nicht kapitulieren. Wenn wir nicht ein *geordnetes* Verfahren zur Behebung der offenkundigen Mißstände finden helfen, die sich insbesondere mit dem Namen *Axel Springer* verbinden, dann dürfen wir uns nicht wundern, wenn wir immer wieder mit *ungeordneten* Verhaltensweisen konfrontiert werden, die dann über Partizipation an der demokratischen Meinungs- und Willensbildung vielfältig hinausgehen. Jedenfalls ist die Wissenschaft vom Verfassungsrecht als auch Wissenschaft von einer repräsentativ-demokratischen Meinungs- und Willensbildung dazu aufgefordert, in wissenschaftlich-interpretativer Form immer wieder die gegenwärtigen Mißstände als Verstöße gegen das repräsentativ-demokratische Modell zu kritisieren.

Zum zweiten hatte ich mich zu Herrn *Krieles* Thesen über *Parteienstaat und Mandatsverlust* zu Wort gemeldet. Herr *Kriele* ist in seinen Thesen 10 und 11 sehr zutreffend von einer stark *parteienstaatlichen Bindung des parlamentarischen Mandats* ausgegangen. Ich stimme ihm auch zu, wenn er sagt, daß nicht nur die Listen- sondern auch die Wahlkreiskandidaten in erster Linie als Kandidaten ihrer Parteien gewählt und daher den Wahlaussagen ihrer Parteien verpflichtet sind. Mir geht es aber zu weit, wenn Herr *Kriele* in These 11 Sätze 2 und 3 schlechthin sagt: „Parteiwechsel des Abgeordneten ist zu respektieren; aber der Abgeordnete verhält sich demokratisch, wenn er die Wahlentscheidung durch Mandatsniederlegung respektiert. Gesetzliche Einführung von Mandatsverlust bei Parteiwechsel würde Art. 38 I nicht verletzen." Erst recht ginge mir eine Streichung von Art. 38 I 2 aus dem Grundgesetz zu weit, wie sie kürzlich von Herrn *Leibholz* befürwortet worden ist. Eine solche generelle Regelung würde neben anderem den Fall übersehen, in dem nicht der Abgeordnete sondern die Partei von ihren Wahlaussagen abweicht, in denen der Abgeordnete aber aus Gewissensgründen bei seinen und seiner Partei Wahlaussagen bleibt und nach sorgfältigem Abwägen zu dem Ergebnis kommt, daß er seinen Wahlaussagen und damit seiner Mandats-Legitimation durch die Wahl nunmehr nur noch durch einen Parteiwechsel nachkommen kann.

Einen solchen langen Abwägungsprozeß habe ich im Falle des Münsteraner Bundestagsabgeordneten *Peter Nellen* aus unmittelbarer Nähe miterlebt. Und ich glaube, daß es so etwas auch bei anderen Übertritten gegeben hat und weiter geben kann, auch zwischen anderen Parteien. Deshalb kann es kein totales und undifferenziertes Abgehen vom Prinzip des Art. 38 I 2 in seinem bisherigen Verständnis geben. Wenn der Abgeordnete, nicht aber die Partei seiner Vermittlungsfunktion für den Wähler treu bleibt, die *Abgeordneter und Partei* in der repräsentativen Demokratie haben, dann muß der Abgeordnete gerade nach dem Prinzip der parlamentarischen Demokratie sein Mandat behalten dürfen.

Geck: Ich möchte wie Herr *Küchenhoff* an den Leitsatz Nr. 29 von Herrn *v. Simson* anknüpfen. Bedenken habe ich bei der Formulierung: „Der Wähler kann die Staatsführung im ganzen ersetzen, aber kaum noch im einzelnen beeinflussen."

Die Annahme, daß den Wählern nur noch diese Pauschalmöglichkeit zur Verfügung steht, um politische Entscheidungen zu beeinflussen, erscheint mir als eine nach dem Grundgesetz und der politischen Wirklichkeit nicht gerechtfertigte Resignation, als eine Verengung unserer demokratischen Möglichkeiten. Ich möchte das an Hand von zwei Beispielen erläutern.

Nehmen Sie eine Partei, die unter bestimmten Vorstellungen angetreten ist, und bei der die Parteiführung und ein Teil der Bundestags- und Landtagsabgeordneten eine Richtung einschlagen, die sich von einem erheblichen Teil des Partei-Fußvolks und der Wähler dieser Partei entfernt. Derartige Wandlungen zeichnen sich in der politischen Diskussion in der Bundesrepublik mehr oder minder schnell ab. Sie bleiben nicht folgenlos, sondern führen zu Auseinandersetzungen in der Partei und in der Öffentlichkeit. Sie haben in unserem föderalen System Folgen in Gemeinde- oder Landtagswahlen, vielleicht auch bei den Wahlen zum Bundestag. Dabei ist es nicht so, daß es nur *ein* Ergebnis, nämlich eine Entscheidung über das Sein oder Nichtsein dieser Partei bei der nächsten Wahl gibt. Es ist durchaus möglich, daß die Reaktionen lokaler Parteiorganisationen, vor allem aber größerer Wählerkreise, bei der Parteiführung, bei Abgeordneten und Ministern zu einer Korrektur des neuen Kurses führen und damit zu einer Beeinflussung von Parlament und Exekutive. Gerade das föderale System mit unterschiedlichen Wahlterminen und den Warnzeichen von Wahlen bietet hier manche Möglichkeiten. Die Beispiele aus der Gegenwart und der jüngeren Vergangenheit sind jedem Anwesenden bekannt.

Gestatten Sie mir noch ein Beispiel aus einem anderen Bereich, nämlich aus der Rechtsprechung. Sie ist an Gesetz und Recht gebunden und steht dennoch in manchen Bereichen in einer ständigen Beziehung zu politischen Vorgängen. Die Judikatur des Bundesverfassungsgerichts hat, wie wir alle wissen, die Entwicklung zu einem echten Demokratieverständnis in der Bundesrepublik, nicht zuletzt in der öffentlichen Meinung, gefördert. Es gibt Entscheidungen des Bundesverfassungsgerichts, die als Wegbereiter des freiheitlichen Rechtsstaates und der Demokratie der öffentlichen Meinung um Jahre vorausgingen. Wir haben aber auch hier eine Wechselwirkung von der öffentlichen Meinung auf das Gericht, von den Bürgern als Leserbriefschreibern, Zeitungsredakteuren, Fernsehkommentatoren, Richtern an unteren Gerichten, wissenschaftlichen Kritikern und — last not least — als *Wählern*. Lassen Sie mich als Beispiel aus einer nicht so „hautnahen" Umgebung zwei Formulierungen über die Rechtsprechung des amerikanischen Supreme Court verwenden. Die eine lautet: Wir leben unter einer Verfassung, aber was die Verfassung ist, entscheidet der Supreme Court. Die andere — hier interessantere — stammt von einem Satiriker und heißt: Der Supreme Court folgt den Wahlergebnissen. In den USA dürfte — auf lange Sicht betrachtet — die Wahrheit irgendwo in der Mitte liegen.

Wie steht es bei uns? Wir alle wissen, daß die sozialen, wirtschaftlichen und politischen Verhältnisse, aber auch die entsprechenden Vorstellungen der Umwelt — kurz gesagt der Zeitgeist — auf die Rechtsauslegung der Gerichte im allgemeinen einwirken und auch auf die Verfassungsinterpretation des unabhängigen höchsten Gerichtes der Bundesrepublik. Das Bundesverfassungsgericht kann der öffentlichen Meinung vorausgehen, es kann hinter ihr zurückbleiben, es kann sie aber nicht ignorieren. Die Möglichkeiten der Bürger zur indirekten Beeinflußung selbst der unabhängigen Rechtsprechung, die jedenfalls in ihrer Spitze z. T. der Staatsführung zuzurechnen ist, erscheinen mir also ebenfalls mannigfacher, als es Leitsatz 29 ausdrückt.

Herzog: Herr *von Simson* hat sich ausdrücklich dazu bekannt, daß die alte theoretische Unterscheidung zwischen Staat und Gesellschaft aufrecht erhalten wird. Ich stimme mit ihm in diesem Punkt überein, muß aber folgendes zu bedenken geben: „Staat" im ursprünglichen Sinne dieser Unterscheidung war der Monarch und der von ihm gelenkte bürokratische und militärische Apparat, während wir heute auch das Volk als Basis der Staatsgewalt unter diesen Begriff rechnen — und Gesellschaft im ursprünglichen Sinne war das Bürgertum, während wir heute auch diesen Begriff mit dem Volk gleichsetzen. Wenn ich recht sehe, lassen sich Staat und Gesellschaft heute daher nur noch insoweit unterscheiden, als es sich bei beiden um Willensbildungssysteme unter unterschiedlichen Verfahrensprinzipien handelt: auf der einen Seite Majorität und Amt, auf der anderen Seite die ungleich unkonventionelleren Formen der Willensbildung des gesellschaftlichen Lebens. Daher nun meine Frage an Herrn *von Simson,* für deren Beantwortung im Schlußwort ich dankbar wäre: Haben Sie Vorstellungen darüber, welche Art von „Kompetenzverteilung" zwischen diesen beiden Modellen der Willensbildung heute besteht oder rechtspolitisch angebracht ist? Ich muß hier insbesondere darauf hinweisen, daß es zu eng ist, wenn die gesellschaftliche Willensbildung, von der ich eben gesprochen habe, immer nur vom Modell der Tarifautonomie der beiden Sozialpartner her gesehen wird. Schon dort tritt ja die Frage auf, wie es sich mit der Repräsentation und andererseits mit dem Schutz von Außenseitern vor illegitimer Repräsentation verhält; *Herbert Krüger* hält z. B. eine solche Repräsentation von Außenseitern ohne weiteres für möglich, während ich für meinen Teil sie unter keinen Umständen akzeptieren würde. Halten wir uns aber vor Augen, daß es noch ganz andere gesellschaftliche Normen- und Herrschaftssysteme gibt, so erhält die Frage, inwieweit der Staat durch eine Art „Kompetenzverteilung" zwischen Staat und Gesellschaft aus diesen Bereichen verbannt ist, vollends vitale Bedeutung. Es scheint mir zu wenig zu sein, wenn man sich zu der Unterscheidung zwischen Staat und Gesellschaft bekennt, ohne *darüber* in Ansätzen Auskunft zu geben.

Maurer: Nachdem in der Diskussion mehrmals die Grenzen der demokratischen Freiheiten angesprochen wurden, erlauben Sie mir, noch einmal kurz darauf einzugehen, obwohl sie in den Referaten selbst nicht direkt erörtert worden sind. In der Bundesrepublik sind diese Grenzen durch Art. 18, 9 II und 21 II GG bestimmt und geschützt, und damit scheint das Problem geklärt zu sein. Indessen haben diese Artikel ihre Bewährungsprobe noch nicht bestanden; es ist auch zweifelhaft, ob sie sie im Ernstfall bestehen werden. Der Zerfall der Weimarer Republik und die Entwicklung zum Jahre 1933 wären wohl auch durch solche Normen kaum aufgehalten worden.

Das Risiko, das in jeder Freiheit liegt, läßt sich nicht beseitigen. Wenn man mit staatlichem Zwang die demokratische Freiheit zu erhalten versucht, hat man sie schon bis zu einem gewissen Grad aufgegeben. Die freiheitliche demokratische Ordnung beruht auf der Überzeugung oder auf dem Glauben, daß sie sich selbst erhalten werde. Sie kann nur dann bestehen, wenn sich die überwiegende Mehrheit der Bürger freiwillig zu ihr bekennt und für sie einsteht. Damit soll der Wert von Normen i. S. der Art. 18, 9 II und 21 II GG nicht unterschätzt werden; nur darf man nicht in ihnen die sicheren Garanten der freiheitlichen demokratischen Grundordnung sehen.

Es ist die Frage gestellt worden, wie es zu beurteilen sei, wenn sich in der DDR oder in anderen Ostblockstaaten die Mehrheit des Volkes *gegen* die Freiheit aussprechen sollte. Diese Frage wirft eine Vorfrage auf, nämlich die, ob in Wirklichkeit die Voraussetzungen für eine echte und freie demokratische Entscheidung gegeben sind. Zu diesen Voraussetzungen gehört vor allem auch, daß sich eine Opposition bilden und als Alternative anbieten kann, daß also das Volk zwischen der einen oder der anderen Möglichkeit wählen kann. Das ist derzeit in den Ostblockstaaten (noch) nicht der Fall. Wo aber mangels politisch-realer Alternative nur die Akklamation für das

Bestehende bleibt (Slogan des Systems: „Wir oder das Chaos"), gibt es keine freie demokratische Entscheidung.

Kriele: Ich meine weder, daß die gesetzliche Einführung des Mandatsverlustes bei Parteiwechsel verfassungsrechtlich geboten, noch daß sie politisch erwünscht, wohl aber, daß sie zulässig wäre. Durch sie würde der Abgeordnete weder in seiner Gewissensentscheidung vergewaltigt, noch an die Partei gebunden. Wo ein Abgeordneter die Partei aus wirklichen Gewissensgründen wechselt — wie seiner Zeit der Abgeordnete *Nellen* — wird er das auch dann tun, wenn er für den Rest der Legislaturperiode auf sein Mandat verzichten muß. Es gibt aber Beispiele dafür, daß Abgeordnete sowohl die Partei als auch die Wählerschaft betrügen, indem sie für eine Partei und eine Wahlplattform kandidieren, zu denen sie innerlich gar nicht stehen, und sich dann, wenn sie gewählt sind, nach einem geeigneten Vorwand zum Parteiwechsel umsehen. Dem liegt eine Verwechslung von Mandat und Pfründe und eine Verachtung der demokratischen Funktion der Wahl zugrunde. Sollen wir dagegen wirklich wehrlos sein? Das scheint mir ein Mißverständnis von Sinn- und Wortlaut des Art. 38 I zu sein.

Ferner: der im Volk lebendige Sinn für demokratische fairness reagiert auf solchen Mandatsmißbrauch so empfindlich, daß es berechtigt erscheint, von einer Konventionalregel zu sprechen, die den Mandatsverzicht bei Parteiwechsel fordert. Diese Konventionalregel macht eine gesetzliche Regelung überflüssig, wenn sie resprektiert wird. Daß wir heute die Namen von gewissen Parteiwechslern nicht mit dem Wort „Gewissen" in einem Satz verbinden können, ohne einen Lacherfolg zu erzielen, ist für das Ansehen des Parlamentarismus fatal. Deshalb beruht der legalistische Einwand: eine Regel, die sich rechtlich zur Zeit nicht durchsetzen lasse, brauche nicht respektiert zu werden, nicht auf einem Verständnis für die Funktionsbedingungen des demokratischen Verfassungsstaates. Dieser ist auf die Respektierung der Konventionalregeln angewiesen.

Zacher: Ich glaube, wir sollten das Problem des Mandatsverlustes nach Möglichkeit jetzt ausklammern. Es ist ja nicht nur schon viel darüber gesprochen worden, sondern auch Tinte, auch höchstrichterliche Tinte darüber geflossen.

Kaiser: In beiden Referaten finde ich eine Akzentverschiebung von einer vorwiegend institutionellen Betrachtungsweise zu einer mehr den demokratischen *Prozessen* zugewandten Demokratietheorie. Herr *von Simson* spricht vom „Prozeß der Herstellung von Eindeutigkeit" und Herr *Kriele* sagt, die Übertragung des Gedankens des richterlichen Prozesses hätte hier historisch eine Rolle gespielt. Dabei frage ich mich, ob für unsere gegenwärtige Lage nicht noch eine andere Art von Prozeß das Verfahren der demokratischen Willensbildung zunehmend prägt, nämlich Beispiel und Modelle *industrieller Entscheidungsprozesse.* Und in den betriebswirtschaftlichen Entscheidungstheorien — vor allem amerikanischer Provenienz — feiert der Entscheidungsbegriff Triumphe wie das zuvor kein staatsrechtlicher Dezisionismus zustande gebracht hat.

Von so aktuellen Moden und Modellen mit Recht beeindruckt, hat das Bundeskanzleramt sich einer Verjüngungskur unterworfen, die, wie man hört, von Herrn *Ehmke* auf drei Jahre bemessen ist. Dazu hat es sich so strapaziöse Kurmittel verschreiben lassen wie operations research, Kybernetik und Systemtheorie. Hier wird also aus dem industriellen Entscheidungsverfahren alles mögliche an Managementvorstellungen in den demokratischen Entscheidungsprozeß übertragen, und wenn Herr *Ehmke* hier wäre, würde ich ihn gern fragen, was er mit dem Bundestag vorhat: Weniger danach, wer an der geplanten Datenbank Zugriffsrechte erhält, sondern vor allem wer über die zu speichernden Daten entscheidet.

Darf ich noch nach zwei Details des demokratischen Entscheidungsprozesses fragen? Das eine ist die *Autonomie der Sozialpartner.* Sie ist aus dem demokratischen Prozeß allein nur schwer zu rechtfertigen. Dabei wird durch die Entscheidungen der Sozialpartner überaus viel für uns alle mitbestimmt: in der konzertierten Aktion z. B. und vor allem durch die Ausübung ihrer Tarifhoheit. Meine Frage an beide Herren: Was ist Ihrer Auffassung nach das demokratische Leitbild, aus dem sich die demokratisch gebotene *Einbindung der Sozialpartner in den demokratischen Prozeß* normieren läßt?

Das zweite Detail ist das Erfordernis eines unverfälschten *Informationsflusses.* Herrn *Walter* danken wir die wichtige Ergänzung, daß sich dieses Postulat auch gegen ein öffentliches Monopol unter den Medien, nämlich gegen die öffentlichen Rundfunkanstalten wenden kann; aus den Erfahrungen mit dem Rundfunk-Volksbegehren in Österreich ergibt sich eindeutig und eindrucksvoll, wie wenig sich die *Parteipolitisierung* öffentlicher Medien verträgt mit der Funktion der Medien im Prozeß der demokratischen Meinungs- und Willensbildung.

Die Risiken, die sich aus der wirtschaftlichen Verfügungsmacht über Information ergeben können, würde ich, wohl im Unterschied von Herrn *Kriele,* dann hoch einschätzen, wenn Information knapp wäre. Nicht geringer erscheint mir in der Demokratie jedoch das Problem des oft beschriebenen, gewaltigen Überflusses an Information zu sein, dessen sich der einzelne Staatsbürger gar nicht mehr bedient und den er wohl auch gar nicht angemessen nutzen kann. — Schwer wiegt, daß Herr *Küchenhoff* den Massenmedien oder einigen unter ihnen Verfälschung und Unterdrückung von Meinungen vorwirft. Das bedarf natürlich empirischer Nachweise, und das dürfte in hohem Maße interessant werden.

Gern stimme ich der These von Herrn *Kriele* zu, daß im Bereich der öffentlichen Medien vom Markt eine optimale Selbstregulierung nicht mehr zu erwarten ist, wie übrigens in anderen Bereichen auch nicht, man denke nur an Kohle und Stahl. Das Gesetz gegen Wettbewerbsbeschränkungen ist das System der notwendigen Marktkorrektive.

Püttner: Ich möchte gerne zu den Aspekten, die die Referenten bei dem Begriff der Demokratie hervorgehoben haben, einen weiteren hinzufügen. Im Grundgesetz ist die Demokratie meiner Ansicht nach nicht nur als eine zentrale Demokratie angelegt, sondern stufenförmig aufgefächert und so verstanden, daß sie in einer gewissen Breite praktiziert werden soll, Breite nicht nur bei den Sozialpartnern, nicht nur in der öffentlichen Diskussion und in der innerparteilichen Demokratie, sondern vor allen Dingen auch in der Weise, daß es Volksvertretungen in den Ländern und auch in Kreisen und Gemeinden (nach Art. 28 Abs. 1 S. 2 GG) geben soll. So stehen im aktiven politischen Prozeß nicht nur die wenigen hundert Abgeordneten, sondern über hunderttausend Mandatsträger insgesamt. Ich halte dies für einen Unterschied, den man sehen muß, und ich meine, daß ein ganz wichtiges Wesensmerkmal der Demokratie unseres Staates in der dadurch bedingten Breite des demokratischen Prozesses liegt, zumal noch andere Elemente wie die funktionale Selbstverwaltung das System ergänzen. In dem Bereich der örtlichen und regionalen Demokratie finden wir im Augenblick gerade nicht den viel zitierten zunehmenden Demokratisierungsprozeß, vielmehr beobachte ich im Rahmen der kommunalen Gebietszusammenlegung eher das Gegenteil, nämlich daß die Mandatsträger zahlenmäßig verringert werden und damit die unmittelbaren Einflußmöglichkeiten, die oft noch gegeben waren, schrumpfen. Wenn man die Breite als ein Wesenselement der Demokratie ansieht, wird man darin einen bedenklichen Prozeß sehen müssen. Jedenfalls gehört diese Problematik unbedingt mit zum Bild der Demokratie.

Kopp: Ich möchte zurückkommen auf These 30 von Herrn *v. Simson*, wonach das mangelnde Demokratiebewußtsein die Wirksamkeit des demokratischen Prinzips beeinträchtigt. Ich glaube, daß gerade hier heute eines der Hauptprobleme der modernen Demokratie liegt, daß es nämlich bisher noch nicht in ausreichendem Maße gelungen ist, das Volk anzusprechen. Wie die Erfahrung bei uns, in der eigenen Geschichte, und vor allem auch in den Entwicklungsländern zeigt, kann eine Demokratie nur dort Erfolg haben, wo sie auch von einem weite Kreise erfassenden demokratischen Bewußtsein getragen wird. Gerade daran aber fehlt es bei uns und auch in manchen anderen Ländern heute noch zum Teil. Demokratie ist mehr als eine Summe von Spielregeln formeller Art. Sie setzt immer zugleich ein Mindestmaß an Bereitschaft voraus, sich für die Gemeinschaft einzusetzen, mit der Gemeinschaft zu denken, sich für das öffentliche Geschehen mit verantwortlich zu fühlen und aktiv an der Gestaltung dieses Geschehens mitzuwirken. Wo dieses Empfinden und diese Bereitschaft fehlen, besteht die Demokratie weitgehend nur der Form nach; sie stellt dann nur einen Mechanismus dar, mit dessen Hilfe Interessen ausgetragen werden, die mehr oder weniger partikuläre Interessen einzelner oder von Gruppen sind. Es fehlt aber an der gemeinsamen Grundlage und der Klammer, die das Ganze zusammenhält, und der Staat droht zum Spielball einiger weniger zu werden, die nur noch einer wenig wirksamen Kontrolle durch die öffentliche Meinung und durch die Erfordernisse periodischer Wahlen unterworfen sind.

Dies aber wirft notwendig die weitere Frage auf, die auch in den Thesen von Herrn *von Simson*, vor allem in These 36 bereits angeschnitten wurde, nämlich was getan werden muß, um die moderne Demokratie wirksamer zu gestalten. Wegen der begrenzten Zeit möchte ich hier nur auf einige Punkte hinweisen, die bisher noch nicht zur Sprache kamen. Außer einer gewissen Dezentralisierung der Staatstätigkeit, die die Entscheidungsprozesse noch näher an die betroffenen Bürger heranführt und ihnen die Möglichkeit gibt, die Dinge mehr aus der Nähe zu sehen und an ihrer Gestaltung und Ordnung mitzuwirken, sollte man meines Erachtens auch die Funktion eines modernen, rechtsstaatlich geordneten Verwaltungsverfahrens in diesem Zusammenhang nicht vergessen. Ich glaube, daß der demokratische Prozeß der Normsetzung notwendig einer Ergänzung bedarf im Bereich des Normenvollzugs. Auch hier darf die Demokratie nicht Halt machen. Auch der Vollzug der Gesetze kann in der Demokratie nicht mehr als einseitiger Vorgang verstanden werden, sondern bedarf zu einem gewissen Grad auch der aktiven Mitwirkung der betroffenen Bürger. Verwaltung und Bürger müssen sich auch beim Vollzug der Gesetze zusammentun und sich auf der Basis des geltenden Rechts gemeinsam bemühen, auch im Einzelfall sachgerechte Lösungen zu finden. Dazu gehört insbesondere, daß Lösungen nicht ohne vorherige Anhörung des Bürgers diesem von oben aufoktroyiert werden, sondern daß der Bürger im Rahmen eines geeigneten Verfahrens auch in seiner Verantwortung für das Ganze angesprochen wird und Gelegenheit erhält, an der Entscheidungsfindung mitzuwirken. Dazu gehört weiter aber auch, daß der Entscheidungsprozeß der Exekutive insgesamt transparenter gestaltet werden muß, für die unmittelbar Betroffenen wie auch für die breitere Öffentlichkeit, damit eine Kontrolle der Verwaltung durch die Öffentlichkeit, wie es dem Gedanken der Demokratie entspricht, möglich wird. In der Demokratie muß sich die Verwaltung gerade auch in ihrem Verhalten und durch dieses der Öffentlichkeit gegenüber legitimieren. Das aber bedeutet unter anderem auch, daß die Entscheidungen der Verwaltung mit Gründen versehen sein müssen, wo sie nicht selbstverständlich sind. Nicht zuletzt spielt dabei aber auch die Akteneinsicht eine erhebliche Rolle. Ich darf vielleicht in diesem Zusammenhang an das Beispiel Schwedens erinnern, wo die allgemeine Aktenöffentlichkeit sowohl als eine Voraussetzung der Demokratie als auch gleichzeitig als eine wesentliche Folge davon angesehen wird.

H. Klein: Meine Herren! Ich möchte zwei spezielle Aspekte unseres vielschichtigen Themas, die hier angedeutet worden sind, ansprechen; ich kann sie natürlich nicht in ihren vielfältigen Verästelungen darstellen, aber vielleicht doch in einigen Beziehungen verdeutlichen.

Zunächst ist es das Verhältnis von Demokratie und Rechtsstaatlichkeit, das mich immer wieder beschäftigt. Herr *von Simson* hat ja die Rechtsstaatlichkeit als eine Vorgegebenheit jedes aktuellen politischen Wollens bezeichnet und hat damit wohl das gemeint, was uns auf den ersten Blick unproblematisch erscheint, daß nämlich die rechtsstaatlichen Elemente der Verfassung dazu bestimmt sind, der Ausübung der demokratisch legitimierten Staatsgewalt Schranken zu setzen. Aber dieses Selbstverständliche ist, wie sich bei näherem Zusehen zeigt, längst nicht mehr selbstverständlich. Vielmehr ist — vielfach unter Berufung auf die sogenannte Einheit der Verfassung oder auch die Notwendigkeit einer harmonisierenden Auslegung — eine Art demokratischer Überwältigung der rechtsstaatlichen Freiheit im Gange — eine Formulierung, die bekanntlich von Herrn *Forsthoff* stammt. Beispiele dafür sind Rechtsprechung und Schrifttum, insbesondere zur Auslegung der Meinungs- und Versammlungsfreiheit, in hinreichender Zahl zu entnehmen. Im Hinblick auf die hier wohl von niemandem bestrittene eminente Bedeutung dieser Grundrechte für das Funktionieren der Demokratie werden — ich gebe nur einige Beispiele — Beiträge zur Bildung der öffentlichen Meinung, Äußerungen und auch Demonstrationen in Angelegenheiten von öffentlichem Interesse vor solchen mit anderen Zielen und aus anderen Motiven privilegiert, die nach Art. 5 Abs. 1 GG gleichrangig nebeneinander gewährleisteten Freiheitsrechte werden unterschiedlich gewertet und gewichtet, die Schranken der Demonstrationsfreiheit je nach Art des mit der Demonstration vertretenen Anliegens verschieden bestimmt. Eine demokratie-bezogene Interpretation der Grundrechte, wie sie uns heute vielfach begegnet, führt also zu einer differenzierten Wertung der Motive des Freiheitsgebrauchs mit der Folge einer nach Art der Motivation unterschiedlichen Bestimmung des Freiheitsumfangs. Mir scheint, daß dies dem Gedanken der rechtsstaatlichen als einer für alle rechtlich gleichen Freiheit stracks zuwiderläuft. Die funktional-demokratische Auslegung der Grundrechte — wie ich es einmal nennen will — verfehlt die individual-rechtliche Intention der Grundrechte und trifft damit, glaube ich, den Rechtsstaat im Kern. Man braucht sich nur einmal auszumalen, daß diese Interpretationsmethode auf das Grundrecht des Art. 5 Abs. 3 GG angewendet wird, so daß sich das Maß der Wissenschaftsfreiheit des einzelnen nach dem Grade der öffentlichen oder demokratischen Relevanz seiner wissenschaftlichen Überzeugung bestimmt!

Die zweite Überlegung, die ich hier anstellen möchte, gilt dem Verhältnis von Demokratie und Selbstverwaltung und zwar insbesondere der Bedeutung, die in diesem Zusammenhang einem der fundamentalen Sätze unseres Verfassungsrechts, Art. 20 Abs. 2 Satz 1 GG, zukommt. Ich vermag diesen Satz nur dahin zu verstehen, daß alle öffentliche Gewalt in der Bundesrepublik, gleichviel von wem und wie sie ausgeübt wird, der unmittelbaren oder mittelbaren Legitimation durch das Volk, und zwar durch das Staatsvolk, d. h. also entweder das Bundes- oder das Landesvolk, bedarf. Wenn das so ist, dann ist aber Selbstverwaltung nur zu begreifen entweder als ein Stück nur von einem Teil des Volkes legitimierter öffentlicher Gewalt, als echte Autonomie und damit als Durchbrechung jenes verfassungsrechtlichen Fundamentalprinzips, als Ausnahme also, die von Fall zu Fall des Nachweises ihrer Zulässigkeit am Maßstab der Verfassung bedarf. *Oder* aber Selbstverwaltung ist zu begreifen als ein Stück vom Staat delegierter öffentlicher Gewalt mit der unabdingbaren Folge des Vorbehalts staatlicher Aufsicht, die zumindest Rechtsaufsicht sein muß. Ich halte diese zweite Auffassung für richtig, auch für den Bereich der kommunalen Selbstverwaltung, für die sich ja noch am ehesten die andere begründen läßt. Dafür spricht, daß die Gemeindeordnungen neben den Bestimmungen über die Rechtsaufsicht sämtlich auch Vorschriften enthalten, die eine effektive Verantwortlichkeit der Ratsmitglieder und sonstiger Ehrenbeamter gegenüber der Aufsichtsbehörde gewährleisten, wobei es sich um eine notwendige Bedingung einer wirksamen Rechtsaufsicht handelt. Verliert man diese immanenten Grenzen des Selbstverwaltungsprinzips aus den Augen, gefährdet man nicht nur die Demokratie, wie sie das Grundgesetz versteht, sondern wiederum auch das Prinzip der Rechtsstaatlichkeit. Denn wenn der Staat — eine Vorstellung, wie sie etwa in dem bekannten Buch von *Ulrich Preuß* über den staatsrechtlichen Begriff des Öffentlichen begegnet — in eine Vielzahl autonomer, von jeglicher Aufsicht befreiter Gruppen zerfiele, die sich — wie sich am Rande versteht: auf der Grundlage vom Staat beschaffter Mittel — selbst verwalten, dann wäre ein rechtliches Chaos die unausbleibliche Folge. Daß Selbstverwaltung die Vorhaltung autonomer Entscheidungsräume impliziert, wie das Herr *von Simson* gefordert hat, wird durch diese Feststellungen nicht ausgeschlossen.

Auch hier zeigt sich also, um mich der österreichischen Bildersprache zu bedienen, daß man die Bausteine der rechtsstaatlichen Demokratie nicht beliebig miteinander vertauschen kann, ohne das Ganze zu schädigen.

Böckstiegel: Ich möchte mich kurz fassen, weil manches von dem, was ich anmerken wollte, in der bisherigen Diskussion schon gesagt worden ist. Ich darf anknüpfen an das, was Herr *von Simson* in seinen Leitsätzen 23 und 35 und Herr *Kriele* in seinem Leitsatz 13 als Problematik angesprochen haben. Es scheinen mir zwei Entwicklungen zu sein, die man mit unserem gegenwärtigen staatsrechtlichen Apparat, der versucht, demokratische Verfahren durchzusetzen, nicht sicher im Griff hat.

Die eine ist die Änderung der Gewaltenteilung im staatlichen Dezisionsprozeß, und zwar nicht der üblicherweise gemeinten unter den drei staatlichen „Gewalten“, sondern der Gewaltenteilung zwischen den staatlichen Funktionsträgern und den nichtstaatlichen gesellschaftlichen Kräften und außerdem auch unter diesen gesellschaftlichen Kräften selbst. Die zweite Entwicklung ist jene, welche Herr *Kaiser* vorhin schon angesprochen hat. Der neue Weg der Entscheidung, der sich insbesondere im Bund, aber auch auf kommunaler Ebene und anderen Ebenen zeigt. Hier ist ein Einbruch industrieller Dezisionsmethodik in den staatlichen Dezisionsprozeß festzustellen. Ich weise als Beispiel nur hin auf die insbesondere im Bundeskanzleramt entwickelten neuen Planungsmechanismen.

Man kann meines Erachtens nicht einfach über diese Entwicklungen hinweggehen und sagen, wir müßten ihre Ergebnisse hinnehmen. Aufhalten läßt sich dieser Prozeß zwar nicht, aber er muß berücksichtigt werden. Sonst führen die staatlichen Dezisionsprozesse zu Ergebnissen, die letztlich demokratisch nicht mehr legitimiert sind. Industrielle Entscheidungsprozesse werden heute optimiert mit der sogenannten Netzplantechnik. Ich glaube, was aussteht, ist der Netzplan für jede wichtige Staatsdezision. Ich möchte insofern etwas der allerletzten These von Herrn *von Simson* widersprechen, wenn er sagt, diese neuen gesellschaftlichen Entwicklungen sehe er zwar, zur Zeit sei aber noch nicht die Möglichkeit gegeben, sie in den Griff zu bekommen. Ich glaube, damit können wir uns nicht abfinden. Diese Entwicklungen gehen weiter und sie verhindern, daß das demokratische Prinzip — was immer man darunter genau verstehen mag — Maßstab aller Faktoren ist, die im Dezisionsprozeß eine erhebliche Rolle spielen.

Scheuner: Muß Demokratie eine unvernünftige Entscheidung ergeben?

Ich glaube, es geht um die Sicherung eines demokratisch legitimierten Entscheidungsverfahrens. Das demokratische Prinzip zwingt uns, verfahrensmäßig sicherzustellen, daß möglichst wenig Unheil durch unkontrollierte Entscheidungseinflüsse geschehen kann. Diese Sicherstellung scheint mir nicht möglich zu sein, solange man diese beiden neuen Entwicklungen, die ich hier nur angedeutet habe, nicht in dieses Verfahren einbezieht und dabei versucht, die ihnen entsprechenden Kontrollen einzurichten.

Brohm: Ich kann an den letzten Beitrag anknüpfen und möchte auf das Problem der Komplexität der sozialen Verhältnisse hinweisen. Sie hat zur Folge, daß wir heute wichtige Entscheidungen nur noch durch Sachverständige treffen können, weil Sachverständige allein imstande sind, die Folgen etwa wirtschafts- und sozialpolitischer Maßnahmen einigermaßen vorauszusehen. Die Schwierigkeit ist doch nun die, diese Notwendigkeit sachverständiger Entscheidungen mit dem demokratischen Prinzip zu koppeln. Schließlich bedeutet Demokratie im allgemeinen Verständnis „Mitwirkung". Die Konsequenz der gegenwärtigen Situation, scheint mir, hat Herr *v. Simson* in Leitsatz 29 aufgezeigt: Die Möglichkeit einer Mitwirkung besteht heute nur noch darin, pauschale Urteile zu fällen. Der Wähler kann die Staatsführung ersetzen, aber kaum einzelne Maßnahmen beeinflussen. Herr Geck hat diesen Leitsatz etwas korrigiert und darauf hingewiesen, daß die Staatsführung oft auch in ihrer Willensbildung zu einzelnen konkreten Fragen durch organisierte Gruppen beeinflußt werde. Dieser Gesichtspunkt trifft aber im wesentlichen nur auf festgefügte Organisationen zu. Nichtorganisierte Interessen haben diese Möglichkeiten nicht. Mir scheint daher, daß wir nach Formen suchen müßten, in denen auch etwa ad hoc gebildete Gruppen ihre Bedürfnisse auf institutionellem Wege artikulieren und so die Willensbildung der Führungsspitze beeinflussen können.

Sattler: Gestatten Sie mir bitte, daß ich wegen ihrer großen Wichtigkeit doch noch ein paar Worte zu der Frage der Beibehaltung oder des Verlustes des Mandats im Falle des Parteiwechsels des Abgeordneten sage. Meines Erachtens ist es ein Irrtum anzunehmen, daß der Mandatsverlust im Falle des Parteiwechsels dem demokratischen Gedanken besser als die Beibehaltung des Mandats entspricht. Das wäre vielmehr nur dann der Fall, wenn das Volk bei den Wahlen wirklich eine bis ins letzte eindeutige Entscheidung über die künftige Gestaltung der Politik in allen ihren Einzelheiten treffen könnte. Unter dieser Voraussetzung wäre es sicher richtig, daß der Parteiwechsel des Abgeordneten den Verlust des Mandats nach sich ziehen müßte; denn dann würde der Abgeordnete sich mit dem Wechsel der Partei ja notwendig mit der klaren Wahlentscheidung des Volkes in Widerspruch setzen.

Tatsächlich kann das Volk ja aber bei den Wahlen immer nur eine Entscheidung sehr allgemeinen Charakters über den künftigen Regierungskurs treffen und muß die Ausführung dieser Entscheidung im einzelnen den von ihm gewählten Repräsentanten überlassen. Daß es dabei zu Meinungsverschiedenheiten darüber kommen kann, wie der Volkswille tatsächlich im einzelnen zu verwirklichen ist, ist ebenso natürlich, wie sich die Frage, wer im Falle der Entstehung solcher Meinungsverschiedenheiten mit seiner Auffassung im Recht ist, im allgemeinen nur sehr schwer, wenn überhaupt beantworten lassen wird. Infolgedessen ist es auch keineswegs sicher, daß sich der Abgeordnete, der die Partei wechselt, wirklich mit dem Volkswillen, so wie er bei den Wahlen zum Ausdruck gekommen ist, in Widerspruch setzt.

Aus diesem Grunde läßt sich schon unter dem Gesichtspunkt der Verwirklichung des bei den Wahlen unmittelbar geäußerten Volkswillens der Mandatsverlust des die Partei wechselnden Abgeordneten nicht oder jedenfalls nicht durchweg rechtfertigen. Ganz und gar zuwider läuft jedoch der Mandatsverlust als Folge des Parteiwechsels des Abgeordneten dem Interesse an einer möglichst weitgehenden Berücksichtigung des Volkswillens, wenn man die Dinge nicht unter dem Gesichtspunkt der Verwirklichung des bei den Wahlen unmittelbar geäußerten Volkswillens, sondern der mittelbaren Einflußnahme des Volkes auf die Gestaltung der Politik im Wege der öffentlichen Meinungsbildung betrachtet. Würde sich doch in dem Maße, in dem die Einführung des Mandatsverlustes als Folge des Parteiwechsels die Stellung der Abgeordneten gegenüber den Parteien schwächen würde, zugleich auch die Aussicht des Volkes auf eine Beachtung seiner Meinungsäußerungen zu einzelnen politischen Tagesfragen vermindern.

Wie groß oder wie gering man diese Aussicht unter den gegebenen Verhältnissen nämlich auch immer einschätzen mag, so sind allein auf Grund der Tatsache, daß sie sich alle vier Jahre der Wiederwahl durch das Volk als ganzes stellen müssen, die Abgeordneten doch auf jeden Fall diejenigen, die der Meinung des Volkes auch in der Zeit zwischen den Wahlen am ersten Rechnung zu tragen bereit sein werden. Ganz im Gegensatz zu dem, was seine Befürworter meinen, würde deshalb auch die Einführung des Mandatsverlustes als Folge des Parteiwechsels nicht auf eine größere Sicherung, sondern auf eine Verringerung der politischen Einflußmöglichkeiten des Volkes hinauslaufen, weil sie mit der Stellung der Abgeordneten die Stellung der geborenen Adressaten der laufenden Meinungsäußerung des Volkes entscheidend schwächen würde.

Häberle: Es hat mich am bisherigen Verlauf der Diskussion etwas überrascht, daß die von der „neuen" oder — wie wir nun von Herrn *v. Simson* wissen — „betagten" Linken vorgebrachten Argumente zum Demokratieverständnis bisher nicht zur öffentlichen Sprache kamen. Das nachzuholen fühle ich mich um so mehr ermutigt, als mich heute früh einer meiner Kollegen auf meine rote Krawatte (zum schwarzen Anzug!) aufmerksam machte.

Mir scheint, es sind sechs Gesichtspunkte, die wir berücksichtigen sollten, weil sie — vielfältig gefiltert — den Anstoß zu einem gewandelten Demokratieverständnis „unter" dem Grundgesetz gegeben haben. Ich meine jedenfalls, daß ich insofern den Kontroversen der letzten Jahre manche Einsichten verdanke. Diese Kritik „von links" *im Rahmen* der Verfassung aufzunehmen, fällt um so leichter, als beide Referate eine eindrucksvolle Grundlage dazu gelegt haben und uns in den Stand setzen, mancher Herausforderung sicherer zu begegnen. Meines Erachtens ist an folgende Gesichtspunkte zu denken:

1. an die stärkere Betonung der Seite des *Konflikts* im demokratischen Willensbildungsprozeß, die eine wichtige Korrektur an manchen früheren, zu starken Harmonisierungstendenzen bedeutet, 2. an die verfassungsrechtliche Verortung der *außerparlamentarischen Opposition* im Grundrechts- *und* organisatorischen Teil der Verfassung (einschließlich ihrer Demonstrationsfreiheit) — eine Opposition, die mit der innerparteilichen und innerparlamentarischen vielfältig verschränkt ist, 3. an die Forderungen nach einem Mehr an — freilich im einzelnen zu differenzierender — *Öffentlichkeit*, 4. an die neu aufgerollte *Pluralismus*-Diskussion; hier hat man sich in Realanalyse die Frage zu stellen, wie pluralistisch unser verfassungsrechtlich gewollter Pluralismus *wirklich* ist, der gelegentlich zur bequemen Ausrede wird und nicht-repräsentierte Pluralgruppen übersieht; ich denke an die Nichtzulassung bestimmter Gruppen zur konzertierten Aktion, 5. an die stärkere Bewußtmachung der demokratischen Funktion des *Minderheiten*schutzes, den bei uns — ausgerechnet in einer parlamentarischen Demokratie — nicht selten das Bundesverfassungsgericht übernehmen muß, 6. an das Verständnis der Grundrechte *auch* als öffentliche *Teilhabe*rechte und -freiheiten (z. B. die Ausbildungsfreiheit); dem wird der von Herrn *von Simson* angedeutete Partizipationsgedanke gerecht. All diese Aspekte verfassungsimmanent stärker zu berücksichtigen, hat mich die Kritik „von links" veranlaßt — so unterschiedlich sie im übrigen motiviert sein mag.

Dürig: Ich bitte um Nachsicht, daß ich noch einmal grundsätzlich werde; Sie wissen aber, das geht bei mir immer sehr kurz und schnell. Ich glaube nicht, daß wir im Demokratiebegriff ohne Einsatztat auskommen, nämlich ohne eine bestimmte Anthropologie. So leicht können wir nun den alten *Rousseau* auch nicht hinwegdiskutieren. Es geht doch um die Vorstellung, wie man's mit dem Menschen als solchem hält. Hat man eine pessimistische Auffassung vom Menschen: dumm, feige, böse, faul usw. müssen Sie zu anderen Verfassungsarchitekturen kommen; etwa zur „Erziehungsdiktatur" oder zu einem Politik-ZK, das allein im Besitz der Wahrheit und des Richtigen ist. Demokratie ist nur nach- und mitzuvollziehen, wenn man einen gewissen Optimismus dem Menschen gegenüber hat, wenn man letztlich „ens" und „bonum" für vertauschbar hält. Natürlich ist da bei *Rousseau* viel Hymnik, Schwarmgeisterei und Realitätsdefizit. Aber auch wenn wir auf dem Teppich bleiben und beim realen Menschen nicht an geheimnisvolle Mutationen glauben, denken wir doch etwa schon beim demokratischen Mehrheitsprinzip bewußt oder unbewußt mit, daß der Mensch als solcher im Letzten irgendwie gut und vernünftig ist, daß es eigentlich nur so gerechtfertigt werden kann, weil so gesehen die „maior pars" der Quantität nach dann im Prinzip auch die „sanior pars" der Qualität nach ist.

Und ein Zweites. Weil wir in politicis als Realisten keine absoluten Heilslehren, keine Ausschließlichkeitsansprüche gelten lassen, denken wir in den westlichen Demokratien — in den Texten nirgends ausgesprochen — immanente Spielregeln der Korrigierbarkeit und Revozierbarkeit mit, die aber mehr sind als bloße Spielregeln, vielmehr durchaus zum Inhalt des Demokratiebegriffs gehören: Daß wo eine Mehrheit vorhanden ist, wenn man nicht mit den berühmten 99 %-Wahlen lügt, auch eine Minderheit vorhanden ist. Daß die überstimmte Minderheit von heute die Chance hat, die Mehrheit von morgen zu sein. Daß es sich bei Wahlen — Herr *Leibholz*, Herr *Maurer*, das ist Ihr Problem der Alternative — um Auswahl mindestens unter zwei Möglichkeiten, etwa zwei Parteien, handeln muß. Daß nach der Wahl die überstimmte Minderheit als staatsrechtliche Größe, als Opposition anerkannt wird, womit nun der demokratische Machtauswechselungsvorgang von vorn beginnt, in dem keine Türen endgültig zugeschlagen werden.

Und hier habe ich nun drittens, mit Ihnen Herr *Herzog*, gerade bei dieser Korrekturmöglichkeit und dieser Revozierbarkeit eine präzise Sorge beim Demokratiebegriff. Wenn man nämlich im Demokratisierungsrausch erst einmal alle Lebensbereiche demokratisiert, potentiell öffentlich, politisch gemacht hat, wenn Staat und Gesellschaft deckungsgleich werden, dann, meine Herren, gehen mal wieder die Lichter aus. Dieser Vorgang ist nämlich nicht mehr revozierbar. Ich finde jedenfalls in derart durchsozialisierten Systemen dafür keinen historisch-empirischen Beleg. Sie können nicht einem derartigen totalitären System — und die totale Gesellschaft ist für mich genau so gefährlich wie der totale Staat, weil sie sich darüber hinaus nämlich nicht um machtteilende Zuständigkeiten kümmert — gleichsam von rückwärts her und nachträglich wieder Freiheitsräume und ausgrenzende Grundrechte einziehen. So etwas hat noch nie geklappt und wird es auch nie geben.

Und ein Letztes zum Demokratiebegriff. Herr *von Simson*, es geht um den erregenden Aspekt in Ihrem Leitsatz 34. Hier erleben wir eine Schere, die immer größer wird. Es klang vorhin an, daß die supranationalen Organisationen oft autokratisch arbeiten. Ich würde sagen „technokratisch" und denke an die gesamte Technologie, die ganz anders verfaßt ist, als demokratisch auf Egalisierung tendierend. Die Technologie ist ganz präzise vertikal geschichtet, mit elitären Befehlssträngen von oben nach unten. Und auch das Team ist ja als solches nicht demokratisch, sondern eine Form der Arbeitsteilung, bei der einer der Boß ist. Und so erklärt sich wohl auch viel in der Mentalität unserer jungen Leute, mit denen wir es täglich zu tun haben. Es ist die Angst, daß sie im Leben in ganz dezidierte Befehlshierarchien hineinkommen werden, sei es am Operationstisch, im Industriemanagement, im Cockpit, bei der NASA-Leitstelle oder wo immer Sie wollen. Und da sie wissen, daß wir technologisch nicht mit der großen Verweigerung zu den Lagerfeuern zurückkönnen, werden alle Schonräume, in denen scheinbar noch egalitäre demokratische Verfahren möglich sind, bis zum Exzeß ausgenützt. So wird etwa auch der Freiraum der Universität „durchdemokratisiert". Nur muß man sich allmählich darüber klar werden, daß die organisationsrechtlich überdrehte „moderne" Universität mit ihren legitimierten internen Gruppenkämpfen um „Macht" eine ständestaatliche Karrikatur der Demokratie ist. Daß also — und dies ist nun wirklich hier meine allerletzte Sorge — die Universität in der heutigen „demokratisierten" Form das Ziel des Einübens demokratischen Verhaltens diametral verfehlt. Anders gesagt: Was heute an der neuverfaßten Universität ausgetobt wird, ist ein Anschauungsunterricht, der bei 90 % unserer Studenten die *Staats*form der Demokratie insgesamt in Mißkredit bringt.

Ipsen: Was ich zu sagen habe, habe ich schon mehrfach gedruckt geäußert (Fusionsverfassung Europäische Gemeinschaften (1969) S. 58 ff.; Verfassungsperspektiven der Europäischen Gemeinschaften (1970) S. 14 ff.) — aber wer liest das schon? Deshalb sei es hier wiederholt.

Herr *von Simson* hat unter (7) drei Mittel zur Übertragung des demokratischen Prinzips in die Staatswirklichkeit genannt und unter (21) bis (23) zum Mittel der Willensverteilung sehr zutreffend die Aufmerksamkeit auf die Frage gelenkt, ob und wie es praktiziert werden könne im zwischenstaatlichen Bereich der europäischen Gemeinschaften, auf die mit Ermächtigung des GG auch deutsche Hoheitsrechte übertragen seien. Aufmerksamkeit ist hierzu sicherlich geboten, zumal die Gemeinschaftsbefugnisse an Ausdehnung zunehmen und die Gemeinschaften sich auch räumlich ausdehnen können. Der Referent ist der Auffassung, es entspringe einer fundamentalen Überzeugung, auch in solchen neu entstehenden Herrschaftstypen auf demokratische Bindung zu achten. Die Schlußthese (36) enthält dann zum deutschen Verfassungsrecht die Forderung, neue Formen der Partizipation und Kontrolle zur Bewahrung von Demokratie und Freiheit zu entwickeln, wozu das GG zwar keine eigenen Lösungen anbiete, denen gegenüber es aber offen sei.

Angesichts der Bedrohungen, denen das demokratische Prinzip in der Wirklichkeit heute ausgesetzt ist, darunter der unter (34) genannten der technologischen Entwicklung und der Vermassungsprobleme, fehlt mir zu der begründeten Forderung des Referenten nach neuen Formen in seinen Ausführungen ein Schuß „Konstruktivität" oder Therapie, die, wie ich glaube, gerade der europäischen Wirtschaftsintegration entnommen werden kann. In ihr sind nämlich Formen der Willensverschränkung praktiziert und erprobt worden, die auch innerstaatlich auf ihre Eignung und Verwendbarkeit überprüft werden sollten. Diese Erfahrungen sind zwar leider von deutscher politischer Wissenschaft bislang nicht aufgearbeitet worden. Darin sind uns Angelsachsen und Franzosen vorauf. Aber das befreit uns nicht von dieser Aufgabe. Ich meine einmal die Struktur der an Bedeutung zunehmenden Entscheidungsprozesse aus Sachzwang mit der Frage, ob auch sie demokratischer Rechtfertigung bedürfen oder auch nur zugänglich sind. Ich meine zum anderen die Willensverschränkung im Zusammenwirken von Kommission und Rat, der Kommission mit den großen Ausschüssen und auch mit der Versammlung. Ich meine endlich die Mehrgleisigkeit der politischen Gesamtwillensbildung durch das Zusammenwirken der Gemeinschaftsorgane mit den Mitgliedstaaten sowie die zur Entscheidungsvorbereitung abklärende Diskussion zwischen den nationalen Bürokratien und der Kommission — Formen föderaler Willensverteilung i. S. der These (26), aber hier auf einer höheren Stufe.

Wenn sich hier im Integrationsbereich neue Formen entwickeln, liegt es nahe, sie bei Eignung auch für die innerstaatliche Verfassungsfortbildung zu nutzen, während bisher im Schablonedenken struktureller Homogenität überwiegend angenommen wurde, es gehe nur darum, den überlieferten — und, wie wir heute erkennen, reformbedürftigen — Mechanismus des Nationalstaates seinerseits auf die Gemeinschaftsverfassung zu übertragen.

Herr *Kriele* hat sinngemäß gesagt, das Problem des Verfassungsstaates liege darin, Vertrauen in die Güte der Mächtigen zu haben oder ihn durch institutionelle, rechtsstaatliche Sicherungen zu gewährleisten. Ich bin für die Sicherungen, und in welcher Weise das Gemeinschaftsrecht ihre Ausformung entwickelt und erprobt, sollte auch für unser Verfassungsrecht beachtet werden.

Kriele (Schlußwort): Ich bitte zu verstehen, daß ich aus Zeitgründen nur zu einigen ausgewählten Punkten Stellung nehmen kann und bitte mir zu glauben, daß die übergangenen Beiträge nicht weniger anregend, wertvoll und interessant für mich gewesen sind.

1. Die institutionelle Seite der Grundrechte. Herr *Häberle*, ich stimme Ihnen darin zu, daß die Grundrechte nicht nur eine individualrechtliche, sondern auch eine institutionelle Seite haben. Insbesondere die Meinungsfreiheit dient nicht nur dem Schutz des Einzelnen, sondern ist unerläßliche Voraussetzung für das Funktionieren der parlamentarischen Demokratie und von daher zu interpretieren. Ich meine, Herr *Klein*, die gesetzliche Forderung, der Wissenschaftler müsse sich vor irgendeiner Instanz rechtfertigen, müsse die gesellschaftliche Relevanz seiner Forschung aufweisen, ist selbstverständlich eine klare Verletzung des Art. 5 Abs. 3. Die individual-rechtliche Seite des Grundrechts wird ja dadurch nicht ausgeschlossen, daß man den institutionellen Aspekt hinzunimmt.

Ein Beispiel dafür, wie wichtig dieser institutionelle Aspekt ist, ist die von verschiedenen Seiten angesprochene *Pressekonzentration*. Dazu möchte ich nur eine Gedankenhypothese zur Erwägung geben, die das Problem einfacher und plausibler machen kann: stellen Sie sich bitte vor, der ganze *Springer*-Konzern falle, etwa durch Erbgang, in die Hände eines Mannes, der so weit links von der Mitte stünde, wie *Springer* rechts von der Mitte steht, und der ihn durch Personalpolitik usw. zu einem Instrument seiner Richtung mache. Dann werden sich bei manchen die Zögerungen und Hemmnisse im Begreifen des Problems auflösen und sie werden leichter verstehen, wieso die Pressekonzentration ein so ernstes Problem ist.

2. Rechtsstaat: Ich möchte die traditionelle Unterscheidung von Rechtsstaat und Demokratie nicht mehr gelten lassen. Denn der traditionelle Rechtsstaatsbegriff gehört zu einem Rechtsdenken, das sich zu wenig für die Realisierungsbedingungen des Rechts interessiert hat. Im traditionellen deutschen Rechtsstaatsbegriff ist der Rechtsstaat vereinbar mit Absolutismus. Die materielle Rechtsidee wirkt als moralischer Appell an den Souverän, und gerade das, Herr *Dürig*, setzt voraus, daß der Mensch gut ist, nämlich der Machthaber. Vertrauen in den Menschen zu haben, ist nicht der Grundgedanke der Demo-

kratie, sondern des Absolutismus. Die Anhänger der alten, mit dem Absolutismus vereinbaren Rechtsstaatsidee sagten: „Der Mensch ist böse, ausgenommen die Mächtigen in Staat, Wirtschaft und Militär". Die Tradition der parlamentarischen Demokratie ging davon aus, der Mensch sei so etwas in der Mitte zwischen gut und böse, und die Mächtigen seien auch nicht besser als andere Leute. Deshalb müsse ihre Macht institutionell eingebunden werden, und deshalb dürfe es keinen Souverän geben. Und deshalb wird zur entscheidenden Frage nicht die nach dem Inhalt der materiellen Rechtsidee, den man in einem aus Prämissen abgeleiteten Naturrechtssystem darstellen könnte. Entscheidend wird vielmehr die Frage nach den Realisierungsbedingungen des Rechts. Die Naturrechtsidee in der parlamentarisch-demokratischen Tradition ist mit der Frage nach den institutionellen Realisierungsbedingungen untrennbar verknüpft. Von den demokratischen Institutionen erhoffte man sich erhöhte Chance der Vernünftigkeit des Rechts.

Das impliziert eine Fortschrittsidee, die sich natürlich auf das Rechtlich-Institutionelle beschränken muß. Daß wir neben dem rechtlich-institutionellen Fortschritt vielleicht aus technischen Gründen in Katastrophen steuern, ist eine andere Frage. Im Rechtlich-Institutionellen ist ein Fortschritt, meine ich, Herr *Walter*, erweisbar. Ich möchte die These aufstellen: Das Recht ist vernünftiger als die Leute. Wenn man unmittelbar plebiszitäre Demokratie einführen wollte, dann hätten wir sehr bald wieder die Todesstrafe und die Abschaffung der Kautelen, die das gerechte Verfahren für den Angeklagten garantieren usw. Dann genügte ein grausiger Mord, um die Emotionen lebendig werden zu lassen, die all das hinwegspülen, was in unserem Recht an Vernunft enthalten ist. Das Recht ist deshalb vernünftiger als die mehr oder weniger durchdachten Meinungen der Leute, weil es sich im Zusammenwirken so vieler Argumente und in ihrem wechselseitigen Abklopfen und im wieder neuen Entscheiden und Weiterdiskutieren immer von neuem erproben und bewähren muß. Die Chancen für Fortschritt im Recht gibt es überall, soweit es Geistesfreiheit gibt. Aber diese Chancen zu optimieren, das ist der Grundgedanke der parlamentarischen Demokratie.

3. Und ein dritter und letzter Punkt, den unter anderem Herr *Maurer* und Herr *Kopp* angesprochen haben: politische Kultur. Ich glaube auch, daß institutionelle Sicherungen allein unsere Demokratie uns nicht erhalten können. Die Weimarer Republik ist ja nicht nur etwa daran gescheitert, daß wir keine Art. 79 III und 21 II hatten, sondern eine Demokratie mit nicht ge-

nügend Demokraten. Und mir scheint, daß, was jetzt wieder auf uns zukommt an Aggressivität gegen unsere Demokratie, mit Moral nicht sehr wirkungsvoll zu beantworten ist. Denn die politische Kultur ist nicht eine Frage der Moral, sondern der Einsicht, die sich in eingelebten Konventionalregeln niederschlagen muß. Im Jahre 1923 veröffentlichte *Carl Schmitt* seine „Geistesgeschichtliche Lage des heutigen Parlamentarismus", deren wesentliche Grundgedanken heute bei der neuen „Linken" wieder auftauchen. Im selben Jahr erschien ein kaum beachteter Vortrag von *Ernst Troeltsch,* in dem er die geistesgeschichtliche Grundlage der Demokratie kennzeichnete als die gemeineuropäische Naturrechtstradition. Sein Grundgedanke war, daß Deutschland aus dieser Naturrechtstradition seit der Mitte des vorigen Jahrhunderts herausgefallen ist. Man kann die „hundert finsteren Jahre" in Deutschland ziemlich genau festlegen, nämlich von 1849, dem Jahr des Zusammenbruchs der Hoffnungen auf Verknüpfung von Demokratie und Rechtsverfassung, bis 1949, dem Jahr der Schaffung des Grundgesetzes. In diesen Jahren sind wir in einen Strudel des Verlustes der Naturrechtstradition und damit in die politische Katastrophe geraten. M. E. ist das Problem der Legitimität und damit der Stabilität unserer Demokratie nicht eine Frage der moralischen Entrüstung, sondern eine Frage der Vergegenwärtigung der wirklichen geistesgeschichtlichen Grundlage der parlamentarischen Demokratie. Und damit möchte ich Ihnen danken.

Von Simson (Schlußwort): Frau Kollegin, meine sehr verehrten Herren! Ich werde mich in der Ausdehnung meines Schlußworts zu beherrschen wissen, da ich einen Blick auf die Uhr geworfen habe und auch finde, daß viele Fragen, die zur Diskussion gestellt worden sind, doch so tief gehen, daß sie sich nicht innerhalb eines Schlußwortes zusammenfassend behandeln lassen.

Ich möchte nur ein paar Fragen beantworten, die direkt gestellt worden sind. Einmal möchte ich auf *Herrn Roelleckes* sehr richtige Bemerkung antworten, daß die Theorie der Demokratie natürlich nicht ausreichend entwickelt ist in dem Sinne, daß dazu nichts Neues mehr zu sagen wäre. Da war ja auch schon das Referat von Herrn *Kriele* der lebendige Gegenbeweis. Ich wollte nur sagen: soweit die Abgrenzung der Demokratie von der Nichtdemokratie in Frage kommt, verfügen wir über ausreichende Grundlagen, um uns nicht weiter verunsichern zu lassen. Wir wissen ganz genau heute, was Demokratie im Verhältnis zur Nichtdemokratie ist. Wie sie in positiver Ausgestaltung sein könnte und wie weit sie nicht zu verwirklichen ist, darüber sind natürlich sehr, sehr viele Zweifel zulässig.

Was Herrn *Gecks* Beitrag angeht, so ist mir zwar bewußt, daß man in dem Rahmen einer Diskussion nicht ablesen soll. Ich werde aber trotzdem meine Antwort darauf ablesen und Ihnen sagen, was ich dazu geschrieben habe, nämlich: „Geck hat recht!" Natürlich! Bloß kam es mir auf das Prinzip an, das ich Ihnen auch nicht anders als prinzipiell darstellen konnte. Daß das aber nur mit Ausnahmen der erwähnten Art zutrifft, darüber kann gar kein Zweifel sein. Das hat ja Herr *Küchenhoff* auch schon hervorgehoben.

Die eigentlich schwierigste Aufgabe wurde mir gestellt von Herrn *Herzog*, wenn er verlangte, ich solle die Abgrenzung zwischen gesellschaftlich multipler und staatlich eindeutiger Betätigung präzisieren. Ich gestehe Ihnen ehrlich, daß ich mir nicht zutraue vor diesem Gremium mit der nötigen Präzision und mit der nötigen durchdachten Klarheit jetzt eine solche Abgrenzung darzubieten. Ich weiß sogar nicht einmal, ob ich im stillen Kämmerlein schon genügend dazu überlegt hätte, um selber eine solche Abgrenzung vornehmen zu können. Ich muß Ihnen also die Antwort schuldig bleiben. Ich kann jetzt nur sagen: im Prinzip sehe ich die Dinge so, daß die autonomen Bereiche nach unten hin gesellschaftlich organisierte Bereiche sind, sich also aus einer gesellschaftlichen Betätigung zu einer Individualität zusammenkristallisieren. Das Resultat gesellschaftlicher Teilprozesse tritt dann in den Gesamtprozeß als teilnehmende Größe ein. Das ist eine Denk- und Erscheinungsform, die aus der Naturwissenschaft uns längst bekannt ist und neuerdings in die Soziologie übertragen wird; ich darf da vielleicht ein Buch erwähnen, es heißt „Les Dieux et les Rois" von *Jacques Rueff* (Jacques *Rueff*, Les Dieux et les Rois, Regards sur le pouvoir créateur, Paris, 1967), das mit einem vielleicht etwas übertriebenem philosophischen Anspruch überzeugend diese Konfiguration hervorhebt.

Auf Herrn *Kaisers* Frage nach den Tarifpartnern und ihrem Verhältnis zur staatlichen Kontrolle kann ich nur wiederholen, was ich schon anzudeuten versucht hatte. Ich glaube, daß gewisse Autonomien im Tätigkeitskreis der Tarifpartner tatsächlich in den Bereich der Staatsverantwortung eingreifen können; z. B. in die Konjunkturpolitik, die eben doch, wenn sie verantwortlich geplant werden soll, vom Staat geleitet werden muß. Das bedeutet, daß diesen Institutionen ein Spielraum angewiesen werden muß, und nicht eine volle Betätigung erlaubt sein kann. *Mestmäcker* hat vor einigen Jahren einen sehr bemerkenswerten, von mir allerdings sachlich nicht gebilligten Aufsatz geschrieben (Wirtschaft und Verfassung, in: DÖV, 1964, S. 606 ff.), in dem er glaubt, diesen Spielraum der zivilrechtlichen Auslegung überweisen zu dürfen, die eben vorgenommen werden müsse im Sinne der Staatszwecke. Ich glaube eher daran, daß hier ein verfassungsrechtlicher Leerraum besteht, der ausgefüllt werden müßte, daß also z. B. die Tariffreiheit doch ausdrücklich eingeschränkt werden sollte, und zwar mit dem Ziel, daß nicht in privater Entscheidung Wirtschaftsfakten geschaffen werden können, welche die Beeinflussung der Konjunktur durch den Staat vereiteln. Wenn man die Notwendigkeit einer staatlichen Konjunktursteuerung bejaht, dann muß man m. E. auch diese Einschränkung der Tarifautonomie durch den Staat bejahen. In den Niederlanden ist eine solche Einschränkung auch kürzlich erfolgt, in England bemüht man sich darum.

Was schließlich Herrn *Ipsen* angeht, so ist er leider weggegangen, wenn auch mit einer entschuldigenden Bewegung mir gegenüber. Ich wäre natürlich sehr versucht, meinen Freund *Philipp Möhring* hier nachzuahmen und zu sagen, ich hätte meinen Lösungsvorschlag deshalb nicht gebracht, weil ich Herrn *Ipsen* nicht durch den vollen Einsatz meiner Geisteskräfte bloßstellen wollte. In Wirklichkeit beruht aber meine Askese darauf, daß ein solcher Vorschlag weit über das Thema hinausginge. Wir haben ja heute als Thema „Das demokratische Prinzip im Grundgesetz“ und da müßte ich mich, was Zukunftsmöglichkeiten betrifft, auf knappe Andeutungen beschränken. Auch damit würde ich aber jetzt den selbstgesetzten Spielraum überschreiten, und so will ich mich bescheiden und mich nur mit herzlichem Dank von Ihnen verabschieden.

Zacher: Meine Damen und Herren! Erlauben Sie mir einige subjektive Schlußbemerkungen. Für mich war unter all dem Bedeutsamen was heute gesagt worden ist, der bewegendste Satz der von Herrn *Kriele*, daß Demokratie Herrschaft des Volkes durch Herrschaft des Rechts ist. Ich glaube, das ist wirklich die beste Formel, auf die Demokratie als auf Dauer angelegtes Herrschaftssystem gebracht werden kann. Von daher verstehen wir auch, daß eine Demokratie, die überleben will als Demokratie, rechtsstaatliche Elemente impliziert. Und wir sehen, daß eine Demokratie nicht freigegeben werden kann von diesen Bindungen, sich durch die Herrschaft des Rechts zu verwirklichen, weil sie sonst verbrennt, sich verzehrt, explodiert oder auch nur einen Tag lang existiert, um sich wieder aufzugeben, um mit dem Beispiel von Herrn *Leibholz* zu sprechen. Möge Herrschaft des Volkes Herrschaft des Rechts bleiben!

Ich darf nun Ihnen allen danken und auch noch einmal Herrn *Walter* und Herrn *Eichenberger* für Ihre Beiträge. Vor allem aber glaube ich, schulden wir alle herzlichen Dank den beiden Referenten dieses Tages.

Zweiter Beratungsgegenstand:

Die Erfüllung von Verwaltungsaufgaben durch Private

1. Bericht von Professor Dr. Fritz *Ossenbühl*, Bonn*)

Inhalt

*) Die in Klammern [ ] gesetzten Teile der Ausführungen konnten aus Zeitgründen nicht vorgetragen werden und sind auch nicht in die Thesen einbezogen.

I. Themenabgrenzung

1. Wer über die Erfüllung von Verwaltungsaufgaben durch Private nachdenkt, dem wird sogleich der Gedanke an den sog. beliehenen Unternehmer in den Sinn kommen. Die gestellte Problematik würde jedoch ungebührlich verkürzt und falsch akzentuiert, wollte ich mich in den folgenden Ausführungen auf einige Variationen zu dem alten Thema der Beleihung[1]) be-

[1]) Vgl. aus der älteren Literatur namentlich: *Otto Mayer,* Deutsches Verwaltungsrecht, 2. Aufl., 1917, Zweiter Band, S. 180 ff., 431 ff.; 3. Aufl. 1924, Zweiter Band, S. 95 ff., 243 ff.; *Georg Jellinek,* System der subjektiven öffentlichen Rechte, 2. Aufl. 1919, S. 245; *Walter Jellinek,* Verwaltungsrecht, 3. Aufl. 1931, Nachdruck 1966, S. 526; *Friedrich List,* Verwaltungsrecht technischer Betriebe, 1955, S. 68 ff.; *Fleiner,* Institutionen des Deutschen Verwaltungsrechts, 8. Aufl. 1928, Nachdruck 1960, S. 341 ff. — Aus dem neueren Schrifttum: *Klaus Vogel,* Öffentliche Wirtschaftseinheiten in privater Hand, 1959; *Jürgen Terrahe,* Die Beleihung als Rechtsinstitut der Staatsorganisation, Diss. Münster 1961; *Hermann Gause,* Die öffentliche Indienststellung Privater als Rechtsinstitut der Staatsorganisation, Diss. Kiel 1967; *Hubert Mennacher,* Begriffsmerkmale und Rechtsstellung der mit öffentlicher Gewalt beliehenen Hoheitsträger des Privatrechts (Beliehene Private), Diss. München 1963; *Peter Badura,* Das Verwaltungsmonopol, 1963; *Hans Peter Ipsen,* Gesetzliche Indienstnahme Privater für Verwaltungsaufgaben, in: Um Recht und Gerechtigkeit, Festgabe für Erich Kaufmann, 1950, S. 141 ff.; *derselbe,* Die gesetzliche Bevorratungspflicht Privater, AöR 90 (1965) S. 393 ff.; *Wolfgang Rüfner,* Formen öffentlicher Verwaltung im Bereich der Wirtschaft, 1967; *Wolfgang Siebert,* Rechtsstellung und Haftung der Technischen Überwachungsvereine im Kraftfahrzeugprüfungswesen, 1957; *Ernst-Rudolf Huber,* Wirtschaftsverwaltungsrecht I, 2. Aufl. 1953, §§ 46 ff.; *derselbe,* Beliehene Verbände, DVBl. 1952, 456 ff.; *Herbert Krüger,* Allgemeine Staatslehre, 1964, S. 317 ff.; *Gerth,* Die Erfüllung von Verwaltungsaufgaben durch juristische Personen des Privatrechts, DÖD 1955, 2 ff.; *Hans J. Wolff,* Verwal-

tungsrecht II, 3. Aufl. 1970, § 104; *Hans Heinrich Rupp*, Privateigentum an Staatsfunktionen? 1963; *Hans Peters*, Öffentliche und staatliche Aufgaben, in: Festschrift für H. C. Nipperdey II, 1965, 877 ff.; *Herbert Bethge*, Der verfassungsrechtliche Standort der „staatlich gebundenen", Berufe, Diss, Köln 1968, S. 79 ff.; *Karl-Heinz Arendt*, Übertragung nicht-hoheitlicher Aufgaben, DV 1949, 147 ff.; *Prodromos Dagtoglou*, Der Private in der Verwaltung als Fachmann und Interessenvertreter, 1964; *derselbe*, Die Beteiligung Privater an Verwaltungsaufgaben, DÖV 1970, 532 ff.; *Wilhelm Herschel*, Staatsentlastende Tätigkeit im Arbeitsschutz, in: Festschrift für H. C. Nipperdey, Bd. II, 1965, S. 221 ff.; *Roman Herzog*, Artikel „Beliehener Unternehmer", in: Ev. Staatslexikon, 1966, Sp. 145 f.; *Hugo Vogel*, Die Indienstnahme privater Unternehmen für Zwecke der Arbeitsvermittlung, BB 1962, 681 ff.; *Udo Steiner*, Der „beliehene Unternehmer", JuS 1969, 69—75; *derselbe*, Öffentliche Verwaltung durch Private, DÖV 1970, 526 ff.; *Jürgen Brand*, Die Rechtsstellung des Beliehenen, Diss. Münster 1953; *Hans Peters/Fritz Ossenbühl*, Die Übertragung von öffentlichrechtlichen Befugnissen auf die Sozialpartner unter besonderer Berücksichtigung des Arbeitszeitschutzes, 1967, S. 38 ff.; *Fritz Ossenbühl*, Verwaltungsvorschriften und Grundgesetz, 1968, S. 427 ff.; *Wilhelm Reuß*, Die Organisation der Wirtschaft, in: Bettermann/Nipperdey/Scheuner, Die Grundrechte III/1 S. 91 (130 ff.); *Winfried Brohm*, Strukturen der Wirtschaftsverwaltung, 1969, passim, bes. S. 202—224; *Klaus Stern*, Zur Problematik des energiewirtschaftlichen Konzessionsvertrages AöR 84, 153 ff.; *Gress*, Hoheitliche Verwaltung durch juristische Personen des Privatrechts, SKV 1967, 122 ff.; *Foerster*, Können Hoheitsträger ihre Aufgaben auf Privatpersonen übertragen? SKV 1967, 198 ff.; *Arnold Köttgen*, Der Einfluß des Bundes auf die deutsche Verwaltung, JöR NF 3, 114; 11, 290 ff.; *Theodor Maunz*, Über die Rechtsnatur der Technischen Überwachungsvereine, ungedr. Rechtsgutachten, 1953; *Krohn*, Zulässigkeit und Grenzen der Überwälzung von Steuerabführungspflichten auf private Unternehmer, BB 1969, 1233; *Hans Peters*, Dienste für den Staat, in: Nipperdey, Die Grundrechte und Grundpflichten der Reichsverfassung, Bd. 2 (1930), S. 290 ff.; *Werner Weber*, Die Dienst- und Leistungspflichten der Deutschen, 1943; *Walter Cantner*, Die Ausübung öffentlicher Gewalt durch private Unternehmer, Tübinger Dissertation 1932; *Wolfgang Schweikert*, Das beliehene öffentliche Unternehmen, insbes. in seinem Verhältnis zum Staat und dessen Aufsichtsbefugnisse, Diss. Tübingen 1959; *Konrad Wiegand*, Die Übertragung hoheitlicher Befugnisse auf Privatrechtssubjekte, Diss. Mainz 1954; *Walter Leisner*, Öffentliches Amt und Berufsfreiheit, AöR 93 (1968), 162 ff., 192 ff.; *Wolfgang Martens*, Übertragung von Hoheitsgewalt auf Schüler, NJW 1970, 1029; *Hans Wingbermühle*, Die Wahrnehmung staatlicher Zuständigkeiten durch Erwerbs- und Wirtschaftsgenossenschaften, Diss. Münster 1957; *Hubert Sauer*, Rechtsnatur der Entscheidung des amtlich anerkannten Sachverständigen oder Prüfers beim Technischen Überwachungsverein über Bestehen oder Nichtbestehen der Fahrprüfung, DVBl. 1970, 486 ff.; *Heinrich Boge*, Der Verwaltungshelfer im Polizeirecht, Diss. Göttingen 1964; *Manfred Zuleeg*, Beleihung mit Hoheitsgewalt, Verwaltungshilfe und privatrechtliches Handeln bei Schülern, DÖV 1970, 627 ff.; *Ferdinand Kopp*, Der beliehene Unternehmer, DVBl. 1970, 724 ff.; *Bülck/Hämmerlein/Jecht/Perridon*, Verwaltung mit Unternehmen, 1968; *Rüdiger Michaelis*, Der Beliehene, Diss. Münster 1969.

schränken. Das Institut der Beleihung hat in der deutschen Verwaltungsrechtslehre bis heute keine scharfen Konturen erhalten[2]). Auch waren die Lehrbuchautoren bislang in einiger

---

[2]) Vgl. den instruktiven Überblick bei *Michaelis* aaO. S. 6 ff.; ferner namentlich *Steiner* DÖV 1970, 526 ff.; *Dagtoglou* DÖV 1970, 532 ff. — Die Beleihung wurde und wird im wesentlichen begriffen als ein Institut, durch welches dem Bürger „staatliche", d. h. von Natur aus „bürgerfremde" Aufgaben und Befugnisse verliehen werden. Der Bürger erhält — um es weit zu fassen — eine Portion „hoheitlicher Substanz", die ihn erst instandsetzt und legitimiert, bestimmte Handlungen vorzunehmen.

Die *Aufgabentheorie* will diese „hoheitliche Substanz" vom *Inhalt* der Agenden her bestimmen. Demgegenüber macht die sog. *Befugnistheorie (Rechtsstellungstheorie)* geltend, daß es „materiell staatliche Tätigkeiten" (*Mennacher* aaO. S. 22), „spezifisch staatliches Handeln . . . unter den reinen Tathandlungen" (*Vogel* aaO. S. 78) nicht gebe. Der Staat habe kein Monopol, gemeinnützige Ziele wahrzunehmen, sondern nur andere Möglichkeiten, sie zu erreichen (*Vogel* aaO. S. 63). Deshalb wird das essentiale der durch Beleihung auf Private zu übertragenden „hoheitlichen Substanz" nicht im Tätigkeits*inhalt*, sondern in der Erfüllungs*form* erblickt. „Nur dort, wo hoheitliche Befugnisse verliehen sind, können wir fortan noch von einem „beliehenen Unternehmen" sprechen" (*Vogel* aaO. S. 81). Gegenstand der Beleihung kann danach nur die Wahrnehmung von Befugnissen obrigkeitlicher Zwangs- und Befehlsgewalt sein. —

Man mag dieser Deduktion und Begriffseinschnürung zustimmen oder nicht, sicher ist eines: jener enge Begriff der Beleihung umfaßt jedenfalls nicht alle Fälle der „Erfüllung von Verwaltungsaufgaben durch Private". —

Das zeigt sich im Raum der sog. schlichten Hoheitsverwaltung (vgl. *Bethge* aaO. S. 131; *Mennacher* aaO. S. 19 ff., 49 ff.; *Michaelis* aaO. S. 66 f.). Nach den Worten von *Walter Jellinek* (Verwaltungsrecht, S. 21) umfaßt die „schlichte Hoheitsverwaltung" als „nichtobrigkeitliche öffentliche Verwaltung" jene Fälle, in denen der Staat „von seiner Höhe herabsteigt, ohne darum Fiskus zu werden (vgl. auch schon *Georg Jellinek*, Allgem. Staatslehre, 1914, S. 622 ff.), ohne die ihm eigentümliche Gewalt einzusetzen". — Dazu gehören einmal die „reinen Tätigkeitshandlungen" (Realakte; Straßenbau, Anlegen von Grünflächen, Errichten von Schulen). Solche Realakte zählen — entgegen *Vogel* (Öffentliche Wirtschaftseinheiten in privater Hand, S. 54 und passim) „materiell zum öffentlichen Recht". Das Argument, man könne nicht das eine Mal privatrechtlich, ein andermal öffentlichrechtlich einen Wald roden, einen Sumpf austrocknen, eine Straße bauen usw., ist vordergründig. Freilich bleibt der öffentlich-rechtliche Charakter des Realaktes, solange keine Konflikte eintreten, latent. Wie er rechtlich einzuordnen ist, wird aber sofort offenkundig, wenn es zur Haftung aus nicht ordnungsgemäßer Durchführung (Amtshaftung!) oder zu sonstigen Schadensfällen (z. B. Immissionen durch Staubentwicklung, Lärmbelästigung usw.; aus dem Schrifttum: *Martens*, Öffentlichrechtliche Probleme des negatorischen Rechtsschutzes gegen Immissionen, in: Festschrift für Schack, 1966, 85 ff.; *Michael Hoffmann*, Der Abwehranspruch gegen

Verlegenheit, wenn sie anschauliche Beispiele für den Beliehenen beibringen sollten. Um nicht mit leeren Händen dazustehen, verlieh *Walter Jellinek*[3]) sogar den Privatdozenten die „Züge des beliehenen öffentlichen Unternehmers" und vermehrte seine — wie er selbst gesteht — „recht spärlichen Beispiele" durch Hinweise auf den Betrieb des Fischmarktes in Cuxhaven sowie der Gas- und Wasserwerke in Hamburg. — Und über dreißig Jahre später schrieb 1963 ein angesehener Autor: „Die Rechtsfigur des beliehenen Unternehmers stammt aus absolutistischer Zeit, hat sich aber — sonderbarerweise — bis heute erhalten. Es bestehen auch jetzt noch einige Exempla-

---

Realakte, 1969; *Schack*, Zur „Schlichten Hoheitsverwaltung", DÖV 1970, 40 ff.) kommt. Freilich ist die Rechtsprechung geneigt, auch durch schlichthoheitliches Handeln verursachte Immission nach Zivilrecht zu beurteilen (vgl. *BGHZ* 41, 264 = DVBl. 1964, 581 = JZ 1965, 313 — Kirmes; *BGHZ* 49, 148/150 — Straßenlärm; *BGH* DVBl. 1968, 148 — „Fontänenanlage"; *BGH* JZ 1969, 635 — Freilichtbühne). Doch hat diese Entwicklung ihren Grund in dem ursprünglich stark kupierten Verwaltungsrechtsschutz (vgl. *Martens* aaO.). —

Ebenso gehören zur schlichten Hoheitsverwaltung jene Möglichkeiten, wie Versprechungen, Anreize, Drohungen, Unterstützungen, Warnungen, Werbungen, die der Staat ausnutzt, um seine administrativen Ziele ohne Einsatz von Gebot und Verbot, ohne Befehls- und Zwangsgewalt zu erreichen. — Von der sog. *fiskalischen* Verwaltung ist die „schlichte Hoheitsverwaltung" dadurch abgehoben, daß erstere nach Zivilrecht, letztere nach öffentlichem Recht lebt und beurteilt wird. Freilich sind die Unterschiede durch die verwaltungsprivatrechtlichen Bindungen der Hoheitsgewalt stark eingeebnet. Das berechtigt aber m. E. nicht dazu, fiskalische und schlicht-hoheitliche Verwaltung zu egalisieren (so aber *Herbert Bethge* aaO. S. 132). Im Hinblick auf die Haftung und den Rechtsweg bleiben relevante Unterschiede. Der Hoheitsträger hat in einem gewissen Rahmen zwischen beiden Verwaltungsformen die Wahl. — So kann also der Bürger ebenso wie der Staat das Gemeinwohl fördern, indem er Straßen baut, Grünflächen anlegt, Kunst und Theater subventioniert usw. Aber: wenn zwei (faktisch) dasselbe tun, braucht es (rechtlich) nicht dasselbe zu sein. Der Staat kann fiskalisch *und/oder* hoheitlich handeln. Sofern er nun Private in den Rahmen schlicht-hoheitlicher Verwaltung einbezieht, wie etwa bei der Gefahren*aufklärung* oder Leistungsvermittlung, liegt ebenfalls eine Variante „hoheitlicher Verwaltungshilfe Privater" vor (vgl. auch *Hubert Sauer* DVBl. 1970, 487; *Steiner* JuS 69, 71; *Brohm*, aaO. S. 206, 210). Freilich sind gerade hier die Grenzen zur „staatsentlastenden Privatinitiative" praktisch oft schwer zu ziehen. Wer wie die Hebamme „öffentliche Gesundheitspflege" betreibt, ist deshalb noch nicht „hoheitlicher Verwaltungshelfer" (so richtig *Bethge* aaO. S. 133). Entscheidend ist, ob der Staat eine Aufgabe in eigene Regie nimmt und in der Form schlicht-hoheitlichen Handelns durch Private erfüllen lassen will.

[3]) Verwaltungsrecht, S. 528.

re dieser Art, die aus der Zeit vor dem Grundgesetz stammen"[4]). —

Trotz dieser Prognose führt der beliehene Unternehmer bis in die Gegenwart ein zähes Leben. Das vielfach in Zweifel gestellte[5]) Institut der Beleihung erwies sich auch für die Verwaltungsrechtslehre als hilfreich, wenn nicht unentbehrlich[6]), weil es einmal als manipulative Drehscheibe fungierte, mit deren Hilfe sich bestimmte erwünschte Rechtsfolgen einstellen ließen, und zum anderen weil es als bequemes Sammelbecken für all jene Phänomene diente, bei denen in irgendeiner Weise private Personen oder Institutionen über den bislang als Privatsphäre verstandenen Raum hinaus in den öffentlichrechtlichen oder auch nur öffentlichen Bereich hineinwirkten. Nur dieser zügellose Gebrauch des Instituts der Beleihung konnte dazu führen Notare[8]), Privatschulen[9]), Parteien[10]), Tarifpartner[11]), Arbeitgeber[12]), Fleischbeschauer[13]), Jagdaufseher[14]), minderjäh-

---

[4]) *Wilhelm Reuß*, in: Staatsbürger und Staatsgewalt II, S. 284 f.; vgl. auch *Wiegand* aaO. (Anm. 1), der feststellt, daß das Rechtsinstitut des beliehenen Unternehmers im überlieferten Sinne im modernen deutschen Verwaltungsrecht ein bescheidenes Dasein fristet.

[5]) Vgl. die Nachweise bei *Mennacher* aaO. (Anm. 1) S. 1.

[6]) So ausdrücklich *Badura*, Das Verwaltungsmonopol, 1963, S. 252.

[7]) Auf diese „spezifische Anfälligkeit" der Beleihung, zum Institut der Manipulation zu entarten, weist treffend *Steiner*, DÖV 1970, 528 hin („Instrumentalisierung der Beleihung zugunsten bestimmter erwünschter Rechtsfolgen").

[8]) Vgl. *Hans J. Wolff*, Verwaltungsrecht II, 3. Aufl., § 104 I b; *Brand* aaO. S. 13; *Frantzen* (Anm. 1) S. 27. — Kritisch: *Michaelis* aaO. (Anm. 1) S. 116 ff.

[9]) Vgl. *Perschel*, Die öffentlichen Aufgaben anerkannter Ersatzschulen und der Verwaltungsrechtsweg, RWS 1964, 321 ff. (325 ff.); *BVerfG* NJW 1970, 275 = DÖV 1970, 92 ff.; *BVerwGE* 17, 41 (42); dazu *Bachof*, Rechtsprechung des BVerwG II, Nr. 299.

[10]) Vgl. *Menger*, Zur verfassungsrechtlichen Stellung der deutschen politischen Parteien, AöR 78 (1952/53), 149; *von der Heydte*, in: Die Grundrechte II S. 469 FN 49; *Seifert* DÖV 1956, S. 2 f. — Kritisch dazu *Martens*, Öffentlich als Rechtsbegriff, 1969, S. 152 ff.

[11]) Zuletzt eingehend: *Wiedemann*, Die deutschen Gewerkschaften — Mitgliederverband oder Berufsorgan? RdA 1969, 321 ff. (329 ff.); weitere Nachweise bei *Martens*, Öffentlich als Rechtsbegriff, 1969, S. 162 mit FN 503.

[12]) *Ipsen*, Gesetzliche Indienstnahme Privater für Verwaltungsaufgaben, aaO. (Anm. 1) S. 145 ff.; *Zacher* DÖV 1970, 12 FN 109; *Johannes Riepen*, Die Rechtsstellung des Arbeitgebers im Lohnsteuerabzugsverfahren, 1967, S. 41 ff.; zur Stellung des Arbeitgebers im Sozialversicherungsrecht vgl. *Wannagat*, Lehrbuch des Sozialversicherungsrechts, 1965, S. 194, 299 ff., 308 ff.

[13]) Vgl. *Michaelis aaO.* (Anm. 1) S. 90 ff.

[14]) *RGZ* 155, 338 (339).

rige Schülerlotsen[15]) und viele andere mehr in eine Reihe zu stellen. Als Notbegriff mißbraucht, mußte die Beleihung auf diese Weise zwangsläufig ihre Prägekraft verlieren. Hinzu kommt, daß die Fronten in der dogmatischen Auseinandersetzung um den Inhalt der Beleihung verhärtet sind und unbeweglich erscheinen. Bei solcher Lage dürfte es ratsam sein, sich aus den gewohnten Denkbahnen der Diskussion um die Beleihung zu befreien und unbefangen die Frage zu stellen, an welcher Stelle und auf welche Weise Private in die Erfüllung von Verwaltungsaufgaben eingespannt sind, ob dies zulässig ist und welche Kautelen gegebenenfalls eingehalten werden müssen.

2. Wenn man so vorgeht, treten sogleich zwei Umstände ins Bewußtsein, die weit über den bisherigen Diskussionsraum der Beleihung hinausführen.

Erstens hat der Staat *andere* Möglichkeiten, Private in die Erfüllung von Verwaltungsaufgaben einzuspannen, als durch die Übertragung von „rechtlicher Macht über ein Stück öffentlicher Verwaltung"[16]). Er kann nämlich bestimmte Verwaltungsaufgaben u. U. ganz auf Private abbürden, indem er die Erfüllung solcher Aufgaben normativ als öffentlichrechtliche Bürgerpflichten ausprägt, wie dies etwa bei der polizeimäßigen Wegereinigung durch die Anlieger[17]) oder bei der Statuierung von Bevorratungspflichten[18]) der Fall ist.

Zweitens ist der Verwaltungsaufgaben erfüllende Private ein — was bisher meist übersehen wurde — gerade in der Leistungs-, namentlich der Subventionsverwaltung wucherndes Phänomen, auf das schon *Zacher*[19]) 1966 in seinem Referat vor dieser Vereinigung hingewiesen hat [und welches nur deshalb im Verborgenen blüht, weil es nicht auf dem herkömmlichen Rechtsboden gewachsen ist und darum juristischem Blickfeld weitgehend entrückt bleibt. Auf beide Fragen wird noch zurückzukommen sein.]

3. Einige Bemerkungen zur Themenstellung seien endlich den „Verwaltungsaufgaben" und den „Privaten", die das Thema anführt, gewidmet.

---

[15]) *OLG Köln* NJW 1968, 655 = JuS 1968, 239 Nr. 3.

[16]) *Otto Mayer,* Deutsches Verwaltungsrecht, Bd. 2, 3. Aufl. 1924, S. 243.

[17]) Dazu ausführlich *Gause* aaO. (Anm. 1) S. 78 ff.

[18]) Dazu namentlich *Ipsen,* Gesetzliche Bevorratungsverpflichtung Privater, AöR 90 (1965), 393 ff.

[19]) VVDStRL 25, 308 ff.

a) Den Begriff „Privater" kann man in einem *materiellen* Sinne zunächst einengend verstehen als *nicht-staatliches Subjekt*. Von diesem Blickpunkt her wäre die Verwaltungshilfe Privater in den größeren Zusammenhang des Verhältnisses von Staat und Gesellschaft gestellt. Verwaltungshilfe „Privater" ist dann nur dort denkbar, wo Staat und Gesellschaft nicht koinzidieren, sondern — wenn auch in vielfältiger Osmose zueinander stehend — unterscheidbar vorhanden sind. „Private" in diesem Sinne gibt es nur, wo Grundrechtsverbürgungen staatsfreie Intimsphären und Individualpositionen gewährleisten, die eine Selbstbestimmung des einzelnen Bürgers ermöglichen und ihm seine Individualität gegen ein Aufsaugen durch den Staat bewahren. Gerade aus diesem Dualismus nährt sich der größte Teil der Problematik der Einbeziehung Privater in die Erfüllung staatlicher Aufgaben[20]). — In diesem Sinne wäre als „Privater" zu begreifen negativ, wer nicht Beamter oder sonstiger professioneller Funktionär des Staates ist[21]); im positiven Sinne ist gemeint der dem Staat gegenüberstehende, grundrechtsgeschützte Bürger außerhalb des institutionalisierten staatlichen Verwaltungsapparates, eben der Privatmann, u. zw. auch soweit er sich in privatrechtlichen Institutionen organisiert.

In einem rechtstechnisch-formalen Sinne läßt sich der Begriff „Privater" auch als *Privatrechtssubjekt* verstehen. Dann sind thematisch alle Fälle einbezogen, in denen der Staat oder ein anderer Hoheitsträger in Privatrechtsformen unmittelbar Verwaltungsaufgaben erfüllt. Auch dieses Falles wird zu gedenken sein, wenngleich ich den Schwerpunkt auf den Privaten als Bürger legen möchte.

b) Wenn im Thema schließlich von „Verwaltungsaufgaben" die Rede ist, dann sind damit nur die *staatlichen* Verwaltungsaufgaben gemeint, wobei ich bei dieser Kennzeichnung an die von *Hans Peters*[22]) getroffene Unterteilung in öffentliche und staatliche Aufgaben anknüpfe. Dabei bin ich mir darüber im klaren, daß gerade diese Unterscheidung schon bisher den neuralgischen Punkt der Kontroverse um die Beleihung etwa der technischen Überwachungsvereine gebildet hat[23]) und daß man

[20]) Vgl. *Steiner* DÖV 1970, 531, der die dogmatische Grundproblematik der „Öffentlichen Verwaltung durch Private" in der „Divergenz von staatlicher Funktion und privatem Status" sieht.

[21]) Vgl. *Dagtoglou*, Der Private in der Verwaltung als Fachmann und Interessenvertreter, 1964, S. 25; *derselbe* DÖV 1970, 533.

[22]) Öffentliche und staatliche Aufgaben, in: Festschrift für H. C. Nipperdey, II, 1965, S. 877 ff.

[23]) Vgl. *Peters* aaO. und *Rupp*, Privateigentum an Staatsfunktionen? 1963.

mit diesem Begriffspaar nur arbeiten kann, wenn die Grenze zwischen beiden Aufgabengattungen gezogen ist. Ich werde versuchen, dies an späterer Stelle nachzuholen. Die folgenden Typisierungen werden diese Grenzziehung noch vernachlässigen.

II. *Erfüllungsmodalitäten*

Faßt man das breite Spektrum verschiedener Modifikationen der Erfüllung von Verwaltungsaufgaben durch Private im weiteren Sinne ins Auge, so lassen sich zumindest folgende Organisationsstrukturen oder Erfüllungsmodalitäten voneinander abheben.

Erstens: Der Staat oder ein oder mehrere sonstige Hoheitsträger bedienen sich zur Aufgabenerfüllung nicht der überkommenen und bereitstehenden öffentlichrechtlichen Organisationsformen, sondern schlüpfen in das Gewand eines Privatrechtssubjekts, um als Aktiengesellschaft, Gesellschaft mit beschränkter Haftung, eingetragener Verein usw. unmittelbar staatliche Verwaltungsaufgaben zu vollziehen. Dieser Agendenbereich ist durch den Begriff des Verwaltungsprivatrechts[24]) grob markiert. Die Beispiele für solches Handeln in Privatrechtsformen sind Legion. Wohl am weitesten verbreitet ist die Rechtsform der GmbH. Seltener trifft man die Aktiengesellschaft[25]), den eingetragenen Verein[26]) oder die Genossenschaft[27]) an.

[24]) Dazu *Haas,* Das Verwaltungsprivatrecht im System der Verwaltungshandlungen und der fiskalische Bereich, DVBl. 1960, 303 ff.; *Mallmann/Zeidler,* Schranken nichthoheitlicher Verwaltung, VVDStRL 19 (1961), 165 ff.; *Wertenbruch/Schaumann,* Grundrechtsanwendung im Verwaltungsprivatrecht, JuS 1961, 105 ff.; *Brohm,* Strukturen der Wirtschaftsverwaltung 1969, S. 181 ff.; *Rüfner,* Formen öffentlicher Verwaltung im Bereich der Wirtschaft, 1967, S. 348 ff.; *Emmerich,* Die Fiskalgeltung der Grundrechte, namentlich bei erwerbswirtschaftlicher Betätigung der öffentlichen Hand, JuS 1970, 332 ff.

[25]) Sie ist namentlich bei den öffentlichen Wirtschaftsbetrieben und Banken verbreitet; vgl. *Christoph Scholz,* Kreditinstitute des Bundes, 1960; *Rüfner,* Formen öffentlicher Verwaltung im Bereich der Wirtschaft, 1967, S. 165 ff., 253 ff.; zu einer geplanten PressefondsAG vgl. *Michael Kirn,* ZRP 1970, 102 ff. (104).

[26]) Er ist jene Form, in der z. B. von mehreren Verwaltungsträgern Verwaltungsschulen zur Ausbildung öffentlicher Bediensteter betrieben werden; vgl. die Übersicht in: Verwaltungs- und Sparkassenschule 1967, 6 ff.; ferner sind die Studentenwerke häufig als eingetragene Vereine organisiert (vgl. *Gerber,* Das Recht der wissenschaftlichen Hochschulen, I 1965, S. 154 ff.).

[27]) Dazu *Brohm,* Strukturen der Wirtschaftsverwaltung, 1969, S. 53 ff.

Bemerkenswert an der neueren Entwicklung ist die Beobachtung, daß der Staat sich der Privatrechtsformen nicht mehr wie bislang fast ausschließlich im erwerbswirtschaftlichen oder wirtschaftslenkenden Bereich bedient[28]), sondern auch zur Erfüllung solcher staatlichen Aufgaben einsetzt, die herkömmlicherweise durch den staatlichen Verwaltungsapparat selbst erledigt worden sind. Beispielhaft erscheinen insoweit die in den letzten Jahren in Nordrhein-Westfalen[29]) und Niedersachsen[30]) errichteten Hochschulbau- und Finanzierungsgesellschaften mit beschränkter Haftung, die den bisher von den Ministerien selbst wahrgenommenen Ausbau bestimmter Hochschulen übernommen haben.

Geht man den Motiven nach, die diesen organisatorischen Trend hervorgerufen und begünstigt haben, so bietet sich ein buntes Bild[31]). Ein erster Grund ist jener, der auch zu den sog. Kriegsgesellschaften nach 1914 geführt hat[32]), daß der normale Verwaltungsapparat zur Aufgabenerfüllung ungeeignet erscheint. Zum Beweise hierfür werden nicht nur die Beamtenmentalität und der Mangel an Sachkunde angeführt, sondern auch die durch bürokratische und hierarchische Strukturen der

---

[28]) Dazu sei pauschal verwiesen auf die einschlägigen Monographien der letzten Jahre von *Rüfner*, Formen öffentlicher Verwaltung im Bereich der Wirtschaft, 1967, bes. S. 253 ff.; *Hans H. Klein*, Die Teilnahme des Staates am wirtschaftlichen Wettbewerb, 1968; *Brohm*, Strukturen der Wirtschaftsverwaltung, 1969; *Günter Püttner*, Die öffentlichen Unternehmen, 1969; *Volker Emmerich*, Das Wirtschaftsrecht der öffentlichen Unternehmen, 1969; *Wenger*, Die öffentliche Unternehmung, 1969.

[29]) Gesetz über den Ausbau der Universitäten Bielefeld und Düsseldorf sowie die Erstellung klinischer Einrichtungen an der Rheinisch-Westfälischen Technischen Hochschule Aachen, an dem Klinikum Essen der Ruhruniversität Bochum und an der Westfälischen Wilhelms-Universität Münster (Hochschulbaugesetz) vom 30. September 1969 (GVBl. 1969, 703); ebendort als Anlage: der Vertrag zwischen dem Land Nordrhein-Westfalen und der Nordrhein-Westfälischen Hochschulbau- und Finanzierungsgesellschaft m.b.H.

[30]) Gesetz über den Ausbau der Universität Göttingen und der Technischen Hochschulen Braunschweig und Hannover vom 20. März 1967 nebst Vertrag zwischen dem Land Niedersachsen und der Niedersächsischen Hochschulbaugesellschaft m.b.H. vom 24. April 1967.

[31]) Vgl. auch *Steiner* JuS 1969, 72; *Wiegand*, Die Übertragung hoheitlicher Befugnisse auf Privatrechtssubjekte, aaO. (Anm. 1), S. 11, 27; *E. R. Huber*, Beliehene Verbände, DVBl. 1952, 457.

[32]) Vgl. *Lorenz Schomerus*, Die organisatorische Eingliederung der Interessenverbände in die Bundesverwaltung, Diss. Heidelberg 1959, S. 6 ff.; *E. W. Böckenförde*, Die Organisationsgewalt im Bereich der Regierung, 1964, S. 43; *Ernst Heymann*, Die Rechtsformen der militärischen Kriegswirtschaft als Grundlage des neuen Industrierechts, Marburg 1921.

öffentlichen Verwaltung verlangsamten und gehemmten Entscheidungsprozesse sowie die als störend empfundenen haushalts-, finanz- und personalrechtlichen Bindungen[33]). — Zum Teil wird die privatrechtliche Separation damit begründet, daß — wie etwa bei der Wirtschaftsförderungsgesellschaft in Nordrhein-Westfalen[34]) — der betreffende Agendenbereich einerseits — etwa im Rahmen der Wirtschaftswerbung — unkonventionelle Maßnahmen erfordere, andererseits sich noch in einem gewissen Experimentierstadium befinde, welches eine auf Dauer gerichtete Eskalation des Verwaltungsapparates nicht gestatte[35]). — Die privatrechtliche Gesellschaft wird überdies als ideale Kooperations- und Integrationsform zwischen mehreren Verwaltungsträgern betrachtet und auch als Instrument eines kooperativen Föderalismus eingesetzt, um im Verhältnis zwischen Bund und Ländern, die im Prinzip scharf abgegrenzten Verwaltungsräume zu überbrücken und gelegentlich freilich auch die grundgesetzliche Kompetenzordnung zu unterlaufen[36]).

Zweitens: Der Staat kann ferner staatliche Verwaltungsaufgaben auf Privatpersonen oder Privatorganisationen im materiellen Sinne zur Ausübung übertragen. Solche Fälle sind der deutschen Verwaltungsrechtslehre namentlich im Bereich der Gefahrenabwehr [(Luftfahrzeugkommandant[37]), Schiffskapitän[38]), Eisenbahnpolizei[39]), Jagdaufseher[40]), usw.[41]))] und im Be-

---

[33]) Weitere Gründe — auch zur Auswahl der einzelnen Privatrechtsformen — nennt *Rüfner* aaO. (Anm. 1), S. 253 ff.

[34]) Diese Gesellschaft ist als GmbH gegründet und ressortiert beim Minister für Wirtschaft, Mittelstand und Verkehr.

[35]) Die Angabe weiterer Motive setzt eine umfangreiche Rechtstatsachenforschung voraus, die bei der Vorbereitung des Referats nicht geleistet werden konnte.

[36]) Vgl. etwa für die Gesellschaft für Nebenbetriebe der Bundesautobahnen m.b.H.; *Bartlsperger*, in: Bonner Kommentar, Art. 90 S. 70. — Zur Koordinierungsfunktion der Verwaltungsgesellschaften *Hämmerlein* bei Bülck/Hämmerlein/Jecht/Perridon aaO. (Anm. 1) S. 49.

[37]) § 29 Abs. 3 Luftverkehrsgesetz; dazu *Werner Westerburg*, Die Polizeigewalt des Luftfahrzeugkommandanten, 1961, S. 50 ff.; *Edgar Ruhwedel*, Die Rechtsstellung des Flugzeugkommandanten im zivilen Luftverkehr, 1964, S. 150 ff.

[38]) § 106 Seemannsgesetz vom 26. Juli 1957 (RGBl. II 713 ff.); dazu *Westerburg*, aaO. (Anm. 37) S. 82 ff.

[39]) §§ 55 ff. Eisenbahn- und Eisenbahnbau- und betriebsordnung vom 8. Mai 1967 (EBO) (BGBl. II 1563) i. d. F. der Verordnung vom 10. Juni 1969 (BGBl. II 1141).

[40]) § 25 BJagdG; § 23 LJagdG NW.

[41]) Weiter sind etwa zu nennen: Feld- und Forsthüter, Fischereiaufseher, Tierärzte, Weinkontrolleure, Prüfungsingenieure, Feuer-

reich des Abgabenrechts [(Arbeitgeber[42]), Versicherer[43]), Bankinstitute[44]), Unternehmer[45]), usw.[46]))] seit langem bekannt und in jüngerer Zeit auch für die Subventionsverwaltung geradezu typisch[47]). — Die Übertragungsmotive sind hier ebenfalls offenkundig. Der Gedanke der Integration und die Selbstverwaltungsidee scheiden aus; gesellschaftspolitische Zwecke werden nicht verfolgt[48]). Es geht schlicht um die Aktivierung und Ausnutzung privaten Sachverstandes, privaten Verwaltungspotentials, dem kein vergleichbares des Staates gegenübersteht[49]), und um die Inanspruchnahme privater Situationsbeherrschung[50]) im Einzelfall. Weder der liberale Gedanke der „Freiheitsverbürgung" noch die demokratische Idee der „Teilhabe an der Staatsgewalt" sind hier im Spiel[51]); motivierend sind allein die Rationalisierung und Ökonomie der Aufgabenerfüllung; was freilich nicht ausschließt, daß dem in Dienst genommenen Privaten spezifische Hoheitsmacht zuwächst.

---

bestattungsvereine; vgl. die Nachweise bei *Boge*, Der Verwaltungshelfer im Polizeirecht, Diss. Göttingen 1964. — Nicht dagegen der Bauunternehmer hinsichtlich der Verkehrssicherungsmaßnahmen; dazu zuletzt *BVerwG* vom 26. 6. 1970 = DVBl. 1970, 736; ferner *Richard Groh*, Verkehrszeichen unzuständiger Behörden und unbefugter Privater, Diss. Heidelberg 1968, S. 72 ff.

[42]) § 38 EStG 1969.

[43]) § 7 VersStG.

[44]) § 43 EStG 1969.

[45]) Dazu *Friauf*, Verfassungsrechtliche Probleme der Mehrwertsteuer, in: Steuerkongreß-Report 1968, S. 152 ff.

[46]) Weiter wäre zu nennen die Abführung der Sozialversicherungsbeiträge durch die Arbeitgeber, die Einziehung der Hypothekengewinnabgabe durch Kreditinstitute und die neuerdings umstrittene Erhebung der Kirchensteuer durch die Arbeitgeber (dazu: *Sälzer* NJW 1970, 169 ff.; *VG Frankfurt* v. 7. 11. 1969 = DB 1969, 2318; BB 1969, 1521; *Heinze*, ZRP 1970, 34; *Scheven* JZ 1968, 181).

[47]) *Zacher* VVDStRL 25 (1967), 370 ff.; *Rüfner*, Formen öffentlicher Verwaltung im Bereich der Wirtschaft, 1967, S. 200 ff.; *Franz Josef Spahn*, Die Einschaltung der Kreditinstitute bei Eingliederungsdarlehen nach dem LAG, 1958; *Hans Menzel*, Die Mitwirkung der Hausbanken bei der Vergebung und Verwaltung öffentlicher Kredite, 1960; *Zuleeg*, Die Rechtsform der Subventionen, 1965, S. 89 ff.

[48]) Vgl. auch *Steiner* JuS 1970, 72.

[49]) So deutlich bei der Quellenbesteuerung durch die Arbeitgeber, Banken und Versicherer.

[50]) So deutlich beim Luftfahrzeugkommandanten (*Westerburg*, aaO. (Anm. 37) S. 50: „ein Polizist fliegt nicht mit"); ebenso beim Schiffskapitän, der Eisenbahnpolizei, dem Jagdaufseher usw.

[51]) Solche Motive liegen im allgemeinen der Heranziehung Privater zugrunde, die als Fachmann oder Interessenvertreter in den Verwaltungsorganismus integriert sind; dazu *Dagtoglou*, Der Private in der Verwaltung als Fachmann und Interessenvertreter, 1964, S. 121 ff.

Drittens: Der Staat kann auch so verfahren, daß er bestimmte, die staatliche Gemeinschaft angehende Aufgaben gar nicht erst an sich zieht, um sie dann Privaten zu übertragen, sondern die Erfüllung solcher Aufgaben als öffentlich-rechtliche Bürgerpflichten unmittelbar den Privatpersonen als *eigene* Angelegenheiten auferlegt, wofür etwa die Wegereinigungspflicht ein Beispiel darstellt[52]).

Viertens: Wo die ordnungsgemäße Erfüllung öffentlicher Aufgaben durch Privatinitiative gesichert und gewährleistet ist, kann sich der Staat auf eine Beobachterrolle mit Korrekturfunktionen zurückziehen. Ein solches *staatsentlastendes Privathandeln unter staatlicher Aufsicht* findet man etwa im Bereich der staatlich gebundenen Berufe und teilweise auch bei den sog. „öffentlichen Wirtschaftseinheiten in privater Hand"[53]) wie überhaupt im wirtschaftlichen Raum[54]), aber auch in anderen Verwaltungssektoren; erinnert sei etwa an die Aufsicht über private Kindergärten und Spielkreise Minderjähriger nach den §§ 78, 79 JWG[55]).

Fünftens: Über die Aufsichtsfunktion hinaus kann der Staat aber auch Privathandeln anregen und fördern. Und um hierfür Beispiele anzuführen, braucht man nicht auf die Prämien bei Kartoffelkäfersuchaktionen[56]) oder Natternbekämpfungen[57]) zurückzugreifen, sondern uns steht mit der modernen Subventionsverwaltung hier ein unerschöpflicher Schatz an Fallmaterial zur Verfügung[58]).

Sechstens: Schließlich — und das wäre wiederum eine Steigerung zur staatlichen Stimulation von Privathandeln — kann der Staat auch mit Privaten kooperieren, d. h. gemeinsam, verantwortungs- und entscheidungsteilend verwalten. Jenes merkwürdige staatlich-private Kondominium ist eine jener Früchte, die der Organisationswirrwarr im Subventionswesen her-

---

52) Dazu eingehend *Gause* aaO. (Anm. 1) S. 78 ff.

53) Dazu die gleichnamige Schrift von *Klaus Vogel*. — Zur Einordnung in die obige Rubrik: *Steiner* DÖV 1970, 530 f.; *Dagtoglou* DÖV 1970, 535.

54) Vgl. *Martin Bullinger*, Staatsaufsicht in der Wirtschaft, VVDStRL 22 (1965), 264 ff.; *Ekkehart Stein*, Die Wirtschaftsaufsicht, 1967.

55) Vgl. dazu *BVerwG* DÖV 1970, 282.

56) So *Wiegand* aaO. S. 5; zur haftungsrechtlichen Seite: *RGZ* 169, 313.

57) So der Sachverhalt des Arrêt Terrier vom 6. 2. 1903 des Conseil d'Etat; mitgeteilt bei *Rüfner* aaO. (Anm. 1) S. 268.

58) Außer der einschlägigen Literatur (Etwa *Zacher* VVDStRL 25, 308 ff.; *Volkmar Götz*, Recht der Wirtschaftssubventionen, 1966) geben die öffentlichen Haushaltspläne Auskunft; vgl. ferner für das Polizeirecht die Übersicht bei *Drews-Wacke*, Allgemeines Polizeirecht, 7. Aufl. 1961, S. 490 ff.

vorgebracht hat und beispielsweise bei der Kreditvergabe im Lastenausgleichsrecht vorkommt[59]). Daneben ist die Verwaltung allerdings auch namentlich im Bereich der Wirtschaftsplanung und Wirtschaftslenkung auf Kooperation mit Privaten angewiesen[60]).

III. Staatlicher und privater Kompetenzbereich

1. Die bisherigen Darlegungen dürften gezeigt haben, daß staatliche und private Agenden und Aktivitäten einander überlagern und sich in mannigfacher Weise miteinander vermischen. Diese Gemengelage ist nur Konsequenz oder Spiegelbild der osmotischen Verbindung von Staat und Gesellschaft. Mögen einige den Gegensatz von Staat und Gesellschaft betonen, andere ihn für unzeitgemäß und überwunden halten[61]), so ist jedenfalls unleugbar, daß die staatlich institutionalisierte und die gesellschaftliche Sphäre auf breitester Front miteinander verquickt sind, zum Teil nahtlos ineinander übergehen, wobei sich wechselnd der Staat in die Gesellschaft vorschiebt[62]) und gesellschaftlichen Gruppen institutionalisierte Staatlichkeit infiltrieren[63]). —

---

[59]) Vgl. *Rüfner* aaO. (Anm. 1) S. 203.

[60]) Hierauf weist zu Recht *Dagtoglou* (DÖV 1970, 533) hin. — Über die Kooperationsformen der französischen planification unterrichtet *Toechemittler*, Das Verbandskartell als Instrument der Wirtschaftsplanung, 1969; vgl. ferner zu einem interessanten Kooperationsmodell *Hans-Gerd von Dücker*, Die Aktionsgemeinschaft Deutsche Steinkohlenreviere GmbH — Grundzüge einer kooperativen Planung durch Staat und Wirtschaft, 1969. — *Thiele* (Neue Anforderungen an die Angehörigen des öffentlichen Dienstes, in: Funktionsgerechte Verwaltung im Wandel der Industriegesellschaft, 1969, S. 95) sieht in der sog. konzertierten Aktion den Keim einer „Vergesellschaftung staatlichen Handelns".

[61]) Zur Problematik: *Horst Ehmke*, „Staat" und „Gesellschaft" als verfassungstheoretisches Problem, Festgabe für Smend, 1962, S. 23 ff.; *Herbert Krüger*, Allgemeine Staatslehre, S. 526 ff.; *Josef Isensee*, Subsidiaritätsprinzip und Verfassungsrecht, 1968, S. 149 ff.; *Lothar Roos*, Demokratie als Lebensform, 1969, S. 84 ff. (Auseinandersetzung mit *Herbert Krüger*); *Ernst Forsthoff*, Der Staat der Industriegesellschaft, 1971, S. 21 ff.

[62]) Vgl. etwa für den Bereich der Berufsfreiheit: *Walter Leisner*, Öffentliches Amt und Berufsfreiheit, AöR 93 (1968), S. 162 ff.; ferner sei etwa erinnert an die Bedrohung oder Zurückdrängung gesellschaftlicher Initiativen und Institutionen im Schulwesen.

[63]) Stichwort: Verbändeproblem. Dazu etwa die Bestandsaufnahme von *Lorenz Schomerus*, Die organisatorische Eingliederung der Interessenverbände in die Bundesverwaltung, Diss. Heidelberg 1959; *Brohm*, Strukturen der Wirtschaftsverwaltung, 1969, S. 119 ff.; *Ernst Wolfgang Böckenförde*, Die Organisationsgewalt im Bereich der Regierung, 1964, S. 250 ff.; *Hans-Ulrich Evers*, Verbände, Verwaltung, Verfassung, in: Der Staat 1964, 41 ff.; *Scheuner*, Politische Reprä-

All dies gilt auch für den Bereich staatlicher und gesellschaftlicher, sprich: privater Agenden. Dieser Befund könnte nicht schrecken, wenn die Trennung zwischen staatlichen und privaten Agenden für unsere Überlegungen irrelevant wäre. Indessen bezeugt die Diskussion um die hier gestellte Problematik das Gegenteil[64]). Es liegt auch auf der Hand, daß die Trennung zwischen staatlichen und privaten Agenden fundamentale Bedeutung haben muß, namentlich für die rechtlichen Bindungen bei der Aufgabenerfüllung, den Rechtsschutz, die Haftungsfrage und die Effizienz der Grundrechtsgarantien[65]). Dieses Trennungsproblem macht geradezu die innere Spannungslage unseres Themas „Erfüllung *staatlicher* Verwaltungsaufgaben durch *Private*" aus[66]).

2. Die Erörterungen im Schrifttum drehen sich in erster Linie um die Frage der Abschichtung von staatlichen und öffentlichen Aufgaben[67]). Hier werden vielfach die entscheidenden Weichen

---

sentation und Interessenvertretung, DÖV 1965, 577 ff.; *Wertenbruch*, Die rechtliche Einordnung wirtschaftlicher Verbände in den Staat, in: Gedächtnisschrift für Hans Peters, 1967, S. 614 ff.

[64]) Vgl. etwa die Kontroverse um die Rechtsstellung der Technischen Überwachungsvereine zwischen *Rupp* (Privateigentum an Staatsfunktionen? 1963) und *Hans Peters* (Öffentliche und staatliche Aufgaben, in: Festschrift für H. C. Nipperdey, 1965, S. 877); ferner die Nachweise in den folgenden Fußnoten.

[65]) So hat das *BVerfG* namentlich für Art. 12 GG — in allerdings anfechtbarer Weise — an den Rechtscharakter der Aufgaben angeknüpft (Stichwort: „staatlich gebundener Beruf"); dazu *Bethge* aaO. (Anm. 1) S. 112; *Hans H. Klein* DÖV 1965, 756 ff.; *Leisner* AöR 93 (1968), 162 ff. (184 ff.); *derselbe*, Werbefernsehen und Öffentliches Recht, S. 16, 24; vgl. noch *Häberle*, „Gemeinwohljudikatur" und Bundesverfassungsgericht, AöR 95 (1970), S. 86 ff. (104 ff. mit FN 54, 59), der das BVerfG so interpretiert, daß der Begriff „öffentliche Aufgabe" synonym mit dem gemeinen Wohl, Interessen der Allgemeinheit gebraucht werde.

[66]) Mit Recht sieht *Steiner* (DÖV 1970, 531) die dogmatische Grundproblematik der „Öffentlichen Verwaltung durch Private" in der „Divergenz von staatlicher Funktion und privatem Status", womit das durchgehende Motiv aller folgenden Rechtsprobleme anklingt.

[67]) *Hans Peters*, Öffentliche und staatliche Aufgaben, in: Festschrift für H. C. Nipperdey, 1965, S. 877; *Hans H. Klein*, Zum Begriff der öffentlichen Aufgabe, DÖV 1965, 755 ff.; *Brohm*, Strukturen der Wirtschaftsverwaltung, 1969, S. 155 ff.; *Herbert Bethge*, Der verfassungsrechtliche Standort der „staatlich gebundenen" Berufe, Diss. Köln, 1968, S. 109 ff.; *Ellwein*, Einführung in die Regierungs- und Verwaltungslehre, 1966, S. 13 ff.; *Klaus Vogel*, Öffentliche Wirtschaftseinheiten in privater Hand, 1959, S. 61 ff.; *Scheuner*, Voraussetzungen und Form der Errichtung öffentlicher Körperschaften, in: Gedächtnisschrift für Hans Peters, 1967, S. 797 ff. (811 ff.); *Böckstiegel*, Der Staat als Vertragspartner ausländischer Privatunternehmen, Kölner Habilitationsschrift 1969, S. 1 ff.; *Walter Leisner*,

für die Lösung der juristischen Detailfragen gestellt. Doch gerade an diesem Punkte verläßt die Diskussion häufig das Feld juristischen Argumentierens und gleitet ab in weltanschauliches Räsonnement. Überblickt man die unterschiedlichen Stellungnahmen, so sticht als erstes diese Änderung im Tonfall ins Auge. Neben dem Vorwurf „etatistischen Denkens“[68]) steht das Wort von der „Hybris subsidiaristischer Mißverständnisse“[69]); zu ihnen gesellen sich düstere Visionen einer „Veramtung von Freiheitsbereichen“[70]) auf der einen und einer Selbstaufgabe des Staates durch Privatisierung von Staatsfunktionen[71]) auf der anderen Seite. Die auf solche Stilmittel verzichtende Rechtsprechung argumentiert phraseologisch oder apodiktisch; das Berechtigungswesen wird kurz und bündig als *„natürliche* Aufgabe“ des Staates[72]), die Arbeitsvermittlung etwa als *„wesensmäßig* staatliche Daseinsvorsorge“ apostrophiert[73]). Die Attribute „natürlich“ und „wesensmäßig“, sowie die emotional und weltanschaulich aufgeladene, engagiert geführte Diskussion indizieren deutlich eine Entfernung aus dem juristisch verifizierbaren Bereich. Die Ergebnisse sind ersichtlich durch das bewußt oder unbewußt eingebrachte Staats(vor)verständnis des jeweiligen Betrachters diktiert.

Werbefernsehen und Öffentliches Recht, 1967, S. 14 ff.; *derselbe,* Öffentliches Amt und Berufsfreiheit, AöR 93 (1968), S. 162 ff. (184 ff.); *Herbert Krüger,* Allgemeine Staatslehre, 2. Aufl. 1966, S. 759 ff.; *Martens,* Öffentlich als Rechtsbegriff, 1969, S. 123 ff.; *Badura,* Das Verwaltungsmonopol, 1963, S. 313 ff.; 333 ff.; *Mennacher* aaO. S. 22 ff.; *Rupp,* Privateigentum an Staatsfunktionen? 1963, S. 17 ff.; *Herschel,* Staatsentlastende Tätigkeit im Arbeitsschutz, in: Festschrift für H. C. Nipperdey, Bd. II, 1965, 221 ff. (230 ff.); *Josef Isensee,* Subsidiaritätsprinzip und Verfassung, 1968, S. 158 ff.; *Steiner* DÖV 1970, 528. — Aus der Rechtsprechung zuletzt *BVerwG* v. 14. 3. 1969 = DVBl. 1970, 735 (betr. Aufsuchen von Bodenschätzen in Bayern).

[68]) So *Hans Peters,* Öffentliche und staatliche Aufgaben, aaO., S. 884 an die Adresse von *Rupp.*

[69]) *Zacher* DÖV 1964, 683 (Rezension von *Rupp,* Privateigentum an Staatsfunktionen? 1963).

[70]) Diese Gefahr ist eindringlich ausgemalt bei *Walter Leisner,* Öffentliches Amt und Berufsfreiheit, AöR 93 (1968), S. 162 ff. bes. S. 199.

[71]) In diesem Sinne *Rupp,* Privateigentum an Staatsfunktionen? 1963, der den Einsturz wesentlicher Elemente der Verfassungsordnung voraussieht (S. 33).

[72]) *BVerfG* NJW 1970, 275 = DÖV 1970, 92 ff.

[73]) *BGHSt* 17, 137 (142) = NJW 1962, 1115; vgl. ferner *BSGE* 20, 169 (172); *BVerfGE,* 21, 245 ff.; kritisch dazu: *Nipperdey,* Grenzen des Arbeitsvermittlungsmonopols, in: Recht im Wandel, S. 241 ff. (244); *Badura,* Das Verwaltungsmonopol, S. 142; *Bull,* JZ 1967, 564; *Döser,* BB 1967, 590; vgl. dagegen *Dietrich Bethge* NJW 1964, 90 ff.; *Vogel* BB 1962, 681 ff.

Will man dem Abgleiten in staatsphilosophische Spekulationen entgehen und festen Boden unter den Füßen gewinnen, so scheinen mir zwei Thesen wichtig, die inzwischen weitestgehende Anerkennung gefunden haben.

Erstens: Der „Nachweis einer spezifischen Staatsfunktion" läßt sich „nur aus einer konkreten raumzeitlichen Staatsordnung" erbringen[74]).

Zweitens: Der Aufgabenbereich des Staates ist notwendig offen[75]). Staatliche Aufgaben sind solche, die der Staat nach der jeweils geltenden Verfassungsordnung zulässigerweise für sich in Anspruch nimmt[76]). Im Rahmen der Verfassung und der poli-

---

[74]) *Rupp,* Privateigentum an Staatsfunktionen?, 1963, S. 16 FN 27; *Leisner,* Werbefernsehen und Öffentliches Recht, S. 16; ferner die Nachweise in den folgenden Fußnoten.

[75]) *Hans H. Klein* DÖV 1965, 755 ff. (758); *Martens,* Öffentlich als Rechtsbegriff, 1969, S. 131; *Arendt* DV 1949, 147 ff. (148); *Scheuner,* Gedächtnisschrift für Hans Peters, S. 811 ff.

[76]) So deutlich *Hans Peters,* Öffentliche und staatliche Aufgaben, S. 880; *Herbert Krüger,* Allgemeine Staatslehre, S. 759 ff.; *Forsthoff,* Die öffentliche Körperschaft im Bundesstaat, 1931, S. 17 ff.; *Heinze,* Autonome und heteronome Verteilung, 1970, S. 100; *Burckhardt,* Die Organisation der Rechtsgemeinschaft, 2. Aufl. 1944, S. 37; *Ellwein,* Einführung in die Regierungs- und Verwaltungslehre, 1966, S. 35, 80; *Badura,* Das Verwaltungsmonopol, S. 313 ff. (bes. S. 315, 329, 338); *derselbe* JZ 1965, 623 (624); *Arendt* DV 1949, 147 (148); *Martens,* Öffentlich als Rechtsbegriff, S. 131; *Scheuner,* wie vorige Anm.; *Hans H. Klein* DÖV 1965, 755 ff. (758); *Zeidler* VVDStRL 19 (1961), S. 218 mit FN 37; *Leisner,* Werbefernsehen und Öffentliches Recht, S. 22 ff.; *Herschel,* Staatsentlastende Tätigkeit im Arbeitsschutz, aaO. S. 231 f.; *Brohm,* Strukturen der Wirtschaftsverwaltung, S. 157 und 161 mit weiteren Nachweisen in FN 120; *Herzog,* Ev. Staatslexikon 1966, Sp. 159; *Hubert Sauer* DVBl. 1970, 486 ff. (488); *Steiner* JuS 1969, 70 f.; *Dagtoglou* DÖV 1970, 534. — *Anders: Isensee,* Subsidiaritätsprinzip und Verfassung, 1968, S. 167; *Wingbermühle,* Die Wahrnehmung staatlicher Zuständigkeiten durch Erwerbs- und Wirtschaftsgenossenschaften, Diss. Münster 1957, S. 6 f.; — *Rupp,* aaO. S. 16 FN 27 geht offenbar davon aus, daß sich die Staatsaufgaben an Hand materieller Kriterien ermitteln lassen. Man kann gewiß darüber streiten, ob es originäre, präsumtive staatliche Aufgaben, m. a. W. ob es einen gewissen Kernbestand von *Wesensaufgaben des Staates* gibt (vgl. *Bethge,* Der verfassungsrechtliche Standort der „staatlich gebundenen" Berufe, Diss. Köln 1968, S. 135 ff.; *Leisner,* Werbefernsehen und Öffentliches Recht, 1967, S. 14 ff.; *Herschel,* Staatsentlastende Tätigkeit im Arbeitsschutz, aaO. S. 231; *Isensee,* Subsidiaritätsprinzip und Verfassung, S. 168; *Klaus Vogel,* Öffentliche Wirtschaftseinheiten in privater Hand, 1969, S. 61 ff., der einen solchen Bestand von Wesensaufgaben bestreitet und allein auf den modus der Aufgabenerfüllung (Einsatz von Hoheitsgewalt!) abhebt, worin letztlich auch die vorgenannten Autoren mit ihm übereinstimmen; danach soll die Ausübung von obrigkeitlicher Befehls- und Zwangsgewalt die „originäre Staatsaufgabe" kennzeichnen (s. *Bethge, Leisner* aaO.; *Hans H. Klein,* DÖV 1965, 758);

tischen Gestaltungsfreiheit des Gesetzgebers hängt der Aufgabenbestand des Staates von den jeweiligen politischen Vorstellungen ab, die sich in den staatlichen Entscheidungsinstanzen institutionalisieren und durchsetzen.

3. Mit dieser Ausgangsposition ist die Abschichtung von staatlichen und öffentlichen Aufgaben auf ein Problem der Verfassungsauslegung zurückgeführt. Die innere Souveränität des Staates[77]), sich selbst Aufgaben zu stellen und diese zu erfüllen, wird zumindest durch die Grundrechte gezügelt und modifiziert, so daß sich in der „Verknüpfung von Freiheit und Souveränität"[78]) eine Kompetenzordnung konstituiert, die nach Verfassungsrecht gebildet und gegen einen Totalitätsverdacht

---

selbst wenn man dem zustimmt, bleibt ein weiter Bereich von Aufgaben, die nur deshalb „staatliche" sind, weil der Staat sie sich vorbehalten hat. Als Beispiele solcher gewillkürter, vorbehaltener, monopolisierter Aufgaben, kurz: *Vorbehaltsaufgaben des Staates* wird man die Arbeitsvermittlung (dazu *BVerfGE* 21, 245 ff.), Post, Eisenbahn und das Berechtigungswesen (anders *BVerfG* NJW 1970, 275 = DÖV 1970, 72: „natürliche Aufgabe" des Staates) nennen können. Wesensaufgaben könnten Private nur kraft staatlicher Delegation, Vorbehaltsaufgaben nur kraft *Zulassung* oder *Überlassung* erfüllen. — Daneben besteht dann aber außerdem noch die Möglichkeit und Wirklichkeit der *Aufgabenkonkurrenz zwischen Staat und Privaten*. So werden beispielsweise Gefahrenbekämpfung, Wohnungsbau, Gesundheitsfürsorge usw. vom Staat und von Privaten in Unabhängigkeit, Kooperation und/oder entscheidungs- und verantwortungsteilender Initiative betrieben. (Umstrittenes aktuelles Beispiel: das im Saarland bereits verwirklichte gemischt privatrechtlich-öffentlichrechtliche Rundfunksystem", dazu *Grund* DVBl. 1969, 481 ff.; *Schmitz* DÖV 1968, 683 ff.; *Fuhr/Konrad* UFITA 1967 (Bd. 50), 562 ff.; *Peter Lerche*, Rundfunkmonopol, 1970). — Facit: Jedenfalls außerhalb des umstrittenen Kernbestandes von Wesensaufgaben des Staates werden *öffentliche* Aufgaben zu *staatlichen* Aufgaben, wenn der Staat sie an sich zieht *oder sich mit ihnen in irgendeiner Form befaßt* (so die Formulierung im Fernsehurteil *BVerfGE* 12, 246). Auch darin liegt letztlich nichts anderes als eine konkludente Prädikatisierung von Aufgaben als „staatliche". Außerhalb der umstrittenen Wesensaufgaben scheidet somit schon logisch ein *materielles* Kriterium für die Identifizierung von staatlichen Aufgaben aus. Entscheidend ist der irgendwie zum Ausdruck kommende staatliche Kreationsakt. — Über das Versagen einiger materiellrechtlicher Kriterien („Gemeinwohlorientiertheit", „Interesse", „Gewinnstreben") vgl. *Klaus Vogel* aaO. S. 61 ff. Daß das „öffentliche Interesse" als Grenzformel ungeeignet ist, zeigen die Ausführungen von *Walter Leisner*, Privatinteressen als öffentliches Interesse, DÖV 1970, 217 ff.

[77]) Auf sie rekurriert namentlich *Herbert Krüger*, Allgemeine Staatslehre, S. 759 ff.; ebenso *Herschel*, Staatsentlastende Tätigkeit im Arbeitsschutz, aaO. S. 231.

[78]) *Häberle*, Zur gegenwärtigen Diskussion um das Problem der Souveränität, AöR 92 (1967), 285.

abgeschirmt ist[79]). — Die rechtlichen Probleme sind damit nicht verringert, aber richtiger lokalisiert oder allererst bezeichnet. Ob eine Agende vom Staat in *zulässiger Weise* in Anspruch genommen worden ist, ist eine Frage des Einzelfalles und der Grundrechtsauslegung[80]).

Zu den insoweit bestehenden beträchtlichen Schwierigkeiten tritt eine weitere hinzu: die Frage danach, *wie* man erkennen kann, ob der Staat eine Agende als die seinige prädiziert oder aus dem gesellschaftlichen Raum evoziert hat. Hier fehlt es häufig an klaren Bezeichnungen[81]). Nur unter diesem Aspekt läßt sich der ausgedehnte Streit um die Technischen Überwachungsvereine verstehen[82]). — Prekärer noch wird die Situation, wenn der Staat bestimmte Aufgaben auf Private abbürdet, ohne über die Qualität der Aufgaben eine Aussage zu treffen, wie beispielsweise bei der Bevorratung von Erdöl, der Wegereinigung oder der Einbehaltung von Steuern durch Arbeitgeber, Banken, Versicherer usw. Solche an den Bürger adressierten, gesetzlich statuierten Pflichten zur Erbringung von Sach- oder Dienstleistungen (z. B. Auskunft, Ermittlungen, Bevorratungen, Lohnsteuerabzug) können — in der Terminologie von *Forsthoff*[83]) — eine zweifache Bedeutung haben. *Erstens:* können sie sich als *Verwaltungspflichten*[84]) erweisen, de-

---

[79]) Darauf hinzuweisen besteht Anlaß angesichts der verschiedentlich geäußerten Befürchtungen, daß kaum eine Sicherung bestehe, wenn man die Prädizierung der staatlichen Aufgaben dem legislativen Ermessen anheimgebe. Hiergegen ist zu bemerken, daß der Schutz gegen Totalisierung nur von den Grundrechten selbst ausgehen kann. Vgl. auch die abwägenden Ausführungen von *Scheuner*, in: Gedächtnisschrift für Hans Peters, S. 811 ff.

[80]) Ob dabei eine „Funktionsvermutung zugunsten staatsfreier Tätigkeit" spricht (so *Steiner* DÖV 1970, 529) erscheint zweifelhaft, weil in ihr nichts anderes wiederkehrt als der umstrittene Satz: „in dubio pro libertate".

[81]) Klare Fälle sind die, in denen der Staat eine Aufgabe ausdrücklich als „staatliche" deklariert oder sie einer öffentlichrechtlichen Organisation zuweist; zum Problem: vgl. *Brohm*, Strukturen der Wirtschaftsverwaltung, S. 154: Schluß von der Institution auf die Funktion, der gerade bei der Einschaltung von Privaten versagt.

[82]) Dazu namentlich die Kontroverse zwischen *Rupp*, Privateigentum an Staatsfunktionen, 1963 und *Hans Peters*, Öffentliche und staatliche Aufgaben, aaO. sowie *Herschel*, Staatsentlastende Tätigkeit im Arbeitsschutz, aaO. S. 242 ff.

[83]) Lehrbuch, 9. Aufl. 1966, S. 172. Vgl. auch *Bachof*, Freiheit des Berufs, in: Die Grundrechte III/1 S. 258 f., der die Auferlegung von Verwaltungspflichten der „rechtssatzmäßigen Überbürdung" von z. B. Wegereinigungspflichten gegenüberstellt.

[84]) Z. B. Meldepflichten, Buchführungspflichten, Auskunftspflichten usw. Sie sind nach *Bachof* (wie vorige Anm.) dem Bürger auferlegt, „um der Verwaltung die Erfüllung ihrer Aufgaben zu ermöglichen".

ren Erfüllung eine *eigene* Angelegenheit des Betroffenen darstellt, der mit dieser Pflichterfüllung nur den von ihm erwarteten und geforderten Beitrag zur Staatsverwirklichung leistet.

Zweitens können sich solche Bürgerpflichten aber auch als *Verwaltungsobliegenheiten* entpuppen, deren Wahrnehmung Verwaltungsgeschäfte darstellen, die an sich vom staatlichen Behördenapparat selbst erfüllt werden müßten.

Aber wo liegt die Grenze? Woran erkennt man die überbürdete Verwaltungsobliegenheit[85])?

Diese Fragen lassen sich nicht anders als durch Auslegung des die Bürgerpflichten statuierenden Gesetzes abklären[86]). Einige allgemeine Gesichtspunkte kommen dabei zu Hilfe. So kann man die Verwaltungspflichten häufig daran erkennen, daß sie höchstpersönlichen Charakter tragen[87]) und zum Teil

---

[85]) Diese Fragestellung läßt sich nicht damit umgehen, daß man abermals ihre rechtliche Relevanz in Zweifel zieht. Denn diese Relevanz läßt sich nicht leugnen. — Zunächst einmal wird man davon ausgehen müssen, daß durch die Abbürdung staatlicher Aufgaben auf Private kein Qualitätsverlust eintritt; die Aufgaben bleiben „staatlich" (vgl. *Ipsen* AöR 90 (1965), 418; größte Zweifel dagegen äußert *Hans H. Klein* DÖV 1965, 756). Wenn der staatliche Charakter der Aufgaben aber bestimmte rechtliche Konsequenzen im Gefolge hat: für den Rechtsschutz, die Haftung, die Grundrechtsgeltung, die Risikotragung usw., dann müssen diese Konsequenzen nach der Abbürdung fortbestehen. Indessen kann der Gesetzgeber — freilich nur im Rahmen der Verfassung — die *Erfüllung* staatlicher Aufgaben durch Private einem anderen Zurechnungsrechtskreis zuweisen, eben dem Privatrecht, und auf diese Weise die angeführten Konsequenzen abändern. Letztlich wird aber der Durchgriff auf die Aufgabenqualität wieder höchst aktuell beim Aufgabenentzug, der sich entweder als Verstaatlichung von Privatagenden oder als Evokation von Staatsfunktionen darstellen kann und in dieser Alternative ganz unterschiedlichen grundrechtlichen Barrieren begegnet.

[86]) Vgl. insoweit *BVerwG* vom 26. 6. 1970 = DVBl. 1970, 736 betr. Verkehrssicherungsmaßnahmen durch Bauunternehmer.

[87]) Vgl. *Forsthoff*, Lehrbuch, 9. Aufl. 1966, S. 172; *Werner Weber*, Die Dienst- und Leistungspflichten der Deutschen, 1943, S. 73, 79. — Allerdings sollte man sich davor hüten, öffentlichrechtliche Verhaltenspflichten unbesehen als höchstpersönliche Pflichten zu qualifizieren, wie dies namentlich im Polizeirecht kritiklos geschieht; dazu *Ossenbühl*, Die Rechtsnachfolge des Erben in die Polizei- und Ordnungspflicht, NJW 1968, 1992; zustimmend *Hess VGH* v. 13. 12. 1968 = BRS 20 Nr. 188. — Im übrigen ist die Erfüllung von Polizeipflichten unzweifelhaft eine *eigene* Angelegenheit des „Störers". *Er* ist aufgrund der Rechtsordnung verpflichtet, Gefahren zu vermeiden oder von ihm verursachte oder ihm zurechenbare Gefahren und Störungen auch ohne Eingreifen der Polizei zu beseitigen. Diese von Privaten durchgeführte Gefahrenbekämpfung ist keine staatliche Aufgabe; sie wird es erst, wenn die Polizei aktiv wird. — Das gilt in gleicher Weise für die Pflicht der Besitzer von Kraftfahrzeugen

sogar auf unvertretbare Handlungen gerichtet sind[88]). Eine Aktivität aber, die nur bestimmte Bürger entfalten können, ist für den staatlichen Behördenapparat schlechterdings unerfüllbar, so daß der Bürger hier auch nicht an Stelle des Staates handelt oder handeln kann. Ferner: Ist die Erfüllung der Bürgerpflichten mit drittgerichteten Eingriffen verbunden, die außerdem durch die „Reserve" der Staatsgewalt abgesichert werden, wird ebenfalls die Überbürdung einer Verwaltungsobliegenheit indiziert[89]).

Im übrigen kommt es auf die Ausgestaltung der gesetzlichen Regelung hinsichtlich Haftung, Verantwortlichkeit, Rechtsschutz, Aufsicht, Weisungsbindung an, aus denen rückschließend Anhaltspunkte für die Zurechnung der Aufgabenerfüllung entnommen werden müssen[90]). Weitere Indizien können

---

und überwachungspflichtigen Anlagen, die aber mangels eigenen Sachverstandes sich für diese Pflichterfüllung sachverständiger Dritter bedienen müssen. Aber dadurch wird diese Pflichterfüllung durch Dritte mitnichten ohne weiteres zur Erfüllung staatlicher Aufgaben (vgl. dazu richtig *Peters,* Öffentliche und staatliche Aufgaben, aaO. S. 887 gegen *Rupp,* Privateigentum an Staatsfunktionen, S. 19; zuletzt richtig differenzierend *Hubert Sauer* DVBl. 1970, 486 ff. (488).

[88]) Z. B. Auskunftspflicht, Zeugen- und Sachverständigenpflicht, Hand- und Spanndienste (vgl. *Dagtoglou* DÖV 1970, 536).

[89]) Vgl. *BVerfGE* 10, 302 ff. (324 ff., 327) betr. zwangsweise Unterbringung eines Mündels in einer geschlossenen Anstalt durch den Vormund. Dort heißt es: „Aber auch wenn es im Einzelfall des faktischen Einsatzes staatlicher Machtmittel nicht bedarf, wird die zwangsweise Unterbringung rechtlich dadurch gekennzeichnet, daß öffentliche Gewalt als „Reserve" bereitsteht und auf Anforderung des Vormundes jederzeit eingesetzt werden kann . . . Es verbietet sich hiernach, die Unterbringung volljähriger Geisteskranker durch den Vormund rechtlich so zu würdigen, als ob die Freiheitsentziehung sich im Rahmen privatrechtlicher Beziehungen zwischen Staatsbürgern abspielte. Der Staat kann sich von der Grundrechtsbindung nicht dadurch befreien, daß er einen Privatmann zur Wahrung einer öffentlichen Aufgabe bestellt und ihm die Entscheidung über den Einsatz staatlicher Machtmittel überläßt". — Ebenso die außengerichtete Bürgerpflicht (des Arbeitgebers) beim Lohnsteuerabzug (vgl. *Johannes Riepen,* Die Rechtsstellung des Arbeitgebers im Lohnsteuerabzugsverfahren, 1967). Hier bleibt die Staatsgewalt noch verdeckter, weil der Staat sich an den haftenden Arbeitgeber hält, dessen Regress auf den Arbeitnehmer aber ungeregelt läßt (vgl. *Riepen* aaO. S. 44 ff). — Vgl. zum Ganzen auch *Brohm,* Strukturen der Wirtschaftsverwaltung, S. 215 FN 70, der das Vorhandensein gesetzlicher Herrschaftsbefugnisse als Indiz heranzieht (Anklang an die sog. Rechtsstellungstheorie im Rahmen der Beleihung).

[90]) Allerdings droht hier die Gefahr eines Zirkelschlusses, wenn einerseits die im Text genannten juristischen Konsequenzen und Details den Aufgabencharakter indizieren sollen, andererseits dort, wo diese Detailregelungen fehlen, von der Aufgabenqualität auf die

aus dem Aufgabenzusammenhang[91]) geschöpft werden. So lassen sich beispielsweise Agenden, die in untrennbarem Konnex mit unstreitig staatlichen Aufgaben stehen oder sich als Teilakte einer umfassenderen Kompetenz erweisen, die im Schwerpunkt von staatlichen Behörden ausgeübt werden, aufgrund dieser Konnexität oder Annexität als staatliche Aufgaben identifizieren[92]). — Freilich wird die Grenze zwischen der staatlich überwachten und beaufsichtigten Privatinitiative bei der Erledigung *öffentlicher* Aufgaben und der dirigierten Erfüllung *staatlicher* Aufgaben durch Private zuweilen schwer zu ziehen sein[93]). Solche Schwierigkeiten lassen sich allenfalls in einem längeren Abklärungsprozeß beheben oder mildern. Denn sie

---

rechtlichen Konsequenzen geschlossen werden soll. — Außerdem sind die angeführten Kriterien nicht stets beweiskräftig. So kann von der staatlichen Überwachung und Aufsicht nicht ohne weiteres auf den staatlichen Charakter der Agende geschlossen werden. Das zeigt schon die Staatsaufsicht über die Privatschulen (vgl. *Hans Peters*, Öffentliche und staatliche Aufgaben, S. 888 f.); zu einem anderen Fall: *Herschel*, Staatsentlastende Tätigkeit im Arbeitsschutz, in: Festschrift für Nipperdey, Bd. II 1965, 226. — Der Grund für die mangelnde Unterscheidungskraft der „Staatsaufsicht" liegt letztlich darin, daß sie auf zwei unterschiedlichen Motiven beruhen kann. Einmal kann sie aus dem Gedanken des Demokratiegebotes und der Ministerverantwortlichkeit geboten sein (dazu sub IV 1 a); dann liegt ein Fall der Verwaltungshilfe Privater bei der Erfüllung *staatlicher* Aufgaben vor. Zum anderen kann die „Staatsaufsicht" aber auch der Überwachung privater Tätigkeit dienen (dazu *Bullinger*, Staatsaufsicht in der Wirtschaft, VVDStRL 22, 264 ff.); dann geht es (allenfalls) um die Erfüllung *öffentlicher* Aufgaben.

[91]) Dieser „Aufgabenzusammenhang" ist nicht identisch mit dem „inneren Funktionszusammenhang", den *Rupp* (Privateigentum an Staatsfunktionen, S. 18) erwähnt (gegen ihn: *Steiner* DÖV 1970, 529). *Rupp* kommt es an dieser Stelle seiner Erwägungen offensichtlich nur darauf an, die Staatsfunktion aus dem Bannkreis der Zweiteilung „Öffentliches Recht — Privatrecht" zu befreien, also klar festzustellen, daß die Qualität der Staatsfunktion unabhängig ist vom rechtlichen modus der Erfüllung.

[92]) Vgl. *Hubert Sauer* DVBl. 1970, 486 ff. (487); *Steiner* DÖV 1970, 528 (Aufteilung eines einheitlichen Arbeitsvorgangs zwischen öffentlicher Verwaltung und Privaten rechtfertigt keine unterschiedliche Bewertung der einzelnen Teilakte).

[93]) Davon legt Zeugnis ab z. B. die Kontroverse um die Qualifikation der Gutachtertätigkeit von Sachverständigen oder Prüfer beim Technischen Überwachungsverein (vgl. dazu einerseits *Herschel*, in: Festschrift für Nipperdey II, 1965, S. 221 (242 ff.); *derselbe* NJW 1969, 817 ff.; andererseits *Hubert Sauer* DVBl. 1970, 486 (487 f.). — Zur Problematik neuerdings auch die eindringliche Darstellung von *Böckstiegel* aaO. (Anm. 67), der durch eine bedeutsame funktionale auf den individuell-konkreten Streitfall bezogene Betrachtungsweise dem Abschichtungsproblem beizukommen sucht.

sind nichts anderes als Symptome für den Mangel einer ausgebauten Staatsaufgabenlehre[94]).

IV. Verfassungsrechtliche Zulässigkeit und Grenzen der Verwaltungshilfe Privater

Ich wende mich nun der Frage nach der verfassungsrechtlichen Zulässigkeit und den Grenzen der Verwaltungshilfe Privater zu. [Bei den folgenden Betrachtungen wird das Verhältnis *Staat — Verwaltungshelfer* im Vordergrund stehen, wenngleich sich diese Rechtsbeziehungen nicht von dem Verhältnis *Verwaltungshelfer — Drittbetroffener,* welches anschließend erörtert wird, völlig isolieren lassen.] — Die verfassungsrechtliche Problematik der Verwaltungshilfe Privater läßt deutlich zwei Fragenkomplexe erkennen: der erste betrifft die administrative Organisationsstruktur; der zweite hat seinen Schwerpunkt im Grundrechtsbereich und sieht die Auslagerung von Hoheitskompetenzen aus der Sicht des zur Verwaltungshilfe herangezogenen Bürgers.

1. Was zunächst die *verfassungsstrukturellen und verfassungsorganisatorischen Grenzen* angeht, so steht an erster Stelle die Frage nach substantiellen Organisations- und Strukturdirektiven der Verfassung; sodann stellt sich das Problem der Organisationskompetenz und der rechtlichen Form, die für die Anordnung hoheitlicher Verwaltungshilfe Privater eingehalten werden muß[95]).

a) Die Erfüllung staatlicher Verwaltungsaufgaben bedeutet Ausübung der Staatsgewalt und muß deshalb in erster Linie am Demokratiegebot des Art. 20 Abs. 2 GG gemessen werden. Daß die „vollziehende Gewalt" durch „besondere Organe" ausgeübt wird, ist ein Verfassungserfordernis, welches den rechtsstaatlichen Grundsatz der Gewaltenteilung mit dem Gebot demokratischer Legitimation verknüpft[96]), aber im übrigen die Organisationsstruktur, soweit sie nicht durch das Grundgesetz selbst weiter ausgeprägt wird, offen läßt[97]). Jedenfalls kann dem Demokratiegebot nicht entnommen werden, daß eine GmbH oder eine Privatperson als „besondere Organe der voll-

---

[94]) Vgl. *Leisner* AöR 93 (1968), 183 ff.; *Steiner* DÖV 1970, 528 f.

[95]) Nicht betroffen von diesen Fragen ist der Fall der „Abbürdung von Verwaltungsobliegenheiten" auf Private, weil sich dieser Fall nicht als ein Problem der Staatsorganisation darstellt.

[96]) Vgl. von *Mangoldt/Klein* S. 596 unten; *Dürig* bei Maunz/Dürig/Herzog Art. 20 Rdnr. 50.

[97]) Vgl. *Hamann,* Rechtsstaat und Wirtschaftslenkung, in: Recht der Wirtschaftslenkung, Bd. I, 1953, S. 150.

ziehenden Gewalt" a limine auszuscheiden hätten[98]). Andererseits ist im Prinzip für *jede* Instanz der vollziehenden Gewalt eine demokratische Legitimation und Kontrolle geboten, die sich freilich um so mehr verflüchtigen kann, als die Verwaltungskompetenzen rein technische oder doch entscheidungsarme Befugnisse beinhalten. So können autonome Verwaltungsträger nach dem Maß der ihnen anvertrauten Administrativmacht mit Hilfe der weitreichenden Skala der Ingerenzen, die von der umfassenden Weisungsbindung bis zur verdünnten Rechtsaufsicht reichen, demokratisch legitimiert[99]) und an den Staatsapparat zurückgebunden werden.

Das damit angesprochene organisatorische Problem ist alt und namentlich unter dem Thema der „ministerialfreien Verwaltung" diskutiert worden[100]). Es stellt sich für die staatlich betriebene GmbH oder den mit Verwaltungsaufgaben betrau-

---

[98]) Pauschal ablehnend dagegen *Arend* DV 1949, 149. — Wie weiter unten im Text differenzierend: *E. R. Huber*, Beliehene Verbände, DVBl. 1952, 459 f.; *derselbe*, Wirtschaftsverwaltungsrecht I, S. 544 f., der die Übertragung von staatlichen Kompetenzen für zulässig hält, sofern die „oberste Aufsichts- und Weisungsgewalt der parlamentarisch verantwortlichen Exekutivorgane erhalten bleibt"; großzügiger *Brohm*, Strukturen der Wirtschaftsverwaltung, S. 218 ff., der das staatliche Aufsichtsrecht über die Ausübung von Hoheitskompetenzen prinzipiell in Frage stellt, aber letztlich doch auf der herkömmlichen Linie bleibt, indem er das Aufsichtsrecht als „Regelsatz" anerkennt, jedoch hierfür jeweils eine gesetzliche Grundlage fordert. — Vgl. noch *Ekkehart Stein*, Die Wirtschaftsaufsicht, 1967, S. 259 f.; *E. W. Böckenförde*, Die Organisationsgewalt im Bereich der Regierung, 1964, S. 251 ff.; *Dagtoglou*, Der Private in der Verwaltung als Fachmann und Interessenvertreter, 1964, S. 151 ff.; *Mennacher* aaO. S. 92 ff.

[99]) Vgl. *Brohm*, Strukturen der Wirtschaftsverwaltung, 1969, S. 247.

[100]) Dazu: *Loening*, Der ministerialfreie Raum in der Verwaltung, DVBl. 1954, 173 ff.; *Machtolf Roller*, Weisungsfreie Ausschüsse in der Verwaltung und Ministerverantwortlichkeit, Diss. Tübingen 1966; *Fichtmüller*, Zulässigkeit ministerialfreien Raums in der Verwaltung, AöR 91, 297 ff.; *Dagtoglou*, Der Private in der Verwaltung als Fachmann und Interessenvertreter, 1964, S. 149 ff.; *E. W. Böckenförde*, Die Organisationsgewalt im Bereich der Regierung, 1964, S. 249 ff.; *Ossenbühl*, Verwaltungsvorschriften und Grundgesetz, 1968, S. 442 ff.; *Deppisch*, Die Beschlüsse der Personalausschüsse, DÖV 1954, 241 ff.; *Haas*, Ausschüsse in der Verwaltung, VerwArch. 49 (1958), 14 ff.; *Rasch*, Die staatliche Verwaltungsorganisation, 1964, S. 47; *Bachof*, Wehrpflichtgesetz und Rechtsschutz, 1957, S. 47 f.; *Friesenhahn*, Parlament und Regierung im modernen Staat, VVDStRL 16, 40 Fußnote; *Raschofer/Rohwer-Kahlmann/Werner Weber*, ZBR 1957, 237; *Scheuner* DÖV 1953, 517. — Aus der Rechtsprechung: *BVerfGE* 9, 268 ff.; bestätigt durch *BVerfG* DVBl. 1968, 175 mit Anm. *Seebode;* vgl. auch *BVerwGE* 7, 66 (73); 12, 20 (28); *StGH Bremen* ZBR 1957, 234 ff.

ten Privaten nicht anders als für die inneradministrativen weisungsfreien Ausschüsse oder die ausgegliederten „rechtsfähigen Verwaltungseinheiten" im herkömmlichen Sinne. Hier wie dort setzen Demokratiegebot, Regierungs- und Ministerverantwortlichkeit[101]) oder der vielfach beschworene Gedanke der „Einheit der Staatsgewalt"[102]) keine unüberwindbaren organisatorischen Barrieren, wohl aber implizieren sie verfassungskräftige Direktiven, die sich namentlich an den Gesetzgeber selbst richten[103]). Diese Direktiven fordern vom Gesetzgeber, sowohl für die Sicherung der Staatsleitungsaufgabe durch die Regierung als auch für die Bewahrung der politischen Verantwortung des Parlaments Sorge zu tragen. Die Ausgliederung von Hoheitskompetenzen und ebenso Umfang und Intensität der ministeriellen Aufsichts- und Weisungsgewalt gegenüber der neugeschaffenen oder auserkorenen Verwaltungsinstanz sind danach verfassungrechtlich zu orientieren am Maßstab des politischen Gewichts eben jener dezentralisierten Aufgaben. Pauschale Grenzbeziehungen und fixe Richtpunkte sind hier fehl am Platze. [Von der Sache her kann u. U. trotz Demokratiegebot und Ministerverantwortlichkeit sogar völlige Weisungsfreiheit des externen Verwaltungshelfers geboten sein.]

b) Weniger Probleme bietet der *Funktionsvorbehalt des Art. 33 Abs. 4 GG.* [Nach m. E. zutreffender Auffassung institutionalisiert jene Verfassungsvorschrift das Berufsbeamtentum für die Ausübung hoheitlicher Staatstätigkeit, zu welcher nicht nur die herkömmliche, mit Befehl und Zwang arbeitende Eingriffsverwaltung rechnet, sondern auch der in seiner administrativen Bedeutung zumindest ebenso gewichtige Bereich der Daseinsvorsorge und der Subventionsverwaltung[104]). Indessen scheint bei solcher Ausdehnung des Art. 33 Abs. 4 GG gerade im Bereich der Leistungsverwaltung eine auffällige Inkongruenz zwischen Verfassungsrecht und Verwaltungswirklichkeit zu be-

---

[101]) Hierauf verweist *BVerfGE* 9, 282.

[102]) *E. R. Huber*, Wirtschaftsverwaltungsrecht I, S. 544 f.; kritisch dazu *Brohm*, Strukturen der Wirtschaftsverwaltung, S. 218 f.

[103]) Weil die Ausgliederung selbst prinzipiell dem Gesetzesvorbehalt unterliegt und das „Ausgliederungsgesetz" den Umfang der Rückbindung zu regeln hat; vgl. *Brohm*, Strukturen der Wirtschaftsverwaltung, 1969, S. 218 ff., bes. 220, 223: ferner unten sub. IV. 2.

[104]) So *Maunz* bei Maunz/Dürig/Herzog, Art. 33 Rdnr. 33 *Wertenbruch*, Das Grundgesetz und die Ausübung hoheitsrechtlicher Befugnisse, JustizverwBl. 1962, 73 ff. (79); a. A. *Thieme*, Der Aufgabenbereich der Angestellten im öffentlichen Dienst, 1962, S. 27; *derselbe*, Der öffentliche Dienst in der Verfassungsordnung des Grundgesetzes 1961, S. 57; vgl. auch *Otto*, Der Beamte als Träger der Staatshoheit, ZBR 1956, 233 ff. (238 ff.).

stehen[105]). Doch wird dieser Widerspruch gemildert, wenn man die elastischen Ausnahmen hinzuliest, die Art. 33 Abs. 4 GG expressis verbis statuiert und die bei entsprechend extensiver Auffassung geeignet sind, das verfassungsrechtliche Erfordernis des Beamtentums wieder weitgehend auf Zwangs- und Befehlsbefugnisse zurückzuschrauben. So etwa, wenn man mit *Maunz*[106]) als „nichtständige Aufgaben" auch noch solche Verwaltungsaktionen qualifiziert, die sich wie der Lastenausgleich und die Wiedergutmachung über mehrere Jahrzehnte erstrekken, deren Ende aber absehbar ist. Mit dieser Begründung läßt sich fast die gesamte Subventionsverwaltung dem Direktionsbereich des Art. 33 Abs. 4 GG entziehen, weil die Subventionsprogramme im Regelfall zeitlich begrenzt sind und ständig wechseln. — Ein weiterer Gedanke tritt hinzu.] Sieht man den Zweck des Art. 33 Abs. 4 GG u. a. auch im Schutz des betroffenen Bürgers, dem ein fach- und sachkundiges Personal garantiert werden soll[107]), dann wird diese ratio der Verfassung geradezu effektuiert, wenn der Staat mangels eigener Sach- und Fachkunde Private in den administrativen Prozeß einschaltet, wie dies etwa bei den Banken im Subventionswesen geschieht. Wer die Kreditvergabe durch den staatlichen Verwaltungsapparat aus der Nähe beobachtet hat, wird geneigt sein, diesen Schluß aus der Erfahrung zu bestätigen. — Davon abgesehen besteht der sachliche Dispens vom Funktionsvorbehalt, der sich durch den Zusatz „in der Regel" ausdrückt und die Verwaltungshilfe Privater in *allen* Verwaltungsbereichen eröffnet[108]), aber zugleich auch quantitativ begrenzt.

c) Keines großen Aufwandes bedarf es ferner, um die Verwaltungshilfe Privater gegen Einwände abzuschirmen, die aus der Kompetenzregelung der Art. 83 ff. GG hergeleitet werden[109]). Jene Kompetenzvorschriften haben in erster Linie *funk-*

---

[105]) Dabei denke ich namentlich an die Subventionsverwaltung, die in einer gewissen Umkehrung des Art. 33 Abs. 4 GG „in der Regel" von Privaten betrieben wird; vgl. dazu *Zacher*, Verwaltung durch Subventionen VVDStRL 25, 370 ff. mit weiteren Nachweisen.

[106]) *Maunz* bei Maunz/Dürig/Herzog, Art. 33 Rdnr. 42.

[107]) So *Hesse*, Grundzüge des Verfassungsrechts der Bundesrepublik Deutschland, 1967, S. 200 f.; *Brohm*, Strukturen der Wirtschaftsverwaltung, S. 284; *Maunz* bei Maunz/Dürig/Herzog Art. 33 Rdnr. 32 sub a) mit weiteren Angaben.

[108]) Allgemeine Meinung; vgl. z. B. *Maunz* bei Maunz/Dürig/Herzog Art. 33 Rdnr. 42 a. E.; *E. R. Huber*, Wirtschaftsverwaltungsrecht, Bd. I, S. 544; *von Mangoldt/Klein* S. 812 f.

[109]) Solche Bedenken hat nur *Wilhelm Reuß* erhoben (DVBl. 1953, 685; Die Organisation der Wirtschaft, in: Die Grundrechte III/1 (1958), S. 128 ff.; Öffentliche Wirtschaftsverwaltung mit privatrechtlichen Gestaltungsmitteln, in: Staatsbürger und Staatsgewalt II (1963), 283 ff.). — Er ist damit auf einmütige Ablehnung gestoßen.

tionelle Bedeutung. Sie teilen die Staatsfunktion „Verwaltung" auf Bund und Länder auf. Weil die Art. 83 ff. GG in diesem föderativen Spannungsfeld gesehen werden müssen, darf ihr *institutioneller* Gehalt nicht überschätzt werden[110]). Die Übertragung von hoheitlichen Verwaltungsagenden auf Private ist im Grundgesetz an keiner Stelle angesprochen. Dieses Schweigen im Sinne eines konkludenten Ausschlusses der Einbeziehung Privater in die staatliche Verwaltungsführung zu deuten, verbietet sich schon angesichts einer nicht zu übersehenden staatsrechtlichen Tradition in Deutschland, der diese Möglichkeit seit langem vertraut ist[111]). In gewissen Dosierungen hat die Übertragung von Verwaltungsagenden immer zum Bestand deutscher Verwaltungsrechtsordnung gehört, so daß man sie füglich zu jenen Elementen des „vorverfassungsmäßigen Gesamtbildes"[112]) rechnen darf, von denen sich ein Verfassungsgeber, wenn er sie aufgeben will, unzweideutig distanzieren muß.

[Damit ist zugleich auch die Frage danach beantwortet, ob die Übertragung von Verwaltungsagenden auf Private nicht einer *ausdrücklichen* verfassungsrechtlichen Ermächtigungsgrundlage bedarf. Das ist ohne Zögern zu verneinen. Die Über-

---

Die überzeugende Widerlegung hat geliefert *E. R. Huber*, Wirtschaftsverwaltungsrecht I, S. 540 ff.; ihm folgend *Klaus Vogel*, Öffentliche Wirtschaftseinheiten in privater Hand, S. 237 („ganz und gar abwegig"); *Scheuner*, Die staatliche Intervention im Bereich der Wirtschaft, VVDStRL 11, 36, 62; *Peters/Ossenbühl*, Die Übertragung von öffentlichrechtlichen Befugnissen auf die Sozialpartner, 1967, S. 40 ff.; *Maunz* bei Maunz/Dürig/Herzog, Art. 84 Rdnr. 23 mit FN 2; Art. 86 Rdnr. 2; *Köttgen* JöR 11 (1962), S. 180 ff.; 290 ff.; *Bartlsperger*, in: Bonner Kommentar, Art. 90 Rdnr. 79; *Mennacher* aaO. S. 88; *Ekkehart Stein*, Die Wirtschaftsaufsicht, S. 259; *Greß*, Hoheitliche Verwaltung durch juristische Personen des Privatrechts, SKV 1967, 123 ff. *Badura*, Das Verwaltungsmonopol, 1963, S. 251 f. und viele andere.

110) Vgl. *E. R. Huber*, Wirtschaftsverwaltungsrecht I S. 540; *Maunz* bei Maunz/Dürig/Herzog, Art. 83 Rdnr. 13.

111) Vgl. die Nachweise seit *Otto Mayer* bei *Mennacher* aaO. S. 8 ff. — Bei dem im Text gegebenen Hinweis ist natürlich nicht an die vorabsolutistische, lehensrechtliche Wurzel der Übertragung von Hoheitsrechten gedacht, denn mangels Verfassungskontinuität können aus so entfernten Epochen keine Rückschlüsse für das geltende Recht gezogen werden (vgl. *E. R. Huber* DVBl. 1952, 456).

112) Dazu *Nawiasky*, Allgemeine Rechtslehre, 2. Aufl. 1948, S. 137 f.; *Stern* NJW 1958, 695; *Ossenbühl*, Probleme und Wege der Verfassungsauslegung, DÖV 1965, 656; *BVerfGE* 21, 54 (62) mit Anm. von *Stern/Püttner* JZ 1967, 489; *Joachim Burmeister*, Die Verfassungsorientierung der Gesetzesauslegung, 1966, S. 6 Anm. 4; kritisch *Badura*, Das Verwaltungsmonopol, S. 339 gegen *Bachof*, Freiheit des Berufs, aaO. S. 202 f.

tragung von Verwaltungsaufgaben auf Private schöpft ihre verfassungsrechtliche Rechtfertigung aus der Tradition, der der Verfassungsgeber durch sein Schweigen sein Placet erteilt hat, wenn man nicht sogar so weit gehen will, Verfassungsgewohnheitsrecht anzunehmen[113]).]

d) Wenn demgegenüber bei der Problematik des instrumentalen Subventionsvermittlers sorgenvoll darauf hingewiesen worden ist, daß der Staat die Grundform der rechtsfähigen Verwaltungseinheit umgehe, sofern er Subventionen durch Privatrechtssubjekte ausreiche[114]), so liegt hierin zu dem Vorgesagten aus zwei Gründen kein Widerspruch. Einmal sollte dadurch ersichtlich nicht das „Ob", sondern das „Wie" und „Wieweit" der Einschaltung von Privaten getroffen werden. Zum anderen sind die Sorgen, die mit dem Wort von der „Umgehungsproblematik" zum Ausdruck gebracht werden, nicht in erster Linie im Staatsorganisationsrecht, sondern im rechtsstaatlichen Gedankenkreis beheimatet[115]); es ist die Sorge um den betroffenen Bürger, der durch Entartungen in der staatlichen Organisationsstruktur Schaden erleiden könnte.

Nun hat der Bürger an sich keinen Anspruch darauf, daß der Staat oder die Verwaltung eine bestimmte Organisation aufweist[116]). Es wäre aber verfehlt, hieraus den Schluß ziehen zu wollen, der Staat habe innerhalb der verfassungs*organisatorisch* bereitgestellten Möglichkeiten das Recht, seine Verwaltungsmodelle nach Belieben zu konstruieren. Eine solche Auffassung würde den bestehenden gedanklichen und sachlichen Zusammenhang zwischen den Organisationsnormen und den

---

[113]) Vgl. *Peters/Ossenbühl*, Die Übertragung von öffentlichrechtlichen Befugnissen auf die Sozialpartner, 1967, S. 42.

[114]) Vgl. *Zacher* VVDStRL 25, 371.

[115]) Das ergibt sich unmittelbar aus der anschließenden Argumentation, die nicht auf Organisationsnormen der Verfassung rekurriert, sondern aus der Sicht des Bürgers vorgetragen wird (*Zacher*, VVDStRL 25, 372).

[116]) Wohl hat der Bürger einen Anspruch auf zuständigkeitsgemäßes Handeln: vgl. *Rasch*, Die Verwaltungsorganisation, 1967, S. 132; *Ossenbühl*, Verwaltungsvorschriften und Grundgesetz, 1968, S. 506; *derselbe*, Ministerialerlasse als Gegenstand der verwaltungsgerichtlichen Normenkontrolle, DVBl. 1969, 526 ff. (528); *Hess VGH* ESVGH 10, 153 f.; *VGH Stuttgart* DÖV 1957, 508, *Bay VGH* BayVBl. 1961, 217 ff.; *BVerfG* NJW 1967, 1957; zuletzt *HessStGH* DÖV 1970, 133. — Über Art. 2 GG kann der Bürger ferner sogar die Verletzung von Organisations- und Kompetenznormen mit der Verfassungsbeschwerde bekämpfen; dazu *Walter Schmidt*, Die Freiheit vor dem Gesetz, AöR 91 (1966), S. 42 ff. — Aber abgesehen davon hat die Verfassung dem Gesetzgeber und der Verwaltung weite Spielräume für die Verwaltungsorganisation überlassen, auf die der Bürger nicht einwirken kann.

Grundrechtsgarantien der Verfassung außer Ansatz lassen[117]). Schon das Fernsehurteil des Bundesverfassungsgerichts[118]) hat gezeigt, daß von den Grundrechtsverbürgungen sehr konkrete und detaillierte organisationsrechtliche Direktiven ausgehen können. Und bei der Bochumer Tagung haben *Rupp*[119]) und *Geck*[120]) mit Recht nachdrücklich auf den Zusammenhang zwischen Wissenschaftsfreiheit und Organisationsstruktur der Universität hingewiesen. Solche organisationsrechtlichen Sperrwirkungen und Direktiven des Rechtsstaatsprinzips und der Grundrechte grenzen auch die Übertragung von Verwaltungsagenden auf Private als modus der Verwaltungsorganisation ein. Sie darf insgesamt gesehen kein Defizit in der Rechtsposition des Bürgers bewirken[121]). Das bedeutet konkret gesprochen — im Vorgriff auf das noch zu erörternde Verhältnis Verwaltungshelfer — Drittbetroffener — dreierlei:

erstens: Schutz vor Rechts*verlust*, namentlich vor einer Einbuße von Grundrechtspositionen und dem Wegfall von Leistungsansprüchen gegen den Staat ohne ein entsprechendes Surrogat;

zweitens: Schutz vor Rechts*verschleierung*, die sich — wie uns *Zacher*[122]) belehrt hat — nicht zuletzt aufgrund undurchsichtiger Organisationsstrukturen, namentlich im Subventionswesen ausbreitet;

drittens: Erhaltung der Rechts*sicherung*, womit die Fragen des Rechtsschutzes und der Staatshaftung gemeint sind.

[e) Einige Sätze seien schließlich dem leidigen bundesstaatlichen Problem gewidmet. Erkennt man die Übertragung von Verwaltungsagenden auf Privatrechtssubjekte als verfassungsrechtlich unbedenkliche Möglichkeit an, so lautet der bundesstaatliche Aspekt der sich nun anschließenden Kompetenzfrage, *wer* diese Übertragung von Verwaltungsaufgaben und die mit

---

[117]) Vgl. dazu *Peter Schneider/Horst Ehmke*, Prinzipien der Verfassungsinterpretation, VVDStRL 20 (1963) S. 30, 90 ff.; *Erwin Stein* NJW 1964, 1745 (1752); *Franco Pierandrei*, Prinzipien der Verfassungsinterpretation in Italien, JöR 12 (1963), S. 211, der darauf hinweist, daß „Strukturnormen" und „materielle Normen" durch ideologische Grundsätze miteinander verbunden seien; *Ossenbühl*, Probleme und Wege der Verfassungsauslegung, DÖV 1965, 657.

[118]) *BVerfGE* 12, 262 ff.

[119]) VVDStRL 27, 117; *derselbe*, Die Universität zwischen Wissenschaftsfreiheit und Demokratisierung, JZ 1970, 165 ff. (S. 166 rechts unten).

[120]) VVDStRL 27, 156 ff.

[121]) Vgl. auch *Zacher* VVDStRL 25, 377.

[122]) VVDStRL 25, 380 ff.

ihr u. U. zusammenhängende Errichtung von Privatrechtssubjekten anordnen kann. Es mag genügen, jene Fälle zu markieren, in denen dem Bund diese Anordnungsbefugnis zusteht, weil damit gleichzeitig auch die Länderkompetenzen im Subtraktionswege ermittelt werden können[123]). — Eine Befugnis des Bundes, Private mit der Erfüllung von staatlichen Verwaltungsaufgaben zu betrauen, kommt in Betracht, wenn und soweit dem Bund kraft Verfassung Gesetzgebungskompetenzen auf dem Gebiet der Verwaltungsorganisation zustehen[124]). Solche Kompetenzen existieren in bestimmtem Umfange bei allen herkömmlichen Verwaltungsmodellen.

So ist zunächst für den Bereich der bundeseigenen Verwaltung unbestritten, daß der Bund, anstatt „rechtsfähige Verwaltungseinheiten" im herkömmlichen Sinne aus dem Verwaltungsapparat auszusondern, sich auch mit „privatrechtlichen Trabanten"[125]) umgeben kann[126]), wobei das Verwaltungshandeln in Privatrechtsformen und durch Private im materiellen Sinne nur als Varianten der mittelbaren Bundesverwaltung angesehen werden[127]). — Geht man von der darin zum Ausdruck kommenden — allerdings nur begrenzt zulässigen — „Vertauschbarkeit öffentlich-rechtlicher und privatrechtlicher Rechtsformen"[128]) aus, dann scheint es mir nur folgerichtig zu sein, dieses Prinzip überall gelten zu lassen, wo das Grundgesetz eine mittelbare Bundesverwaltung zuläßt, ferner auch im

---

[123]) Die Gemeinden bleiben hierbei außer Betracht. Inwieweit diese im Selbstverwaltungsbereich privatrechtlich agieren oder Private in Dienst nehmen können, ist eine Frage des Gesetzesvorbehalts; dazu die Kontroverse zwischen *Greß* und *Foerster* SKV 1967, 122 ff., 198 ff. und weiter unten im Text unter 2.

[124]) Damit ist schon vorweggenommen die These, daß die Einschaltung Privater in die staatliche Verwaltung prinzipiell dem Gesetzesvorbehalt unterliegt; dazu weiter unten im Text.

[125]) *Köttgen* JÖR 11 (1962), 180 ff.; 290 ff.

[126]) *Köttgen* JöR 11 (1962), 290 ff.; *E. R. Huber*, Wirtschaftsverwaltungsrecht I 540 ff.; *derselbe*, DVBl. 1952, 459; *Maunz* bei Maunz/Dürig/Herzog, Art. 86 Rdnr. 2, Art. 87 Rdnr. 38; *Haas*, Bundesgesetze über Organisation und Verfahren der Landesbehörden (Art. 84 Abs. 1 des Grundgesetzes) AöR 80, 81 ff..

[127]) *Köttgen* JöR 3 (1954), 117; *Maunz* bei Maunz/Dürig/Herzog, Art. 86 Rdnr. 2; *Ossenbühl*, Verwaltungsvorschriften und Grundgesetz, 1968, S. 427; *Bachof*, AöR 83 (1958), 231 ff.; *Badura*, Das Verwaltungsmonopol, 1963, S. 251 f.; *Obermayer*, Verwaltungsakt und innerdienstlicher Rechtsakt, 1956, S. 61; *Herzog*, Artikel „Beliehener Unternehmer", in: Ev.StLex 1966, Sp. 146; *Steiner*, Der „beliehene Unternehmer", JuS 1969, 69 ff. (71).

[128]) Vgl. *Forsthoff*, Lehrbuch, 9. Aufl. 1966, S. 380, 476; *E. R. Huber*, Wirtschaftsverwaltungsrecht I 542; *Greß* SKV 1967, 123.

Bereich des Art. 87 Abs. 3 GG[129]). Dabei ist es freilich selbstverständlich, daß der in Parallele zur Bundesoberbehörde zu sehende private „obere Bundes-Verwaltungshelfer" allen Anforderungen jener Verfassungsvorschrift entsprechen muß[130]): er kann seine Existenz nur auf ein förmliches Bundesgesetz gründen, sein Funktionsbereich findet in der Gesetzgebungskompetenz des Bundes die äußerste Grenze, schließlich müssen die ihm gestellten Aufgaben ohne Inanspruchnahme eines Verwaltungsunterbaus zentral vollziehbar sein[131]). Aus diesen Beschränkungen folgt für die Indienstnahme privater Organisationen, daß der Bund diese im Rahmen des Art. 87 Abs. 3 GG nur in Anspruch nehmen darf, wenn sie für das gesamte Bundesgebiet zuständig sind und keinen eigenen regionalen Verwaltungsunterbau aufweisen[132]). Andernfalls könnte der Bund seine nach Art. 87 Abs. 3 GG amputierte Organisationskompetenz durch Zugriff auf private Verwaltungshelfer verfassungswidrig „nach unten" verlängern und sich im Kompetenzraum der Länder einnisten.

Organisationskompetenzen des Bundes bestehen bekanntlich auch im Bereich der landeseigenen und der Bundesauftragsverwaltung, und zwar für die „Errichtung und Einrichtung der Behörden" (Art. 84 Abs. 1, Art. 85 Abs. 1 GG)[133]). Dennoch er-

---

[129]) Ebenso *Maunz* bei Maunz/Dürig/Herzog, Art. 87 Rdnr. 38, 53; *Hamann*, Das Grundgesetz, 2. Aufl. 1961, S. 372; *E. R. Huber*, Wirtschaftsverwaltungsrecht I 541; *derselbe*, DVBl. 1952, 459; *Haas*, AöR 80, 99; *Köttgen* JöR 11 (1962), 303; *Götz*, Recht der Wirtschaftssubventionen, 1966, S. 311 ff.

[130]) Vgl. *Zeidler* VVDStRL 19, 215; *Maunz* bei Maunz/Dürig/Herzog, Art. 87 Rdnr. 38 mit FN 4 und Rdnr. 53 ff. mit Rdnr. 3; *Götz*, Recht der Wirtschaftssubventionen, S. 313 f. — Bestritten ist allerdings, ob auch die Gesetzesform eingehalten werden muß (vgl. *Götz* aaO.; *Maunz* bei Maunz/Dürig/Herzog, Art. 87 Rdnr. 55 sub b) cc); entschieden ablehnend: *Köttgen* JöR 11 (1962), 298; vgl. zum Ganzen unten sub 2.).

[131]) Vgl. *BVerfGE* 14, 197; *Klaus Burgsmüller*, Die Errichtung selbständiger Bundesoberbehörden gemäß Art. 87 Abs. 3 Satz 1 GG, ihre Stellung innerhalb der Bundesverwaltung und ihr Verhältnis zu den Behörden der Länder, Diss. Köln 1967, S. 22, 84.

[132]) Vgl. *Maunz* bei Maunz/Dürig/Herzog, Art. 87 Rdnr. 38 mit FN 4, Rdnr. 53 mit FN 3; ferner für die Errichtung von Kreditinstituten durch den Bund: *Christoph Scholz*, Kreditinstitute des Bundes, Diss. Freiburg, o. J. S. 18 f.

[133]) Der Begriff „Einrichtung" stellt, wie die Entstehungsgeschichte des Grundgesetzes lehrt, den Oberbegriff dar zur Errichtung im gebräuchlichen Sinne und inneren Organisation der Behörden; dazu *Köttgen* JöR 3 (1954), 90; *E. W. Böckenförde*, Die Organisationsgewalt im Bereich der Regierung, S. 52 ff. mit Nachweisen; ferner *Friedrich Hohrmann*, Bundesgesetzliche Organisation landesunmittelbarer Selbstverwaltungskörperschaften, 1967, S. 75 ff.

scheint die Vorstellung ungewöhnlich, der Bund könne im Landesbereich die Errichtung von Privatrechtssubjekten als Verwaltungsinstanzen oder die Indienstnahme privater Organisationen anstelle der Beschäftigung von Landesbehörden vorschreiben. Allerdings bildet der Behördenbegriff der Art. 84, 85 GG kein Hindernis, weil dieser mehrdeutige Terminus[134]) in diesem Zusammenhang nichts anderes meint als ressortgebundene administrative Funktionseinheiten im weitesten Sinne[135]). So ist anerkannt, daß der Bund im Landesbereich selbständige juristische Personen des öffentlichen Rechts ins Leben rufen kann[136]), und nach durchaus überwiegender Meinung gelten auch die Gemeinden als „Behörden" im Sinne der hier in Rede stehenden Kompetenzregelung[137]). Unter diesen Umständen wird man allein von der ratio der Bundesorganisationskompetenz her argumentieren müssen. Deren Sinn und Zweck ist auf einen vorformenden einheitlichen Gesetzesvollzug und möglichst optimalen Vollzugseffekt gerichtet[138]). Und gerade unter dem letzteren Gesichtspunkt wäre es denkbar und sinnvoll, wenn der Bund, anstatt auf verwaltungseigene Landesbehörden, auf sachverständigere Privatorganisationen rekurrieren würde[139]). Im Interesse der Sicherung der Verwaltungsverantwortung des Landes wird man allerdings an diese organisatorische Möglichkeit die Auflage knüpfen müssen, daß das Bundesorganisationsgesetz im Prinzip hinreichende Länderingerenzen auf den Verwaltungsvollzug vorsieht[140]).]

2. Zu den damit umrissenen Problemen der Organisationsstruktur gesellt sich die Frage danach, welcher Staatsfunktion die Befugnis zur Errichtung von Privatrechtssubjekten und zur Übertragung von Verwaltungsaufgaben auf Private zuzuord-

---

[134]) Dazu *Ossenbühl,* Verwaltungsvorschriften und Grundgesetz, 1968, 463 f. mit Nachweisen.

[135]) So *E. W. Böckenförde,* Die Organisationsgewalt im Bereich der Regierung, S. 31 FN 36 a).

[136]) Vgl. *Maunz* bei Maunz/Dürig/Herzog, Art. 84 Rdnr. 23; *Hans Schneider* AöR 83, 21; *Köttgen* JöR (1954), 90, 114 f.

[137]) Vgl. *Maunz* bei Maunz/Dürig/Herzog, Art. 84 Rdnr. 24 mit FN 4; *Friedrich Hohrmann,* Bundesgesetzliche Organisation landesunmittelbarer Selbstverwaltungskörperschaften, 1967, S. 74, 117 ff.

[138]) Vgl. *Lerche,* Verfassungsfragen um Sozialhilfe und Jugendwohlfahrt, 1963, S. 61; *Rohwer-Kahlmann* AöR 79, 221; *Ossenbühl,* Verwaltungsvorschriften und Grundgesetz, S. 367; BVerfGE 22, 210.

[139]) Im Ergebnis ebenso *E. R. Huber,* Wirtschaftsverwaltungsrecht I 540 ff.; a. A. *Haas* AöR 80, 99 f.

[140]) Vgl. für den problemähnlichen Fall der bundesgesetzlichen Qualifizierung von Gesetzesvollzugsaufgaben zu „Selbstverwaltungsangelegenheiten der Gemeinde" (§ 12 I JWG, § 96 I BSHG a. F.): *BVerfGE* 22, 210. —

nen ist. [Konkreter: Wird jene Befugnis von der exekutiven Organisationsgewalt umschlossen oder steht sie dem Gesetzgeber zu? Und, sofern ein Gesetzesvorbehalt zu bejahen ist, welche Anforderungen sind dann an die legislative Form zu stellen?[141]) Diese Fragen sind an drei Fälle heranzutragen, nämlich

— *erstens* die Errichtung von Privatrechtssubjekten, etwa einer GmbH oder AG durch den Staat,

— *zweitens* die Übertragung von staatlichen Aufgaben an eine solche vom Staat geschaffene juristische Person des Privatrechts.

— *drittens* die Übertragung staatlicher Verwaltungsagenden auf vom Staat vorgefundene Private im materiellen Sinne.

Die beiden zuerst genannten Vorgänge, nämlich Errichtung einer juristischen Person *und* Aufgabenzuweisung, werden regelmäßig uno actu erfolgen, denn es wäre widersinnig, wenn der Staat funktionslose juristische Personen gleichsam auf Vorrat schaffen würde. Allerdings können im Einzelfall Funktionen entfallen oder einer bereits existierenden staatlichen GmbH *neue* Aufgaben zugewiesen werden, so daß sich der Vorgang der Aufgabenzuteilung isoliert betrachten läßt. Jedenfalls scheint mir auch im Falle der Neuerrichtung einer juristischen Person durch den Staat das entscheidende Gewicht auf der Aufgabenzuweisung zu liegen[142]), so daß man die hier gestellte Problematik dahin verkürzen resp. verallgemeinern kann, ob die Übertragung staatlicher Verwaltungsaufgaben auf Private im formellen und materiellen Sinne der gesetzlichen Grundlage bedarf.]

a) Für das Institut der Beleihung im herkömmlichen Sinne wird einmütig eine gesetzliche Grundlage gefordert, wobei Begründungen hierfür nur selten anzutreffen sind[143]). Geht man

---

[141]) Z. B. förmliches Organisationsgesetz für jeden Einzelfall; Globalermächtigung; konkludente Zustimmung etwa durch Einstellen von Zuschüssen an eine staatliche GmbH oder AG im Staatshaushaltsplan.

[142]) Vgl. insoweit auch *Götz*, Recht der Wirtschaftssubventionen, S. 314; kritisch *Zacher* VVDStRL 25, 373 FN 312.

[143]) Vgl. *Richter*, Die Organisationsgewalt, S. 9; *E. R. Huber*, Wirtschaftsverwaltungsrecht I, 2. Aufl., S. 537 (Prinzip der Gesetzmäßigkeit der Verwaltung); *Wolff*, Verwaltungsrecht II, 2. Aufl. 1967, § 104 II (S. 365) (ohne Begründung); *Obermayer*, Verwaltungsakt und innerdienstlicher Rechtsakt, S. 61 mit FN 171 (ohne Begründung); *derselbe*, bei *Mang-Maunz-Mayer-Obermayer*, Staats- und Verwaltungsrecht in Bayern, 1962, S. 106; *Badura*, Das Verwaltungsmonopol, S. 251 FN 49; Schlußantrag des Generalanwalts *Roemer* in EGH Bd. IV (1958), S. 114 f.; *Siebert*, Rechtsstellung und Haftung der Technischen Überwachungsvereine im Kraftfahrzeugprüfungs-

zunächst von dem allgemeinen *rechtsstaatlichen Gesetzesvorbehalt*[144]) aus, so lassen sich mehrere Argumente anführen, die *für* einen Gesetzesvorbehalt sprechen. Unproblematisch sind dabei jene Fälle, in denen die Übertragung von staatlichen Verwaltungsaufgaben für den betroffenen Privaten eine lästige Verwaltungshilfe darstellt, die ihm zusätzliche Pflichten aufbürdet[145]), oder/und in denen die Aufgabenübertragung mit *neuen*, bisher nicht existenten Eingriffsbefugnissen gegenüber Dritten verbunden ist[146]).

[Weiterhin wird geltend gemacht, daß eine Kompetenz mit Außenwirkung nur durch ein formelles Gesetz oder eine durch formelles Gesetz gedeckte Rechtsverordnung begründet werden könne[147]). Dabei wird aber übersehen, daß der verfassungsunmittelbaren Organisationsgewalt der Exekutive außenwirksame Kompetenzregelungen nicht *grundsätzlich* entzogen sind[148]). — Andererseits kommt man auch bei den außenwirksamen Zuständigkeitsregelungen in die Nähe des Gesetzesvorbehalts, wenn man einen weiteren Gedanken hinzunimmt:

---

wesen, 1957, S. 26; *Mennacher* aaO. S. 113 ff.; *BayVerfG* v. 16. 3. 1960 = AS 13 II 57/58; *Böckenförde*, Organisationsgewalt, S. 95, schreibt: „Die Beleihung begründet, . . . neben evtl. Vergünstigungen immer auch besondere öffentlich-rechtliche Pflichtigkeiten des *Beliehenen* (Hervorhebung von mir), die in dessen Rechtskreis belastend eingreifen. Insoweit ist auch hier eine gesetzliche Grundlage unerläßlich". — Diese Argumentation versagt aber, wo der Satz „volenti non fit iniuria" die Belastung legitimiert. — Gesetzlich statuiert ist der Gesetzesvorbehalt für die Beleihung z. B. in § 24 Schlesw.-Holst. LVwG v. 18. 4. 1967; vgl. ferner *Zuleeg*, Die Rechtsform der Subventionen, 1965, S. 91 f. (differenzierend nach Hoheitsbefugnissen und schlichtverwaltenden Aufgaben); *OVG Rheinland-Pfalz* DÖV 1966, 282 (283); *BVerwG* vom 14. 3. 1969 = DVBl. 1970, 735 (736).

144) Dazu *Ossenbühl*, Verwaltungsvorschriften und Grundgesetz, 1968, S. 208 ff.

145) Von einer solchen „lästigen Verwaltungshilfe" kann freilich keine Rede sein, wo der Private die Aufgabenübertragung erstrebt (wie namentlich in der Subventionsverwaltung oder bei den Privatschulen); dazu unten sub 3. b).

146) Eine andere Frage ist die, ob auch die Auslagerung bereits existenter Eingriffsbefugnisse ebenfalls dem Gesetzesvorbehalt unterliegt. Diese Differenzierung wird meist nicht beachtet (vgl. z. B. *Martens* NJW 1970, 1029 r. o.) dazu weiter im Text.

147) So *Steiner* JuS 1969, 73 f.

148) Einzelbegründung bei *Ossenbühl*, Verwaltungsvorschriften und Grundgesetz, 1968, S. 263 ff.; *Bickelhaupt*, Die Praxis der Organisationsbestimmung im deutschen Recht, Diss. Heidelberg 1958 (Maschinenschrift), S. 71 ff. (75 ff.); *E. W. Böckenförde*, Die Organisationsgewalt im Bereich der Regierung, 1964, S. 93; aus der Rechtsprechung zuletzt: *Hess StGH* DÖV 1970, 132 ff. (134 o. l.) = NJW 1970, 937 mit Anm. *Groß*.

nämlich das Erfordernis der *Publizität*[149]). Dieses Publizitätsgebot gewinnt nun gerade in jenen Bereichen Bedeutung, in denen der Bürger Teilhabe an Staatsleistungen erstrebt. Und dies ist jener Raum, der nicht schon vom Gesichtspunkt des Eingriffs her dem rechtsstaatlichen Gesetzesvorbehalt unterliegt. — Das Wort von der „verschleierten Staatsgunst"[150]) kennzeichnet die Problematik treffend. Der Staat kann den Bürger um seine Rechte bringen, nicht nur indem er sie ihm entzieht, sondern auf viel subtilere Weise, indem er sie — jedenfalls vielen — unsichtbar macht. Unversehens gerät damit der Gleichheitssatz ins Spiel. Denn staatlich verursachte Unkenntnis von Leistungsrechten und Teilhabechancen einiger Bürger ist Folge einer Ungleichbehandlung. Bekannt sind insoweit namentlich die Klagen über das Kompetenzchaos im Subventionswesen[151]). Die Aufsplitterung der Zuständigkeiten beeinträchtigt notwendigerweise die Rechtsposition des Bürgers. Deshalb vertraut man darauf, das Gesetz könne in dem Kompetenzlabyrinth der Ariadnefaden sein, der dem Betroffenen den Weg zum Recht weist. — Ob dieses Vertrauen gerechtfertigt ist, mag man in Zweifel ziehen[152]). Jedenfalls scheint mir festzustehen, daß das Publizitätsgebot nicht stets die Einkleidung von Zuständigkeitsnormen in förmliche Gesetze verlangt, sondern eben nur eine jedermann zugängliche Verlautbarung[153]). Anders gesagt: das Publizitätsprinzip kann unter Umständen die Gesetzesform gebieten; es gibt aber keine Grundlage für einen *durchgehenden* Gesetzesvorbehalt ab.]

Ferner bedarf die Übertragung von Verwaltungsaufgaben auf Private der Gesetzesform, wenn sie den Bürger in seiner Rechtsposition in irgendeiner Weise beeinträchtigt, namentlich dadurch, daß sie etwa durch ein kompliziertes Zuständigkeitsgefüge die Rechtsverfolgung erschwert[154]).

Daraus folgt, daß die Übertragung von Verwaltungsaufgaben auf Private in den wohl weitaus meisten Fällen schon unter dem Aspekt des allgemeinen rechtsstaatlichen Gesetzesvor-

---

[149]) Vgl. *Ossenbühl*, Verwaltungsvorschriften und Grundgesetz, S. 266; *Spanner* DÖV 1957, 641; *Maunz* bei Maunz/Dürig/Herzog, Art. 86 Rdnr. 17 unter c) a. E.; *Zacher* VVDStRL 25, 356 f. und passim; *Leisner* BayVBl. 1967, 332; *Christian Heinze*, Autonome und heteronome Verteilung, 1970, S. 46 ff., 82.

[150]) Vgl. *Zacher* VVDStRL 25, 308 ff.

[151]) Dazu *Zacher* VVDStRL 25, 356 ff., 380 ff.

[152]) Schon angesichts der Tatsache, daß sich auch im Bereich *gesetzlicher* Zuständigkeitsordnung kaum jemand zurechtfindet.

[153]) Vgl. *Ossenbühl*, Verwaltungsvorschriften und Grundgesetz, S. 266; *Hess StGH* DÖV 1970, 132 ff. (134 rechts).

[154]) Vgl. *Leisner* BayVBl. 1967, 332.

behaltes durch ein formelles Gesetz geregelt werden muß. Andererseits kann *allein* vom Blickpunkt des rechtsstaatlichen Gesetzesvorbehalts die Aufgabenausgliederung nicht vollends der originären exekutiven Organisationsgewalt entzogen werden.

b) Indessen wird insoweit der Raum exekutiver Selbstorganisation weiter eingeengt, wenn man zu der rechtsstaatlichen die *demokratische* Komponente des Gesetzesvorbehalts hinzunimmt[155]). Danach obliegt es *allein* dem Parlament, die *politisch bedeutsamen* Entscheidungen, auch organisatorischer Art[156]), zu treffen. Deshalb *müssen* — um mit *Köttgen*[157]) zu sprechen — vollgewichtige Institutionen durch den Gesetzgeber verfaßt werden. Hier hat der Gesetzgeber, was auch durch besondere institutionelle Gesetzesvorbehalte in den Länderverfassungen[158]) belegt wird, nicht nur ein Zugriffs*recht*, sondern eine Regelungs*pflicht*. Diese Feststellung gilt auch für den Auf- und Ausbau einer parakonstitutionellen mittelbaren Staatsverwaltung, wie sie uns bei der Aufgabenerfüllung durch staatlich

---

[155]) Vgl. *Ossenbühl*, Verwaltungsvorschriften und Grundgesetz, S. 269.

[156]) Vgl. besonders *Smend*, Verfassung und Verfassungsrecht, in: Staatsrechtliche Abhandlungen, 1955, S. 237; ferner *Maunz* bei Maunz/Dürig/Herzog, Art. 86 Rdnr. 17 sub c); *Obermayer*, Verwaltungsakt und innerdienstlicher Rechtsakt, S. 118; *Franz Mayer*, Organisationsgewalt, in: Evangelisches Staatslexikon, Sp. 1421 sub VI.; *Fleck* bei Geller-Kleinrahm-Fleck, Die Verfassung des Landes Nordrhein-Westfalen, 2. Aufl., 1963, S. 505 (Erl. zu Art. 77); aufschlußreich *Bickelhaupt* aaO. Anm. 148 (S. 127), der nach Untersuchung umfangreichen Materials der Staatenpraxis zu dem Schluß kommt: „Es scheint sich jedoch in der staatsrechtlichen Praxis die Meinung immer mehr durchsetzen zu wollen, was wichtig, was von Bedeutung ist, müsse durch formelles Gesetz geregelt werden."

[157]) VVDStRL 16, 188.

[158]) Art. 77 Abs. 1 BayVerf. („Die Organisation der allgemeinen Staatsverwaltung, die Regelung der Zuständigkeiten und der Art der Bestellung der staatlichen Organe erfolgen durch Gesetz"); Art. 70 Abs. 1 Ba.-Wü.Verf. („Aufbau, räumliche Gliederung und Zuständigkeiten der Landesverwaltung werden durch Gesetz geregelt."); Art. 43 Abs. 2 Niedersächs. Verf. („Der allgemeine Aufbau und die räumliche Gliederung der allgemeinen Landesverwaltung bedürfen eines Gesetzes."); Art. 77 Satz 1 Verf. NRW („Die Organisation der allgemeinen Landesverwaltung und die Regelung der Zuständigkeiten erfolgt durch Gesetz."); Art. 116 Verf. des Saarl. („Die Organisation der allgemeinen Staatsverwaltung und die Regelung der Zuständigkeiten erfolgen durch Gesetz."); Art. 38 Abs. 2 Landessatzung für Schlesw.-Holst. („Die Organisation der Verwaltung sowie die Zuständigkeiten und das Verfahren werden durch Gesetz bestimmt."); Art. 57 Hamb. Verf. („Das Gesetz regelt Gliederung und Aufbau der Verwaltung.").

gegründete oder vom Staat in Anspruch genommene Privatrechtssubjekte entgegentritt[159]).

Ebenso wie heute fast einmütig die Entstehung und Beendigung rechtsfähiger Verwaltungsträger des *öffentlichen* Rechts dem Gesetzesvorbehalt unterstellt werden[160]), sollte Einigkeit darüber bestehen, daß der politisch in der Regel gravierendere Vorgang der Gründung von rechtsfähigen Verwaltungsträgern in privatrechtlichen Formen (z. B. GmbH, AG) oder der Aufgabenübertragung auf Private nur durch Gesetz oder aufgrund eines Gesetzes zulässig ist[161]). [Wenn demgegenüber von

---

[159]) Institution und Aufgabe sind insoweit zusammen zu sehen. — Zur Einordnung in die mittelbare Staatsverwaltung siehe oben Fußnote 127.

[160]) So schon *Richter*, Organisationsgewalt, 1926, S. 9; ferner: *Hamann* NJW 1956, 3; *Werner Weber*, Artikel „Juristische Personen" in: Hdwb. der Sozialwiss. Bd. 5, 449 (451); *E. R. Huber*, Wirtschaftsverwaltungsrecht I 2. Aufl., S. 64; *Spanner* DÖV 1957, 643 l.; *Köttgen* VVDStRL 16, 172; *Ermacora* VVDStRL 16, 209; *Obermayer* bei Mang-Maunz-Mayer-Obermayer, Staats- und Verwaltungsrecht in Bayern, 1962, S. 166; *Wolff*, Verwaltungsrecht II, 2. Aufl. 1967 § 78 II c 1 ß) (S. 98); *Scheuner*, Gedächtnisschrift für Hans Peters, 1967, S. 805, der insoweit von einem Wandel der rechtlichen Auffassung spricht (FN 32); *Rüfner*, Formen öffentlicher Verwaltung im Bereich der Wirtschaft, S. 241; *Lyncker*, Die Rechtsgrundlagen der öffentlichen Körperschaft im heutigen Verwaltungsrecht, Diss. Bonn 1960, S. 17 ff., 30; *Fleck* bei Geller-Kleinrahm-Fleck, Die Verfassung des Landes Nordrhein-Westfalen, 2. Aufl., 1963, Erl. zu Art. 77 (S. 518); *Steuer*, Die Bundesorganisationsgewalt, Diss. Köln, 1953, S. 41; *Rietdorf-Sigulla-Voss*, Handbuch der Landesverwaltung Nordrhein-Westfalen 1963, S. 80 sub 4. Weitere Nachweise bei *Krüger* VVDStRL 15, 119 FN 37; einschränkend Forsthoff, Lehrbuch, 9. Aufl. 1966, S. 459 (Körperschaften), S. 468 (Anstalten), S. 474 (Stiftungen), der darauf abstellt, ob auch materielle Hoheitsbefugnisse verliehen werden, was wohl regelmäßig zutreffen dürfte; zurückhaltend auch *Leisner*, BayVBl. 1967, 331 aus Furcht vor einer Überforderung des Gesetzgebers; nach *Hans Peters*, Lehrbuch der Verwaltung, 1949, S. 108 reicht für die *Entstehung* der juristischen Person ein Verwaltungsakt aus, sofern gesetzliche Bestimmungen fehlen; dagegen soll die *Auflösung* der juristischen Person durch Verwaltungsakt einer gesetzlichen Ermächtigung bedürfen (S. 109). — Die von *Leisner* aaO. angeführten Gegengründe (Überforderung des Gesetzgebers; kein Bedürfnis für ein politisches Engagement der Volksvertretung) treffen für die Übertragung von Verwaltungsaufgaben auf Private jedenfalls nicht zu, weil sie die Ausnahme bilden sollte und deshalb eine tatsächlich etwa bestehende „Überforderung des Gesetzgebers" Alarmzeichen einer „Normalisierung des Ausnahmezustandes" wäre. Seltsamerweise geht aber *Leisner* wie auch andere Autoren als selbstverständlich davon aus, daß der Staat juristische Personen des Privatrechts durchweg ohne formelles Gesetz gründen könne.

[161]) Vgl. *E. W. Böckenförde*, Die Organisationsgewalt im Bereich der Regierung, S. 96 ff.; *OVG Rheinland-Pfalz* DÖV 1966, 283.

Köttgen[162]) geltend gemacht wird, für die Errichtung von „Verwaltungsgesellschaften" jeweils ein Organisationsgesetz zu fordern, heiße nichts anderes, als daß das Grundgesetz insoweit ein Sonderprivatrecht des Staates gefordert habe, so werden bei dieser Argumentation Staat und Private in eine sinnwidrige Parallele gebracht. Denn daß der Staat überhaupt in Privatrechtsformen agieren kann, darum geht es nicht. Es geht bei dem hier in Rede stehenden Gesetzesvorbehalt einzig und allein darum, welche staatliche Instanz darüber entscheidet, ob der privatrechtliche Weg gegangen werden soll. Das ist keine Frage eines „Sonderprivatrechts" für den Staat, sondern des Rechts der staatlichen Willensbildung.]

c) Insgesamt führt der demokratisch-institutionelle Gesetzesvorbehalt zu dem Ergebnis, daß die Erfüllung von staatlichen Verwaltungsaufgaben durch Private im weiteren Sinne wegen der politischen Relevanz *prinzipiell* nur durch Gesetz oder aufgrund Gesetzes angeordnet werden kann. Damit wird indes nicht ausgeschlossen, daß die Exekutive in Bagatellfällen eine Aufgabenverlagerung „nach außen" auch ohne gesetzliche Ermächtigung vornehmen kann. Im wesentlichen werden solche Fälle auf freiwillig übernommene, unselbständige Verwaltungshilfen zu beschränken sein[163]).

[d) Die Anforderungen, die an das förmliche Organisationsgesetz zu stellen sind, wird man unterschiedlich ansetzen müssen. Für den weiten Bereich der kommunalen Selbstverwaltung ist zunächst festzuhalten, daß den Gemeinden im sog. eigenen Wirkungskreis eine verfassungskräftige Organisationsgewalt zusteht[164]), die sie instandsetzt, auch ohne ausdrückliche einfachgesetzliche Regelung[165]) bis zu einer gewissen Grenze[166]) juristische Personen des Privatrechts als „Verwaltungsgesell-

---

[162]) JöR 11, 298.

[163]) In diesem Sinne für den Schülerlotsen- und Schülerordnungsdienst: *Zuleeg* DÖV 1970, 631; vgl. ferner *Kopp* DVBl. 1970, 726.

[164]) Vgl. *Köttgen* VVDStRL 16, 190, 268; *Greß* SKV 1967, 126; *Stern*, Bonner Kommentar, Art. 28 Rdnr. 102.

[165]) Für die erwerbswirtschaftliche Betätigung der Gemeinden findet man solche Regelungen in den Gemeindeordnungen; vgl. z. B. §§ 69 GO NW. — Im übrigen wird die kommunale Selbstverwaltung auch sonst aus der Problematik des Gesetzesvorbehalts weitestgehend ausgeklammert (vgl. *Ossenbühl*, Verwaltungsvorschriften und Grundgesetz, S. 224 mit Nachweisen).

[166]) Diese ist freilich schwer zu bestimmen. Sie wird markiert durch die Erhaltung der „Eigenverantwortung" als dem die kommunale Selbstverwaltung prägenden Kriterium. Aus der Eigenverantwortlichkeit folgt, daß die Gemeinden sich nur partiell der Verwaltungsaufgaben entledigen dürfen und daß sie sich jedenfalls dirigierenden Einfluß bewahren müssen.

schaften" zu gründen oder Aufgaben auf Private im materiellen Sinne zu übertragen. Soweit Bund oder Länder in Privatrechtsformen ausweichen oder Private in die staatliche Verwaltungsführung einspannen wollen, bedarf es eines besonderen Organisationsgesetzes, welches den Aufgabenkreis, die Rückbindung an den staatlichen Verwaltungsapparat (Aufsicht), die Finanzierung, Geschäftsführung und andere Details zu umreißen hätte[167]). Nicht ausreichend ist aus den angeführten Gründen die in der Praxis vielfach anzutreffende konkludente Zustimmung des Gesetzgebers dadurch, daß das Parlament im Staatshaushalt Zuschüsse an die betreffende „Verwaltungsgesellschaft" bewilligt.]

3. Betrachtet man die Ausgliederung von Verwaltungsaufgaben aus der Sicht des privaten Verwaltungshelfers im Spiegel der Grundrechte, so ergeben sich ganz unterschiedliche, teils gegensätzliche Aspekte. Denn die Grundrechte werden in dreierlei Weise eingesetzt:

— als Abwehrmittel gegen lästige Verwaltungshilfen,
— als Anspruchsgrundlagen auf Übertragung von staatlichen Verwaltungsaufgaben auf Private,
— als Abschirmrechte gegen die Entziehung einmal übertragener Verwaltungsagenden.

a) Als Abwehrrechte gegen die Aufbürdung einer lästigen Verwaltungshilfe haben die Grundrechte namentlich bei der rechtlichen Würdigung des Kuponsteuerabzugs durch die Banken[168]), [die in dem Lohnsteuerabzug durch die Arbeitgeber ihre Parallele findet[169]),] und in der gesetzlich angeordneten Erdölbevorratung, der sog. „Haldenlast" der Mineralölwirtschaft[170])

---

[167]) Musterbeispiel: Hochschulbaugesetz für Nordrhein-Westfalen vom 30. Sept. 1969 (GVBl. 703) betreffend Aufgabenübertragung an die Nordrhein-Westfälische Hochschulbau- und Finanzierungsgesellschaft m.b.H.

[168]) Dazu *BVerfGE* 22, 380; *Maunz* bei Maunz/Dürig/Herzog, Art. 14 Rdnr. 54.

[169]) Diese Parallele wird auch vom *BVerfG* (E 22, 383) hervorgehoben; zum Lohnsteuerabzug insbes. *Gause* aaO. S. 87 ff.; *Riepen*, Die Rechtsstellung des Arbeitgebers im Lohnsteuerabzugsverfahren, 1967; aus der Rspr.: *BFH* v. 5. 7. 1963 = BStBl. III S. 468 ff.; *FG Kassel* v. 28. 11. 1963 = DStZ/Eildienst 1964, 166.

[170]) Dazu insbes. *Ipsen*, Gesetzliche Bevorratungsverpflichtung Privater, AöR 90 (1965), 393 ff.; ihm zustimmend: *VG Frankfurt* BB 1968, 233; *Maunz* bei Maunz/Dürig/Herzog, Art. 14 Rdnr. 67; vgl. ferner *Schneider* VerwArch 58 (1967), 355; *Christian Heinze*, Autonome und heteronome Verteilung, 1970, S. 98 ff.; *derselbe*, Verwaltungsgerichtliche Suspendierung eines Vollzugsaktes zum Erdölvorrätegesetz und Entscheidungsmonopol des Bundesverfassungsgerichts, DÖV 1968, 266 ff., *Hans H. Klein* BB 1967, 297 ff. (301).

eine Rolle gespielt. Diese Beispielsfälle mögen die Überlegungen leiten und begleiten, ob und inwieweit die Grundrechtsgarantien geeignet sind, den Privaten vor der Übertragung ihm lästiger Verwaltungsaufgaben zu bewahren. Dabei muß in Kauf genommen werden, daß die Heterogenität der zahlreichen Fälle einer Verwaltungshilfe durch Private kaum eine paradigmatische Erörterung gestattet.

Das zeigt sich schon bei der Sperrwirkung des Art. 12 GG. Je nach der Art und dem Gegenstand des staatlichen Zugriffs kann die geforderte private Verwaltungshilfe entweder an Art. 12 Abs. 1 oder Art. 12 Abs. 2 GG zu messen sein oder thematisch ganz aus dem Schutzbereich der Berufsfreiheit herausfallen. Das *Bundesverfassungsgericht* legt den Akzent auf Art. 12 *Abs. 1* und kommt im Kuponsteuerurteil zu einer sehr weitgehenden Ausdehnung dieser Vorschrift, wenn es nach Abs. 1 auch eine solche dem Privaten auferlegte Tätigkeit beurteilt, die „im inneren Zusammenhang mit dem Beruf steht und Rückwirkungen auf die Berufsausübung hat“[171]) — Kriterien, die man bei der privaten Verwaltungshilfe kaum je wird verneinen können. Demgegenüber rekurriert der *Bundesfinanzhof*[172]) bei der verfassungsrechtlichen Prüfung des Lohnsteuerabzuges durch die Arbeitgeber *ausschließlich* auf Art. 12 *Abs. 2* GG. — Gegen *beide* Versionen sind Bedenken zu erheben, weil sie gleichermaßen, jede auf ihre Weise[173]), den grundrechtlichen Schutzbereich des Art. 12 überdehnen. Abgesehen davon, daß diese fast grenzenlose Ausweitung des Schutzbereichs der Be-

---

[171]) *BVerfGE* 22, 380; zustimmend *Maunz* bei Maunz/Dürig/Herzog, Art. 12 Rdnr. 122 ff.

[172]) *BFH* v. 5. 7. 1963 = NJW 1963, 2191 = BStBl. III 468 ff.; vgl. auch FG *Kassel* v. 28. 11. 1963 = DStZ/Eildienst 1964, 166; ebenso *Johannes Riepen,* Die Rechtsstellung des Arbeitgebers im Lohnsteuerabzugsverfahren, 1967, S. 76.

[173]) Die Anwendung des Art. 12 *Abs. 2,* die der *BFH* befolgt, wird vom *BVerfG* (E 22, 383) abgewiesen mit der Begründung, Wortlaut und Entstehungsgeschichte dieser Vorschrift ließen erkennen, daß die im nationalsozialistischen System üblich gewordenen Formen der Zwangsarbeit mit ihrer Herabwürdigung der menschlichen Persönlichkeit ausgeschlossen werden sollten; vgl. auch *Krohn,* Zulässigkeit und Grenzen von Steuerabführungspflichten auf private Unternehmer, BB 1969, 1233 ff. (1234). — Das *BVerfG* fordert bei der Überprüfung von Steuernormen an Art. 12 I „objektiv eine berufsregelnde Tendenz“ des Gesetzes (E 13, 186) und fügt diesem vagen Kriterium im Kuponsteuerurteil (E 22, 384) die im Text genannten topoi hinzu. Erkennbar ist die Neigung, alle Gesetze, die die berufliche Betätigung irgendwie berühren, an Art. 12 GG zu messen. Dann gibt es freilich kein Halten mehr. Und es ist mit Recht bemerkt worden, daß dann auch jede Straßenverkehrsregelung aus der Sicht des Taxifahrers dem Art. 12 GG genügen muß!

rufsfreiheit grundrechtsdogmatisch mißlich erscheint[174]), ist sie — entgegen der Auffassung des Bundesverfassungsgerichts — auch unter dem Gesichtspunkt eines möglichst vollkommenen Grundrechtsschutzes[175]) unnötig, weil die lückenschließende Funktion des Art. 2 GG Grundrechtsblößen vermeidet[176]). Und es scheint mir keineswegs ausgemacht, welche dieser beiden Grundrechtsgarantien den besseren Schutz verbürgt[177]). Denn sofern die Verpflichtung zur Verwaltungshilfe als Regelung der Berufsausübung gewertet wird[178]), genügt es, wenn sie nach der bekannten Drei-Stufen-Theorie des Bundesverfassungsgerichts[179]) von „vernünftigen Erwägungen des Gemeinwohls" getragen wird, was im Hinblick auf die verschiedene Motivation der Aufgabenübertragung stets zu bejahen sein wird. Es erscheint deshalb richtiger, an Art. 12 Abs. 1 GG lediglich die Übertragung berufs*spezifischer* Aufgaben zu messen, die Überbürdung berufs- und gewerbe*fremder* Tätigkeiten dagegen auszuklammern[180]). —

Dies führt zu der Feststellung, daß durchaus nicht in allen Fällen der privaten Verwaltungshilfe Art. 12 GG *thematisch*

---

[174]) Namentlich im Hinblick auf die Grundrechtskonkurrenzen und die damit verbundenen Schrankenprobleme; dazu *Wilfried Berg*, Konkurrenzen schrankendivergenter Freiheitsrechte im Grundrechtsabschnitt des Grundgesetzes, 1968; *Bachof*, Freiheit des Berufs, in: Die Grundrechte III/1 S. 170.

[175]) Auf ihn hebt deutlich ab *BVerfGE* 13, 185.

[176]) Dazu *Ernst Hesse*, Die Bindung des Gesetzgebers an das Grundrecht des Art. 2 I GG bei der Verwirklichung einer verfassungsmäßigen Ordnung, 1968, S. 48 ff. — Freilich kommt es darauf an, auch hier die richtige Mitte zu finden, nicht die speziellen Grundrechtsgarantien zu verarmen und Art. 2 I GG aufzublähen. — Zu einer gegensätzlichen „Tendenz der Entschlackung des Grundrechts der freien Persönlichkeitsentfaltung" neuerdings *Michael Kloepfer*, Grundrechte als Entstehenssicherung und Bestandsschutz, 1970, S. 42 ff. (namentlich hinsichtlich der Vertragsfreiheit).

[177]) Vgl. dazu *Ernst Hesse* aaO. S. 67.

[178]) *BVerfGE* 22, 380; *Michaelis* aaO. S. 171; *Schneider* VerwArch 58 (1967), 355.

[179]) Vgl. die letzte kritische Darstellung von *Jürgen Schwabe*, Die Stufentheorie des Bundesverfassungsgerichts zur Berufsfreiheit, DÖV 1969, 734 ff.

[180]) In diesem Sinne *Gerd Sälzer*, Rechtsgutachten zur Frage der Verfassungswidrigkeit des Kirchenlohnsteuerabzugsverfahrens, 1970 (ungedruckt), S. 35. — So lehnt *Krohn* (BB 1969, 1234, 1236 rechts) es m. E. mit Recht ab, den Lohnsteuerabzug durch den Arbeitgeber an Art. 12 Abs. 1 GG zu messen, weil hier der „eigentliche berufliche Bereich" nicht tangiert sei; vgl. dagegen *BVerfGE* 22, 384; *Sälzer* aaO. S. 36 bemerkt sarkastisch, daß der „Beruf" des Arbeitgebers noch nicht erfunden worden sei.

betroffen ist[181]). Dabei geht es [nicht um die Frage der Anwendbarkeit dieser Grundrechtsvorschrift auf juristische Personen[182]), sondern] um die Tatsache, daß in vielen Fällen — für die mir der Kuponsteuerabzug beispielhaft erscheint — der Kern und Akzent der lästigen Verwaltungshilfe in dem Zugriff des Staates auf leistungsfähige private „Apparaturen"[183]) zu sehen ist.

Damit klingt deutlich an, daß das Zentrum der grundrechtlichen Abwehrfunktion in solchen Fällen eher in Art. 14 GG zu suchen sein kann, weil diese Vorschrift auch solche Eingriffe abschirmt, die in die „Substanz des Gewerbebetriebes" einschneiden[184]).

Die Frage lautet also: Sperrt oder beschränkt die Eigentumsgarantie die staatliche Inanspruchnahme privater Leistungseinrichtungen und Betriebsmittel? Bei der Beantwortung dieser Frage ist von der gesicherten Erkenntnis auszugehen, „daß die Eigentumsgarantie eine Ergänzung und ein Gegenstück zur Freiheitsgarantie"[185]) ist, daß „das Eigentumsgrundrecht die *typische* Schutznorm der vermögenswerten Objektivationen eines persönlichen Einsatzes"[186]) darstellt. Weiterhin ist anerkannt, daß das Grundgesetz die Unternehmensfreiheit einschließlich der „Dispositionsfreiheit über die Betriebsmittel" schützt[187]). Indessen darf nicht übersehen werden, daß die zuletzt genannten Freiheiten *thematisch* nicht in Art. 14 GG, sondern in Art. 2 I GG angesiedelt sind[188]), eben weil es sich nicht

[181]) Vgl. *Ipsen* AöR 90 (1965), 421 f., der bemerkt, daß die Indienstnahme „der Anschauung des Art. 12 GG historisch offenbar unbekannt geblieben sind".

[182]) Zu diesem Problemkreis zuletzt: *Wiltraut Rupp-von Brünneck*, Zur Grundrechtsfähigkeit juristischer Personen, in: Festschrift für Adolf Arndt, 1969, S. 349 ff.

[183]) *Ipsen* AöR 90 (1965), 418.

[184]) Vgl. *BVerfGE* 13, 225 (229) und die Nachweise aus der Rechtsprechung des BGH bei *Konow*, Eigentumsschutz gegen Eingriffe der öffentlichen Hand, 1968, S. 54 ff.; *Kimminich*, in: Bonner Kommentar, Art. 14 Rdnr. 20 f; *Bernd Bender* Staatshaftungsrecht 1971, S. 25 f.

[185]) *Werner Weber*, in: Die Grundrechte II S. 29.

[186]) *Dürig*, Der Staat und die vermögenswerten öffentlichrechtlichen Berechtigungen seiner Bürger, in: Festschrift für Willibalt Apelt, 1958, S. 33.

[187]) Vgl. *Nipperdey/Wiese*, Freie Entfaltung der Persönlichkeit, in: Die Grundrechte IV/2 S. 741 ff. (897); zust. *Ipsen* AöR 90 (1965), 429 f.

[188]) Vgl. *BVerfGE* 4, 16, wo das BVerfG die Frage der Beschränkung der „Dispositionsbefugnis über Betriebsmittel" im Zusammenhang mit Art. 2 I GG prüft und nicht im Rahmen des Art. 14 GG; vgl. ferner für die Erdölbevorratungspflicht: *Ipsen* AöR 90 (1965), S. 429; *Schneider*, VerwArch 58 (1967), 355; *Krohn* BB 1969, 1235; a. A. *Nipperdey/Wiese* aaO. (siehe vorige Fußnote), die für einen

— jedenfalls nicht durchweg — um „vermögenswertig objektivierte Freiheitsbetätigungen“ handelt, weil der Staat nicht im Wege der Güterbeschaffung das Privatvermögen schmälert, sondern „nur“ — wenn auch unter Vermögensverlusten — Privatinitiative einengt[189]).

Wenn demgegenüber vorgebracht wird, die Orientierung des Art. 14 GG ausschließlich an *vergegenständlichten* substantiellen Vermögenswerten habe heute ihre Rechtfertigung verloren[190]), so ist andererseits zu bedenken, daß der Wegfall des Merkmals der vermögenswerten Objektivation Art. 14 GG zu einem Supergrundrecht ausufern ließe. Der Schutzbereich des Art. 14 GG ist auf „vermögensmäßig objektivierte Freiheiten“ beschränkt. Über Art. 14 GG kann nicht „eingeengte Dispositionsfreiheit“ liquidiert werden, weil sonst diese Grundrechtsvorschrift zu einer Globalanspruchsgrundlage für Entschädigungen von vorenthaltener und beschränkter Freiheit ausgeweitet würde. Auch wer die „grundrechtsstützende Kraft des Eigentums“[191]) anerkennt und betont, wird sich dieser Ausweitung schon um der Rechtssicherheit und Rechtsklarheit willen solange versagen, als dogmatisch glattere Lösungen zur Verfügung stehen[192]).

Aber selbst wenn man Art. 14 GG im Einzelfall thematisch für betroffen erachtet[193]), werden die meisten Verwaltungshilfspflichten als zulässige Eigentumsbeschränkungen zu qualifizieren sein[194]). Dabei wird in Erwägung zu ziehen sein, ob nicht gerade im Hinblick auf die Vorrathaltung den Unternehmern aufgrund ihrer Stellung im wirtschaftspolitischen Raum eine

---

weitgefaßten Eigentumsbegriff eintreten; *Maunz* bei Maunz/Dürig/Herzog, Art. 14 Rdnr. 67 mit FN 2; *Hans H. Klein* BB 1967, 301.

[189]) In diesem Sinne *Ipsen* AöR 90 (1965), 430 ff. — Gerade die „Vorratshaltung“ wird dezidiert aus Art. 14 GG ausgeklammert von *Herbert Krüger*, Die Bestimmung des Eigentumsinhalts, in: Hamburger Festschrift für Friedrich Schack, 1966, S. 81.

[190]) So *Ipsen* AöR 90 (1965), 430.

[191]) Dazu jüngst *Michael Kloepfer*, Grundrechte als Entstehenssicherung und Bestandsschutz, 1970, S. 15 Fußnote 78 und passim mit zahlreichen Nachweisen.

[192]) Vgl. dazu die Übersicht bei *Ulrich Battis*, Erwerbsschutz durch Aufopferungsentschädigung, 1969, S. 98 ff. über Lösungsansätze aus dem Gedanken des Opferausgleichssatzes. In diese Richtung gehen auch die weiteren Ausführungen im Text.

[193]) Vgl. etwa *Maunz* bei Maunz/Dürig/Herzog, Art. 14 Rdnr. 67; *Nipperdey/Wiese*, Freie Entfaltung der Persönlichkeit, in: Die Grundrechte IV/2 S. 741 ff. (897); *Hans H. Klein* BB 1967, 301 (betr. Bevorratungspflicht).

[194]) Anders für die Erdölbevorratung *Maunz*, wie vorige Fußnote; abwägend nach der Schwere des Eingriffs *Hans. H. Klein* BB 1967, 301.

gesteigerte Pflichtigkeit obliegt, die ihnen — vergleichbar der Situationsgebundenheit von Grundeigentum — ein erhöhtes Maß zumutbarer Opfer für die Allgemeinheit auferlegt[195]).

Wenn und soweit Art. 12 und 14 GG thematisch ausscheiden, ist der Rekurs auf Art. 2 Abs. 1 GG geboten. Es scheint mir an dieser Stelle angebracht hervorzuheben, daß es im Grunde um zwei zu trennende, aber eng miteinander verflochtene Fragen geht, nämlich:

Erstens: Ob und inwieweit kann der Staat im Hinblick auf die Grundrechte überhaupt Verwaltungsaufgaben auf Private abbürden?

Zweitens: Wenn der Staat Aufgaben überträgt, hat dann der dienstleistungspflichtige Private Anspruch auf Aufwendungs- und Kostenersatz oder kann er auch gezwungen werden, staatliche Verwaltungsaufgaben unentgeltlich zu erfüllen?

Gerade die Frage der Entgeltlichkeit oder Unentgeltlichkeit hat in der bisherigen Diskussion eine wesentliche Rolle gespielt[196]). *Ipsen*[197]) verankert die grundrechtliche Problematik

---

[195]) Ansätze in dieser Richtung bei *Herbert Krüger*, Die Bestimmung des Eigentumsinhaltes, in: Hamburger Festschrift für Friedrich Schack, 1966, 71 ff. (79 ff.). *Krüger* spricht den „großen Unternehmen" (namentlich bezogen auf die Mineralölindustrie) aufgrund ihrer durch Eigentum begründeten Herrschaft eine „staatsartige Macht", einen „staatsartigen Status" (S. 81) zu, der sie mit einer entsprechenden „Gemeinverantwortlichkeit" (S. 80) belaste und sie als „Bürger mit gesteigerter Pflichtigkeit" (S. 81) auszeichne. — Aber wo liegt die Grenze? Wann tritt diese Pflichtigkeit ein? — Schief sind m. E. *Krügers* Parallelen zu wirtschaftslenkenden Maßnahmen, die ebenfalls keine Entschädigungspflicht auslösen, und zur Wehrpflicht des „kleinen Bürgers" (S. 80). — Es erscheint unbefriedigend, wenn der Staat nach der Devise „Es trifft ja keinen Armen!" in großem Stile kostenträchtige Aufgaben auf private Unternehmer abwälzen könnte, weil insoweit unter falscher Flagge ein Stück Sozialpolitik betrieben würde, die man nicht solchen apokryphen und nebulösen Formen auch eingeben sollte. Dennoch halte ich den Gedanken gesteigerter Zumutbarkeit und erhöhter Pflichtigkeit für bedenkenswert und als topos in der breiten Vermengungszone von Eigentumsbeschränkung und Enteignung für verwertbar. — Bedenken im Zusammenhang mit der Abwälzung von Steuerabführungspflichten auf private Unternehmer macht *Krohn* BB 1969, 1235 geltend.

[196]) Dazu namentlich die Darstellungen von *Ipsen*, in: Festgabe für Erich Kaufmann, 1950, S. 141 ff.; *derselbe*, AöR 90 (1965), 393 ff. Er hat freilich als einziger versucht, die Frage des Kostenersatzes zu klären. Die übrigen Autoren übergehen durchweg diese schwierige Frage; so auch zuletzt *Michaelis* aaO.

[197]) AöR 90 (1965), 426 ff. in Modifizierung früherer Lösungsansätze.

des staatlichen Zugriffs auf private Leistungseinrichtungen in Art. 2 Abs. 1 GG und projiziert die Entgeltlichkeitsfrage in die Grundsätze der Erforderlichkeit und Proportionalität, an denen sich das grundrechtstangierende Gesetz messen lassen muß[198]). Gegen diese rechtssystematische Verortung der Probleme wird man Bedenken anmelden müssen. Art. 2 Abs. 1 GG hilft m. E. nur bedingt weiter. Zu betonen ist, daß Eingriffe in die Dispositionsfreiheit des Betroffenen denknotwendig *stets* „verhältnismäßiger" sind, wenn sie gegen Entgelt vorgenommen werden, als wenn sie unentgeltlich erfolgen. Demzufolge würde *jeder* staatliche Zugriff auf private Leistungsapparaturen oder Dienstleistungen entweder an Art. 2 Abs. 1 GG scheitern oder *nur* gegen Bezahlung zulässig sein. Das wäre ein unhaltbares Ergebnis!

Ebensowenig wie Art. 12 und Art. 14 kann Art. 2 Abs. 1 den Staat hindern, in gewissen Grenzen Aufgaben auf den Bürger abzuladen oder ihm im Interesse der Allgemeinheit Pflichten und Obliegenheiten aufzuerlegen. Solche Abbürdungen und Pflichtenregelungen bedürfen freilich legitimierender Gründe[199]) [(z. B. Zweckmäßigkeit, Verwaltungsökonomie, Sach- und Fachkunde des Privaten, Situationsbeherrschung)]; und sie müssen ferner den Prinzipien der Erforderlichkeit und Verhältnismäßigkeit genügen. — Aber: Selbst wenn die Abbürdung als solche den verfassungsrechtlichen Legitimationsgründen genügt, wird damit keineswegs die Frage der Entgeltlichkeit präjudiziert. Allerdings statuiert das Grundgesetz eine Entschädigungspflicht des Staates nur für Enteignungen. Andere Freiheitseingriffe können danach prinzipiell nicht liquidiert werden[200]). Indessen müssen solche Eingriffe *allgemein* sein und dürfen nicht einzelne *besonders* treffen; sonst unterliegen sie dem Verdikt des Gleichheitsgebotes. Auf diese Weise entstehende Ungleichheiten können jedoch durch eine do ut des-Lö-

---

198) Dazu *Ernst Hesse*, Die Bindung des Gesetzgebers an das Grundrecht des Art. 2 I GG bei der Verwirklichung einer „verfassungsmäßigen Ordnung", 1968, S. 102 ff.; *Hans H. Rupp*, Das Urteil des Bundesverfassungsgerichts zum Sammlungsgesetz — eine Wende in der Grundrechtsinterpretation des Art. 2 Abs. 1 GG? NJW 1966, 2038 ff. (2040); *Wittig*, Zum Standort des Verhältnismäßigkeitsgrundsatzes im System des Grundgesetzes, DÖV 1968, 817 ff. (822); *Gentz*, Zur Verhältnismäßigkeit von Grundrechtseingriffen, NJW 1968, 1600 ff. mit zahlreichen Nachweisen aus der Rspr. des BVerfG in Fußnote 8.

199) Vgl. z. B. *BVerfGE* 20, 154 f.; dazu *Rupp* NJW 1966, 2040.

200) Dazu *Battis*, Erwerbsschutz durch Aufopferungsentschädigung, 1969, S. 98 ff.; *Hans H. Klein* BB 67, 301 und weiter unten im Text.

sung eingeebnet, kompensiert werden[201]). Eine Vergütung kann danach also notwendig sein, um den Staatszugriff auf private Leistungsapparaturen gegen Gleichheitsverstöße abzusichern. Die Grundrechte sperren demnach zwar nicht den Zugriff schlechthin, sie können aber u. U. im Hinblick auf Art. 3 GG zum finanziellen Ausgleich verpflichten[202]). —

Eine Kostenübernahme durch den Betroffenen, also das Unentgeltlichkeitssystem, bedarf selbst wiederum sachlicher legitimierender Gründe, so daß sich zwei Legitimationsschichten voneinander abheben lassen:

— die Legitimation für die Abbürdung der Aufgabe,

— die Legitimation für die Kostenabwälzung auf den Betroffenen.

Ist das Problem der Unentgeltlichkeit im Gleichheitsgebot anzusiedeln[203]), so bleibt als letztes die Aufgabe, eine Reihe von Topoi zu skizzieren, an denen sich die Gleichheitsprüfung orientieren kann. Dazu folgende Hinweise.

— Der Gedanke der *Vorzugslast*, die als Ausgleich für besondere Vorteile unentgeltlich zu erbringen ist[204]), kann, wenn man die Motivationen der Aufgabenübertragung in Betracht zieht, kaum eine Rolle spielen[205]).

— Dagegen kann volle oder weitgehende *Kongruenz zwischen staatlichen und privaten Interessen* die Kostenübernahme durch den Privaten legitimieren[206]). Eine solche Interessenkogruenz

---

[201]) Siehe die Nachweise der vorigen Fußnote; ferner namentlich *Dürig*, in: Festschrift für Apelt, 1958, S. 28; *Ipsen*, Gleichheit, in: Die Grundrechte II S. 195: „Prinzip der Kompensation für Verletzung des GlS"; *Scheuner*, Grundlagen und Art der Enteignungsentschädigung, in: *Reinhardt/Scheuner*, Verfassungsschutz des Eigentums, 1954, S. 125. —

[202]) *Battis*, aaO. S. 49 ff. unterscheidet im Anschluß an *Hans J. Wolff* ein gesetzesimmanentes Gleichheitsgebot und ein transzendentes Gleichheitsgebot. Nur letzteres soll als Opferausgleichssatz zur Kompensationspflicht führen. Da aber der Opferausgleichssatz stets verletzt ist, wenn gegen Art. 3 Abs. 1 verstoßen wird (aaO. S. 118), ist die Differenzierung für unser Problem unwesentlich.

[203]) Zu den Ansätzen im Schrifttum insoweit die Skizze bei *Battis* aaO. S. 100 f.; der Gedanke klingt auch bei *Ipsen* im Zusammenhang mit dem Erforderlichkeitsprinzip an (AöR 90, 433); deutlicher Bezug auf Art. 3 GG bei *Christian Heinze*, Autonome und heteronome Verteilung. 1970, S. 97 ff.; vgl. auch *R. Schneider*, VerwArch 58 (1967) 355.

[204]) Vgl. *Hans J. Wolff*, Verwaltungsrecht I, 7. Aufl. 1968, § 42 II a); *Kruse*, Steuerrecht, 1966, § 3 I 2 b, II 2 d, 3.

[205]) Vgl. *Ipsen* AöR 90 (1965), 436.

[206]) Vgl. *Werner Weber*, Die Dienst- und Leistungspflichten der Deutschen, 1943, S. 136; *Boge*, Der Verwaltungshelfer im Polizeirecht, Diss. Göttingen 1964, S. 44.

besteht etwa bei der Wegereinigung durch die Anlieger[207]) oder bei der Übertragung von Polizeigewalt auf Private, die deren ohnehin gegebenes Hausrecht effektuiert[208]).

— Aufschlüsse über die Gleichheitswidrigkeit des Unentgeltlichkeitssystems gibt ferner der *Vergleich zu ähnlichen Regelungen.* So ist namentlich die Pflicht der Mineralölindustrie zu unentgeltlicher Bevorratung unter Hinweis auf die Vorratsanordnungen anderer Gesetze, insbesondere des Bundesleistungsgesetzes und der einfachen Notstandsgesetze, die entweder einen Aufwendungsersatz oder Kostenregelungen zur Vermeidung unzumutbarer Belastungen vorsehen[209]), bekämpft worden[210]). In dieser Argumentation steckt der erwägenswerte Gedanke, daß der Gesetzgeber Systemgerechtigkeit nicht nur innerhalb ein und desselben Gesetzeswerks üben muß[211]), sondern einem einmal auserkorenen System auch in vergleichbaren Ordnungskonzeptionen treu bleiben muß, so daß die im Rahmen des Art. 3 GG anerkanntermaßen notwendige gesetzesinhärente Systemrichtigkeit durch eine gesetzesübergreifende Systemtreue[212]) des Normgebers ergänzt wird.

— Die Kostenabwälzung auf den privaten Verwaltungshelfer kann auch dann gerechtfertigt sein, wenn dem Verwaltungs-

---

[207]) *Hans J. Wolff*, Verwaltungsrecht I, 7. Aufl. 1968, § 42 II a) nimmt sogar eine Naturalvorzugslast an.

[208]) Vgl. *Michaelis* aaO. S. 171 unter Hinweis auf die Schiffskapitäne und Luftfahrzeugführer.

[209]) Vgl. z. B. für die Vorratshaltung: § 6 Ernährungssicherstellungsgesetz, § 12 Wassersicherstellungsgesetz, § 4 Verkehrssicherstellungsgesetz, § 4 Wirtschaftssicherstellungsgesetz.

[210]) Vgl. *Ipsen* AöR 90 (1965), 433.

[211]) Dazu die Nachweise aus der Rspr. des *BVerfG* bei *Leibholz/Rinck*, Grundgesetz, Kommentar, 3. Aufl., 1968, Art. 3 Rdnr. 11 (S. 73).

[212]) Dieser Gedanke der Systemtreue ist von *Stern* (Grundfragen der Verwaltungsreform im Stadt-Umland, 2. Aufl. 1969, S. 25) für das kommunale Gebietsreformrecht fruchtbar gemacht und vom *VerfGH Rheinland-Pfalz* v. 17. 4. 1969 = DÖV 1969, 560 (566) übernommen worden. Zustimmend zu einem solchen Denken und Kontrollieren in übergreifenden Neugliederungskonzeptionen auch *Salzwedel*, Zur verfassungsrechtlichen Nachprüfung von Willkür und mangelnder Konzeptionsgerechtigkeit der Eingemeindungen, DÖV 1969, 546 ff. — „Systemtreue" und „Konzeptionsgerechtigkeit" sind letztlich nichts anderes als topoi für die richterliche Willkürprüfung. Sie implizieren und postulieren die Pflicht zu konsequentem, widerspruchslosen Verhalten des Gesetzgebers und eine damit verbundene gewisse Selbstbindung des Gesetzgebers bei der Realisierung von Ordnungsmodellen durch Einzelgesetze. Diese Gedanken und Postulate gelten allgemein und nicht nur für überregionale Neugliederungsmodelle; vgl. dazu namentlich *Christian Heinze* aaO. S. 65.

helfer rechtlich und faktisch die Möglichkeit eröffnet ist, die ihm aufgegebene vermögenswerte Belastung auf einen breiteren Kreis, etwa die Konsumenten abzuwälzen; und zwar ohne daß dadurch für ihn Wettbewerbsnachteile entstehen, was regelmäßig ausscheidet, wenn alle Teilnehmer eines bestimmten Wettbewerbskreises (z. B. alle Hersteller und Einführer bestimmter Produkte) betroffen sind[213]).

— Ein wesentlicher Anhaltspunkt für die Gleichheitsprüfung scheint mir schließlich die Frage nach der Vertauschbarkeit zwischen der geforderten Natural- oder Dienstleistung des privaten Verwaltungshelfers und einer ihm etwa auferlegten wertgleichen steuerlichen Geldleistung zu sein. Die entscheidende Testfrage würde danach wie folgt lauten: Wäre die Belastung des Verwaltungshelfers, wenn sie durch eine Geldleistungspflicht ersetzt würde, im Wege der Besteuerung begründet? Oder konkret: „Könnten die Kosten der Vorratshaltung als Zwecksteuern dem Kreis der zur Vorratshaltung verpflichteten Unternehmen auferlegt werden"[214])?

Damit sei der Katalog der Topoi für eine Gleichheitsprüfung beendet[215]). Trotz dieser Liste von Orientierungspunkten wird das Gleichheitsurteil im konkreten Falle die schon vom Enteig-

[213]) *Heinze* aaO. S. 98; — insoweit zustimmend *Ipsen* AöR 90 (1965), 436; vgl. auch *BVerfGE* 18, 12 (13); auch *Riepen*, Die Rechtsstellung des Arbeitgebers im Lohnsteuerabzugsverfahren, 1967, S. 80 verweist zur Legitimation für die Unentgeltlichkeit auf die Kostenabwälzung in Form eines Unkostenfaktors.

[214]) *Heinze* aaO.

[215]) Dieser Katalog ist notwendig „offen"; er müßte durch Erfahrungsmaterial nach und nach aufgefüllt werden. — Ob die vielfach vorgenommene Unterscheidung in „unternehmensfremde" und „betriebsspezifische" Aufgaben (so *Ipsen* AöR 90 (1965), 418; *Klaus Vogel*, Öffentliche Wirtschaftseinheiten in privater Hand, S. 30 f.) für die *Gleichheitsprüfung* Früchte trägt, erscheint *mir* zweifelhaft. Für die Anwendbarkeit des Art. 12 Abs. 1 GG ist diese Zweiteilung dagegen wichtig (dazu oben im Text bei Anm. 180). —

Wichtig werden kann ferner der schon oben (Anm. 195) angesprochene topos der „gesellschaftlichen Mächtigkeit" (*Herbert Krüger* aaO. S. 79) des privaten Verwaltungshelfers. Wenn man die „soziale Mächtigkeit" als Gleichheitstopos anerkennt, kann sie dazu führen, dem privaten Verwaltungshelfer Kostenersatz zu versagen, ohne mit Art. 3 GG zu kollidieren. Man wird diesen Gedanken aber auch im Rahmen des „Zwecksteuertests" (vgl. Text bei Anm. 214) berücksichtigen können. Aufschlußreich in diesem Zusammenhang auch *Dürig* (Apelt-Festschrift, S. 32 FN 43): „Überhaupt vermindert sich selbst beim Sacheigentum die *Intensität* des Verfassungsschutzes (z. B. bei der Höhe der Enteignungsentschädigung gem. Art. 14 III S. 3) je weiter sich das Eigentum vom persönlichkeitsessentiellen und persönlichkeitsdurchwirkten zum „organisierten" und persönlichkeitsentfremdeten Eigentum entfernt hat".

nungsproblem her bekannten Unsicherheiten stehen lassen. Gleichwohl hat der Rekurs auf Art. 3 I GG eine Reihe von Vorteilen. Er vermeidet Verbiegungen und Ausweitungen der Grundrechtsschutzbereiche, namentlich des Art. 14 Abs. 1 GG. Damit werden gleichzeitig die Schwierigkeiten der Junctim-Klausel umgangen[216]). Entsprechende Übertragungsgesetze können verfassungskonform ergänzt werden, ohne daß es hierzu schwächerer, insbesondere verfassungsrechtlich nicht abgesicherter Konstruktionen für einen Ersatzanspruch bedarf[217]).

b) Der zweite hier zu erörternde Problemkreis betrifft die Frage danach, ob die Grundrechte — ganz im Gegensatz zu dem bisher Gesagten — auch als Anspruchsgrundlagen für private Verwaltungshelfer, gerichtet auf Übertragung staatlicher Verwaltungsaufgaben, dienen können. Der Gedanke an eine solche Umkehrung oder Bereicherung der Grundrechtsfunktionen ist uns heute angesichts mächtiger Tendenzen, den Grundrechten staatliche Leistungsansprüche zu entlocken[218]), nicht mehr *so* fremd wie vor einem oder zwei Jahrzehnten. Dennoch erscheint die Fragestellung im Hinblick auf die Ver-

---

[216]) Zu ihnen zuletzt: *Rudolf Rausch*, Enteignungsrechtliche Probleme im Lichte der Junktimklausel, DVBl. 1969, 167 ff.

[217]) Etwa den Rückgriff auf öffentlichrechtliches Auftragsrecht: so *Heinze*, Autonome und heteronome Verteilung, S. 100; *Wingbermühle*, aaO. S. 116. — *Ipsen*, der ursprünglich eine ganze Liste von Anspruchsgrundlagen aufgestellt hatte (Kaufmann-Festschrift, S. 153 ff.), kommt in jüngeren Stellungnahmen (AöR 90, 426 f.) wieder auf den Aufopferungsgedanken, also letztlich auf Art. 3 I GG zurück.

[218]) Am Anfang stand der Anspruch auf Fürsorge (*BVerwGE* 1, 159 ff.). Ihm folgte der Anspruch auf polizeiliches Einschreiten (dazu namentlich: *Martens*, Zum Rechtsanspruch auf polizeiliches Handeln, JuS 1962, 245 ff.; *Henke*, Das subjektive öffentliche Recht auf Eingreifen der Polizei, DVBl. 1964, 649 ff.; *BVerwGE* 11, 95 f.; *BVerwG* DÖV 1968, 211; DÖV 1969, 469; *OVG Lüneburg* DVBl. 1967, 87; DÖV 1968, 213). — In neuerer Zeit liegt der Akzent der Ansprüche auf der Schaffung und Sicherung der Grundrechts*voraussetzungen*. Beispielhaft dafür sind der z. T. angenommene Anspruch auf Bereitstellung eines Studienplatzes (zum Problem zuletzt: *Jürgen Schmitt*, Freie Wahl der Ausbildungsstätte und numerus clausus, JuS 1970, 60 ff.) und der Anspruch auf Privatschulsubvention (bejahend: *BVerwGE* 23, 347 = DVBl. 1966, 868; 27, 360 = NJW 1968, 613 = DÖV 1968, 128 = DVBl. 1968, 250; verneinend: *OVG Berlin* DVBl. 1966, 45 m. Anm. *Jessen*, zuletzt zusammenfassend *Hermann Weber*, Grundgesetzlicher Anspruch auf Privatschulsubvention? JZ 1968, 779). Zum Gesamtproblem der „Grundrechte als Leistungsrechte" zuletzt *Michael Kloepfer*, Grundrechte als Entstehungssicherung und Bestandsschutz, 1970, S. 2 ff. mit umfassenden Nachweisen; ferner zu einer Spezialfrage noch *Jörn Pipkorn*, Auskunftsansprüche gegenüber Verwaltungsbehörden, DÖV 1970, 171 ff. (173 ff.).

waltungshilfe Privater in sich widersprüchlich. Wenn das den Verwaltungsaufgaben hinzugefügte Attribut „staatlich" ein Zuordnungsverhältnis ausdrückt, m. a. W. eine Kompetenzaussage enthält, dann kann schon aus diesem Grunde ex definitione ein Übertragungsanspruch nicht bestehen; denn Aufgaben, deren Erfüllung Privaten überlassen bleiben *muß*[219]), können nicht „staatlich" sein. Und wenn das Grundgesetz wirklich einen solchen Übertragungsanspruch hergäbe, dann wären die betreffenden Agenden in Wahrheit nicht „rein staatliche", sondern zumindest *auch* private; dann läge in Wirklichkeit kein Über*tragungs*-, sondern ein (negatorischer) Über*lassungs*anspruch vor. — Das Problem liegt also wiederum in der Kollision und Abgrenzung zwischen dem staatlichen Kompetenzraum und dem privaten Freiheitsbereich. Soweit beide einander ausschließen, wird private Aktivität durch die Erstrekkung staatlicher Kompetenzen zurückgedrängt oder doch suspendiert bzw. beschränkt.

Im Lichte dieser Ausgangsüberlegung muß man den ausgedehnten Streit um die sogenannten staatlich gebundenen Berufe sehen[220]). Bei ihm geht es *nicht* um einen grundrechtlich abgesicherten Anspruch auf Übertragung *staatlicher* Verwaltungsaufgaben, sondern um die Behauptung und Absicherung eines Raumes freiheitlicher Betätigung für den Bürger[221]); also nicht um die *Übertragung*, sondern um die *Überlassung* bestimmter Agenden. Die im Hintergrund stehende Frage danach, ob eine öffentliche oder staatliche Aufgabe vorliegt, präjudiziert — wie das Notarurteil[222]) deutlich zeigt — das rechtliche Regime des betroffenen Lebensbereichs[223]). Hier werden

---

[219]) Nur auf diesen „Zwang" kommt es hier an. Die Möglichkeit freiwilliger Aufgabenübertragung bleibt außer Betracht.

[220]) Vgl. dazu *Herbert Bethge*, Der verfassungsrechtliche Standort der „staatlich gebundenen" Berufe, Kölner Dissertation 1968; *Friedrich Burger*, Artikel 33 Grundgesetz und die sogenannten staatlich gebundenen Berufe, Marburger Dissertation 1967, bes. S. 34 f., 38 ff., wo der Verfasser den staatlich gebundenen Beruf vom Institut der Beleihung abgrenzt und zutreffend darauf hinweist, daß durchaus nicht in allen Fällen, in denen ein staatlich gebundener Beruf angenommen worden ist, dem Betroffenen Hoheitsgewalt verliehen wird (Beispiel: Hebamme); vgl. auch *Ekkehart Stein*, Die Wirtschaftsaufsicht, 1967, S. 248 f.

[221]) Vgl. *Bethge* aaO. passim und Schlußbemerkung S. 202 ff.; ferner *Steiner* DÖV 1970, 530 f.; *Dagtoglou* DÖV 1970, 535.

[222]) *BVerfGE* 17, 371 (376); dazu die Kritik von *Rupp* NJW 1965, 993 (995), der gerade diesen neuralgischen Punkt der Aufgabenqualifikation anspricht; ferner *Bethge* aaO. S. 140 ff.

[223]) Vgl. *Michaelis* aaO. S. 159 ff. — Diese Tatsache wird vernebelt, wenn das *BVerfG* im Apothekenurteil (E 7, 377, 398) in einem später vielzitierten Passus zu den „staatlich gebundenen" Berufen aus-

die entscheidenden Weichen für oder gegen die Berufsfreiheit gestellt. Dieser Antagonismus wird durch die Zwitterfigur des staatlich gebundenen Berufs nur verdeckt[224]). Ein Anspruch des Privaten auf Übertragung *staatlicher* Verwaltungsagenden läßt sich aus Art. 12 GG nicht herleiten. Jene Vorschrift kann ihn allenfalls vor ungerechtfertigten, den Freiheitsraum einengenden Aufgabenmonopolisierungen durch den Staat schützen[225]).

Anders scheinen die Dinge zu liegen — wenn man der bisherigen Diskussion folgt — bei den privaten Ersatzschulen. Da das Berechtigungswesen einmütig als „natürliche Aufgabe des Staates" qualifiziert wird[226]), erscheint die Konsequenz unausweichlich, daß die Erteilung von Zeugnissen und die Abhaltung von Prüfungen mit öffentlichrechtlicher Außenwirkung eine ausschließlich staatliche Kompetenz darstellt, die den privaten Ersatzschulen nur im Wege der sog. Anerkennung übertragen werden kann[227]). Und auch jene Autoren, die diese sog. „Öf-

führt: „Je näher ein Beruf durch öffentlichrechtliche Bindungen und Auflagen an den „öffentlichen Dienst" herangeführt wird, um so stärker können Sonderregelungen in Anlehnung an Art. 33 GG die Wirkung des Grundrechts aus Art. 12 Abs. 1 GG tatsächlich zurückdrängen." — Wenn man damit ernst machen würde, könnte der Staat durch ein bestimmtes Maß öffentlichrechtlicher Bindungen die Berufsfreiheit unterlaufen; in Wirklichkeit sind aber schon diese Bindungen selbst an Art. 12 I GG zu messen; vgl. auch die Bemerkungen von *Bachof*, Freiheit des Berufs, in: Die Grundrechte III/1 S. 186; *Herzog*, Artikel „Berufsfreiheit", in: Ev. Staatslexikon, 1966, Sp. 158.

[224]) Dazu bes. *Bethge* aaO.

[225]) Vgl. *BVerfGE* 21, 245 ff. (248 ff.) betr. Arbeitsvermittlungsmonopol; *Badura*, Das Verwaltungsmonopol, 1963, S. 329, 339 f.; *Grund*, Das Monopol der öffentlichen Hand im Rundfunk- und Fernsehwesen, DVBl. 1969, 481 ff. (484 ff.); *Leisner*, Öffentliches Amt und Berufsfreiheit, AöR 93 (1968), 186; *Nipperdey*, Grenzen des Arbeitsvermittlungsmonopols, in: Recht im Wandel, S. 241 ff.; *Heinrich Hoffmann*, Die Verstaatlichung von Berufen, DVBl. 1964, 457 ff. (461 ff.); *Herzog*, in: Ev. Staatslexikon, 1966, Sp. 158, der allerdings die Drei-Stufen-Theorie ausschaltet und die Prüfung auf das Erforderlichkeitsprinzip reduziert; vgl. auch *Thieme*, Berufsfreiheit und Verwaltungsmonopole, JZ 1961, 284 ff.; *Walter Schick*, Gemeindemonopole und Grundgesetz, DÖV 1962, 931 ff. — Eine Übersicht über das Für und Wider findet man bei *Obermayer/Steiner*, Die Monopole der öffentlichen Sachversicherung und das Grundrecht der Berufsfreiheit, NJW 1969, 1457 ff. — Differenzierend: *Lerche*, Rundfunkmonopol, 1970, S. 113 ff.; ablehnend *Bachof*, Freiheit des Berufs, in: Die Grundrechte III/1 S. 200 ff.

[226]) Vgl. *BVerfG* NJW 1970, 275 = DÖV 1970, 92 ff.; ferner die in den folgenden Fußnoten genannten Autoren.

[227]) Vgl. dazu *von Campenhausen*, Erziehungsauftrag und staatliche Schulträgerschaft, 1967, S. 62 f.; *Evers*, Verwaltung und Schule, VVDStRL 23 (1966) 191 f.; *Fuß*, ebenda, S. 220 f.; *Oppermann*, Kul-

fentlichkeitsrechte“ der Privatschulen als notwendigen Annex der Privatschulfreiheit betrachten[228]), argumentieren gleichsam systemimmanent, indem sie nicht die *staatliche* Kompetenz in Zweifel stellen, sondern (nur) einen aus Art. 7 Abs. 4 Satz 3 GG begründeten Übertragungsanspruch zur Grundrechtsstützung annehmen; eine Auffassung, die nicht weit entfernt ist von dem in der neueren Judikatur anerkannten[229]), im Schrifttum[230]) aber lebhaft bekämpften Anspruch der Privatschulen auf staatliche Subventionen.

Diese Sicht der Dinge erscheint indessen inkonsequent. Wenn nämlich — und dieser Ansicht möchte ich zustimmen — die Befugnis der privaten Ersatzschulen, außenwirksame Zeugnisse zu erteilen und Prüfungen abzuhalten, *Bestandteil der grundrechtlichen Betätigung,* nämlich Schule zu halten[231]), ist, dann erscheinen diese Befugnisse als Ausprägungen ihrer privaten „*Grundrechts*kompetenzen“ und nicht als übertragene *Staats*kompetenzen[232]). — Dem berechtigten Anliegen, die Ausübung dieser Befugnisse unter Kontrolle zu halten[233]), kann dabei in hinlänglicher Weise Rechnung getragen werden. Denn der Staat hat nicht nur die Möglichkeit, die Prüfungsanforderungen *gesetzlich* festzulegen[234]), sondern er kann auch durch

---

turverwaltungsrecht, 1969, S. 243 ff.; *Perschel,* Die öffentlichen Aufgaben anerkannter Ersatzschulen und der Verwaltungsrechtsweg, RWS 1964, 321 ff. (325 ff.); *BVerfG* NJW 1970, 275 = DÖV 1970, 92 ff.; *BVerwGE* 17, 41 (42).

228) *Von Campenhausen* aaO.; *Hans Heckel,* Deutsches Privatschulrecht, 1955, S. 243 ff.; *Hans Peters,* Elternrecht, Erziehung, Bildung und Schule, in: Die Grundrechte IV/1 S. 369 ff. (437); *derselbe,* VVDStRL 23, 255; auch *Maunz* bei Maunz/Dürig/Herzog Art. 7 Rdnr. 81 FN 4; *Geiger,* RWS 1961, 114.

229) Vgl. *BVerwGE* 23, 347 = DVBl. 1966, 868; 27, 360 = NJW 1968, 613 = DÖV 1968, 128 = DVBl. 1968, 250; ablehnend: *OVG Berlin* DVBl. 1966, 45 m. Anm. *Jessen.*

230) Vgl. *Fuß,* Verwaltung und Schule, VVDStRL 23, 221; *Hans Peters,* ebenda, S. 255; *Evers,* ebenda, S. 194; besonders *Hermann Weber,* Subventionierungspflicht des Staates zugunsten privater Schulen?, NJW 1966, 1798; *derselbe,* Grundgesetzlicher Anspruch auf Privatschulsubvention?, JZ 1968, 779 ff.

231) Vgl. die Nachweise in Fußnote 227.

232) Im Ergebnis ebenso *Hans H. Klein* DÖV 1965, 755 ff. (759), der die Privatschulen in Parallele bringt zum Schiedsvertrag, in deren Entscheidungen er einen Tatbestand sieht, an den der Staat öffentlichrechtliche Wirkungen knüpft.; ähnlich *Steiner* (DÖV 1970, 530). Die daraus folgenden Konsequenzen, z. B. für den Rechtsschutz, liegen auf der Hand.

233) Dieses Anliegen wird besonders betont in *BVerfG* NJW 1970, 275 (277).

234) Es ist aber falsch, aus dieser dem Staat vorbehaltenen und nur von ihm ausübbaren Kompetenz zur Festlegung der Prüfungsmaßstäbe auch die weitere Folgerung ableiten zu wollen, es stehe

die ihm grundgesetzlich vorbehaltene Aufsicht die Prüfungspraxis der Privatschulen ständig im Auge und auf Niveau halten.

Alles in allem sehe ich durch diese Überlegungen die Ausgangsthese bestätigt, daß ein Anspruch des Privaten auf Übertragung staatlicher Agenden ausscheidet.

c) Der dritte grundrechtliche Aspekt betrifft schließlich die Frage, ob die Grundrechte vor dem Entzug einer einmal übertragenen staatlichen Aufgabe schützen oder doch eine Entschädigung bei zulässiger Entziehung gewähren. Ausgangs- und Streitpunkt der in diese Richtung gehenden Erörterungen des Schrifttums bildet dabei die bekannte Entscheidung des *Bundesgerichtshofs*[235]), in der es um die Entziehung von Vereinsüberwachungskompetenzen der Technischen Überwachungsvereine im Land Hessen ging.

Will man in dem hart geführten Streit nicht die Orientierung verlieren, so muß man zwei wesentliche Fragen im Auge behalten, nämlich einmal die Frage, ob überhaupt eine *staatliche* Aufgabe vorliegt, und zum andern, *was* im Falle der Kompetenzentziehung als *eigentumsfähiges und eigentumsgeschütztes Substrat* und damit als Objekt einer Entschädigung in Betracht kommt. — Diese Problemstellung wird verzerrt, wenn im Schrifttum in polemischer Zuspitzung die Frage nach der Möglichkeit von „Privateigentum an Staatsfunktionen"[236]) aufgeworfen worden ist; denn ähnliches hat, soweit ich sehe, bis heute niemand behauptet. Staatsfunktionen, die Privaten zur Ausübung übertragen worden sind, kann der Staat jederzeit

---

nur dem Staat zu, Prüfungen nach diesen Maßstäben abzuhalten (diesem Fehlschluß erliegt *Perschel*, Die öffentlichen Aufgaben anerkannter Ersatzschulen und der Verwaltungsrechtsweg, RWS 1964, 321 ff., 326). Demgegenüber ist zu betonen, daß zwischen der Festsetzung von Prüfungsmaßstäben und dem Abhalten von Prüfungen nach diesen Maßstäben mit allgemeinverbindlicher Wirkung ein scharfer Trennstrich zu ziehen ist. Letzteres können die Privatschulen aus *eigenem* Recht. Hierzu bedarf es entgegen der allgemeinen Auffassung keiner „Beleihung" durch den Staat. — Ganz falsch ist es als Gegenstand der „Verleihung" die „Außenwirkung" der Prüfungsentscheidung zu betrachten (so aber *Perschel* aaO. S. 327). Dann erscheint es schon ungezwungener „Tatbestandwirkung" anzunehmen (so *Hans H. Klein* DÖV 1965, 759). Denn die „Verleihung" einer Rechtswirkung an einen Privaten ist eine unvollziehbare Vorstellung.

[235]) *BGHZ* 25, 266 = NJW 1957, 1927; Anm. *Schack* NJW 1958, 222.

[236]) So die gleichnamige Schrift von *Rupp* aaO.; vgl. dagegen *Werner Weber*, Öffentlich-rechtliche Rechtsstellungen als Gegenstand der Eigentumsgarantie in der Rechtsprechung, AöR 91 (1966), 382 ff. (400 f.).

wieder an sich ziehen, ohne daß dieses Rückholrecht durch grundrechtliche Sperren behindert wäre[237]). [Aber, ob beispielsweise die technische Überwachung überhaupt eine Staatsfunktion darstellt, diese Kernfrage wird meist mit wenigen apodiktischen Sätzen abgetan und läßt sich wohl auch kaum schlüssig beantworten[238]).] — Ferner: Staatsfunktionen *als solche* sind auch unzweifelhaft kein denkbares Substrat möglicher Enteignung, weil sie keine vermögenswerten Objektivationen der Bürgerfreiheit darstellen und weil sie — da vom Staat verliehen — als „Äquivalent eigener Leistung"[239]) nicht in Ansatz gebracht werden können[240]).

Damit ist indessen das Entschädigungsproblem noch nicht entschieden. Denn es bleibt andererseits zu bedenken, daß die Übertragung von Staatsfunktionen — obendrein regelmäßig verbunden mit einer sog. Betriebspflicht[241]) — den Privaten zu erheblichen Investitionen und Aufwendungen an Arbeit und Kapital veranlaßt oder sogar gezwungen haben kann[242]). Wenn

---

[237]) Vgl. *Rupp* (wie vorige Fußnote); *Dürig*, Apelt-Festschrift, S. 37 f. mit Fußnote 56; *Werner Weber*, Öffentlich-rechtliche Rechtsstellungen als Gegenstand der Eigentumsgarantie in der Rechtsprechung, AöR 91 (1966), 382 ff. (400 f.); *Nicolaysen*, Eigentumsgarantie und vermögenswerte subjektive öffentliche Rechte, in: Hamburger Festschrift für Friedrich Schack, 1966, 107 ff. (113 mit Fußnote 44); *Michaelis* aaO. S. 178 f.

[238]) Vgl. *Rupp* aaO. S. 19 (einerseits) und *Hans Peters*, Öffentliche und staatliche Aufgaben aaO. S. 884 f. (andererseits). — *Rupps* Begründung leidet, wie *Peters* schlüssig nachgewiesen hat, daran, daß er nicht scharf trennt zwischen der Erfüllung von Bürger-Verwaltungspflichten und Verwaltungsobliegenheiten (dazu oben sub III. 3.).

[239]) *Nicolaysen*, Eigentumsgarantie und vermögenswerte subjektive öffentliche Rechte, in: Hamburger Festschrift für Friedrich Schack, 1966, 107 ff. (115).

[240]) *Dürig*, Apelt-Festschrift, S. 37; *Werner Weber* AöR 91 (1966), 400 f.; davon geht auch *BGHZ* 25, 266 aus, greift dann allerdings zu dem nebulösen „Eingriff in die wirtschaftliche Struktur" des TÜV. Was damit gemeint ist, vgl. weiter im Text.

[241]) Vgl. *Hans J. Wolff*, Verwaltungsrecht II, 3. Aufl. 1970, § 104 III a).

[242]) Die damit angesprochene Unterscheidung zwischen Staatsfunktion und Funktionsvollzugspotential ist wesentlich, weil nur letzteres Eigentumsbestandteil sein kann (vgl. *Nicolaysen*, Schack-Festschrift, S. 115 ff.; *Werner Weber* AöR 91 (1966) 401: „Denn das eigentliche Garantieobjekt ist nicht das subjektive öffentliche Recht, sondern die aufgrund öffentlich-rechtlicher Gestattung und Verleihung durch persönliche Leistung oder Kapitaleinsatz oder beides entwickelte privatrechtliche Vermögensposition."; *Michaelis* aaO. S. 178; undifferenziert und daher unrichtig *Winter*, Können die Länder Technischen Überwachungsvereinen das Recht entziehen, überwachungsbedürftige Anlagen im Sinne von § 24 GewO zu prüfen? DÖV 1962, 734 ff. (736). — Auch für die Entziehung sog. öffent-

und soweit dieses mit Rücksicht auf die Wahrnehmung staatlicher Kompetenzen geschaffene private Betriebs- und Vollzugspotential oder sonstige vermögenswerte Aufwendungen und Dispositionen infolge der Kompetenzrücknahme für den bisherigen Verwaltungshelfer wirtschaftlich nutzlos werden, steht ihm grundsätzlich ein Entschädigungsanspruch zu[243]). Wie man diesen Anspruch konstruktiv absichert, ist eine weitere Frage. Soweit das private Vollzugspotential als „eingerichteter und ausgeübter Gewerbebetrieb" qualifiziert werden kann, wird sich die Entschädigungsfrage unmittelbar über Art. 14 GG abwickeln lassen[244]). Im übrigen bliebe zu erwägen ein „Dispositionsschutzanspruch"[245]), der — worauf ich hier nicht näher eingehen kann — starke Verwandtschaft und Parallelen zum Plangewährleistungsanspruch aufweist[246]).

---

lichrechtlicher Rechtsstellungen wird im neueren Schrifttum ein scharfer Trennstrich gezogen zwischen der „Rechtsstellung als solcher" und den auf ihrer Grundlage erworbenen privatrechtlichen Vermögenswerten (vgl. *Werner Weber* aaO.; *Nicolaysen* aaO.; *Sellmann*, Entschädigung der Apothekenrealrechte, VerwArch 56 (1965) 123 ff., 224 ff. (bes. 228 f.); anders noch: *BSGE* 5, 40 (44); *Scheuner*, in: *Reinhardt/Scheuner*, Verfassungsschutz des Eigentums, 1954, S. 98.

[243]) Damit entfällt eine Entschädigung dann, wenn eine solche private Vermögensposition als „Äquivalent eigener Leistung" nicht vorhanden ist (so für den Fall des Schornsteinfegermeisters: *Nicolaysen* aaO. S. 118) oder eine zulässige „Eigentumsbindung" vorliegt (in diesem Sinne: W. *Weber* AöR 91 (1966), 400).

[244]) Vgl. *Nicolaysen* aaO. S. 117; *Sellmann* VerwArch 56 (1965), 225 f.

[245]) Vgl. auch *Nicolaysen* aaO. S. 121; *Dürig*, Apelt-Festschrift, S. 38 Fußnote 56 a. E.

[246]) Zum Plangewährleistungsanspruch zuletzt: *Martin Oldiges*, Grundlagen eines Plangewährleistungsrechts, 1970. — Die Parallele zur Plangewährleistungsproblematik besteht insofern, als ebenso wie im bekannten Gefrierfleischfall (*RGZ* 139, 177; dazu *Ipsen*, Planung in Wirtschaftsverfassung und Wirtschaftsverwaltung, in: Universitätstage 1965, 231 ff.) oder in ähnlichen Situationen (vgl. die Beispiele bei *Kriele*, Plangewährleistungsansprüche? DÖV 1967, 533; *Redeker*, Staatliche Planung in Deutschland, JZ 1968, 541; *Joachim Burmeister*, Zur Staatshaftung für Planschäden der Wirtschaft, in: Die Verwaltung 2 (1969), 39 f) von Privaten auf Veranlassung des Staates vermögenswerte Dispositionen getroffen werden, die sich hernach durch eine gegenteilige staatliche Maßnahme als nutzlos erweisen; wobei die beiden Möglichkeiten der indikativen oder imperativen Planung (dazu *Regul*, Allgemeine Ziele, Planung und Wachstumspolitik in den Europäischen Gemeinschaften, in: Planung I S. 254; *Herzog*, Artikel „Planung II", in: Ev. Staatslexikon, 1966, Sp. 1526) die Parallele bilden zur freiwillig übernommenen und hoheitlich erzwungenen Verwaltungshilfe. — Freilich mündet die Diskussion um die Plangewährleistung weitgehend wieder in die Problematik des Art. 14 GG ein (vgl. *Ipsen* aaO. S. 250; *Oldiges* aaO. S. 240 ff.; *Burmeister* aaO. S. 35).

V. *Die Ausgestaltung der Drittbeziehungen*

Das Facit der bisherigen Überlegungen zur verfassungsrechtlichen Zulässigkeit der Verwaltungshilfe Privater läßt sich nicht in einem kurzgefaßten Grundsatz fixieren. Man kann nur festhalten, daß die Verwaltungshilfe Privater verfassungsrechtlich zulässig ist, wenn und soweit bestimmte Voraussetzungen erfüllt sind und Kautelen eingehalten werden, wobei auch diese Voraussetzungen und Kautelen sich angesichts der Heterogenität der Verwaltungshilfen einer Katalogisierung entziehen. — [Zahlreiche Fragen sind dabei offen geblieben. Einige grundsätzliche Aspekte bedürfen der detaillierten Weiterführung, etwa die Stellung des Verwaltungshelfers in der Staatsorganisation, die Modalitäten der Staatsaufsicht, die Betriebspflicht, die Frage der Grundrechtsbindung und der prozessualen Stellung, die Haftung, um nur die wichtigsten Punkte zu nennen. Ich habe diese Details bewußt vernachlässigt, weil gerade sie im bisherigen Schrifttum stark hervorgekehrt wurden, während hingegen die fundamentalen verfassungsrechtlichen Fragen im Hintergrund geblieben sind[247].]

Auch in den folgenden Erwägungen über das Verhältnis zwischen dem Staat und Verwaltungshelfer auf der einen und dem Drittbetroffenen auf der anderen Seite muß ich mich auf eine Auswahl beschränken; dies kann ich deswegen leichten Herzens tun, weil sich Herr Gallwas namentlich diesem Problemkomplex widmen wird. Meine Auswahl umfaßt die Frage der Grundrechtsbindung, des Rechtsschutzes und der Haftung.

1. Kaum Probleme bietet die Frage der *Grundrechtsbindung des privaten Verwaltungshelfers.* In Ausübung der ihm übertragenen Verwaltungsaufgaben ist er in gleicher Weise der Verfassung und den Grundrechten verpflichtet wie die agierende staatliche Behörde[248]). Die hiergegen vereinzelt erhobe-

---

247) Dies beanstandet mit Recht *Michaelis,* Der Beliehene, 1969, S. 3.

248) Vgl. *Dürig* bei Maunz/Dürig/Herzog, Art. 1 Rdnr. 107; *Michaelis* aaO. S. 199 mit weiteren Nachweisen. — Nicht berührt ist das Problem der Fiskalgeltung der Grundrechte, das gerade in jüngster Zeit wieder stark diskutiert wird (vgl. *Volker Emmerich,* Das Wirtschaftsrecht der öffentlichen Unternehmen, 1969, S. 121 ff.; *derselbe,* Die Fiskalgeltung der Grundrechte, namentlich bei erwerbswirtschaftlicher Betätigung der öffentlichen Hand, JuS 1970, 332 ff.; *Wolfgang Rüfner,* Formen öffentlicher Verwaltung im Bereich der Wirtschaft, 1967, S. 366 ff.; *Hans H. Klein,* Die Teilnahme des Staates am wirtschaftlichen Wettbewerb, 1968, S. 165 ff.). — Freilich mündet auch dieser Komplex in die „tiefe Aporie der ganzen Staatslehre“, (*Herzog,* Ev. Staatslexikon, 1966, Sp. 146), die uns keine Kriterien für die Bestimmung der Staatsaufgaben zu liefern vermag, was in der insoweit verständlicherweise hilflosen Praxis dazu führt, sich auf Dezisionismus und Begriffsjurisprudenz zurückzuziehen, wie der

nen rechtskonstruktiven Bedenken[249]) teile ich nicht. Gewiß mag es rechtstheoretisch mit einem Fragezeichen zu versehen sein, wenn man die Grundrechtsbindung gewissermaßen als Dienstbarkeit der Staats*funktion* auffaßt[250]). Aber wer die subjektbezogene, nämlich auf den Staat radizierte Pflichtbindung vermißt, dem sei gesagt, daß die Projektion von Grundrechtsbindungen auf die Staats*funktion* nichts weiter darstellt als eine Abbreviation. Sofern der private Verwaltungshelfer nicht in den organschaftlichen Bereich des Staates integriert ist, gehört er doch zu den Gliedern der Staatsorganisation[251]) und verkörpert damit selbst ein Stück Staat, so daß es nicht an dem Bezugspunkt eines staatlichen Pflichtsubjekts mangelt.

2. Eine Reihe von Schwierigkeiten tauchen dagegen bei der *Placierung des privaten Verwaltungshelfers im Verwaltungsverfahren und Verwaltungsgerichtsverfahren* auf, weil das Verfahrens- und Prozeßrecht die Figur des Verwaltungshelfers nicht kennt. Zunächst steht m. E. außer Frage, daß die Rechtsbeziehungen zwischen dem Verwaltungshelfer als solchem und dem Drittbetroffenen prinzipiell dem öffentlichen Recht zuzuordnen sind, so daß für die sich daraus ergebenden Rechtsstreitigkeiten im Regelfall der Verwaltungsrechtsweg of-

---

BGH dies in einigen jüngeren Entscheidungen getan hat (vgl. *BGHZ* 52, 325 — Flughafenbenutzung; *BGH* NJW 1969, 2195 = DVBl. 1970, 172 = JZ 1970, 176 m. Anm. *Evers* — Straßenbahntarif; zur Kritik: *Emmerich* JuS 1970, 332 ff.). Dieses Verfahren sieht so aus: bestimmte Agenden (z. B. Nahverkehr, Flughafenbetrieb) werden den „staatlichen Verwaltungsaufgaben" oder „staatlicher Daseinsvorsorge" zugeschlagen, also funktionell der „öffentlichen Verwaltung" zugeordnet, um die Akteure auf diese Weise als Träger der Staatsgewalt dem Grundrechtsregime zu unterwerfen.

[249]) Vgl. *Rupp*, Eigentum an Staatsfunktionen?, S. 24 ff.

[250]) Vgl. *Rupp*, wie vorige Fußnote, S. 25.

[251]) Vgl. dazu namentlich *Jürgen Terrahe*, Die Beleihung als Rechtsinstitut der Staatsorganisation, Diss. Münster 1961; in gleicher Weise argumentiert gegen *Rupp*: *Michaelis* aaO. S. 198. — Freilich bedarf die Gliedschaft oder Zugehörigkeit zum staatsorganschaftlichen Bereich, und darin ist *Rupp* aaO. S. 27 Fußnote 46 zuzustimmen, der Begründung aus sich selbst; d. h. auf sie kann nicht ohne weiteres von der Funktion her geschlossen werden. Das gilt dann namentlich für solche Institutionen, deren staatsorganisatorische Integration zweifelhaft ist, wie beim Verwaltungshelfer. — Für andere Institutionen, die außerhalb der eigentlichen Staatsorganisation stehen (wie vom Staat gebildete Privatrechtssubjekte), muß bewiesen werden, daß sich in ihnen der Staat als Hoheitsträger manifestiert. Ein Rückschluß von der Funktion auf die Hoheitsträgerschaft könnte sonst zu bedenklichen Methoden führen (vgl. oben Fußnote 248).

fen steht[252]); wenngleich auch andere Fallgestaltungen denkbar sind[252a]).

Die eigentlichen Schwierigkeiten tauchen erst bei den prozessualen Details auf. Sie haben ihre Ursache darin, daß einmal die Figur des Verwaltungshelfers rechtlich heterogene und unterschiedlich strukturierte rechtsfähige oder nichtrechtsfähige Personen und Gebilde umgreift [(natürliche und juristische Personen, GmbH, AG, nicht eingetragener Verein usw.)] und zum anderen darin, daß die Begrifflichkeit der Verwaltungsgerichtsordnung und die Konstruktion der prozessualen Institute an der Struktur der juristischen Person des *öffentlichen* Rechts orientiert sind. Daß sich unter diesen Umständen Streitigkeiten aus privater Verwaltungshilfe überhaupt in das formale System geltenden Prozeßrechts einfügen lassen, ist nicht so sehr dem von Art. 19 Abs. 4 GG ausgehenden Einpassungszwang als vielmehr der Tatsache zu verdanken, daß die prozessualen Begriffe und Institute elastisch und vom Rechtsschutzzweck her durchaus pragmatisch gefaßt sind[253]). Man kann

---

[252]) Vgl. *E. R. Huber* DVBl. 1952, 460; *Michaelis* aaO. S. 208; *Hans J. Wolff*, Verwaltungsrecht II, § 104 V b); *Frantzen* aaO. S. 132 ff.; *Mennacher* aaO. S. 164 ff.; *Eiselt*, Die Rechtsnatur von Versetzungs- und Prüfungsentscheidungen anerkannter Privatschulen und die Befugnisse der Schulaufsicht, RWS 1962, 1 ff. — A. A. *Forsthoff*, Lehrbuch des Verwaltungsrechts, 9. Aufl. 1966, S. 173, der das Verhältnis zwischen Verwaltungshelfer und Drittem den Vorschriften des bürgerlichen Rechts unterstellt. Desgleichen *Friedrich List*, Verwaltungsrecht technischer Betriebe, 1955, S. 73, der aber offenbar von einem an *Otto Mayers* Vorbild zu eng orientierten Beleihungsbegriff ausgeht.

[252a]) So ist etwa denkbar, daß der (private) Verwaltungshelfer, ebenso wie der Staat selbst, dem drittbetroffenen Bürger in *privatrechtlichen* Formen gegenübertreten kann, etwa durch Subventionsgewährungen hoheitlicher Art in Form privatrechtlichen Darlehensvertrages. In solchen Fällen hat man dann nichts anderes als eine Variante des Verwaltungsprivatrechts vor sich mit allen diesem Komplex eigenen Problemen. — Dieser seltenere Fall kann indessen hier nicht weiter verfolgt werden.

[253]) Das gilt zunächst einmal für den umstrittenen Begriff der *Behörde* (vgl. *Rasch*, Die Behörde, VerwArch 50 (1959), S. 1 ff.; *derselbe*, Die staatliche Verwaltungsorganisation, 1967, S. 33 ff.; *Hans J. Wolff*, Verwaltungsrecht II, 2. Aufl. § 76), der je nach dem Blickpunkt und Systemzusammenhang unterschiedlich konturiert ist (vgl. *E. W. Böckenförde*, Die Organisationsgewalt im Bereich der Regierung, 1964, S. 31 mit FN 36). Während der Behördenbegriff des Staatsorganisationsrechts institutionell gefaßt wird, ist der verfahrensrechtliche Behördenbegriff funktionsbezogen und daher aufnahmefähig auch für in die Staatsorganisation nicht integrierte, sondern ihr nur angegliederte Stellen. Vgl. namentlich auch § 1 Abs. 3 Entwurf eines Verwaltungsverfahrensgesetzes (BR-Drucksache 269/70): „Behörde im Sinne dieses Gesetzes ist jede Stelle, die

deshalb, ohne etwa durch vom Gesetzeswortlaut erzeugte Skrupel gehindert zu sein, den Verwaltungshelfer unter Umständen zugleich als „Behörde" im Sinne des § 73 VwGO[254]) und als „Körperschaft" im Sinne des § 78 VwGO[255]) qualifizieren, womit in einem zum Ausdruck gebracht ist, daß der Verwaltungshelfer im Regelfall in das Widerspruchsverfahren eingeschaltet ist und ferner in einem Verwaltungsprozeß als Klagegegner fungieren kann, weil seine regelmäßig selbständige Stellung innerhalb der Staatsorganisation es rechtfertigt, ihn als „Körperschaft" im Sinne des § 78 Abs. 1 Nr. 1 VwGO zu betrachten. [Unter solchen pragmatischen Aspekten verliert sogar jene Feststellung an Befremdlichkeit, die dem Sachverständigen des Technischen Überwachungsvereins, also einer *natürlichen* Person, prozessual gleichzeitig die Stellung einer „Behörde" und einer „Körperschaft" zuweist[256]).]

Mit diesen allgemeinen Bemerkungen muß es sein Bewenden haben. Konkretere Aussagen setzen eine Typologisierung nicht nur der Verwaltungs*helfer* als Rechtssubjekte und ihrer Beziehungen zur Staatsorganisation, sondern auch der Verwaltungs*hilfen* als den vom Verwaltungshelfer praktizierten Tätigkeiten nach Inhalt und Form voraus; eine Aufgabe, die hier auch nicht im Ansatz geleistet werden kann.

[Erwähnt sei schließlich die Problematik des Zugangs zu den durch Private, namentlich Privatbanken, mediatisierten Staatsleistungen im Subventionswesen[257]); ein Komplex, der nur insoweit unser Thema berührt, als manche Schriftsteller den Privatbanken die Stellung eines beliehenen Unternehmers zu-

---

Aufgaben der öffentlichen Verwaltung wahrnimmt". — Die Entwurfsbegründung (S. 29) rechnet dazu, indem sie den pragmatischen Charakter des Behördenbegriffs hervorhebt, auch den beliehenen Unternehmer, und zwar weil er öffentliche Verwaltungstätigkeit ausübe. Der gleiche Schluß von der Funktion auf die prozessuale Behördenstellung liegt auch bei den anerkannten Privatschulen zutage (vgl. *BVerwGE* 17, 41 (42); *Eiselt* RWS 1962, 3; *Kullmann* DÖV 1959, 569; *Menger* VerwArch 53 (1962), 280; *Michaelis* aaO. S. 191 ff.; a. A. *VG Kassel* RWS 1962, 246 m. Anm. *Skofsky*), sofern man sie überhaupt als Verwaltungshelfer anerkennen will (dazu oben unter IV. 3. b). — Ähnliches wie für den Behördenbegriff gilt auch für den Begriff „Körperschaft" i. S. des § 78 Abs. 1 Nr. 1 VwGO, der aber überdies noch einen offenbaren terminologischen Fehlgriff darstellt, weil hier augenscheinlich alle juristischen Personen des öffentlichen Rechts gemeint sein sollen.

[254]) *Mennacher* aaO. S. 164; *Hans J. Wolff*, Verwaltungsrecht II, 2. Aufl., § 104 V b.

[255]) *Michaelis* aaO. S. 209; *Eyermann/Fröhler* VwGO § 78 Rdnr. 1; *Steiner*, JuS 1969, 75.

[256]) So *Steiner* JuS 1969, 74 f.

[257]) Dazu *Zacher* VVDStRL 25, 374 ff.

weisen, um sie auf diese Weise für die Rolle des Klagegegners eines nachteilig betroffenen Subventionsbewerbers im Verwaltungsprozeß zu qualifizieren[258]). Klarheit und Einigkeit besteht hier eigentlich nur insoweit, als die Formen staatlicher Leistungsdarbietung nicht die Effektivität des Rechtsschutzes beeinträchtigen dürfen[259]). Im übrigen herrschen Hilflosigkeit und Verwirrung. Sicher ist jedenfalls, daß die Vielfalt der im Subventionswesen praktizierten Leistungsformen mannigfache Differenzierungen gebietet[260]), will man nicht einer geräuschlosen Veramtung des freien Bankwesens Vorschub leisten.]

3. Der dritte und letzte Problemkomplex bildet die Frage der *Staatshaftung für private Verwaltungshilfe*[261]). Mit dieser Frage hatte sich schon das Reichsgericht in mehreren Entscheidungen auseinanderzusetzen[262]), und namentlich in jüngerer Zeit haben die bekannten Urteile zur Staatshaftung für Sachverständige der Technischen Überwachungsvereine[263]) sowie für Schülerlotsen[264]) und sog. Ordnungsschüler[265]) dem Problem-

---

[258]) Vgl. z. B. *Christoph Scholz*, Kreditinstitute des Bundes; Diss. Freiburg o. J. S. 154 ff.; *Hamann*, Öffentliche Kredite und Bürgschaften, BB 1953, 866 f.; *Zuleeg*, Die Rechtsreform der Subventionen, 1965, S. 91; differenzierend *Karl-Otto Henze*, Verwaltungsrechtliche Probleme der staatlichen Finanzhilfe zugunsten Privater, 1958, S. 60 f., 91 ff.

[259]) Vgl. z. B. *Huber* DVBl. 1952, 460 („Prinzip des absoluten Rechtsstaates"); *Zacher* VVDStRL 25, 377; ferner oben unter IV. 1. d).

[260]) Vgl. *Zacher* VVDStRL 25, 376, der bemerkt, daß die Erstellung solcher Ordnungskonzeptionen bisher kaum nur versucht worden sei.

[261]) Dazu namentlich: *E. R. Huber*, Wirtschaftsverwaltungsrecht I, S. 547; *derselbe* DVBl. 1952, 460; *Michaelis* aaO. S. 200 ff.; *Martens* NJW 1970, 1029 f.; *Zuleeg* DÖV 1970, 627 ff.; *Steiner* JuS 1969, 75; *Glaser* bei *Soergel/Siebert*, Bd. 3, 10. Aufl. 1969, § 839 Rdnr. 155; *Herschel*, Die Haftung der Technischen Überwachungsvereine, NJW 1969, 817 ff.

[262]) *RGZ* 142, 190; 158, 95 (Feld- und Forsthüter); 169, 313 (Kartoffelkäfersuchaktion); 155, 338 (Jagdschutzberechtigter); 159, 235 (Nachtwächter einer Gemeinde). — Aus der Rechtsprechung des *BGHZ* 36, 193 (Schiedsmann); 20, 290 (Freiwillige Feuerwehr); 22, 246 (nichtbeamtete Fleischbeschau-Tierärzte, Fleischbeschauer, Trichinenschauer); 39, 358 = NJW 1963, 1821 (Prüfingenieur für Baustatik); NJW 1961, 969 (Vom Versorgungsamt beauftragte Ärzte); NJW 1965, 2104 mit abl. Anm. *Hohenester*, VersR 64, 1070; 65, 562, 764 (Verkehrssicherung durch Bauunternehmer) MDR 1961, 917 (Trichinenschauer); interessant auch *BGHZ* 48, 98 = JZ 1968, 84 m. Anm. *Hubmann* = NJW 1967, 1857 — DVBl. 1967, 883 m. Anm. *Schack* (Autobahnbau durch Unternehmer).

[263]) *BGH* v. 30. 11. 1967 — NJW 1968, 443; weitere Urteile siehe vorige Fußnote.

[264]) *OLG Köln* NJW 1968, 655 = JuS 1968, 239 Nr. 3.

[265]) *LG Rottweil* NJW 1970, 474.

komplex neue Aktualität und praktische Relevanz verliehen[266]). Soweit private Verwaltungshelfer in Erfüllung der ihnen übertragenen staatlichen Verwaltungsaufgaben tätig werden, sind die Grundsätze der Amtshaftung anzuwenden[267]). Über diesen prinzipiellen Ausgangspunkt dürften kaum Meinungsverschiedenheiten möglich sein. [Die eigentlichen Streitigkeiten tauchen erst bei der *Anwendung* der Amtshaftungsgrundsätze auf, und sie werden dadurch weiter kompliziert, daß das deutsche Amtshaftungsrecht durch seinen personal orientierten Haftungstatbestand einen System- und Konstruktionsfehler aufweist, den es seit über 100 Jahren bis in die Gegenwart mitschleppt[268]).

Bekanntlich greift Art. 34 S. 1 GG nur ein, wenn jemand „in Ausübung eines ihm anvertrauten öffentlichen Amtes" gehandelt hat. In diesem Tatbestandskomplex sind mehrere Klippen und Streitpunkte angelegt. *Erstens* setzt sich hier der Streit fort, wann dieser „jemand" überhaupt *staatliche* Verwaltungsaufgaben erfüllt oder nicht, eine Frage, die schon immer eine crux des Amtshaftungsrechts darstellte und zu kaum übersehbaren Listen kasuistischer Leitfälle mit vielen Ungereimtheiten geführt hat[269]). Dieser systematisch-dogmatisch gesehen desolate Zustand darf niemanden wundern, denn hier zeigen sich — wie schon erwähnt — im Detail nichts anderes als die Symptome einer unbewältigten, kaum in Angriff genommenen Staatsaufgabenlehre. Das wird exemplarisch deutlich etwa bei den Technischen Überwachungsvereinen und bei den Schülerlotsen, bei denen ein Gutteil der Haftungsproblematik gerade auch diese Aufgabenkompetenz betrifft[270]). — *Zweitens* geht es um das Tatbestandselement des „Anvertrauens eines öffentlichen Amtes", das namentlich bei den Schülerlotsen und Ordnungsschülern Zweifel aufwirft[271]). Verhängnisvoll ist hier jene Argumentation, nach der etwa der Schülerlotsendienst dem in seinen Dimensionen unerschöpflichen Institut der Beleihung einverleibt wird, um ihn auf diese Weise dem Gesetzesvorbehalt zu unterwerfen, weiterhin mangels einer gesetzlichen

---

[266]) Vgl. dazu namentlich *Zuleeg* DÖV 1970, 627 ff.

[267]) Vgl. z. B. *Glaser* bei *Soergel/Siebert*, Bd. 3, 10. Aufl. 1969, § 839 Rdnr. 155.

[268]) Vgl. *Heidenhain*, Amtshaftung und Entschädigung aus enteignungsgleichem Eingriff, 1965, S. 33 ff.; *Bartlsperger*, Die Folgen von Staatsunrecht als Gegenstand der Gesetzgebung, NJW 1968, 1967 (1698 ff.).

[269]) Vgl. *Glaser* bei *Soergel/Siebert*, Bd. 3, 10. Aufl. 1969, zu § 839.

[270]) Vgl. etwa die Kritik von *Herschel* an der BGH-Entscheidung zur Haftung des TÜV, NJW 1969, 817 ff.

[271]) Vgl. dazu die Besprechungen der einschlägigen Urteile durch *Martens* NJW 1970, 1029 f. und *Zuleeg* DÖV 1970, 627 ff.

Grundlage den gesamten Schülerlotsendienst für verfassungswidrig zu erklären und damit das „Anvertrauen eines öffentlichen Amtes" in Abrede zu stellen[272]). Geht man einmal davon aus, daß die Schülerlotsen überhaupt *staatliche* Verwaltungsaufgaben erfüllen[273]), so muß man zumindest die weitere Frage stellen, ob hier nicht einer jener Bagatellfälle der Einschaltung Privater in die staatliche Aufgabenerfüllung vorliegt, für die der Gesetzesvorbehalt *nicht* eingreift, weil er praktisch nutzlos oder/und von der politischen Relevanz der Aufgaben und der ihnen inhärenten administrativen Entscheidungspotenz her gesehen unnötig, d. h. weder vom Rechtsstaatsprinzip noch vom Demokratiegebot gefordert wäre und gefordert werden könnte[274]). — Im übrigen ist mit Recht darauf hingewiesen worden, daß das „Anvertrauen" als *tatsächlicher* Vorgang gewertet werden muß, so daß es auf die Art, Zulässigkeit und rechtliche Wirksamkeit der Übertragung nicht ankommt[275]). —

Man kann also zunächst feststellen, daß Schadensersatzfälle, die aus der Verwaltungshilfe Privater resultieren, durchweg dem Regime der Amtshaftung unterliegen.] Während die Judikatur insoweit niemals hat Zweifel aufkommen lassen, sind die Gründe der einschlägigen Urteile von jeher angefüllt mit Ausführungen zur *Passivlegitimation,* also zu der Frage, *wer* als haftende Körperschaft in Betracht kommt. Die zuständigen Zivilgerichte haben sich bekanntlich weder die sog. Anstellungstheorie noch die sog. Funktionstheorie zu eigen gemacht, sondern sie haben die Haftpflicht der Körperschaft danach beantwortet, „wer dem Amtsträger das Amt, bei dessen Ausübung er fehlsam gehandelt hat, anvertraut hat, wer mit anderen Worten dem Amtsträger die Aufgaben, bei deren Wahrnehmung die Amtspflichtverletzung vorgekommen ist, übertragen hat"[276]). Diese „Anvertrauungstheorie"[277]) ist auch in den Entwurf eines Gesetzes zur Änderung und Ergänzung schaden-

---

[272]) So *Martens* aaO.

[273]) So *OLG Köln* NJW 1968, 655 (656); anders *Martens* NJW 1970, 1029 (1030); *Drews-Wacke,* Allgemeines Polizeirecht, 7. Aufl. 1961, S. 271, 492, 494; *Bogs,* Der Verwaltungshelfer im Polizeirecht, Diss. Göttingen, 1964, S. 114.

[274]) Vgl. dazu oben unter IV. 2. a. E.; ferner *Zuleeg* DÖV 1970, 631.

[275]) Vgl. LG *Rottweil* NJW 1970, 474 (475); *Zuleeg* DÖV 1970, 629; ferner ist hinzuweisen auf *BGH* VersR 1958, 705 ff., wo der BGH es als „naheliegende Erwägung" bezeichnet, die Hilfestellung eines beim Turnen herangezogenen Schülers als Ausübung eines anvertrauten Amtes aufzufassen.

[276]) So *BGH* v. 12. 2. 1970 = NJW 1970, 750 mit weiteren Nachweisen; ferner *Glaser* bei Soergel/Siebert, Bd. 3, 10. Aufl. 1969, § 839 Rdnr. 150.

[277]) *Glaser,* wie vorige Fußnote.

ersatzrechtlicher Vorschriften übernommen worden[278]). Sie erscheint sachgerecht, weil sie die Verantwortung derjenigen Körperschaft aufbürdet, die den Amtsträger bzw. Verwaltungshelfer aussuchen kann.

Legt man diesen Standpunkt zugrunde, so dürfte die haftpflichtige Körperschaft nicht all zu schwer zu ermitteln sein. Bei mehrstufigen Auswahlakten, bei denen die Funktionsstellen mehrerer Körperschaften zusammenwirken, wie etwa Gemeinde und Staat bei der Bestellung des Schiedsmanns, haftet jene Körperschaft, deren Behörde die entscheidenden Qualifikationsmerkmale des Verwaltungshelfers zu überprüfen und zu bestätigen hat[279]). — Prekärer wird die Situation, wenn *juristische Personen des Privatrechts* als Verwaltungshelfer auftreten, die sich ihrerseits zur Aufgabenerfüllung natürlicher Personen als Erfüllungsgehilfen bedienen. Hier ist die Frage: Soll die *private* juristische Person haften oder ist die Haftung auf die die Verwaltungsaufgaben übertragende juristische Person des *öffentlichen Rechts* zurückzubeziehen? Ersteres, nämlich die Haftung der privaten juristischen Personen, scheint logisch und sachlich unvermeidbar, wenn auch im Ergebnis merkwürdig[280]). Denn einmal beschränkt Art. 34 Satz 1 GG keineswegs die Haftpflicht auf juristische Personen des *öffentlichen Rechts*[281]), so daß vom Wortlaut her auch juristische Personen des Privatrechts passiv legitimiert sein können; zum anderen spricht auch der die Haftung legitimierende Gedanke, denjenigen haften zu lassen, der auswählt, dafür, die Passivlegitimation auf die als Verwaltungshelfer fungierende juristische Person des Privatrechts zu beziehen. — Diesem Ergebnis stehen allerdings zwei gewichtige Bedenken entgegen:

Erstens würde die Haftung des privaten Verwaltungshelfers dem Betroffenen den zahlungsfähigsten Schuldner, nämlich das staatliche Gemeinwesen mit seiner Steuerkraft entziehen, und ihn auf möglicherweise insolvente Privatinstitutionen verweisen[282]). Hier wäre deshalb die Frage zu stellen, ob diese Haftungskonstruktion unter dem Aspekt des Bürgerschutzes verfassungskonform erscheint.

---

[278]) Dazu *Dietzel*, Zur Neuordnung des Amtshaftungsrechts, JZ 1969, 48.

[279]) Vgl. *BGH* v. 12. 2. 1970 = NJW 1970, 750 (751 links).

[280]) So *Rupp* JZ 1968, 300; *Herschel* NJW 1969, 821.

[281]) Diese Beschränkung wird von der Judikatur von jeher ohne Begründung behauptet; vgl. z. B. *RGZ* 142, 190 (194) und zuletzt *BGH* NJW 1968, 443 (445); anders dagegen *E. R. Huber*, Wirtschaftsverwaltungsrecht I 547; *von Mangoldt/Klein*, GG, 2. Aufl., Art. 34 Anm. III 6 a.

[282]) So namentlich *LG Berlin* NJW 1967, 1663 (1664).

Zweitens würde der Staat zu einer auch schon im Verwaltungsprivatrecht angeführten „Flucht ins Privatrecht"[283]) ermuntert, mit der er lästige Haftungsfälle abschütteln könnte. Wenn aber die Staatsorganisation ihre Grenzen dort findet, wo sie zu einem Defizit im Rechtsstatus des Bürgers führt[284]), müßte entweder die genannte Haftungskonzeption verworfen[285]) oder die Übertragung von Verwaltungsaufgaben auf juristische Personen des Privatrechts für unzulässig erklärt werden.

Indessen ließe sich das aus der Sicht des Bürgers bestehende Haftungsdefizit durch eine subsidiäre oder kumulative Haftung des die Aufgaben übertragenden Hoheitsträgers ausgleichen, wobei die Version einer subsidiären Staatshaftung im Schrifttum vertreten wird[286]), allerdings ohne die Frage nach der Haftungsgrundlage zu stellen[287]). Eine solche subsidiäre Haftung hätte überdies zwei Vorteile:

Erstens würde sie den Mangel eines Regresses[288]) auf den Verwaltungshelfer bei gegebener staatlicher *Primär*haftung kompensieren.

Zweitens wäre es für den betroffenen Bürger leichter, den Haftpflichtigen ausfindig zu machen, was freilich durch die eventuelle Notwendigkeit doppelter Prozeßführung erkauft werden müßte[289]).

Die idealste Lösung wäre unter diesen Umständen wohl eine gesamtschuldnerische Haftung von Hoheitsträger und Verwaltungshelfer als juristischer Person des Privatrechts; eine

---

[283]) Vgl. *Mallmann/Zeidler*, Schranken nichthoheitlicher Verwaltung, VVDStRL 19, 165 ff., 208 ff.; zuletzt *Emmerich*, Die Fiskalgeltung der Grundrechte, JuS 1970, 332 ff.

[284]) Dazu oben unter IV. 1. d).

[285]) So die Judikatur; vgl. *BGH* NJW 1968, 443 mit Nachweisen.

[286]) Vgl. *E. R. Huber*, DVBl. 1952, 460; *Hans J. Wolff*, Verwaltungsrecht II, 2. Aufl., § 104 V c) 2., der aber in der 3. Aufl. 1970 diese Auffassung aufgegeben hat; *Mennacher* aaO. S. 167; *Brand* aaO. S. 100 ff.

[287]) Insoweit könnte als Vorbild dienen *BGH* v. 16. 2. 1970 = NJW 1970, 747, wo die subsidiäre Haftung des Staates für Bergschäden bei Wegfall des privaten Unternehmers begründet wird.

[288]) Auf ihn weist *Herschel* (NJW 1969, 820) mit Recht hin. Denn Art. 34 Satz 2 stellt eine Haftungsbegrenzungsnorm dar, aber keine Regreßgrundlage; diese muß durch den Gesetzgeber erst geschaffen werden (vgl. *von Mangoldt/Klein* Art. 34 mit Anm. III 8 b (S. 837)). Ob ein Regreßanspruch aus verwaltungsrechtlichem Schuldverhältnis angenommen werden kann, ist umstritten (dazu *Zuleeg* DÖV 1970, 630 mit Nachweisen).

[289]) Im Erstprozeß wird sich möglicherweise der betreffende Hoheitsträger schon als Nebenintervenient melden.

Haftungskonzeption, die sich aber de lege lata nicht begründen lassen wird.

VI. Abschließende Bemerkungen

Gestatten Sie mir noch einige abschließende Bemerkungen. Die Erfüllung von Verwaltungsaufgaben durch Private ist in Deutschland ebenso wie in anderen Ländern[290]) ein weit verbreitetes, nicht zu übersehendes Phänomen der Verfassungs- und Verwaltungswirklichkeit. Die Verwaltungshilfe Privater stellt kein „fossiles" Relikt aus „grauer Vergangenheit"[291]) dar, welches als Organisationsform vor-staatlicher, feudaler Herrschaftsordnung systemfremd in den konstitutionellen Rechtsstaat hineinragt und ausgemerzt werden muß. Vielmehr kann auch und gerade der industrielle Sozialstaat auf subsidiäre Dienstleistungen Privater bei der Erfüllung staatlicher Aufgaben nicht verzichten.

Freilich kann und darf die private Verwaltungshilfe nicht dazu dienen, Staatlichkeit in die Gesellschaft zu entlassen; oder — um das im Ergebnis entgegengesetzte Extrem zu nennen — die Verwaltungshilfe Privater darf nicht als legales Vehikel benutzt werden, um private Initiativen abzutöten, hintanzustellen oder unter staatliche Kontrolle zu bringen[292]) und damit „einen Zustand totalitärer und freiheitsvernichtender Identität von Staat und Gesellschaft"[293]) herbeizuführen. Beide Gefahren sind verfassungs*rechtlich* gebannt. Die Dogmatik kann ihren freiheitssichernden Beitrag in der Weise leisten, daß sie die staatliche Verwaltungshilfe Privater in der Regel auf technische oder entscheidungsarme, d. h. in ihrem administrativen Machtgehalt schwache Dienstleistungen reduziert und gegen die Erfüllung *öffentlicher* Aufgaben durch Private sowie gegen

---

[290]) Vgl. *Steiner* DÖV 1970, 526 FN 2, der für Italien verweist auf *Zanobini*, Corso di diritto amministrativo, Milano, Bd. III, 1958, 385 ff. — Für Frankreich: *E. R. Huber* DVBl. 1952, 457 mit Nachweisen; *Schnur* AöR 79, 418 ff.; für USA: *Ehmke*, Wirtschaft und Verfassung, 1961, S. 579 ff.; auch im Europarecht hat der Private als Verwaltungshelfer vorübergehend eine Rolle gespielt; vgl. *Gerd Winter*, Die Fondsverwaltung der Europäischen Gemeinschaften, 1969, S. 16 ff., 81 ff.; *Krawielicki*, Finanzielle Ausgleichseinrichtungen im Recht der Montanunion, in: Festschrift für Otto Riese, 1964, S. 151 ff.; *Klaus-Dieter Huth*, Die Sonderstellung der öffentlichen Hand in den Europäischen Gemeinschaften, 1965, S. 303 ff.

[291]) *Wilhelm Reuß*, in: Staatsbürger und Staatsgewalt, Bd. II S. 284; *derselbe*, in: Die Grundrechte III/1 S. 130.

[292]) *Köttgen* JöR NF 11, 300.

[293]) *Martens*, Öffentlich als Rechtsbegriff, S. 166; *Peters*, Öffentliche und staatliche Aufgaben, aaO. S. 879; *Dagtoglou* DÖV 1970, 537.

den Selbstverwaltungsgedanken[294]) scharf abhebt. — Andererseits besteht kein Anlaß, die Vision eines rechtsstaatlichen Kulturverfalls heraufzubeschwören, wenn der Staat zur Erfüllung seiner Verwaltungsaufgaben Private heranzieht, sofern er selbst die Aufgabenerfüllung nicht oder nur mit unverhältnismäßigem Aufwand bewältigen kann. Unter diesem Aspekt erscheint im Gegenteil nicht die Verwaltungshilfe Privater, sondern der Versuch, den Staat von der Grundrechtsseite her zu minimalisieren[295]), anders gesagt: die ständige Berufung auf Grundrechte als individueller Bastionen, in die sich der Einzelne in einem liberalistischen Egoismus staatsfeindlich einigelt, als ein die grundgesetzliche Freiheit mißverstehender Atavismus und Anachronismus. Der entscheidende Schritt zur „Verstaatlichung" oder „Sozialisierung" von bislang unter dem Regime der Privatautonomie stehenden Agenden besteht *nicht* in der Institutionalisierung staatlicher Verwaltungshilfe Privater, sondern logisch und in der Regel auch zeitlich früher in der *Beschlagnahme dieser Agenden durch den Staat* und den damit verbundenen rechtlichen oder doch faktischen Ausschluß der Privatinitiative.

Es gilt, die richtige Mitte zu finden zwischen der totalen Inpflichtnahme des einzelnen für den Staat, die aufgrund deutscher Erfahrungen offenbar manchen Verteidiger einer rechtsstaatlichen Demokratie gegen die Verwaltungshilfe Privater allergisch macht, und der staatsabgewandten oder doch staatsindifferenten liberalistischen Teilnahmslosigkeit.

---

[294]) Zur Abgrenzung gegen die Verwaltungshilfe Privater vgl. etwa *Mennacher* aaO. S. 66 ff., 81.

[295]) Vgl. dazu *Smend*, Bürger und Bourgeois im deutschen Staatsrecht, in: Staatsrechtliche Abhandlungen, 2. Aufl. 1968, S. 309 ff.

Leitsätze des Berichterstatters über:

Die Erfüllung von Verwaltungsaufgaben durch Private

A. Themenbereich

1. Das Problem der Erfüllung von Verwaltungsaufgaben durch Private ist nicht mit dem Thema des sog. Beliehenen Unternehmers identisch, sondern weitergreifend. Es umfaßt z. B. auch jene Fälle, in denen die Verwaltungshilfe Privater normativ als öffentlich-rechtliche Bürgerpflicht ausgeprägt ist und desgleichen alle sonstigen Verwaltungshilfen, namentlich auch im Bereich der sog. schlichten Hoheitsverwaltung und der Subventionsverwaltung.

2. „Privater" ist einmal, verstanden im materiellen Sinne, jedes nicht-staatliche Subjekt, d. h. jeder grundrechtsgeschützte Bürger, auch soweit er sich in privatrechtlichen Institutionen organisiert.

3. Ferner kann im rechtstechnisch-formalen Sinne der Begriff „Privater" auch als Privatrechtssubjekt verstanden werden, so daß thematisch alle Fälle einbezogen sind, in denen der Staat oder ein anderer Hoheitsträger in Privatrechtsformen Verwaltungsaufgaben erfüllt.

4. Mit dem Begriff „Verwaltungsaufgaben" sind nur die staatlichen Verwaltungsaufgaben gemeint. Ihre Identifizierung bildet die Problemquelle der gesamten Thematik.

B. Erfüllungsmodalitäten

5. Bei der Erfüllung von Verwaltungsaufgaben, die ein Gemeinwesen angehen, lassen sich folgende Erfüllungsmodalitäten voneinander abheben:

a) Der Staat oder ein sonstiger Hoheitsträger bedienen sich zur Aufgabenerfüllung nicht der öffentlich-rechtlichen Organisationsformen, sondern sie wählen das Gewand eines Privatrechtssubjekts (z. B. AG, GmbH, e. V.).

b) Der Staat kann staatliche Verwaltungsaufgaben auf Privatpersonen oder Privatorganisationen zur Ausübung übertragen.

c) Der Staat kann davon absehen, die staatliche Gemeinschaft angehende Aufgaben erst an sich zu ziehen, um sie dann auf Private zu übertragen. Er kann solche Aufgaben auch als öffentlich-rechtliche Bürgerpflichten unmittelbar den Privatpersonen als eigene Angelegenheiten auferlegen (z. B. Wegereinigungspflicht).

d) Wenn die ordnungsgemäße Aufgabenerfüllung durch Privatinitiative gesichert und gewährleistet ist, kann sich der Staat auf eine Beobachterrolle mit Korrekturfunktionen zurückziehen (Staatsentlastendes Privathandeln unter staatlicher Aufsicht).

e) Über die Aufsichtsfunktion hinaus kann der Staat aber auch Privathandeln anregen und fördern.

f) Schließlich kann der Staat auch mit Privaten kooperieren, d. h. gemeinsam, verantwortungs- und entscheidungsteilend verwalten (Staatlich-privates Kondominium).

C. Staatlicher und privater Kompetenzbereich

6. Bei der Erfüllung von Aufgaben, die ein Gemeinwesen angehen, wirken Staat und Private in mannigfachen Formen nebeneinander und miteinander. Da staatliches und privates Handeln je einem Sonderrecht unterliegen, muß trotz aller Verquickung staatliches und privates Handeln scharf abgetrennt werden, um es dem jeweils „zuständigen" Rechtsbereich zuordnen zu können. Diese Trennung hängt vom Charakter der jeweiligen Verwaltungsaufgaben ab.

7. Die Abgrenzung zwischen staatlichen und öffentlichen Aufgaben ist trotz Einverständnisses über einige wesentliche Komplexe in breiten Grenzzonen ungelöst, weil die Auffassungen über den Staat und seine Aufgaben stetem Wandel unterliegen und eine staatliche Aufgabenlehre unter der Geltung des Grundgesetzes nur aus aktuellen Anlässen sporadisch diskutiert worden ist.

8. Der Nachweis einer spezifischen Staatsaufgabe läßt sich „nur aus einer konkreten raumzeitlichen Staatsordnung" erbringen. Staatliche Aufgaben sind solche, die der Staat nach der jeweiligen Verfassungsordnung zulässigerweise für sich in Anspruch nimmt. Ob der Staat eine bestimmte Verwaltungsaufgabe an sich gezogen hat, muß durch Auslegung der die betreffende Aufgabenmaterie regelnden Gesetze festgestellt werden. Hier liegt eine der schwierigsten und in den Konsequenzen weittragendsten Fragen, zu deren Beantwortung es der Herausbildung von Auslegungs- und Orientierungshilfen bedarf.

D. Verfassungsrechtliche Zulässigkeit und Grenzen der Verwaltungshilfe Privater

I. Verfassungsstrukturelle und verfassungsorganisatorische Grenzen

9. Das Demokratiegebot steht der Einschaltung Privater in die Erfüllung staatlicher Aufgaben nicht entgegen, erfordert aber zumindest eine am Maßstab des politischen Gewichts der ausgegliederten Aufgabe orientierte und bemessene Staatsaufsicht.

10. Der Funktionsvorbehalt des Art. 33 Abs. 4 GG zieht der Verwaltungshilfe Privater nur eine quantitative Grenze („in der Regel").

11. Die Kompetenzregelung der Art. 83 ff. GG steht der Verwaltungshilfe Privater nicht entgegen, weil jene Grundgesetzvorschriften lediglich das Bund-Länder-Verhältnis regeln.

12. Die Problematik der Umgehung grundgesetzlicher Organisationsformen hat ihren Sitz nicht in erster Linie im Staatsorganisationsrecht, sondern im rechtsstaatlichen Gedankenkreis. Das Rechtsstaatsprinzip und die Grundrechte enthalten und erzeugen organisationsrechtliche Sperrwirkungen und Direktiven, die auch die Übertragung von staatlichen Verwaltungsagenden auf Private als modus der Verwaltungsorganisation eingrenzen und inhaltlich bestimmen. Das bedeutet konkret:

- *Schutz des Bürgers vor Rechtsverlust,*
- *Schutz des Betroffenen vor Rechtsverschleierung,*
- *Erhaltung der Rechtssicherung (Rechtsschutz, Haftung).*

II. Formelle Schranken

13. Die Übertragung staatlicher Verwaltungsaufgaben auf Private bedarf prinzipiell der formalgesetzlichen Ermächtigung. Dies folgt schon aus dem allgemeinen rechtsstaatlichen Gesetzesvorbehalt, sofern die Übertragung von Verwaltungsaufgaben für den betroffenen Privaten eine lästige Verwaltungshilfe darstellt, mit neuen Eingriffsbefugnissen gegenüber Dritten verbunden ist oder den Bürger in seiner Rechtsposition in irgendeiner Weise beeinträchtigt. Im übrigen stellt der Auf- und Ausbau einer parakonstitutionellen mittelbaren Staatsverwaltung, wie sie uns bei der Aufgabenerfüllung durch staatlich gegründete oder vom Staat in Anspruch genommene Private entgegentritt, einen politisch bedeutsamen Vorgang dar, der der parlamentarischen Entscheidung bedarf. Das schließt nicht aus, daß die Verwaltung in Bagatellfällen, insbesondere bei freiwillig übernommener unselbständiger Verwaltungshilfe, eine Aufgabenverlagerung auf Private auch ohne gesetzliche Ermächtigung vornehmen kann.

III. Private Verwaltungshilfe im Spiegel der Grundrechte

14. Aus der Sicht des privaten Verwaltungshelfers werden die Grundrechte in dreierlei Weise eingesetzt:

- *als Abwehrmittel gegen lästige Verwaltungshilfen,*
- *als Ansprungsgrundlagen auf Übertragung von staatlichen Verwaltungsaufgaben auf Private,*
- *als Abschirmrechte gegen die Entziehung einmal übertragener Verwaltungsagenden.*

15. Das Grundrecht der Berufsfreiheit (Art. 12 GG) ist bei einer Übertragung staatlicher Verwaltungsaufgaben auf Private thematisch nur betroffen, wenn es sich um berufsspezifische, nicht dagegen wenn es sich um berufs- und gewerbefremde Tätigkeiten handelt.

16. Die Eigentumsgarantie des Art. 14 GG schützt (nur) vermögenswertig objektivierte Freiheitsbetätigungen des Bürgers. Insofern kann diese Verfassungsvorschrift durch eine Aufgabenübertragung tangiert sein, wenn der Staat auf private Leistungsapparaturen zugreift und dadurch in die „Substanz des Gewerbebetriebes" einschneidet.

Über Art. 14 GG kann jedoch nicht „eingeengte Dispositionsfreiheit" liquidiert werden, weil sonst diese Grundrechtsvorschrift zu einer Globalanspruchsgrundlage für Entschädigungen von vorenthaltener oder beschränkter Freiheit ausgeweitet würde.

17. Durch Aufgabenübertragung eingeengte Dispositionsfreiheit des Bürgers wird im übrigen durch Art. 2 Abs. 1 GG erfaßt. Art. 2 GG hindert eine Aufgabenübertragung prinzipiell nicht, erfordert aber legitimierende Gründe.

18. Die Frage der Entgeltlichkeit oder Unentgeltlichkeit der Aufgabenerfüllung ist nach Art. 3 Abs. 1 GG zu beurteilen. Die Kostenabwälzung auf den Betroffenen bedarf der Legitimation, andernfalls ist die Aufgabenübertragung ohne Entgelt verfassungswidrig. Fehlen solche legitimierenden Gründe, so muß, um dem Gleichheitsgebot zu genügen, ein finanzieller Ausgleich für den herangezogenen Verwaltungshelfer vorgesehen werden.

Anhaltspunkte für die damit erforderliche Gleichheitsprüfung sind beispielsweise

— *der Gedanke der Vorzugslast,*

— *die Kongruenz zwischen staatlichen und privaten Interessen,*

— *der Vergleich zu ähnlichen Ordnungskonzeptionen (Erfordernis der gesetzesübergreifenden Systemtreue des Gesetzgebers),*

— *die Möglichkeit der Kostenabwälzung auf einen breiteren Kreis, ohne daß hierdurch Wettbewerbsnachteile entstehen,*

— *die Zulässigkeit der Ersetzung der geforderten Natural- oder Dienstleistung des Verwaltungshelfers durch eine wertgleiche Zwecksteuer, die dem Kreis der Verwaltungshelfer auferlegt wird.*

19. Der Rekurs auf Art. 3 GG hat grundrechtsdogmatisch eine Reihe von Vorteilen, namentlich

— *vermeidet er Verbiegungen und unvertretbare Ausweitungen einzelner, thematisch begrenzter Grundrechtsschutzbereiche,*

— *umgeht er die Schwierigkeiten der Junctim-Klausel,*

— *liefert er einen verfassungskräftigen Ausgleichsanspruch, der unterverfassungsrechtliche Konstruktionen entbehrlich macht.*

20. Verfassungsrechtlich (grundrechtlich) abgesicherte Ansprüche auf Übertragung staatlicher Verwaltungsaufgaben scheiden aus. Die Grundrechte schützen allenfalls vor ungerechtfertigten, den Freiheitsraum einengenden Aufgabenmonopolisierungen durch den Staat; geben also (negatorische) Unterlassungs- bzw. Überlassungsansprüche.

21. Wer die sog. „Öffentlichkeitsrechte" der Privatschulen als notwendigen Annex der Privatschulfreiheit betrachtet, muß in ihnen Ausprägungen privater „Grundrechtskompetenzen" erblicken, kann sie demnach nicht als übertragene Staatskompetenzen qualifizieren.

22. Die Frage, ob die Grundrechte vor dem Entzug einer einmal übertragenen staatlichen Aufgabe schützen oder doch eine Entschädigung bei zulässiger Entziehung gewähren, kann nur dann zutreffend beantwortet werden, wenn zwei Aspekte scharf getrennt werden, nämlich

— *ob überhaupt eine staatliche Aufgabe vorliegt,*

— *was im Falle der Kompetenzentziehung als eigentumsfähiges und eigentumsgeschütztes Substrat und damit als Objekt einer Entschädigung in Betracht kommt.*

Staatsfunktionen als solche kann der Staat jederzeit wieder an sich ziehen, und sie sind auch kein denkbares Substrat möglicher Enteignung. Dagegen kann der private Verwaltungshelfer Entschädigung verlangen, wenn und soweit das mit Rücksicht auf die Wahrnehmung staatlicher Kompetenzen von ihm geschaffene Betriebs- und Vollzugspotential oder sonstige Aufwendungen oder Dispositionen infolge der Kompetenzentziehung wirtschaftlich nutzlos werden. Soweit nicht Art. 14 GG unmittelbar eingreift, bleibt ein „Dispositionsanspruch", der starke Verwandschaft und Parallelen zum Plangewährleistungsanspruch aufweist.

E. Die Ausgestaltung der Drittbeziehungen Verhältnis: Staat/Verwaltungshelfer — Drittbetroffener

I. Grundrechtsbindungen

23. Der private Verwaltungshelfer ist in Ausübung der ihm übertragenen Verwaltungsaufgaben in gleicher Weise der Verfassung und den Grundrechten verpflichtet wie eine staatliche Behörde.

II. Rechtsschutz

24. Für Streitigkeiten, die aus den Rechtsbeziehungen zwischen dem Verwaltungshelfer als solchem und dem drittbetroffenen Bürger resultieren, steht der Verwaltungsrechtsweg offen.

25. Das geltende Verfahrens- und Prozeßrecht rechnet mit dem Phänomen privater Verwaltungshilfe nicht. Dennoch gestattet die elastische und pragmatische Begriffsbildung des Prozeßrechts eine Einpassung in das geltende Recht. Der private Verwaltungshelfer ist unter Umständen zugleich als „Behörde" im Sinne des § 73 VwGO und als „Körperschaft" im Sinne des § 78 VwGO anzusehen. Weitere Präzisierungen der prozessualen Details erfordern eine Typologisierung der Verwaltungshelfer und Verwaltungshilfen.

III. Staatshaftung

26. Soweit private Verwaltungshelfer in Erfüllung der ihnen übertragenen staatlichen Verwaltungsaufgaben tätig werden, sind die Grundsätze der Amtshaftung anzuwenden.

27. Umstritten ist die Passivlegitimation, sofern als Verwaltungshelfer eine juristische Person des Privatrechts fungiert. Art. 34 Satz 1 GG hindert nicht, auch eine juristische Person des Privatrechts als haftende „Körperschaft" zu qualifizieren. Gegen eine solche Annahme stehen allerdings zwei Bedenken:

erstens würde dem Betroffenen der zahlungsfähigste Schuldner, nämlich der Staat, entzogen;

zweitens würde der Staat zu einer „Flucht ins Privatrecht" ermuntert.

Beide Bedenken ließen sich durch eine subsidiäre oder kumulative Staatshaftung ausräumen. Eine subsidiäre Staatshaftung würde überdies den Mangel eines Regresses auf den Verwaltungshelfer bei staatlicher Primärhaftung kompensieren. Die idealste Lösung wäre eine gesamtschuldnerische Haftung von Hoheitsträger und Verwaltungshelfer; diese Konzeption wird sich aber de lege lata nicht begründen lassen.

Die Erfüllung von Verwaltungsaufgaben durch Private

2. Mitbericht von Professor Dr. Hans-Ullrich Gallwas, München

Inhalt

I. Eingrenzung des Themas

1. Die auffälligste Figur des Themas ist der Private, der selbständig spezifisch öffentlich-rechtliche Funktionen ausübt und der in den Formen des öffentlichen Rechts tätig wird, der deshalb unter anderem an die Grundrechte gebunden ist und staatlicher Aufsicht untersteht und dessen Verhaltensfolgen man nach Amtshaftungsgrundsätzen und den übrigen öffentlich-rechtlichen Entschädigungsvorschriften beurteilt[1]).

Paradebeispiel ist der amtlich anerkannte Sachverständige und Prüfer im Kraftfahrzeugverkehr mit seinen Entscheidungsbefugnissen in Sachen Führerschein und Verkehrssicherheit[2]).

[1]) Zur Rechtsfigur des Beliehenen im allgemeinen *H. J. Wolff*, Verwaltungsrecht II, 3. Aufl., § 104, S. 386 ff. mit Literaturübersicht; neuerdings *Steiner*, DÖV 1970, 526; speziell zum verfassungsrechtlichen Aspekt der Rechtsfigur des Beliehenen vgl. *E. R. Huber*, Wirtschaftsverwaltungsrecht I, 2. Aufl., S. 537 ff.; *Köttgen*, JöR 11 (1962) S. 173 ff. (303); *Peters-Ossenbühl*, Die Übertragung von öffentlich-rechtlichen Befugnissen auf die Sozialpartner unter besonderer Berücksichtigung des Arbeitsschutzes, S. 37 ff.; s. auch BVerfG 21, 362 (370) [beiläufige Erwähnung]; BVerfG 17, 41 (42). Bedenken insoweit bei *Reuss*, Wirtschaftsverwaltungsrecht I, S. 64.

[2]) Hierzu im einzelnen *Michaelis*, Der Beliehene, Dissertation 1969, S. 95 ff.; *Steiner*, JuS 1969, 69 ff.; *Sauer*, DVBl. 1970, 486 ff.; a. A. Siebert, Rechtsstellung und Handlung der Technischen Überwachungsvereine im Kraftfahrzeugprüfungswesen. S. 30 ff.
Zur Tätigkeit der Technischen Überwachungsvereine insgesamt *Rupp*, Privateigentum an Staatsfunktionen? pass.; *Herschel*, Festschrift für Nipperdey, 1965, Bd. II, S. 221 (242 ff.); *Peters*, Festschrift für Nipperdey, 1965, Bd. II, S. 877 (883 ff.), jeweils mit weiteren Nachweisen.

Aber der in diesem Sinn „beliehene" private Verwalter ist nicht die eigentliche problematische Figur, denn seine Rechtsbeziehungen sowohl zu Dritten wie auch zu dem Muttergemeinwesen, das ihn mit entsprechenden Funktionen betraut hat, sind im grundsätzlichen weitgehend aufbereitet. Die offenen Fragen zielen insoweit eher auf den konkreten Fall, zumal auf Klärung, ob jemand als Privater oder Beliehener gehandelt hat, ob er spezifisch staatliche Funktionen wahrgenommen hat oder nicht[3]).

In den Grundlagen ungeklärt sind hingegen die Fälle, in denen sich das Gemeinwesen zur Erfüllung seiner Zwecke Privater bedient, ohne diesen die spezifischen Befugnisse der übrigen öffentlichen Verwaltung einzuräumen[4]). Beispiele hierfür sind: der private Erschließungsträger im Baurecht[5]), die Subventionsmittler[6]), die freien Wohlfahrtsverbände oder, um auch einen kleinen Mann zu nennen, der von der Polizei zur Beseitigung einer Störung Beauftragte.

Dieser Figur des privaten Verwalters begegnet man auf Schritt und Tritt[7]). Allenthalben werden Zwecke, die sich das Gemeinwesen gesetzt hat, erst dadurch wirksam, daß Private die konkretisierenden Entscheidungen der Verwaltung, sei es durch Privatrechtsgeschäfte, durch Realakte oder andere Verhaltensmodalitäten, in die Tat umsetzen, daß Private durch entsprechende Erkenntnisakte das Material für Entscheidungen

---

[3]) Problematisch besonders bei Tätigkeiten, die sich nicht auf Anhieb in das Typenschema öffentlich-rechtlicher Handlungsformen einpassen lassen. Vgl. hierzu die Detailuntersuchung von *Bachof,* AöR 83 (1958) S. 208 (235 ff.).

[4]) Gerade die Konzeption des Beliehenen durch die Rechtsstellungstheorie, vgl. hierzu *Vogel,* Öffentliche Wirtschaftseinheiten in privater Hand, S. 60 ff., S. 81 ff., sowie *Zeidler,* VVDStRL 19, S. 208 (211 Fußn. 15), das heißt die Beschränkung auf die Zuweisung hoheitlicher Befugnisse und die Lösung vom Zusammenhang mit der Wahrnehmung von Staatsfunktionen, hat diesen Fallgestaltungen ein weiteres Feld geöffnet. Vgl. *Steiner,* DÖV 1970, 526 (527).
Der Ansatz ist hier betont weit gefaßt, um möglichst viele vergleichbare Erscheinungen einzubeziehen. Eine Einengung auf „Verwaltungstätigkeit", „Verwaltungsaufgabe" etc. würde, abgesehen von der Unbestimmtheit dieser Begriffe, das Auffinden kongruenter Lagen erschweren. Deshalb erscheint auch die Abgrenzung *Dagtoglous,* DÖV 1970, 532 (536 f.) nicht übernehmbar.

[5]) § 123 III BBauG.

[6]) Hierzu im einzelnen *Zacher,* VVDStRL 25, S. 308 (370 ff.).

[7]) Teilübersicht (1949—1961) zu den privatrechtlichen „Trabanten des öffentlichen Gemeinwesens" bei *Köttgen,* JöR 3 (1954) S. 67 (116 f); 11 (1962) S. 172 (290 ff.). Zur Entwicklungstendenz vgl. *Dagtoglou,* DÖV 1970, 532 f.

der Verwaltung beschaffen oder daß sie selbst konkretisierende Entscheidungen treffen bzw. entscheidend beeinflussen[8]).

Um sich solcher Tätigkeit des Privaten zu versichern, steht dem Gemeinwesen die gesamte Skala rechtlicher Gestaltungsform zu Gebote, von der abstrakt generellen Regelung[9]) bis zum Einzelakt[10]), vom Vertrag öffentlich-rechtlicher oder privatrechtlicher Natur bis zum Anreiz durch in Aussicht gestellte Vergünstigungen[11]) oder durch Androhung von Belastungen[12]). Das entscheidende Wort ist dabei nicht einmal dem förmlichen Gesetzgeber vorbehalten. Berücksichtigt man nämlich die weitreichenden Kompetenzen, die der mit dem Bürger kooperierenden Verwaltung zugebilligt werden, dann kann man in diesem Zusammenhang nachgerade von einer umfassenden Mediatisierungskompetenz der Verwaltung sprechen. Wo spezielle gesetzliche Bindungen fehlen, ist es nach überkommener Meinung Sache des Verwaltungsträgers, darüber zu befinden, ob er seine Aufgabe mit organisatorisch eigenen Mitteln bewältigt oder ob er sie von selbständigen Privaten erfüllen läßt[13]).

2. Bei der Ausübung der Mediatisierungskompetenz ist einmal im Verhältnis zwischen dem Verwaltungsmittler und dem Gemeinwesen vieles offen. Brennpunkte liegen insoweit vor allem im Grundrechtsschutz des wider seinen Willen in Anspruch Genommenen[14]); Sozialbindung, öffentlich-rechtliche

---

[8]) Zu letzteren insgesamt *Dagtoglou*, Der Private in der Verwaltung als Fachmann und Interessenvertreter.

[9]) Wobei keineswegs nur die Auferlegung öffentlich-rechtlicher Pflichten in Frage kommt. Das Gemeinwesen kann seine Aufgaben vielmehr auch durch Begründung zivilrechtlicher Rechte und Pflichten erfüllen. Vgl. etwa die jüngste Diskussion um den Mieterschutz oder die Regelung des § 12 PflichtversicherungsG.
Speziell zur Daseinsvorsorge im Wege privatrechtlicher Regelung *Siebert*, Festschrift für Niedermeyer, S. 215 (246). *Forsthoff*, Rechtsfragen der leistenden Verwaltung, S. 20 f., unterscheidet insofern zwischen Daseinssicherung und Daseinsvorsorge.

[10]) Beispiel: § 1 VO über den Entschädigungsfonds für Schäden aus Kraftfahrzeugunfällen vom 14. 12. 1965 (BGBl. III 925).

[11]) Beispiel: Die Finanzierungshilfen gemäß §§ 10 ff. des Gesetzes zur Förderung der Stabilität und des Wachstums der Wirtschaft.

[12]) Vgl. hierzu den „sanften" Zwang des § 13 I PflichtversicherungsG.

[13]) Zur Mediatisierungskompetenz vgl. die weitgreifenden Bestimmungen des § 23 BHO, § 24 LVwG Schleswig-Holstein sowie die in der Rspr. anerkannte Befugnis, zwischen Erledigung durch eigenen Verwaltungsapparat und Erledigung durch Dritte zu wählen. Kennzeichnend hierfür BVerfG 17, 371 (377); 22, 180 (204).

[14]) Vgl. *Köttgen*, JöR 11 (1962) S. 173 (300).

Dienstleistungspflicht[15]), gesetzliche Indienstnahme Privater[16]), staatlich gebundener Beruf[17]), außerdienstliches öffentliches Amt[18]) bezeichnen stichwortartig das Spektrum der einschlägigen Probleme. Nicht hinreichend diskutiert erscheint in diesem Zusammenhang zumal die Frage der Entschädigungspflicht. Das im Gegensatz zur Sonderbeeinträchtigung vermögenswerter Rechte ein Sonderopfer in Gestalt der erzwungenen Sonderleistung von Verfassungs wegen keine eindeutige und breite[19]) Entschädigungsrelevanz besitzt, indiziert aufklärungsbedürftige Widersprüchlichkeit[19a]).

In dieser Hinsicht geht es allerdings noch um Fragen von geringerer Grundsätzlichkeit, denn die Grundstruktur der Beziehung zwischen dem Verwaltungsmittler und dem Gemeinwesen ist, so hat es mindestens zunächst den Anschein, durch die Einbettung in den Regelungskomplex des allgemeinen Bürger-Staat-Verhältnisses vorgegeben.

Das ändert sich schlagartig, wenn man die Mediatisierungskompetenz unter einem anderen Aspekt betrachtet, wenn man nämlich den Blick auf die Stellung und Funktion des privaten Verwalters in der Allgemeinheit, vor allem aber auf die Beziehung zwischen dem Verwaltungsmittler und dem einzelnen Dritten richtet.

Sofern der Verwaltungsmittler keine spezifisch öffentlichrechtlichen Befugnisse wahrnimmt und auch keinem Sonderrecht[20]) unterworfen ist, tritt er als Privater unter Privaten

---

[15]) Hierzu *H. J. Wolff*, Verwaltungsrecht I, 7. Aufl., S. 252 ff.; *Maunz* in: Maunz-Dürig-Herzog, Art. 12 Rdnr. 122 ff., S. 60 f.; *Über* Festschrift für Schack, S. 167 ff.; *Göppel*, Die Zulässigkeit von Arbeitszwang nach Art. 12 II Satz 1 des Grundgesetzes, Diss. 1967.

[16]) Vgl. *Ipsen*, Festgabe für Kaufmann, S. 141 ff.; *Ders.*, AöR 90 (1965) S. 393 ff.

[17]) Vgl. hierzu *Brohm*, Strukturen der Wirtschaftsverwaltung, S. 94 ff.; *Leisner*, AöR 93 (1968) S. 161 (197 ff.).

[18]) Vgl. *Leisner*, AöR 93 (1968) S. 161 ff.

[19]) Ansätze zu einer verwaltungsrechtlichen Lösung bei *Otto Mayer*, Deutsches Verwaltungsrecht II, 2. Aufl., S. 402 ff.; *Fleiner*, Institutionen des deutschen Verwaltungsrechts, 8. Aufl. 1928, S. 415 f. (Fußn. 8); *Jellinek*, Verwaltungsrecht, 3. Aufl. 1931, S. 415 (419). Vgl. auch *Ipsen*, Festgabe für Kaufmann, S. 141 (154 f.); *Ders.*, AöR 90 (1965) S. 393 (426 ff.); *H. J. Wolff*, Verwaltungsrecht I, 7. Aufl., S. 262.

[19a]) Vgl. hierzu *Gallwas*, BayVersBl. 71, 245 ff.

[20]) Zum Beispiel den Regelungen über das Lohnabzugsverfahren bei der Einkommenssteuer, § 38 III, § 41 I Satz 1 EGStG der Kapitalertragssteuer §§ 43 ff. EGStG, dazu BVerfG 22, 380 (383). Insgesamt hierzu *Gause*, Die öffentliche Indienststellung Privater als Rechtsinstitut der Staatsorganisation, Diss., S. 87 ff. Vgl. im übrigen die Zusammenstellung bei *Ipsen*, Festgabe für Kaufmann, S. 141 (145 ff.).

auf[21]) und entstehende Konflikte werden nach den Konfliktslösungsmodellen der Privatrechtsordnung entschieden. Das Privatrecht erfüllt also überall dort, wo es an speziellen gesetzlichen Regelungen fehlt[22]), nicht zuletzt gerade in den Fällen, in denen die kooperierende Verwaltung Private mediatisiert, eine Auffangfunktion[23]). Dabei bleibt unberücksichtigt, daß der Private gar nicht als solcher, sondern eben als Verwaltungsmittler tätig wird[24]).

Die Ausübung der Mediatisierungskompetenz verbunden mit der Auffangfunktion der Privatrechtsordnung birgt eine spezifische Problematik für die Allgemeinheit und den einzelnen Bürger. Ihr kann nicht mit Akribie und ins einzelne nachgegangen werden. Immerhin läßt sich an einigen exemplarischen Erscheinungen verdeutlichen, worum es geht.

II. Problemsicht

1. Durch die Mediatisierung werden Handlungskomplexe aus der Verantwortung und den spezifischen Bindungen des Gemeinwesens herausgelöst und dem privaten Bereich individueller Verantwortung und Bindung zugeschlagen. Das ist für denjenigen, der sich dem Verwaltungsmittler gegenübersieht, durchaus folgenreich.

Eine der Folgen ist ein Defizit an Grundrechtseffektivität, denn an die Stelle unmittelbarer Grundrechtsbindung staatlicher Verwaltungsträger tritt beim Verwaltungsmittler, dem

---

[21]) Siehe *Werner Weber*, Die Körperschaften, Anstalten und Stiftungen des öffentlichen Rechts, 2. Aufl., S. 73 f.; *Ipsen*, Festgabe für Kaufmann, S. 141 (158 ff.); *Martens*, Öffentlich als Rechtsbegriff, S. 133.

[22]) Nach der Ansicht von *Martens*, NJW 1970, 1029, soll auch und sogar dann Privatrecht maßgebend sein, wenn dem Beleihenden die Beleihungskompetenz fehlt. Speziell zum Fall des Schülerlotsen auch *Zuleeg*, DÖV 1970, 627 ff.

[23]) Hierbei fällt besonders ins Gewicht, daß die Verwaltungsrechtsdogmatik den Verwaltungsrealakt noch immer nicht im Griff hat und daher gerade diese Sachverhalte nahezu ausschließlich zivilrechtlicher Beurteilung verfallen. Vgl. hierzu schon *Köttgen*, VVDStRL 6, S. 113; *Vogel*, Öffentliche Wirtschaftseinheiten in privater Hand, S. 78. Bezeichnend *Siebert*, Rechtsstellung und Haftung der Technischen Überwachungsvereine im Kraftfahrzeugprüfungswesen, S. 25.

[24]) Die Grundproblematik liegt hier weniger in der „Divergenz von staatlicher Funktion und privatem Status", vgl. *Steiner*, DÖV 1970, 526 (531), als in der Tätigkeit Privater nach staatlichem Programm. Vgl. auch *Scheuner*, Gedächtnisschrift Hans Peters, S. 797 (812). Er hebt die „unzureichende Gestaltung der Relation zu Dritten" hervor und bezeichnet die Übertragung staatlicher Aufgaben auf Private u. a. deshalb als „untunlich".

keine spezifisch öffentlich-rechtlichen Befugnisse übertragen sind, der abgeschwächte Schutz, den die Aktualisierung der Grundrechte über die Generalklauseln und unbestimmten Rechtsbegriffe des Privatrechts vermittelt. Die Verkürzung des Grundrechtsschutzes tritt z. B. bei Handlungen zutage, die vom Gemeinwesen selbst vorgenommen dem Verwaltungsprivatrecht unterlägen oder als Verwaltungsrealakte zu qualifizieren wären. Sie zeigt sich aber auch dort, wo der Private seine Leistungen weltanschaulich einfärbt oder von der weltanschaulichen Färbung des Gegenübers abhängig macht wie im Fall der öffentlich geförderten freien Wohlfahrtspflege.

Eine weitere Folge ist die Verlagerung der Haftung und ein Wandel in den rechtlichen Voraussetzungen für Ersatzleistungen.

An die Stelle des stets zahlungskräftigen Trägers öffentlicher Verwaltung treten private Verwalter von geringerer, mindestens gefährdeterer Bonität.

Die Einschaltung eines Verwaltungsmittlers kann überdies zum Vorwand werden, um die Haftung des Gemeinwesens auf die Fälle des Auswahlverschuldens zu reduzieren und den Geschädigten auf die deliktischen Ansprüche gegen den Verwaltungsmittler zu verweisen. Man spricht hier von „mittelbarer Ausübung hoheitlicher Gewalt"[25]). In negativer Hinsicht beispielhaft ist eine Entscheidung des Oberlandesgerichts Nürnberg[26]). Ein von der Polizei beauftragter Unternehmer hatte ein verkehrsunsicheres Fahrzeug beim Abschleppen beschädigt. Das Gericht meinte, das Abschleppen durch einen privaten Unternehmer sei anders als der Einsatz eines verwaltungseigenen Abschleppfahrzeugs keine Ausübung hoheitlicher Gewalt, sondern privatrechtliche Tätigkeit des Beauftragten, wenngleich mit hoheitlicher Zielsetzung[27]).

Wenn man der Verwaltung die Kompetenz einräumt, selbst zu entscheiden, ob eine Aufgabe mit hoheitlichen oder privatrechtlichen Mitteln erfüllt wird, dann liegt es in der Tat nahe, die Einschaltung eines Privaten ohne Sonderbefugnisse als Indiz für eine privatrechtliche Gestaltung zu nehmen[28]). Die

---

[25]) Vgl. *Glaser*, *Sörgel-Siebert*, BGB, Bd. 3, 10. Aufl., § 839 Rdnr. 93, S. 1117.

[26]) OLG Nürnberg, Urteil vom 30. 3. 1966, JZ 1967, 61.

[27]) Vgl. auch den Schülerlotsenfall des OLG Köln, Urteil vom 19. 1. 1968, NJW 1968, 655. Hierzu *Martens*, NJW 1970, 1029; *Zuleeg*, DÖV 1970, 627 ff.

[28]) In der Rspr. ist zudem anerkannt, daß Verrichtungen, die für sich allein betrachtet dem bürgerlich-rechtlichen Tätigkeitsbereich zuzurechnen sind, unter Umständen unter dem Gesichtspunkt des

Folge ist, daß Ansprüche auf § 839 BGB, Art. 34 GG ebenso ausscheiden wie der Anspruch aus enteignungsgleichem Eingriff und Aufopferung[29]).

Sofern sich das Gemeinwesen zur Erfüllung seiner Aufgaben Privater bedient, ohne ihnen besondere rechtliche Befugnisse einzuräumen, entstehen zudem negative Perpetuierungseffekte. Das Instrumentarium zur Entstörung von Rechtswidrigkeiten im normalen Bürger-Staat-Verhältnis wird mehr oder minder untauglich. Der Bürger kann gegen Maßnahmen des Gemeinwesens, die dem Verwaltungsmittler gegenüber ergehen, oder gegen Regelungen, die das Verhältnis zwischen Gemeinwesen und Verwaltungsmittler gestalten, nicht ohne weiteres vorgehen. Werden solche Maßnahmen oder Regelungen später aus Rechtsgründen oder besserer Einsicht geändert oder aufgehoben, so wirkt sich dies nicht ipso iure auf den Bürger aus. Entsprechende Entscheidungen des Gemeinwesens wirken zunächst nur im Verhältnis zum Verwaltungsmittler. Daß dieser z. B. eine finanzielle Entlastung weiterreicht, ist mindestens in der Normallage rechtlich nicht gewährleistet. Sofern das Rechtsverhältnis zwischen Verwaltungsmittler und Bürger vertraglicher Natur ist, kann der Verwaltungsmittler jederzeit den Bürger hervorkehren und sich nach beiden Seiten auf den bestehenden Vertrag berufen. Ob etwa die Aufhebung unentgeltlicher Bevorratungspflichten[30]) oder eine staatliche Ausgleichsleistung für die Vorratshaltung der Erdölimporteure und Raffinerien in Form einer Preissenkung an die Verbraucher weitergegeben würden, ist, sofern keine Sonderregelungen getroffen werden, allein eine Sache der Marktlage.

2. Die Veränderungen, die sich für die rechtliche Stellung des Bürgers ergeben, wenn ihm statt des Gemeinwesens ein privater Verwalter gegenübertritt, ist indessen nicht der einzige problematische Aspekt dieser Erscheinung.

Funktionszusammenhangs am hoheitlichen Charakter einer Tätigkeit teilhaben, der zu dienen sie bestimmt sind. Allerdings setzt das voraus, daß die Verrichtungen mit der hoheitlichen Tätigkeit in einem so engen inneren und äußeren Zusammenhang stehen, daß auch sie bei natürlicher Betrachtungsweise dem hoheitlichen Tätigkeitsbereich zugeordnet werden müssen. Vgl. *Glaser, Sörgel-Siebert,* BGB, Bd. III, 10. Aufl., § 839 Rdnr. 94 f., S. 1118. Siehe auch BVerwG, Urteil vom 23. 10. 1969, DÖV 1970, 489 (490) mit Nachweisen. Auch hier könnte die Einschaltung eines Privaten dazu verleiten, den Zusammenhang der an sich privatrechtlichen Verrichtung mit dem hoheitlichen Tätigkeitsbereich zu lösen. Vgl. dazu BGHZ 48, 98 (102 f.), BGH, Urteil vom 30. 10. 1959, L-M Nr. 2 § 909 Blatt 2.

[29]) Vgl. hierzu auch *Forsthoff,* Lehrbuch des Verwaltungsrechts, 9. Aufl. S. 507.

[30]) Insgesamt hierzu *Ipsen,* AöR 90 (1965) S. 393 ff.

Aufmerksamkeit verdient auch der Machtzuwachs, den der Verwaltungsmittler vielfach erfährt. Dies vollzieht sich freilich nicht so sehr auf der Ebene des rechtlichen Dürfens als auf der des tatsächlichen Könnens. Besonders deutlich wird der Zuwachs an Einfluß und Macht in den Fällen kooperativer Mediatisierung, wenn das Gemeinwesen dem Verwaltungsmittler zur Erfüllung bestimmter Aufgaben öffentliche Mittel bereitstellt oder besondere Finanzierungsquellen erschließt.

Man kann insoweit drei Stufen unterscheiden. 1. Stufe: Der Verwaltungsmittler wird durch den Einsatz öffentlicher Finanzmittel in die Lage versetzt, Handlungen vorzunehmen, die unterblieben wären, wenn er ausschließlich auf eigene Mittel und privaten Kredit angewiesen wäre. Dadurch kann er von den allen eingeräumten Freiheiten intensiver Gebrauch machen als andere. Der darin liegende Effekt der Steuerung und Beeinflussung gesellschaftlicher Potenzen und Mechanismen ist unverkennbar. Die den privaten Verbänden, etwa dem Bund der Vertriebenen, geleisteten staatlichen Zuschüsse liefern hierfür geeignetes Anschauungsmaterial. 2. Stufe: Im Zuge des Einsatzes öffentlicher Mittel baut sich der private Verwalter einen Apparat auf und schafft Sachwerte, die zwar in der einen oder anderen Hinsicht besonderen Bindungen unterworfen sein mögen, aber immerhin prinzipiell und letztlich seiner Disposition unterliegen. Einschlägige Beispiele sind der mit öffentlichen Mitteln geschaffene Hausbesitz privater Wohnungsträgergesellschaften und der vom BGH als enteignungsfähige Rechtsposition anerkannte Apparat der Technischen Überwachungsvereine[31]). 3. Stufe: Der Bürger oder der private Verband streifen die Bindungen, die ihnen in ihrer Eigenschaft als Verwaltungsmittler auferlegt sind, ab. Sie privatisieren das Substrat ihrer Tätigkeit und sind wieder nur Bürger oder privater Verband, jetzt allerdings erheblich mächtiger. Wiederum vermag das in den vergangenen Jahren geschaffene Privateigentum an Grund und Wohnung in der Hand privater Gesellschaften durch Einsatz öffentlicher Mittel zu zeigen, worum es und wohin es geht. Der Vorgang findet seine Parallele im Eigentum an Produktionsmitteln, das mit Hilfe von Investitionsprämien erworben wird[32]). Die soziale Asymmetrie, die auf diese Weise entsteht, bedarf der Beachtung, weil sie ein Abfallprodukt im Prozeß der Verwirklichung des Sozialstaatsgedankens ist und

---

[31]) BGHZ 25, 266. Auf die Tatsache, daß hier „staatsfunktionelle Kompetenzen" zu einer „gegen den Staat gerichteten Position grundrechtlicher Freiheit umgeprägt werden", hat bereits *Rupp*, Privateigentum an Staatsfunktionen?, aufmerksam gemacht.

[32]) Dazu *Wagner*, VVDStRL 27 (1968) S. 41 (58).

weil sie Sachverhalte begründet, auf die das Wort „etablierte Lebenslügen der Gesellschaft“[33]) paßt.

3. Es kann kein Zweifel sein, daß sich das Gemeinwesen mit der Einschaltung privater Verwalter administratives Potential erschließt[34]); ein Potential, das zumal auch in Bereichen wirken kann, die dem Gemeinwesen verschlossen sind und das frei ist von Bindungen, die dem Gemeinwesen durch die Rechtsordnung auferlegt sind.

Aber man darf andererseits nicht übersehen, daß das Gemeinwesen die Übertragung von Verwaltungsaufgaben auf Private mit einem beträchtlichen Schwund an Steuerungsmöglichkeiten bezahlt. Weil der Verwaltungsmittler zugleich Bürger und als solcher Grundrechtsträger ist, kann er, wo entsprechende Vorbehalte fehlen, Einmischung des Gemeinwesens unter Berufung auf entsprechende staatsabweisende Rechtspositionen abwehren. Wo innerhalb des Gemeinwesens das hierarchische Prinzip gilt und somit Permeabilität für Entscheidungen von oben existiert, stößt man beim Verwaltungsmittler auf Ablehnung und Rechtsbeteuerung[35]). Sachliche und persönliche Kontrolle sind entsprechend eng begrenzt[36]). Was jedoch noch schwerer wiegt: Unkenntnis und falsche Prognosen wirken sich stets zu Lasten des Gemeinwesens aus. Die Verwaltung verliert die Möglichkeit, von sich aus, d. h. ohne Einverständnis des Verwaltungsmittlers, Kurskorrekturen vorzunehmen. Das einmal im Verhälnis zwischen Gemeinwesen und Verwaltungsmittler fixierte Programm läuft ab, ohne daß man es, sei es denn um den Preis der Entschädigung, an neue Lagen anpassen könnte. Die Verwaltung verfällt zunehmend in eine Lähmung, der sie nur durch Maßnahmen des Gesetzgebers entrissen werden kann.

Bezeichnend für einen solchen Lähmungsprozeß ist eine Argumentation, die kürzlich im Rahmen der Diskussion um die Fehlbelegung von Sozialwohnungen vorgebracht wurde. Man sagte: Zwar seien fehlbelegte Sozialwohnungen ein Skandal,

---

[33]) *Zeidler*, DVBl. 1970, 562 (564).

[34]) Vgl. *Martens*, Öffentlich als Rechtsbegriff, S. 131 f.

[35]) Zu der Erscheinung, daß die Funktion sich gegen den Autor wendet, der Staat sich im Pluralismus gegen ihn gerichtete Autonomie auflöst und sich selbst fremd wird, vgl. *Rupp*, Privateigentum an Staatsfunktionen?, S. 16, sowie BVerfG 21, 362 (372 f.) und *Sauer*, DVBl. 1970, 486 (489).

[36]) Hierzu schon *E. R. Huber*, DVBl. 1952, 456 (460); *Scheuner*, Gedächtnisschrift Hans Peters, S. 797 (811 ff.); *Reuss*, Die Grundrechte III/1, S. 91 (129 f.); *Ossenbühl*, Verwaltungsvorschriften und Grundgesetz, S. 430.

aber eine Kündigung der bestehenden Mietverhältnisse könne dem privaten Hausbesitz aus Rechtsgründen nicht angesonnen werden. Dies wirkt sich auch auf die Mieter solcher Wohnungen aus, die im Eigentum von Bauträgergesellschaften der öffentlichen Hand stehen. Denn nur diesen zu kündigen sei — so wird gesagt — mit dem Gleichheitsgrundsatz nicht zu vereinbaren.

Die genannten Erscheinungen, also die Veränderung der Rechtslage für den Bürger, der Machtzuwachs des Verwaltungsmittlers und die Steuerungsverluste des Gemeinwesens sind nicht zuletzt deshalb gesellschaftspolitisch gefährlich, weil sie sich in der Regel über lange Zeit hin im Verborgenen[37]) abspielen. Solange die Beziehung zwischen dem Verwaltungsmittler und dem Gemeinwesen nicht ins Pathologische gerät, bleibt das Innenverhältnis und seine Auswirkung verschleiert. Eben weil sich seine Handlungen im Rahmen des allgemeinen zivilrechtlichen Dürfens halten, erscheint der Verwaltungsmittler im Rechtsverkehr nicht als Verwaltungsmittler, sondern als schlichter Bürger, der nichts anderes tut, als daß er die allen zustehenden Freiheiten ausübt. Die Allgemeinheit und der einzelne Bürger, der mit dem Verwaltungsmittler in Beziehung tritt, werden in gewisser Weise genasführt. Der Öffentlichkeit fehlt der Anstoß, die latent wachsenden Probleme zu diskutieren und durch geeignete Gegenmaßnahmen zu entschärfen.

III. Lösungssatz: Garantenstellung des Gemeinwesens

1. Wenngleich die Probleme, die sich bei der Erfüllung von Verwaltungsaufgaben durch Private ohne entsprechende Sonderbefugnisse ergeben, nur angedeutet sind und nach allen Seiten hin der Vertiefung bedürften, so zeichnet sich doch ab, aus welchen Grundvorstellungen sie resultieren.

Das ist einmal die Annahme, daß dem Gemeinwesen, und zwar auch der kooperierenden Verwaltung, eine weitgehende Mediatisierungskompetenz zustehe; zum anderen ist es die Meinung, daß die Beziehungen zwischen dem Verwaltungsmittler und Dritten im Prinzip vom Privatrecht beherrscht sind, und schließlich die Ansicht, der Rechtsstatus des Verwaltungsmittlers richte sich, soweit Sonderregelungen und besondere Abmachungen fehlen, nach den allgemeinen Grundsätzen des Bürger-Staat-Verhältnisses; vor allem entfalteten die Grundrechte auch zu seinen Gunsten ihre volle Schutzfunktion.

---

[37]) Vgl. hierzu schon *Kaufmann*, VVDStRL 6 (1929) S. 151: Anonymität sei Grund für die Wahl privatrechtlicher Organisationsformen.

Mindestens die beiden letzten Vorstellungen sind, will man die skizzierten Fehlentwicklungen nicht weitertreiben lassen, korrekturbedürftig.

Man könnte damit jeweils am konkreten Fall beginnen. Aber nachdem die Probleme ihre Ursache in grundsätzlichen Erwägungen haben, muß mindestens versucht werden, mit der Lösung auf gleicher Stufe anzusetzen.

Von vornherein ausgeschlossen erscheinen hierbei alle radikalen Lösungswege. Die Beziehungen zwischen dem Verwaltungsmittler und Dritten total dem öffentlichen Recht oder wenigstens dem Verwaltungsprivatrecht zu unterwerfen, wäre ebenso verfehlt wie eine völlige Preisgabe der rechtlichen Eigenständigkeit des Verwaltungsmittlers[38]). Der Verwaltungsmittler ist zwar in gewisser Beziehung, aber nicht nur „verlängerter Arm“ des Gemeinwesens. Auch die Forderung, die Mediatisierungskompetenz des Gemeinwesens rigoros zu beschneiden, etwa durch eine Bindung der kooperierenden Verwaltung an den Vorbehalt eines speziellen Gesetzes, würde über das Ziel hinausschießen. Was man braucht, sind behutsamere, flexiblere Lösungen.

In diesem Zusammenhang auf die mit spezifischen öffentlichrechtlichen Befugnissen ausgestattete Rechtsfigur des „Beliehenen“ zurückzugreifen, liegt nahe. Er ist nun einmal die exemplarische Erscheinung bei der Erfüllung von Verwaltungsaufgaben durch Private. Allerdings hätte man vorab einige Modifizierungen vorzunehmen. Man müßte sich von den Beschränkungen der Rechtsstellungstheorie[40]), die den Akzent auf die Zuweisung obrigkeitlicher Mittel legt, befreien und den Zusammenhang der Tätigkeit Privater mit entsprechenden staatlichen Funktionen in den Vordergrund stellen. Das bedeutet Annäherung an die Aufgabentheorie. Zudem müßte man die Rechtsfigur des Beliehenen auch für solche Fälle heranziehen, in denen nicht ein ganzer Komplex von Handlungen, sondern nur einzelne Tätigkeiten zur Debatte stehen.

---

[38]) Dazu *Martens*, Öffentlich als Rechtsbegriff, S. 132.

[39]) Vgl. etwa *Zuleeg*, DÖV 1970, 627 (630), der die offensichtlich zu enge Alternative zwischen Beleihung einerseits und privatrechtlichem Handeln andererseits im Schülerlotsenfall mit der Figur der „Verwaltungshilfe“ überbrückt, oder den Vorschlag von *Medicus*, JZ 1967, 63 ff., für den Abschleppfall.
Vgl. auch BGH, Urteil vom 18. 5. 1967 — VersR 67, 859 (861).

[40]) Die Einteilung Rechtsstellungstheorie — Aufgabentheorie geht anscheinend auf *Vogel*, Öffentliche Wirtschaftseinheiten in privater Hand, S. 60 ff., 81 ff., zurück. Kritisch dazu *Michaelis*, Der Beliehene, Diss., S. 11 Fußn. 41, allerdings mit wenig überzeugenden Argumenten.

Dieses Vorgehen liefe letztlich darauf hinaus, daß man bestimmte Handlungskomplexe und Einzeltätigkeiten Privater so behandelt, als hätte sie ein Träger öffentlicher Verwaltung wahrgenommen, und dies obwohl sie dem Gegenstand nach ebenso gut Kompetenzausübung wie Grundrechtausübung sein können. Der neuralgische Punkt dabei liegt in der Fixierung zureichender Qualifikationsmerkmale, mit deren Hilfe entschieden werden kann, ob die Tätigkeit eines Privaten noch nach dem Recht privater Autonomie oder schon nach dem Recht der öffentlichen Verwaltung zu beurteilen ist. Man muß also für bestimmte Handlungen Privater und Handlungen des Gemeinwesens einen gemeinsamen Nenner finden, einen Nenner, der es rechtfertigt, beide nach Voraussetzung und Rechtsfolgen über einen Leisten zu schlagen.

An Versuchen in dieser Richtung fehlt es nicht. Dabei zeichnen sich in der neueren Zeit, seit man die Vorstellung vom „natürlichen Staatsvorbehalt" mit Skepsis zu sehen gelernt hat[41]), vor allem zwei Grundtendenzen ab.

Die eine geht davon aus, daß mit dem Anwachsen der staatlichen Aufgaben immer mehr „schlichte Wahrnehmung öffentlicher Angelegenheiten" neben das Handeln in hoheitlich obrigkeitlichen Rechtsformen tritt, und daß kein Grund besteht, die Kompetenzausübung Privater kraft Beleihung auf die spezifischen Befugnisse des Gemeinwesens, also hoheitliches Handeln, zu beschränken. Demgemäß konzentriert man sich auf die Frage, ob der Private im einzelnen Fall auf Grund übertragener Kompetenz tätig geworden ist. Gegebenenfalls unterwirft man dann das nur dem Anschein nach privatrechtliche Handeln den Regeln des Verwaltungsprivatrechts. Das entscheidende Kriterium liegt in der Qualifizierung einer Handlung als Kompetenzausübung. Ausschlaggebendes Indiz ist der Übertragungsakt[42]).

Die andere Tendenz baut auf der Erwägung auf, daß bestimmte Handlungen, die kraft privater Autonomie vorgenommen werden können, in einem so engen Zusammenhang mit spezifischen Funktionen der gemeinschaftsbezogenen „öffentlichen Verwaltung" stehen, daß sie diesem Bereich zuzuordnen sind. Maßgebliche Gesichtspunkte für die Zuordnung sind un-

---

[41]) Dazu *Vogel,* Öffentliche Wirtschaftseinheiten in privater Hand, S. 61 ff.; *Brohm,* Strukturen der Wirtschaftsverwaltung, S. 156 f., 211 f.

[42]) *Brohm,* aaO. S. 206; *Steiner,* DÖV 1970, 526 (528 ff.); siehe auch *E. R. Huber,* DVBl. 1052, 456 (459); *Ders.,* Wirtschaftsverwaltungsrecht I, 2. Aufl., S. 533; *Henze,* Verwaltungsrechtliche Probleme der staatlichen Finanzhilfe zu Gunsten Privater, S. 61.

ter anderem: Einordnung in ein entsprechendes Zweckgefüge[43]), primäre Zuständigkeit des Gemeinwesens[44]), „Wirkungen, die denen entsprechender staatlicher öffentlich-rechtlicher Entscheidungen gleichartig und gleichwertig sind"[45]), Monopolstellung[46]).

Die Bemühungen um Auffindung und Präzisierung überzeugender Vergleichsmomente zwischen Handlungen Privater und Handlungen des Gemeinwesens mögen im einzelnen Fall zu einer besseren Ab- und Eingrenzung der Rechtsfigur des Beliehenen beitragen. Es wird sich jedoch stets um Grenzkorrekturen handeln, die das Gros der Verwaltungsmittler nicht erfassen.

Die Besonderheit der Erfüllung von Verwaltungsaufgaben durch Private liegt im Zusammenspiel von privaten Interessen und Interessen des Gemeinwesens, in der Verschränkung von Individualwillen oder autonomem Verbandswillen einerseits mit dem Willen des staatlichen Herrschaftsverbandes andererseits. Diese Verquickung läßt sich nicht einfach und restlos auseinander dividieren[47]). Wenn das Gemeinwesen seine besonderen Aufgaben nicht in eigener Regie mit eigenem Apparat erledigt, sondern von selbständigen Privaten erfüllen läßt, kann dies bekanntlich ebenso etatistisch wie liberalistisch motiviert sein. Das wird deutlich, wenn sich im Streit die eine Seite darauf versteift, der Staat habe nur „seinen Arm verlängert", und die andere Seite behauptet, er habe individuelle oder vergesellschaftete Freiheit „ausgespart"[48]). Beide Argumentationen sind indessen mindestens im Bereich der sog. konkurrierenden Staatsfunktionen[49]) müßig[50]), weil das etatistische und das liberalistische Motiv zueinander nicht im Verhältnis der ausschließ-

---

[43]) So offenbar *Rupp*, Privateigentum an Staatfunktionen?, S. 18 ff.; BGH, Urteil vom 30. 11. 1967, JZ 1968, 298. Gegen diese Argumentation *Siebert*, Rechtsstellung und Haftung der Technischen Überwachungsvereine im Kraftfahrzeugprüfungswesen, S. 40 ff.

[44]) So *Gause*, Die öffentliche Indienststellung Privater als Rechtsinstititut der Staatsorganisation, bis S. 33.

[45]) So *Martens*, Öffentlich als Rechtsbegriff, S. 133 ff.; ähnlich schon BVerwG 17, 41 (42).

[46]) So jüngst BGH, Urteil vom 10, 7. 1969, MDR 1970, 214.

[47]) Dazu *Ossenbühl*, Verwaltungsvorschriften und Grundgesetz, S. 429 ff.

[48]) So die Argumentation BGHZ 25, 266 (268).

[49]) Zum Begriff *Jellinek*, Allgemeine Staatslehre, 3. Aufl., S. 263; vgl. hierzu auch *Isensee*, Subsidiaritätsprinzip und Verfassungsrecht, S. 163 ff.

[50]) Vgl. zur Bedeutung von „Übertragung" und „Aussparung" *Bachof*, AöR 83 (1958) S. 208 (233 Fußn. 32). Kritisch dazu *Herschel*, Festschrift für Nipperdey, Bd. 2, S. 221 (231 f.).

lichen Alternative stehen. Die Verwaltungspraxis zeigt, daß, wo sich das Gemeinwesen Privater bedient, durchaus eine Hand die andere wäscht[51]).

Was man tun kann und in Wirklichkeit auch unternimmt, sobald man Handlungen Privater auf Grund eines wie auch immer gebildeten gemeinsamen Nenners mit Handlungen des Gemeinwesens gleichzustellen versucht, ist allenfalls Akzentuierung. Mal legt man das Schwergewicht auf die einer Handlung innewohnenden Ansatzpunkte für eine öffentlich-rechtliche Beurteilung, mal auf die Bezugspunkte für eine privatrechtliche Sicht.

Stets wird aber bei solchem Vorgehen eine Komponente, entweder das Privatinteresse und der Individualwille[52]) oder das Interesse des Gemeinwesens und der Wille des staatlichen Verbandes, aus dem Blickfeld verdrängt[53]). Die Einstufung des Trägers einer privaten Ersatzschule als „beliehener Unternehmer"[54]) ist ein Musterbeispiel derartiger verdrängender Akzentuierung. Die spezifischen Probleme, die sich aus dem Zusammenspiel von Kompetenzausübung und Freiheitsentfaltung ergeben, werden auf diese Weise verstellt und ihre Lösung erschwert[55]).

2. Damit ist man an der Frage, ob es für die Probleme, die mit der Erfüllung von Verwaltungsaufgaben durch Private verbunden sind, nicht einen anderen Lösungsweg gibt als den über den „Beliehenen", und zwar einen Weg, der nicht schon von Anbeginn auf eine Verkürzung der Problemlage hinausläuft, sondern auf das spezifische Widerspiel der Interessen Bedacht nimmt und es daher eingehender erschließt.

Eine entsprechende Möglichkeit zeichnet sich ab, wenn man, ausgehend von der gelegentlich geäußerten Maxime[56]), der Status des Bürgers gegenüber dem Gemeinwesen dürfe durch die Einschaltung eines privaten Verwalters nicht beliebig ge-

---

[51]) Dazu *Leisner*, AöR 93 (1968) S. 161 (194 f.), bei der Beleihung werde der „Eigennutz privater Initiative" ausgenutzt.

[52]) Im Extrem hat man es dann eben mit einem „Vehikel des totalen Staates" zu tun. So *Köttgen*, JöR 11 (1962) S. 173 (300). Vgl. hierzu auch *Leisner*, AöR 93 (1968) S. 161 (197).

[53]) Das wird deutlich bei *Dagtoglou*, DÖV 1970, 532 (535 f.).

[54]) BVerwG 17, 41; kritisch hierzu *Maunz* in: Maunz-Dürig-Herzog, Art. 7 Rdnr. 90, S. 53 f.; *Fuß*, VVDStRL 23 (1964) S. 199 (221). Vgl. auch *Steiner*, DÖV 1970, 526 ff. (528 mit Fußn. 33).

[55]) Zu diesem Effekt *Werner Weber*, Die Körperschaften, Anstalten und Stiftungen des öffentlichen Rechts, S. 72 f.

[56]) Siehe *Zacher*, VVDStRL 25 (1967) S. 308 (377 mit Fußn. 333).

schmälert werden, überlegt, wem denn eigentlich die Last zufällt, für den ungeschmälerten Status des Bürgers Sorge zu tragen. Daß dies stets und nur der Verwaltungsmittler selbst sei, ist weder zwingend noch ausgemacht.

Das aber bedeutet, daß man nicht nur das Verhältnis, das zwischen dem Verwaltungsmittler und dem Bürger besteht, ins Auge fassen darf, sondern auch die in der bisherigen Diskussion ziemlich vernachlässigte[57]) flankierende Beziehung zwischen Bürger und Gemeinwesen einzubeziehen hat.

So gesehen vollzieht sich die Erfüllung von Verwaltungsaufgaben durch Private nicht in zwei hintereinander geschalteten Rechtsbeziehungen zwischen Gemeinwesen und Verwaltungsmittler einerseits und dem Verwaltungsmittler und dem Bürger andererseits, sondern in einer Dreiecksbeziehung zwischen Gemeinwesen, dem privaten Verwalter und dem Bürger. Die entscheidende Frage lautet dann: *Was geschieht mit den spezifischen Pflichten und Bindungen des Gemeinwesens gegenüber seinen Bürgern, wenn dieses Gemeinwesen Aufgaben nicht selbst wahrnimmt und stattdessen durch Dritte erfüllen läßt?*

Mehrere Antworten sind denkbar. Es ist möglich, daß die Bindung oder Pflicht eine Übertragung der Aufgabe zur Erfüllung durch Private gänzlich verbietet. Es besteht dann so etwas wie eine exklusive Wahrnehmungszuständigkeit. Ebenso gut läßt sich vorstellen, daß das Gemeinwesen durch die Übertragung von Aufgaben auf Private von seinen Bindungen und Pflichten frei wird. Insoweit könnte man von einer Übertragbarkeit mit befreiender Wirkung sprechen. Dazwischen liegt aber noch eine dritte Möglichkeit. Daß nämlich das Gemeinwesen zwar Aufgaben übertragen darf, aber für die Beachtung der den Bindungen und Pflichten innewohnenden Zielsetzung zu sorgen hat. Hier handelt es sich um Übertragbarkeit unter Begründung einer konkreten Garantenstellung.

Daß es Bindungen und Pflichten des Gemeinwesens gibt, die eine exklusive Wahrnehmungszuständigkeit begründen, dürfte außer Zweifel stehen. Das positive Recht kennt sowohl öffentliche Aufgaben und Funktionen, die das Gemeinwesen selbst erfüllen bzw. ausüben muß und nicht übertragen darf[58]), als

[57]) Vgl. allerdings *Ipsen*, Festgabe für Kaufmann, S. 141 (149, 158 ff.).

[58]) Vgl. *Leisner*, Werbefernsehen und öffentliches Recht, S. 14 ff.; *Isensee*, Subsidiaritätsprinzip und Verfassungsrecht, S. 167 ff.; *Dagtoglou*, Der Private in der Verwaltung als Fachmann und Interessenvertreter, S. 72 ff.

auch solche, mit denen sich zu befassen dem Gemeinwesen strikt verboten ist[59]).

Problematisch wird es erst, wenn Bindungen und Pflichten eine Übertragung von Aufgaben nicht ausschließen. Dann nämlich bedarf der Klärung, ob das Gemeinwesen sich allein durch die Übertragung freizeichnen kann oder ob es, wie auch immer das im einzelnen aussehen mag, gebunden bleibt. Die Abgrenzung ist eine Frage der Auslegung, zunächst bezogen auf die jeweils einschlägige Norm, aber darüber hinaus eingebettet in das normative Gesamtgefüge.

3. Nachdem Freiheit und Teilhabe das teleologische Zentrum unserer Rechtsordnung ausmachen, wird man die Übertragung mit befreiender Wirkung schwerlich zum Prinzip erheben können. Vielmehr ist auch insoweit davon auszugehen, daß sich die Organe des Gemeinwesens von den allgemeinen und besonderen Bindungen und Pflichten gegenüber der Allgemeinheit und dem einzelnen Bürger nur lösen dürfen, wenn und soweit entsprechende Vorbehalte bestehen. Die dem Gemeinwesen zustehende weitreichende Mediatisierungskompetenz als solche vermag dabei nichts auszurichten. Durch die Übertragung von Aufgaben auf selbständige Private kann sich das Gemeinwesen allenfalls dann von Bindungen und Pflichten befreien, wenn die Rechtsordnung dies eigens anordnet.

Es gibt bereits Denkansätze, die in diese Richtung weisen. Hervorzuheben ist der Vormundschaftsbeschluß des Bundesverfassungsgerichts vom 10. 2. 1960[60]), nach dem auch dann eine richterliche Entscheidung gemäß Art. 104 II GG erforderlich ist, wenn ein Vormund in Ausübung seines Aufenthaltsbestimmungsrechts einen volljährigen Entmündigten in einer geschlossenen Anstalt unterbringt. In der Begründung führt das Gericht unter anderem aus: Der Anwendung des Art. 104 II GG stehe nicht entgegen, daß sich der Staat zur Durchführung der Fürsorge einer Privatperson bedient; auch nicht, daß die Unterbringung nach geltendem Recht in die Gestalt einer privatrechtlichen Aufenthaltsbestimmung durch den Vormund gekleidet ist. Die Einordnung in die herkömmlichen Kategorien des zivilen und des öffentlichen Rechts seien nicht maßgeblich. Es verbiete sich, die Unterbringung so zu würdigen, als ob die Freiheitsentziehung sich im Rahmen privatrechtlicher Beziehung zwischen Staatsbürgern abspielte. Der Staat könne sich

---

[59]) Vgl. BVerfG 20, 56 (99 f.). Siehe auch *Isensee*, aaO. S. 162 f. sowie *Sänger*, Funktion amtlicher Pressestellen in der demokratischen Staatsordnung, S. 120 f. (123 f.).

[60]) BVerfG 10, 302 (323 ff.).

von der Grundrechtsbindung nicht dadurch befreien, daß er einen Privatmann zur Wahrung einer öffentlichen Aufgabe bestellt und ihm die Entscheidung über den Einsatz staatlicher Machtmittel überläßt. Der Schutz des Art. 104 II Satz 1 GG, der sich auch auf die Freiheitsentziehung zu fürsorgerischen Zwecken erstreckt, sei unabhängig davon zu gewähren, ob der Staat die Fürsorgemaßnahme unmittelbar durch staatliche Organe bewirkt, oder ob er sie mit Mitteln des Privatrechts herbeiführt.

Noch deutlicher ist eine Stellungnahme von Forsthoff[61]) zum Fall, daß eine Gemeinde die mit Benutzungszwang belegte Verrichtung von einem Privaten durchführen läßt. Forsthoff schreibt: „Da die organisatorische Abwicklung der Verwaltungsobliegenheit nicht zum Nachteil der Betroffenen gestaltet werden darf, anders ausgedrückt, da die Betroffenen durch die Einschaltung des beliehenen Unternehmers nicht schlechter gestellt werden dürfen als sie es wären, wenn die Gemeinde die Verrichtung selbst in eigener Verwaltung durchführen würde, gelangt man zur Annahme einer Rechtspflicht der Gemeinde, die Interessen der Betroffenen [in der angegebenen Weise] zu sichern.

Ansätze dieser Art sind keineswegs vereinzelt[62]). Es dürfte daher nicht allzu gewagt sein, sie als Indikatoren eines allgemeineren Prinzips zu verstehen. Man könnte es etwa so formulieren: *Die Organe des Gemeinwesens bleiben grundsätzlich auch dann für die Einhaltung der öffentlich-rechtlichen Vorschriften verantwortlich, wenn sie Aufgaben von Privaten erfüllen lassen.* Mit der Übertragung rücken sie im Verhältnis zu den einzelnen Bürgern und der Allgemeinheit in eine Garantenstellung ein.

---

[61]) Lehrbuch des Verwaltungsrechts, 9. Aufl., S. 507 f.

[62]) Vgl. etwa das Problem des Haftungsausschlusses des Staates für die Tätigkeit des Notars. Hierzu *H. J. Wolff*, Verwaltungsrecht II, 3. Aufl., S. 392; *Michaelis*, Der Beliehene, Diss., S. 204 ff.
Die Rspr. zum öffentlich-rechtlichen Imissionsschutz: hierzu BGHZ 48, 98 (104); *Mühl*, *Sörgel-Siebert*, BGB, Bd. 4, 10. Aufl., § 1004 Rdnr. 30 f., S. 380 f.
Die Pflicht der Gemeinden zur Beteiligung am Erschließungsaufwand gemäß § 129 I BBauG in den Fällen, in denen die Gemeinde gemäß § 123 III BBauG die Erschließung auf einen Dritten überträgt. Hierzu *Knaup-Ingenstau*, Bundesbaugesetz mit Kommentar, 4. Aufl., § 123 Rdnr. 5 f., S. 315, § 129 Rdnr. 5, S. 330 f.; siehe auch *Henze*, Verwaltungsrechtliche Probleme der staatlichen Finanzhilfe zu Gunsten Privater, S. 96; *Dürig* in: Maunz-Dürig-Herzog, Art. 19 III Rdnr. 44, S. 28 f. („Grundrechtsverantwortlichkeit"); *Rüfner*, Formen öffentlicher Verwaltung im Bereich der Wirtschaft, S. 414 ff.
Vgl. zudem § 10 V Satz 2 BSGH; § 5 III Satz 3 JWG.

IV. Der Inhalt der Garantenstellung (Skizze)

1. Inhalt und Funktion der Garantenstellung, in die das Gemeinwesen eintritt, wenn es Aufgaben durch Private erfüllen läßt, kann an dieser Stelle nur mit wenigen, gewissermaßen nur konturierenden Strichen angedeutet werden.

Die Garantenstellung begründet primär Handlungspflichten. Ihr Inhalt ist durch die Zielsetzung der die Organe des Gemeinwesens jeweils bindenden öffentlich-rechtlichen Rechtsvorschriften vorgezeichnet. Die Intensität normativer Konkretisierung entscheidet über die Intensität der Bindung. Daher hat der Gesetzgeber insgesamt freiere Hand als die Exekutive. Daß aber auch die Legislative nicht beliebig öffentliche Aufgaben privatisieren darf, zeigt die zuvor genannte Entscheidung des Bundesverfassungsgerichts zur Ausübung der Vormundschaft über Volljährige.

2. Mit dem Ziel ist indessen, abgesehen von Ausnahmefällen, nicht zugleich das Mittel fixiert. Art und Weise, wie die Zielsetzung im Falle der Einschaltung Privater zu gewährleisten ist, bedarf besonderer Bestimmung. Hierfür stehen im wesentlichen zwei Wege offen: die Bindung des Verwaltungsmittlers und subsidiäre Bereitschaft des Gemeinwesens.

Das Schwergewicht liegt in der Möglichkeit, die Verwaltungsmittler in der einen oder anderen Beziehung besonders[63]) zu binden[64]) und entsprechend zu kontrollieren. Wohl gibt es Fälle, in denen die Art der übertragenen Aufgabe ausreicht, um auf Grund allgemeiner Vorschriften eine spezielle Pflichtenstellung des privaten Verwalters zu begründen[65]). Die Regel

---

[63]) Einer besonderen Bindung bedarf es dann nicht, wenn eine juristische Person des Privatrechts, die sich ausschließlich in der öffentlichen Hand befindet, als Verwaltungsmittler fungiert. In diesen Fällen kann das Gemeinwesen ohne weiteres „durchgreifen". Vgl. *Rüfner*, Formen öffentlicher Verwaltung im Bereich der Wirtschaft, S. 414 ff.
Zur Stellung verwaltungseigener Verwaltungsträger des Privatrechts vgl. *Steiner*, DÖV 1970, 526 (531 f.). Siehe auch BGH, Urteil vom 23. 9. 1969, JZ 1970, 178 (179), dazu *Evers*, JZ 1970, 182 m. w. N. Fußn. 1; *Emmerich*, JuS 1970, 332 ff.

[64]) Zum Erfordernis der Kontrolle *E. R. Huber*, DVBl. 1952, 456 (460). Seine Ausführungen beziehen sich zwar der Formulierung nach nur auf die Ausübung hoheitlicher Befugnisse, aber die Argumente: Gefahren des „Neofeudalismus beliehener Verbände" und eines „kryptoständestaatlichen Pluralismus" treffen auch die übrigen Verwaltungsmittler.
Siehe auch § 20, § 23 III LVwG Schleswig-Holstein.

[65]) Vgl. BGH, Urteil vom 10. 7. 1969, MDR 1970, 214 f.

ist es nicht. Daher sind vielfach besondere Vorkehrungen erforderlich. Solange der Gesetzgeber es seinerseits an entsprechenden Vorschriften und Ermächtigungen fehlen läßt, bleibt der Verwaltung nur der Rückgriff auf kooperative Rechtsformen, wie etwa den mitwirkungsbedürftigen Verwaltungsakt und den öffentlich-rechtlichen bzw. zivilrechtlichen Vertrag. Weil häufig der Schutz des Bürgers im Vordergrund steht, hat man dabei zumal an die Figur der Auflage und an den Vertrag zu Gunsten Dritter[66]) zu denken.

Der Inhalt der Bindung richtet sich nach der konkreten Aufgabe und läßt sich nicht in allgemeinen Aussagen wiedergeben. Das hindert nicht, daß hier und dort Bindungstypen sichtbar werden. Vor allem der Gesetzgeber, aber auch die Rechtsprechung können vorformend wirken. Der privatrechtliche Aufopferungsanspruch analog § 26 GewO[67]), die Verpflichtung zum Abschluß einer Haftpflichtversicherung[68]), das Diskriminierungsverbot und der Kontrahierungszwang[69]), die Rückzahlungsvorbehalte gemäß § 69 Abs. 3 WoFamG; § 5 Abs. 5 MarktstrukturG weisen beispielsweise in diese Richtung.

Die Garantenstellung läßt sich freilich nicht durchwegs durch Inpflichtnahme des Verwaltungsmittlers aktualisieren. Es ist mehr als naheliegend, daß das Gemeinwesen unter Umständen auf Kooperation mit Privaten angewiesen ist, die dafür in Frage Kommenden aber nicht willens sind, Bindungen auf sich zu nehmen. Womöglich stehen einer einseitigen Verpflichtung überdies die Freiheitsrechte entgegen. In solchen Fällen muß das Gemeinwesen selbst einstehen. Es muß das Defizit ausgleichen[70]), etwa dadurch, daß es dem Bürger Ausweichmöglichkeiten und Alternativen anbietet. Der Regelung des Jugendwohlfahrtsgesetzes, das den Personensorgeberechtigten die Wahl zwischen Einrichtungen der freien Jugendhilfe und denen

---

[66]) Vgl. insoweit *Forsthoff*, Lehrbuch des Verwaltungsrechts, 9. Aufl., S. 508; BVerwG 19, 308 (313).

[67]) Hierzu *Baur, Sörgel-Siebert*, BGB, Bd. 4, 10. Aufl., § 906 Rdnr. 66, S. 191.

[68]) Beispiele: § 23 II PersonenbeförderungsG, § 2 I Ziff. 6 KraftfahrzeugsachverständigenVO.

[69]) Vgl. *Bullinger*, Öffentliches Recht und Privatrecht, S. 87 ff. (89) mit Nachweisen.

[70]) Diese Ausgleichspflicht des Gemeinwesens schwingt auch in der Diskussion um die Subventionierung von Ersatzschulen mit. Man muß insoweit die Frage stellen, ob sich das Gemeinwesen, indem es privaten Schulträgern die Ausbildung auf ein von ihm mitgeprägtes Ausbildungsziel überläßt, sich von der Ausgabenverantwortung befreien kann.

des Jugendamtes läßt[71]), kommt in dieser Hinsicht Modellcharakter zu.

Je ineffektiver im übrigen der Ausgleich des Defizits ist, desto größer muß die Skepsis gegen die Rechtmäßigkeit einer Verwaltungsaufgabe in privater Hand werden. Wo aber, sei es aus rechtlichen, sei es aus tatsächlichen Gründen, ein Ausgleich unmöglich ist, gerät man an die Grenze zulässiger Mediatisierung. Das Gemeinwesen muß dann mindestens alles in seinen Kräften Stehende tun, um die Aufgabe alsbald in eigene Regie zu übernehmen[72]).

3. Neben die Pflicht zur Bindung des Verwaltungsmittlers oder zum Ausgleich des Defizits tritt die Pflicht zur Information. Die Übertragung von Aufgaben an Private, ohne daß man diesen spezifisch öffentlich-rechtliche Befugnisse zuweist, wirkt verschleiernd. Der Allgemeinheit und dem einzelnen Bürger bleibt verborgen, wer, welches Programm und welche Mittel hinter der Tätigkeit des als solchen unerkannten Verwaltungsmittlers stehen. Es bilden sich weitere Zonen grauer Verwaltung. Dem muß ein Gemeinwesen, das prinzipiell auf Kontrolle und Rechtsschutz angelegt ist, entgegenwirken. Wie dies im einzelnen geschieht, hängt von der Art der übertragenen Aufgaben und von den Normen ab, die die Garantenstellung des Gemeinwesens in ihrem Inhalt ausgestaltet. Man kann an widmungsähnliche Akte[73]), an generelle[74]), oder punktuelle Offenlegung des Innenverhältnisses oder an Auskunftspflichten denken. Ein gesetzlich geregeltes Beispiel gibt § 94 a des Wohnungsbau- und Familienheimgesetzes, der das Finanzamt verpflichtet, dem Mieter Auskunft über die Grundsteuervergünstigung des Vermieters zu geben.

4. Insgesamt besehen begründet die Garantenstellung nur eine Pflicht zum Handeln. Den Organen des Gemeinwesens bleibt in der Regel die Entscheidung überlassen, wie sie die ihnen auferlegten Zielsetzungen jeweils verwirklichen. Dem

[71]) Vgl. zur Konsequenz eines Verstoßes gegen die Ausgleichspflicht *Lerche*, Verfassungsfragen um Sozialhilfe und Jugendwohlfahrt, S. 132 (Verfassungswidrigkeit der Übertragung). Das erscheint allerdings zu eng, weil es die Gestaltungsfreiheit des Gemeinwesens zu wenig berücksichtigt.

[72]) Hier zeigt sich, daß in der Tat die Alternative zwischen Staatsbehörden und Privaten keineswegs in jeder Beziehung gleichwertig ist. So schon *Rupp*, Privateigentum an Staatsfunktionen?, S. 9, S. 27 f.

[73]) Vgl. hierzu *Vogel*, Öffentliche Wirtschaftseinheiten in privater Hand, S. 211 ff.

[74]) Beispiel hierfür: § 13 II PflichtversicherungsG mit VO über den Entschädigungsfonds für Schäden aus Kraftfahrzeugunfällen.

haben die um Rechtsschutz angerufenen Gerichte Rechnung zu tragen. Sie dürfen den Raum für entsprechende Konkretisierungen der Garantenstellung nicht eigenmächtig verengen. Etwas anderes kann nur gelten, wenn und soweit sich auf Grund besonderer Umstände die Vielfalt der Gestaltungsmöglichkeiten auf eine Entscheidung reduziert. Als prozessuales Mittel zur Aktualisierung der Garantenstellung bietet sich daher für den jeweils subjektiv Berechtigten in erster Linie die Feststellungsklage[75]) an. Was mit ihrer Hilfe nicht oder nicht mehr behoben werden kann, gewinnt unter dem Gesichtspunkt der Amtshaftung und öffentlich-rechtlicher Entschädigung Bedeutung[76]).

V. *Schlußbemerkung*

Hier ist die Skizze abzubrechen und abschließend nochmals auf den Ausgangspunkt zurückzukommen.

Zwei Komplexe waren ausgespart worden: die Figur des mit Hoheitsbefugnissen „Beliehenen" und das Rechtsverhältnis zwischen dem privaten Verwalter und dem Gemeinwesen.

Es hat den Anschein, daß der Gedanke der Garantenstellung auch insoweit einen weiteren Aspekt eröffnet. Man könnte nämlich im „Beliehenen" einen Grenzfall sehen, in dem die Übertragung der Funktion zugleich den Inhalt der Garantenstellung bestimmt[77]). Andererseits wird man sich von der Vorstellung zu lösen haben, daß das Verhältnis zwischen dem Verwaltungsmittler und dem Gemeinwesen in erster Linie nach den allgemeinen Regeln des Bürger—Staat—Verhältnisses zu gestalten und abzuwickeln ist[78]).

In der Garantenstellung des Gemeinwesens deutet sich so besehen ein allgemeineres öffentlichrechtliches Funktionsmodell

---

[75]) So bereits *Henze*, Verwaltungsrechtliche Probleme der staatlichen Finanzhilfe zu Gunsten Privater, S. 96; *Naumann*, VVDStRL 11 (1952) S. 131 (135 f.).

[76]) So schon *Forsthoff*, Lehrbuch des Verwaltungsrechts, 9. Aufl., S. 508.

[77]) Was aber eben nicht ausschließt, ihn auch und zugleich als Träger von Grundrechten zu sehen. Vgl. dazu *Leisner*, AöR 93 (1968) S. 161 (194 ff.).

[78]) Die Tätigkeit des privaten Verwalters kann nicht ohne weiteres und in vollem Umfang mit den Normalfällen der Grundrechtsausübung gleichgestellt werden. Das dürfte auch bei der Frage des Bestandsschutzes gegenüber nachträglichen Änderungen von Bedeutung sein. Es spricht viel für den Vorschlag von *Rupp*, Privateigentum an Staatsfunktionen?, S. 16 f. Fußn. 27, weniger mit der Abwehrfunktion der Freiheitsrechte und dafür mit den Grundsätzen des Art. 33 GG zu operieren. Siehe auch *Krüger*, Allgemeine Staatslehre, 2. Aufl., S. 318: Die Innehabung der verliehenen Befugnisse könne immer nur eine „prekäre" sein.

für die Erfüllung von Verwaltungsaufgaben durch Private an. Es ist ein Versuch, die fortschreitende Osmose[79]) von Staat und Gesellschaft dogmatisch aufzufangen und in die durch die Zielsetzungen unserer Verfassung vorgezeichneten Bahnen zu lenken.

[79]) So *Forsthoff*, Rechtsfragen der leistenden Verwaltung, S. 18.

Leitsätze des Mitberichtserstatters über:

Erfüllung von Verwaltungsaufgaben durch Private

I. Eingrenzung des Themas

1. Die im grundsätzlichen problematischere Figur des Themas ist der Private, dessen sich das Gemeinwesen zur Erfüllung seiner Zwecke bedient, ohne ihm spezifisch öffentlichrechtliche Befugnisse einzuräumen.

2. Der private Verwalter darf nicht nur im Verhältnis zum Gemeinwesen gesehen werden. Auch seine Stellung und Funktion in der Allgemeinheit und gegenüber einzelnen Dritten bedarf der Aufmerksamkeit.

3. Wenn und soweit Spezialregelungen fehlen, wird der private Verwalter als Privater unter Privaten behandelt. Die Privatrechtsordnung erfüllt insoweit eine Auffangfunktion.

II. Problemsicht

1. Der Einsatz Privater ohne spezifisch öffentlich-rechtliche Befugnisse ist in verschiedener Hinsicht folgenreich und fragwürdig.

2. Er hat unter anderem Veränderung in der Rechtsstellung des verwalteten Bürgers zur Folge. Er führt zu einem Machtzuwachs des privaten Verwalters. Das Gemeinwesen muß Steuerungsverluste hinnehmen.

3. Diese Erscheinungen, die auch nicht ohne gesellschaftspolitischen Zündstoff sind, wachsen mehr oder minder unbemerkt weiter, weil der private Verwalter im Rechtsverkehr als schlichter Bürger auftritt.

III. Lösungsansatz: Garantenstellung des Gemeinwesens

1. Anleihen bei der Rechtsfigur des „Beliehenen" in der Sicht der sog. Rechtsstellungstheorie erscheinen nicht hilfreich.

2. Die Besonderheit der Erfüllung von Verwaltungsaufgaben durch Private liegt im Zusammenspiel von Privatinteressen und Interessen des Gemeinwesens, des Willens einzelner mit dem Willen des staatlichen Herrschaftsverbandes, von Autonomie und Kompetenz. Dem ist Rechnung zu tragen.

3. Die Lösung muß von folgender Frage ausgehen: Was geschieht mit den spezifischen Pflichten und Bindungen des Gemeinwesens, wenn dieses Gemeinwesen Aufgaben durch Private erfüllen läßt?

4. Drei Antworten sind denkbar: a) Die entsprechenden Normen stehen einer Übertragung von Aufgaben an Private entgegen. b) Die Übertragung ist zulässig und hat befreiende Wirkung. c) Die Übertragung ist zulässig, begründet aber eine Garantenstellung des Gemeinwesens.

5. Es sind Anzeichen für ein allgemeines Prinzip nachweisbar, wonach die Organe des Gemeinwesens grundsätzlich auch dann für die Einhaltung der öffentlich-rechtlichen Vorschriften verantwortlich bleiben, wenn sie Aufgaben von Privaten erfüllen lassen.

IV. Inhalt der Garantenstellung (Skizze)

1. Die Garantenstellung begründet primär Handlungspflichten, deren Inhalt auf Grund der jeweils einschlägigen öffentlich-rechtlichen Vorschriften vom Normadressaten zu konkretisieren ist.

2. Das Gemeinwesen muß entweder den Privaten in entsprechender Weise binden und kontrollieren oder selbst Ausweichmöglichkeiten und Alternativen anbieten. Daneben tritt die Pflicht zur Information.

3. Prozessualer Behelf zur Aktualisierung der Garantenstellung ist im Regelfall die Feststellungsklage. Vermögenswerte Beeinträchtigungen müssen nach Amtshaftungsgrundsätzen sowie den übrigen Vorschriften zu den öffentlich-rechtlichen Entschädigungsleistungen ausgeglichen werden.

V. Schlußbemerkung

1. Von der skizzierten Garantenstellung aus erscheint der mit spezifisch öffentlich-rechtlichen Befugnissen ausgestattete „Beliehene" als Grenzfall, in dem es nur noch eine Entscheidungsmöglichkeit gibt. Zugleich zeigt sich, daß das Verhältnis zwischen dem Gemeinwesen und dem privaten Verwalter nicht ohne weiteres den Regeln des normalen Bürger—Staat—Verhältnisses unterworfen werden darf.

2. *Die Garantenstellung des Gemeinwesens ist als Versuch einer allgemeineren öffentlich-rechtlichen Denkfigur für die Erfüllung von Verwaltungsaufgaben durch Private zu verstehen.*

Erfüllung von Verwaltungsaufgaben durch Private

3. Aussprache und Schlußworte

Huber: In schweizerischer Sicht fallen unter das Thema zahlreiche und sehr verschiedenartige Erscheinungen, so daß es schwierig, wenn nicht unmöglich ist, sie auf einige wenige gemeinsame Nenner zu bringen. Will man den Dingen nicht Gewalt antun, so bleibt man leicht in Sozialempirie und juristischer Phänomenologie stehen. Besonders im Wirtschaftsrecht sind die Entwicklungen noch voll im Gange. Ich hätte zum Beispiel Mühe für alle Kategorien gemeinsam zwischen dem Außen- und dem Innenverhältnis zu unterscheiden oder ein Dreiecksverhältnis, eine Dreiecksfigur anzunehmen. Bei uns werden die häufigen Fälle, in denen juristische Personen des Privatrechts eigens zu dem Zweck geschaffen werden, um Verwaltungsaufgaben im weitesten Sinne zu besorgen, deutlicher als bei Ihnen in Deutschland von anderen Kategorien abgehoben und auch anders bezeichnet. Wir sprechen dann nicht von Privaten, die Verwaltungsaufgaben erfüllen, sondern nur von der privatrechtlichen Form, zum Beispiel einer öffentlichen Unternehmung. Erfüllung von Verwaltungsaufgaben durch Private nehmen wir eher nur dann an, wenn der Private eine eigene private Existenz daneben hat, eine juristische Person daneben ihren privatrechtlichen Zweck verfolgt. In diesen Fällen kann man dann unterscheiden je nachdem, ob der Private öffentlich-rechtliche Befugnisse hat oder nicht hat, ferner typisieren, je nachdem, ob die Übertragung mehr ein Anvertrauen ist auf Bewerbung hin oder mehr ein Auferlegen, eine Inpflichtnahme. Die vielzitierte Flucht des Gemeinwesens in die privatrechtliche Unternehmung, mit der es häufig einer parlamentarischen, einer finanziellen oder rechtsstaatlichen Kontrolle ausweichen will, würde vermutlich von unserem Thema wegführen. In der Schweiz ist für interkantonale und interkommunale Unternehmungen auf den Gebieten der Energiewirtschaft, der Verkehrswirtschaft und anderen Gebieten, die Form der Aktiengesellschaft nicht zuletzt deshalb so beliebt, weil mit ihr die finanzielle Beteiligung, die Einflußrechte, die Anteile am Absatz und anderes ohne Schwierigkeit sich abstufen läßt. Die

Versorgungsbetriebe der Elektrizitätswirtschaft sind überwiegend als solche Partnerwerke organisiert. Und für solche Aktien-Gesellschaften stellt das Obligationsrecht eine vom gemeinen Recht abweichende Bestimmung auf über die Abordnung von Nichtaktionären als Vertreter der Gemeinwesen in die Organe der Aktiengesellschaft, über die Beschränkung des Abberufungsrechts, über die Haftung des Gemeinwesens gegenüber Gläubigern und Aktionären, über den Rückgriff in Entschädigungsfällen usf. In der deutschen Literatur begegnete mir wiederholt der Ausdruck „Abwälzung", Abwälzung von Verwaltungsaufgaben durch den Staat auf Private. So kann man manche Fälle auch in der Schweiz charakterisieren. Allein daneben kommen Fälle vor, in denen besser von einer Vorenthaltung von Verwaltungsaufgaben gegenüber dem Staat oder Entziehung von Verwaltungsaufgaben gesprochen würde. Und weitere Fälle, in denen der Staat und Private sich treffen, weil beiden gedient ist. Die Besorgung der Verwaltungsaufgaben durch Private ist also nicht immer die Wahl einer legitimen und angemessenen Organisationsform für eine soziale Aufgabe, sondern sie kann auch einfach das Ergebnis von Machtausübung oder von Opportunität sein. Herr *Ossenbühl* hat heute morgen mit Recht die Frage der Antastung der inneren Souveränität angetönt. Besteht nicht eine gewisse Verwandschaft mit dem Ringen um den Anwendungsbereich des öffentlich-rechtlichen Vertrages gegenüber dem Gesetz? Die wirklichen und die vorgeschützten Beweggründe des Gesetzgebers für solche Überlassung von Verwaltungsaufgaben an Private wirken sich auch aus auf die Ausgestaltung. Darum sollten wir als Juristen auch von diesen Beweggründen Kenntnis nehmen, teils in Zusammenarbeit mit anderen Wissenschaften. Eine erste Gruppe von Motiven des Gesetzgebers beschlägt Kostenersparnis, Vereinfachung des Apparates, vorübergehende Natur der Aufgabe u. dgl. Bei der Bekämpfung der Rindertuberkulose und des Abortus Bang können in der Schweiz die Kantone die frei praktizierenden Tierärzte heranziehen und ihnen als Kontrollärzten räumlich abgegrenzte Viehbestände zuteilen. Hier hat auch noch mitgespielt das Motiv der Erschließung einer neuen Verdienstquelle, einer guten, staatlich subventionierten für diese Privaten. Das ist zugleich eine berufsspezifische Aufgabe dieser Kontrollärzte. Das Bundesgericht als Verfassungsgericht entschied, daß der Entzug dieser Funktion oder die Umteilung von Viehbeständen mit Verfassungsbeschwerde wegen Willkür oder rechtsungleicher Behandlung angefochten werden kann, und daß den betroffenen Tierärzten rechtliches Gehör wie einem Privaten in vollem Umfang geschuldet sei. Früher war dagegen das Verfassungsgericht auf eine Verfassungsbeschwerde gegen die Abweisung einer solchen Bewerbung nicht eingetreten. Die Heranziehung Privater kann auch ungefähr in der gleichen Richtung gehen, aber weit über Kostenersparnis und dergleichen hinaus, nämlich dann, wenn anderswie die Aufgabe gar nicht praktikabel ist. Der sog. Milchbeschluß, ein Ausführungserlaß zum Landwirtschaftsgesetz, ordnet die zweckmäßige Sammlung und Verteilung der Konsummilch an. Der Bauer darf die Milch nicht unmittelbar an den Verbraucher abgeben; er muß sie an eine Sammelstelle leiten. Diese Sammelstelle erfüllt eine Verwaltungsaufgabe. Sie ist aber zugleich ein privater Milchkäufer mit geeigneten Räumen. Der Milchkauf ist im übrigen dem Privatrecht unterworfen. Die Anlegung dieser Sammelstellen, auch die Vereinigung mehrerer Sammelstellen, ist der Kontrolle der Verwaltungsgerichtsbarkeit des Bundes unterworfen. Ein anderes Beispiel: Nach einem anderen Ausführungserlaß zum Landwirtschaftsgesetz wird die staatliche Förderung der Viehrassen auf die herkömmlichen Zuchtgebiete der einzelnen Rassen beschränkt, und zu diesem Zweck müssen Herdenbücher der männlichen Tiere geführt werden. Diese Verwaltungsaufgabe wird Viehzuchtgenossenschaften übertragen. (In diesem Zusammenhang können Sie in der eidgenössischen Gesetzessammlung auch lesen, daß die Schweizer Rasse das Edelschwein sei!) Im Zusammenhang mit dieser Herdenbuchführung durch die Viehzuchtgenossenschaften mußte das Bundesgericht als Verwaltungsgericht beurteilen, ob es verfassungsrechtlich überhaupt zulässig ist, die staatliche Förderung auf die in den Gebieten angestammten Viehrassen zu beschränken. Es hat die Frage bejaht. Für unser Thema fällt noch auf, daß das Bundesgericht in diesem Urteil den in Frankreich selber immer mehr umstrittenen Begriff des service public verwendet und damit schon unterschieden hat zwischen service public und service étatique, zwischen staatlich und öffentlich. Das Schweizerische Uhrenstatut in seinen früheren Fassungen bezweckt eine Wirtschaftspolitik der Strukturerhaltung und Konkurrenzeindämmung. Eröffnung, Erweiterung, Verlegung, Vereinigung von Betrieben der Uhren-Industrie waren bewilligungspflichtig. Ein Kriterium für die Erteilung oder Verweigerung der Bewilligung war „das Gesamtinteresse der Schweizerischen Uhren-Industrie“. Das war ein eigentlicher Ermessensbegriff, nicht bloß ein unbestimmter Rechtsbegriff. Das Verfassungsgericht kam in Schwierigkeiten, weil ihm trotzdem eine Kontrolle zugeschrieben war. Durch das Uhrenstatut wurden sowohl den Unternehmerverbänden in der stark arbeitsteiligen Uhren-Industrie, als auch der Schweizerischen Uhrenkammer im ganzen System Aufgaben der Verwaltung, aber auch der Mitwirkung bei Rechtsetzung und Rechtsprechung zugewiesen. Die Verbände erteilten in erster Instanz gewisse Kategorien der Bewilligungen, die Uhrenkammer hatte die Stellung eines Staatsanwaltes in Strafverfahren. Das war ungefähr der Fall, den Herr Ossenbühl heute morgen gekennzeichnet hat als ein Wirken von Staat und Privaten in verschiedenen Formen nebeneinander und miteinander. Das Motiv dieser Heranziehung Privater ist sehr schwer zu bestimmen. Es ist angesiedelt an der Stelle, wo einerseits die Gruppeninteressen, das Gruppeninteresse der Industrie am Schutze der Industrie, dem Interesse der einzelnen Unternehmer zuwiderlaufen kann, aber auch an der Stelle, wo das Gruppeninteresse als ein Landesinteresse anerkannt ist. Man kann hier sprechen von Partizipation organisierter Interessen. Es paarten sich der unerläßliche Rückgriff auf die hochspezialisierte Sachkunde in der Uhrenindustrie mit Einflußnahme. Zwischenhinein ein harmloseres Beispiel, obwohl es um Schußwaffen geht. Die Schweizer Wehrmänner — 400 000 — müssen Jahr für Jahr außer Dienst immer noch ihre Schießpflicht erfüllen; obwohl die Bewaffnung sich total verändert hat, geht das Bild von Wilhelm Tell noch um. Diese Schießpflicht wird auf Gemeindeschießplätzen erfüllt und ist den privaten Schützenvereinen anvertraut. Beweggrund: die Stärkung der Wehrkraft in Verbindung mit Tradition und Sport. Alters- und Hinterlassenenversicherung, Invalidenversicherung, Wehrmannsschutz für Verdienst- und Lohnausfall sind die Zweige der Schweizerischen Sozialversicherung, in denen für die Erhebung der Beiträge an der Quelle, beim Arbeitgeber, und die Ausrichtung der Renten und der anderen Leistungen Verbandsausgleichskassen bestehen. Den staatlichen Ausgleichskassen sind nur die Beitragspflichtigen und Rentenbezieher angeschlossen, die nicht selber oder über ihren Arbeitgeber zu einem Verband gehören. Die Verbandsausgleichskassen besorgen die Anwendung dieses vollständig durchnormierten Sozialversicherungsrechts ohne jede Autonomie. Wo liegt hier die Erklärung? Die Betrauung der Verbände ist hier die Gegenleistung für die Arbeit, welche ihre Mitglieder durch die Beitragserhebung an der Quelle verrichten, und außerdem erhöht es das Prestige der Berufsverbände, wenn sie staatliche Leistungen an ihre Mitglieder selber verabfolgen. Schließlich erblickt der Bund in den Verbänden Faktoren für eine willkommene Dezentralisation. Weitere Kategorien bestehen auf Gebieten polizeilicher Eingriffsverwaltung. Das Starkstrominspektorat des Schweizerischen Elektrotechnischen Vereins hat zahlreiche Funktionen bei der Kontrolle elektrischer Apparate,

Leitungen, Materialien, Stoffe, dann Genehmigung von Planvorlagen usw. In diesem Bereich hat das Bundesgericht als Verfassungsgericht im vorigen Jahr entschieden, daß auch die Verfügung eines Privaten, der berufen ist über die Bewilligung zur Ausführung von Hausinstallationen zu entscheiden, mit Verfassungsbeschwerde angefochten werden kann. Das war ein „verwegener" Schritt, wenn man etwa bedenkt, daß nach dem *Forsthoff*'schen Lehrbuch Private nie Verwaltungsakte ausstellen können. Auf Gebieten polizeilicher Eingriffsverwaltung kann es in der Schweiz auch am ehesten vorkommen, daß das Verfassungsgericht über die verfassungsrechtliche Zulässigkeit der Erfüllung von Verwaltungsaufgaben urteilen muß. In einem etwas älteren Urteil hob das Gericht eine Bestimmung eines Freiburger Gesetzes auf, das die polizeiliche Aufsicht über die Grundstückmäkler dem Vorstand des Grundstückmäklerverbandes übertragen wollte. Das Verfassungsgericht nahm an, daß der Einblick in den Geschäftsbereich der Konkurrenten, den die Vorstandsmitglieder des Verbandes auf diese Weise nehmen können, mit dem Grundrecht der Gewerbefreiheit, also Ihrer Berufsfreiheit, nicht im Einklang liegt. Verehrte Damen und Herren, das ist nur eine ganz kleine Auslese. Sehr häufig treffen wir in der Schweiz die Lösung an, die Sie in Deutschland im Anschluß an die Arbeiten von Herrn *Ipsen* die Indienstnahme nennen. Zum Beispiel Pflichtlagerhaltung, Vorratslagerhaltung in der wirtschaftlichen Kriegsvorsorge, nicht nur für Mineralöle, sondern teils wegen der Neutralität, für sehr viele Stoffe und Waren. Die Schweiz hat ein ausgedehntes Privatbahnnetz, nicht nur Touristenbahnen. Man könnte in Anbetracht der Beförderungspflicht, der Betriebspflicht, der Fahrplanpflicht und der gemeinwirtschaftlichen Leistungen dieser Bahnen auch hier von einer Indienstnahme sprechen. Wesentlich scheint mir jedenfalls zu sein, daß im Charakter der Eisenbahnkonzession der Charakter als Monopolkonzession fast vollständig zurückgedrängt ist zugunsten der Aufsichtskonzession. Sie ist also das Werkzeug der Aufsicht. Ob zwischen dem Gemeinwesen und dem Betrauten ein Amts- oder Dienstverhältnis besteht, beurteilt sich etwas anders. Ihr Vorstand hat diese Fälle ausgeschieden vom Thema des heutigen Tages. Wir haben in der Schweiz dagegen verschiedene Kreise von Bundesbeamten. Es gibt einen Kreis von Bundesbeamten in dem einen Sinn und dem anderen Sinn, drei bis vier Beamtenbegriffe. In einem Streitfall wegen passiver Bestechung zum Beispiel hat das Bundesgericht einen Angestellten eines kriegswirtschaftlichen Syndikates verurteilt als Beamten, weil er in dieser Hinsicht als Beamter gegolten hatte. Die Frage ist also nicht Ja oder Nein, Entweder Oder. In bezug auf die direkte Staatshaftung, die erst unlängst eingeführt wurde (vermögensrechtliche, öffentlichrechtliche Haftung) liegen noch keine Fälle aus der Rechtsprechung vor.

Wenger: Verehrte Herren Kollegen! Was mein Vorredner für die Schweiz betont hat, gilt weitgehend auch für Österreich: Die Mannigfaltigkeit und Vielgestaltigkeit der hier zur Diskussion stehenden Erscheinungen ist so groß, daß es kaum möglich ist, die praktisch vorkommenden Typen auch nur einigermaßen erschöpfend anzuführen. Doch bevor ich darauf eingehe, gestatten Sie mir, bitte, eine Bemerkung zur Theoriegeschichte. In dem 1904 erschienenen „Lehrbuch des österreichischen Verwaltungsrechtes" von *Josef Ulbrich* finden sich bereits zwei Stellen zu unserem Thema, die heute geradezu modern anmuten. Die eine, daß kraft besonders eingeräumten Rechts auch privatrechtliche Verwaltungssubjekte unter der Oberaufsicht des Staates die Fürsorge für soziale Interessen übernehmen und so die Staats- oder Selbstverwaltung *ergänzen* können. Daher sei bei der Darstellung des Verwaltungsrechts diese privatrechtliche Subsidiarverwaltung zu berücksichtigen. Etwas später spricht *Ulbrich* dann von der „subsidiären Vereinsverwaltung" und unterscheidet dabei zwischen zwei Fällen. Der erste sei, daß Privatgenossenschaften in einer von der Rechtsordnung anerkannten Weise es übernehmen, Leistungen zu erbringen, die sonst öffentlich-rechtlichen Subjekten zukämen. Der zweite — wie wir heute wissen viel häufigere — Fall sei, daß Privatvereinen aus den öffentlichen Mitteln Subventionen zur Besorgung einer zweckmäßigen Tätigkeit unter Oberaufsicht der Regierung gewährt würden. Leider wurden diese theoretischen Ansätze von *Ulbrichs* Nachfolgern kaum beachtet, geschweige denn weitergeführt.

Wenn in den beiden Referaten des heutigen Vormittags immer wieder auf die Grundrechte zurückgegriffen wurde, so stellt sich für die österreichische Rechtswissenschaft das dogmatische Problem primär unter einem anderen Aspekt, nämlich unter dem *organisationsrechtlichen*. Das österreichische B-VG zieht der Verwaltungsorganisation einen viel engeren Rahmen als andere Verfassungen. Wenn man von rein innerorganisatorischen Regelungen absieht, ist bei uns die Organisationsgewalt dem Gesetzgeber vorbehalten. Aber auch dieser muß sich an die bereits im B-VG, vor allem in Art. 20, 69, 77, 101 und 102 normierten Grundzüge der staatlichen Verwaltungsorganisation halten; selbstverständlich auch an die gleichfalls im B-VG festgelegte Kompetenzverteilung zwischen Bund und Ländern. Allerdings eröffnet hier die in Art. 17 B-VG ausdrücklich ausgesprochene Beschränkung dieser Kompetenzverteilung auf das öffentlich-rechtliche Verwaltungshandeln gewisse Ausweichmöglichkeiten. Gerade diese Bestimmung über die Privatrechtssubjektivität des Bundes und der Länder führte denn auch vielfach dazu, daß bestehende und noch öfter erst zu diesem Anlaß geschaffene Privatrechtssubjekte mit öffentlichen Verwaltungsaufgaben betraut wurden, die dann freilich im Außenverhältnis nur in privatrechtlichen Formen erfüllt werden können. Das hat allerdings nach unserem Rechtsschutzsystem zur Folge, daß — anders als in Deutschland — damit die Zuständigkeit der Verwaltungsgerichtsbarkeit ausgeschlossen wird, weil diese auf die Überprüfung (öffentlich-rechtlicher) Bescheide beschränkt ist. Dasselbe gilt im Grunde für die dem Verfassungsgerichtshof vorbehaltene Überprüfung von Grundrechtsverletzungen durch individuelle Verwaltungsakte.

Und nun zur Veranschaulichung ein paar konkrete Fälle für die Betrauung von Privatrechtssubjekten mit Aufgaben öffentlicher Verwaltung. Als Beispiel für die Betrauung qualifizierter *physischer Personen* mit bestimmten Verwaltungsaufgaben möchte ich den *Ziviltechniker* anführen, dessen Befugnisse und Pflichten im Ziviltechnikergesetz 1957 geregelt sind. Danach sind die behördlich befugten und beeideten Architekten, Ingenieurkonsulenten und Zivilingenieure — sie gelten als freie Berufe — im Rahmen ihres Fachgebietes berechtigt u. a. zur Überwachung und Leitung der Herstellung baulicher, technischer und betrieblicher Anlagen und Einrichtungen, zur laufenden Überprüfung und Überwachung solcher Einrichtungen sowie zur Vornahme von Revisionen und Betriebskontrollen. Sie sind ferner befugt zur fachtechnischen Überprüfung der von anderer Seite verfaßten schriftlichen oder planlichen Anlagen. Gemäß § 6 des Ziviltechnikergesetzes sind die von Ziviltechnikern innerhalb ihres Berechtigungsumfanges in der vorgeschriebenen Form über die von ihnen vollzogenen Akte errichteten Urkunden öffentliche Urkunden im Sinne der ZPO. Auf der Grundlage der von Ziviltechnikern im Rahmen ihres Fachgebietes unterfertigten Pläne kann die behördliche Baubewilligung erteilt werden. Diese Befugnisse gehen wohl über das Rechtsinstitut des staatlich zugelassenen und anerkannten Berufes hinaus. Hier müssen wir vielmehr von einer Übertragung von Verwaltungsaufgaben sprechen.

Das Ziviltechnikergesetz erscheint aber auch deshalb für unser Thema von Interesse, weil es eine ziemlich klare Unterscheidung zwischen der rechtlichen Regelung des Verhältnisses zwischen Staat und Verwaltungshelfer einerseits und zwischen diesem und dem außenstehenden Privaten, dem sogenannten Dritten, trifft. Begründet wird das Innenverhältnis zwischen Staat und Ziviltechniker durch einen Verleihungsbescheid. Darin ist auch festzuhalten, wann die formelle Vereidigung, bei der eine Erinnerung an besondere Amtspflichten einschließlich der Wahrung des Amtsgeheimnisses erfolgt, vorgenommen wurde.

Der Ziviltechniker unterliegt hinsichtlich seiner Standespflichten einem besonderen Disziplinarrecht. Die Ausübung des Disziplinarrechtes ist der Ingenieurkammer übertragen, einem öffentlich-rechtlichen Berufsverband, der der Aufsicht des zuständigen Ministeriums unterliegt. Bezüglich des Außenverhältnisses sind vor allem die Betriebspflicht der Kanzlei und der Kontrahierungszwang zu erwähnen. Der Ziviltechniker darf niemanden zurückweisen, der seine Hilfe in Anspruch nehmen will. Dazu kommt eine Art „Deklarationspflicht". Der Ziviltechniker ist verpflichtet, ein Siegel zu führen und eine amtliche Legitimation mit sich zu führen, um sich jederzeit ausweisen zu können.

Die gleichfalls hierher gehörigen Fälle der *Eisenbahnaufsichtsorgane* gemäß § 45 des Eisenbahngesetzes 1957 und der vom Bürgermeister zu bestellenden *Zähl- und Kontrollorgane* gemäß § 7 des Bundesstatistikgesetzes 1965 möchte ich nur erwähnen. Beide Arten von Verwaltungshelfern gelten kraft Gesetzes funktionell als Beamte.

Was die Betrauung *juristischer Personen* mit Aufgaben öffentlicher Verwaltung betrifft, so finden sich auch in Österreich — ähnlich wie in der Schweiz — zunächst Beispiele im *Agrarrecht.* Das Marktordnungsgesetz sieht vor, daß die Lenkung der Milchwirtschaft, der Viehwirtschaft und der Getreidewirtschaft von öffentlich-rechtlichen Fonds besorgt wird. Diese selbst sind dezentralisierte Verwaltungseinheiten und als solche für unser Problem nicht von Interesse. Wohl aber sind es die Kommissionen dieser Fonds, denen die Geschäftsführung übertragen ist. In diesen Kommissionen ist nämlich neben den öffentlich-rechtlichen Berufsverbänden, d. s. die Bundeskammer der gewerblichen Wirtschaft und der Österreichische Arbeiterkammertag, auch die als Verein nach dem Vereinsgesetz organisierte Präsidentenkonferenz der Landwirtschaftskammern gleichberechtigt vertreten. Ja sie hat sogar bestimmte bevorzugte Nominierungsrechte.

Der Grund dafür, warum man in die geschäftsführenden Fondsorgane eine privatrechtliche Körperschaft hereingenommen hat, liegt in der Kompetenzverteilung des B-VG. Dieser zufolge kann der Bundesgesetzgeber keine Bundes-Landwirtschaftskammer einrichten, weil Angelegenheiten der Landwirtschaft in Gesetzgebung und Vollziehung Ländersache sind. Da jedoch die Landwirtschaft aus wirtschaftspolitischen Überlegungen auf eine gesamtstaatliche Interessenvertretung nicht verzichten wollte, schuf man den Verein „Präsidentenkonferenz der Landwirtschaftskammern Österreichs", dem satzungsgemäß die neun auf Grund von Landesgesetzen errichteten öffentlich-rechtlichen Landwirtschaftskammern und der Österreichische Raiffeisenverband angehören. Die privatrechtlich organisierte Präsidentenkonferenz nimmt nicht nur nach dem Marktordnungsgesetz, sondern auch nach einer Reihe anderer Wirtschaftslenkungsgesetze Mitwirkungsrechte an der öffentlichen Verwaltung wahr, die sonst den öffentlich-rechtlichen Kammern übertragen sind. Hier ist m. E. ein Fall, der im Hinblick auf die von Herrn *Ossenbühl* heute vormittags festgestellte Tendenz zur Unterlaufung der verfassungsrechtlichen Kompetenzverteilung prüfenswert erscheint.

Im Landwirtschaftsgesetz, das im wesentlichen die Bestimmungen über den Grünen Plan und den Grünen Bericht enthält, also ein Förderungsgesetz darstellt, ist gleichfalls eine Kommission vorgesehen, der außer der Bundeskammer der gewerblichen Wirtschaft, dem Österreichischen Arbeiterkammertag und 4 Sachverständigen auch die erwähnte Präsidentenkonferenz der Landwirtschaftskammern und zudem der gleichfalls als Verein organisierte ÖGB angehören. Obwohl diese Kommission formell nur bei der Beschaffung der Unterlagen für den Grünen Bericht mitwirkt, also nicht direkt mit dem Kreis der Förderungsinteressenten in Verbindung tritt, wirken sich in der Praxis ihre Beschlüsse natürlich auf Art und Ausmaß der Agrarförderung und damit für die Dritten sehr wohl aus. Ähnliches läßt sich für jene Beiräte und Kommissionen feststellen, in denen der ÖGB gleichfalls kraft gesetzlicher Anordnung vertreten ist: Lastverteilungsgesetz, Rohstofflenkungsgesetz, Lebensmittelgesetz, Mühlengesetz, Arbeitsmarktförderungsgesetz.

Den Fall der *Kapitalgesellschaften,* die öffentliche Verwaltungsaufgaben besorgen, wie Herr *Huber* für die Schweiz bemerkt hat, haben wir natürlich auch bei uns. Er ist aber kaum ein österreichisches Spezifikum. Erwähnenswert erscheint vielleicht in diesem Zusammenhang, daß eine als AG organisierte Bank mit der Durchführung der Exportförderung betraut ist und daß in letzter Zeit die Tendenz stärker geworden ist, kostspielige Straßenbauten wie die Tauernautobahn und die Brennerautobahn über eigens errichtete Kapitalgesellschaften zu finanzieren. Sie entsprechen funktionell weitgehend den in den letzten Jahren üblich gewordenen Fonds zur Finanzierung von Hochschulprojekten — so Linz, Innsbrucker Baufakultät und Klagenfurt. Diese Art Ausgliederung von Verwaltungsaufgaben wirft in erster Linie die Frage nach der Vereinbarkeit mit den in Art. 51 B-VG normierten Grundsätzen der *Budgeteinheit* und der *Budgetvollständigkeit* auf; materiell zumindest auch das Problem der verfassungsrechtlich normierten *Budgethoheit des Parlaments*, die solcherart „unterlaufen" wird.

Die Übertragung von Verwaltungsaufgaben an *Vereine* ist seit *Ulbrich* nicht seltener, sondern entschieden häufiger geworden. Nur zum Teil handelt es sich dabei um „Subventionsvermittler" im Sinne der von Herrn *Zacher* in seinem Grazer Referat 1966 verwendeten Terminologie. Regelmäßig aber sind diese Vereine in irgendeiner Form mit Aufgaben der *Leistungsverwaltung* betraut; freilich ohne formellen gesetzlichen Auftrag.

Der Verein „Österreichische Fremdenverkehrswerbung", zu dessen Schaffung nicht zuletzt kompetenzrechtliche Überlegungen — Fremdenverkehr ist ebenso wie die Landwirtschaft Landessache — geführt haben, hat als Mitglieder den Bund, die 9 Bundesländer und die Bundeskammer der gewerblichen Wirtschaft. Die von ihm benötigten Förderungsmittel werden jedoch zu zwei Drittel vom Bund in Form eines Mitgliedsbeitrages aufgebracht. Wollte man sehr boshaft sein, so könnte man fast sagen, der Bund habe sich hier eine ihm verfassungsmäßig nicht zustehende Kompetenz „erkauft". Andere Vereine, denen der Bund und/oder die Länder, aber auch Gemeinden und berufliche Selbstverwaltungskörper als Mitglieder angehören und als solche die Erfüllung der Vereinsaufgaben finanzieren, kann ich aus zeitlichen Gründen nur beispielhaft anführen: Österreichisches Institut für Raumplanung, Theatererhalterverband der Länder und Städte, Kommunalwissenschaftliches Institut in Linz, Arbeitsmarktpolitisches Institut an der Linzer Hochschule sowie einige Vereine zur Förderung des Ausbaues sogenannter Entwicklungsgebiete wie zum Beispiel des Burgenlandes und des niederösterreichischen Waldviertels.

Die staats- und verwaltungsrechtliche Problematik dieser Art von Verwaltungshelfern scheint mir neben der Organisationsgewalt und der Budget- und Vermögenshoheit des Parlaments samt den dazugehörigen öffentlich-rechtlichen Kontrollen vor allem auch in der *rechtlichen Gewährleistung einer Gleichbehandlung der eigentlichen Leistungsempfänger zu liegen*. Eine Problematik, die vor einigen Jahren an Hand des Vereins

„Österreichischer Bundesjugendring" kritisch untersucht wurde, dessen Gestion dem Rechnungshof Anlaß zu berechtigten Klagen gegeben hatte.

Zum Abschluß möchte ich auf die gewissermaßen *umgekehrte Seite der Problematik* unseres Themas hinweisen. Es gibt bei uns — und ich vermute nicht nur bei uns — nämlich auch Fälle, in denen nichtstaatliche Rechtssubjekte staatliche Verwaltungsaufgaben übernehmen, die nach der geltenden Rechtsordnung von der staatlichen Verwaltung selbst wahrzunehmen wären. Hier handelt es sich um eine *Substitution öffentlich-rechtlichen Verwaltungshandelns durch ein privatrechtliches Kooperieren zwischen Staat und Privaten.* Zwei Beispiele sollen verdeutlichen, was damit gemeint ist: In Österreich gilt heute noch, und zwar jetzt als österreichische Rechtsvorschrift, das deutsche Kreditwesengesetz aus dem Jahre 1939. Die darin enthaltenen Verordnungsermächtigungen zur Festsetzung von Liquiditäten seitens der Aufsichtsbehörde sind jedoch aus verfassungsrechtlichen Gründen heute unanwendbar geworden. Das KWG enthält nämlich diesbezüglich keine hinreichende inhaltliche Determination, wie sie Art. 18 B-VG fordert. Das Finanzministerium hat daher im Einvernehmen mit der Notenbank mit den Kreditinstitutsverbänden *Kreditkontrollabkommen* abgeschlossen. In diesen werden auf gentlemen agreement-Basis Liquiditätssätze festgelegt.

Das andere, auch im Ausland viel beachtete Beispiel ist die sogenannte *Paritätische Kommission für Preis- und Lohnfragen.* Diese wurde 1957 als gemeinsames Forum von Ministerien und Verbänden geschaffen, nachdem der Verfassungsgerichtshof das 1951 beschlossene Gesetz über ein Wirtschaftsdirektorium der Bundesregierung für verfassungswidrig erklärt hatte. In der Paritätischen Kommission werden unter dem Vorsitz des Bundeskanzlers Maßnahmen zur „freiwilligen" Kontrolle der Lohn- und Preisentwicklung beschlossen. Mitglieder der Paritätischen Kommission sind die Bundesministerien für Inneres, für soziale Verwaltung, für Handel, Gewerbe und Industrie sowie die Bundeskammer der gewerblichen Wirtschaft, der Österreichische Arbeiterkammertag und die beiden bereits erwähnten Vereine Präsidentenkonferenz der Landwirtschaftskammern und ÖGB. Die Kommission hat drei Unterausschüsse: den Lohnunterausschuß, den Preisunterausschuß und den Beirat für Wirtschafts- und Sozialfragen. Sowohl im Lohn- als auch im Preisunterausschuß, der sich erklärtermaßen nur mit nichtpreisgeregelten Gütern befaßt, wurde eine Art förmliches Kontroll- und Genehmigungsverfahren entwickelt, das freilich ohne gesetzliche Grundlage ist. Zeitungen und Rundfunk berichten über die in diesen Verfahren gefaßten Beschlüsse jeweils wie über amtliche Preisregelungsbeschlüsse, die durch Gesetze gedeckt sind. Daß dies nicht der Fall ist, wird nur offenbar, wenn ausnahmsweise einmal ein Betroffener nicht bereit ist, sich den Beschlüssen dieser „freiwilligen" Kontrolle zu unterwerfen.

Ich glaube, diese beiden Fälle, in denen ich freilich nur andeuten konnte, wo ihre juristische Problematik liegt, zeigen, daß unser Tagungsthema überaus komplex ist und daß es noch vieler Einzelanalysen bedarf, um es in allen wichtigen juristischen Aspekten ausloten zu können. Wenn meine notgedrungen skizzenhaften Hinweise dazu ein paar Anregungen gegeben haben sollten, würde ich mich freuen.

Scheuner: Die heute behandelte Erscheinung zeigt zwei Seiten. Sie ist einmal ein Ausdruck der wachsenden Verflechtung von Staat und Gesellschaft, die es dem Staate schwer macht, an seinen Rändern mit rein administrativ-staatlichen Einrichtungen auszukommen. Sie ist zum andern eine Folge der sich immer mehr ausbreitenden öffentlichen und staatlichen Tätigkeit, die in gewissen Grenzzonen Unklarheiten der rechtlichen Gestaltung zeigt. Dabei sollten aus der Betrachtung gewisse Materien ausscheiden. Das gilt von dem überholten Bild einer Ausübung hoheitlicher Befugnisse in Restbeständen überkommener sozialer Positionen — z. B. der Ausübung der Forstpolizei durch private Forstbeamte —, aber auch von den staatlichen Wirtschaftsbetrieben in privater Form. Sie zeigen, wie Herr *Wenger* ausgeführt hat, Übergänge zu unserem Problem, aber sie beruhen auf einem anderen Gestaltungsprinzip. Die hier maßgebenden Vorgänge umfassen diejenigen Fälle, in denen der Staat sich zur Vereinfachung oder zur Kostenersparnis privater Hilfe bedient — zu nennen ist hier der Lohnsteuereinzug durch die Arbeitgeber, die Mineralölbevorratung durch Firmen der Branche — oder in denen er durch die Unterstützung privater Unternehmen öffentlich-rechtliche Tätigkeiten erspart; hierfür sind viele Beispiele genannt worden, von denen ich auf den Wohnungsbau durch geförderte Gesellschaften hinweise. Die Dinge gehen hier in die Materie des Subventionswesens über, bei dem die Inanspruchnahme durch finanzielle Zuwendungen erfolgt, ohne daß stets eine entsprechende staatliche Leitung und Aufsicht besteht.

Ein dritter Bereich ist der privater Tätigkeiten, über die der Staat allmählich eine gewisse Lenkung ausbreitet. Das erinnert an die von Herrn *Ossenbühl* herausgehobene Übernahme öffentlicher Aufgaben durch Private. In manchen Fällen sehen wir einen Übergang bislang privater Tätigkeiten in einen vom öffentlichen Recht her bestimmten und gelenkten Bereich. Das gilt etwa von der — noch rein privaten — Kreditvergabe der privaten Banken, die aber schon durch die Bundesbank mit ihren Mitteln gesteuert wird. Auch die Bundesbank selbst, der nur begrenzte hoheitliche Befugnisse zugewiesen sind, erfüllt öffentliche Aufgaben durch ihre Mitwirkung an der Konjunkturpolitik.

Eine Bemerkung möchte ich hinzufügen zu der Frage der Abgrenzung der Staatsaufgaben. Ich würde hier Herrn *Ossenbühl* nicht in der Meinung folgen, es ließen sich hier keine allgemeinen Grundsätze aufstellen. Es gibt staatliche Aufgaben, die man ziemlich unabhängig von der jeweiligen Verfassung und Sozialordnung als notwendige Staatstätigkeiten ansehen kann. Ich nenne die Polizei, die Ausübung der Gerichtsbarkeit. Darüber hinaus würde ich ein Gebot für die eigene staatliche Verwaltung dort gegeben sehen, wo es sich um bedeutsame und schwere Eingriffe in die Sphäre der Bürger handelt; sie können Privaten nicht anvertraut werden. Was endlich die Kostentragung anlangt, so würde ich mich mit dem Gedanken der Heranziehung des Gedankens der Opfergleichheit für etwaige Kostenerstattung an den zur Dienstleistung Herangezogenen befreunden können, würde aber meinen, daß auch hier die Linie berufsbezogener Lasten und berufsfremder Inanspruchnahme bedeutsam sein dürfte.

Bei Herrn *Gallwas* halte ich den Gedanken der Garantenstellung des Staates für die ordnungsmäßige Erfüllung der übertragenen Aufgaben für fruchtbar. Ich würde ihn nur durch ein anderes zu ergänzen wünschen, durch eine Verstärkung der Staatsaufsicht. Man darf, das ist bei beiden Referenten zu kurz gekommen, den Schutz der Allgemeinheit nicht außer Acht lassen. Wo der Staat Tätigkeiten an private Unternehmen oder Einrichtungen überläßt, muß er auf der anderen Seite durch eine strenge Aufsicht dafür sorgen, daß die Interessen der Verwalteten, der betroffenen Bürger, gesichert bleiben.

Bachof: Wir haben heute morgen sehr viel über die Folgen der Erfüllung von Verwaltungsaufgaben durch Private gehört, aber nur wenig über die Tatbestandsseite unseres Themas; d. h. über die Fragen: 1. Was ist eine Verwaltungsaufgabe?, und 2. Wer ist ein Privater? Um der Aufforderung zur Kürze Rechnung zu tragen, will ich mich im wesentlichen auf die erste Frage beschränken und zur zweiten nur meine Zweifel an Herrn *Ossenbühls* Thesen 2 und 3 anmerken. — Zu These 2:

Danach soll „Privater", verstanden im materiellen Sinne, „jedes nicht-staatliche Subjekt, d. h. jeder grundrechtsgeschützte Bürger" sein. Ist das nicht eine petitio principii? Ich erinnere nur an unsere Kölner Verhandlungen 1960, wo ja u. a. darüber gestritten wurde, ob und unter welchen Voraussetzungen gewisse privatrechtliche Institutionen (z. B. die sog. gemischtwirtschaftlichen Unternehmen) der Staats- oder der Bürgerseite zuzurechnen, ob und unter welchen Voraussetzungen sie selbst grundrechtsgebunden oder umgekehrt grundrechtsgeschützt seien. — Zu These 3, wonach in den Begriff des Privaten (im rechtstechnisch-formalen Sinne) auch der Staat soll einbezogen werden können, wenn er „in Privatrechtsformen Verwaltungsaufgaben erfüllt": Kann das angesichts der bekannten weitgehenden Austauschbarkeit privatrechtlicher und öffentlich-rechtlicher Handlungsformen ein praktikables Kriterium für die Bestimmung des Privaten hergeben? —

Wichtiger noch scheint mir die Aufgabe zu sein, die „Verwaltungsaufgaben" in den Griff zu bekommen. Wenn ich sagte, dies sei heute morgen sehr kurz weggekommen, so möchte ich das nicht als Kritik an den Referenten verstanden wissen. Mir ist klar, daß sie bei der Weite des Themas eine Auswahl treffen mußten. Jede solche Auswahl ist bis zu einem gewissen Grade willkürlich und wird den einen mehr, den anderen weniger befriedigen. Für den Juristen ist nun aber einmal die Ermittlung des Tatbestandes die erste Aufgabe; erst dann hat er den Ausgangspunkt für eine Erörterung der Rechtsfolgen.

Herr *Ossenbühl* ist in These 4 mit Recht davon ausgegangen, daß wir es bei unserem Thema nur mit den *staatlichen* Verwaltungsaufgaben zu tun haben. Er hat, gleichfalls mit Recht, zwischen staatlichen und öffentlichen Aufgaben unterschieden (These 7). Er hat dann mit einiger Resignation beklagt, daß eine staatliche Aufgabenlehre unter dem Grundgesetz bisher kaum andiskutiert worden sei, und er meint, daß der Nachweis einer spezifischen Staats- (und damit Verwaltungs-) Aufgabe sich nur aus einer konkreten raum-zeitlichen Staatsordnung erbringen lasse (These 8). Bis dahin bin ich einverstanden. Aber wie stellen wir fest, ob der Staat eine bestimmte Aufgabe tatsächlich „an sich gezogen hat"? Herr *Ossenbühl* bezeichnet diese Feststellung, die durch Auslegung der die betreffende Aufgabenmaterie regelnden Gesetze gelöst werden müsse, als eine der schwierigsten und in den Konsequenzen weittragendsten Fragen, zu deren Beantwortung es der Herausbildung von Ausbildungs- und Orientierungshilfen bedürfe. Wo aber finden wir diese Auslegungs- und Orientierungshilfen?

Es ist ja nicht immer so, daß der Staat eine bestimmte Aufgabe zunächst selbst erfüllt und sie dann erst an einen Privaten abgibt. Wo es so ist, liegt der Fall relativ einfach. Aber Herr *Ossenbühl* hat mit Recht darauf hingewiesen, es gebe Fälle, in denen der Staat eine Aufgabe, weil sie von Privaten ordnungsmäßig erfüllt werde, gar nicht erst „an sich ziehe", sondern sich von vornherein auf eine Beobachterrolle mit Korrekturfunktion beschränke — eine Aufgabe, die dennoch als Verwaltungsaufgabe zu qualifizieren sei! Woran erkenne ich hier also die Verwaltungsaufgabe? Etwa an den staatlichen Kontrollbefugnissen? Diese können nach Art und Ausmaß außerordentlich verschieden sein, sie reichen von der bloßen Genehmigung bis zu allen möglichen abgestuften Eingriffsbefugnissen. Durch welche Kontrollbefugnisse dokumentiert der Staat also, daß er eine Aufgabe als Verwaltungsaufgabe wertet?

Nehmen wir als Beispiel einmal die Verkehrswirtschaft. Den Schienenverkehr — Personen- ebenso wie Frachtverkehr — werden wir wohl sicher als eine Verwaltungsaufgabe ansehen, auch soweit er durch Privatbahnen wahrgenommen wird. Warum? Der Staat hat hier durch das grundsätzliche, nur nach Maßgabe des Eisenbahngesetzes ausnahmsweise durchbrochene Bundesbahnmonopol eindeutig zu erkennen gegeben, daß er den Schienenverkehr als eine Staatsaufgabe betrachtet. Aber wie ist es mit dem öffentlichen Straßenverkehr? Mit dem Güterfrachtverkehr, mit dem Personenverkehr, hier wieder unterschieden nach Linienverkehr und Gelegenheitsverkehr, mit allen seinen Unterformen wie Werksverkehr, Reiseverkehr, Mietwagenverkehr, Kraftdroschkenverkehr usw.? Wie ist es mit der Binnenschiffahrt, mit der Hochseeschiffahrt, mit dem Luftverkehr? Was von alledem ist Verwaltungsaufgabe, was nicht? Das Betreiben eines Taxiverkehrs wird wahrscheinlich niemand als eine Verwaltungsaufgabe ansehen, trotz staatlicher Genehmigungspflicht und weitgehenden Kontrollbefugnissen. Dagegen werden wir sehr viel eher dazu neigen, den Linienverkehr mit Personenomnibussen als eine Verwaltungsaufgabe anzusehen, auch wenn er von Privaten betrieben wird. Sind es hier die Betriebspflicht, die Fahrplanpflicht usw., welche diese Aufgabe als Verwaltungsaufgabe ausweisen? Wie ist es mit dem Luftverkehr? Mag man bei der Lufthansa noch Zweifel haben können, ob sie überhaupt als „Privater" anzusehen ist, so haben wir jedenfalls andere Fluggesellschaften, deren privater Charakter außer Frage steht. Ist hier ggf. nur der Linien- oder auch der Charterverkehr eine Verwaltungsaufgabe?

Ich meine, daß sich diese Fragen allein durch den Hinweis auf Art und Ausmaß der Kontrollbefugnisse, die sich der Staat vorbehält, nicht beantworten lassen, mögen sie auch ein wichtiges Indiz sein. Daneben und vielleicht sogar in erster Linie wird darauf abzustellen sein, ob die Erfüllung einer bestimmten Aufgabe unter Berücksichtigung der jeweiligen politischen, sozialen und wirtschaftlichen Situation *im öffentlichen Interesse erforderlich* ist. Einen Anhaltspunkt dafür können uns die Gemeindeordnungen geben. Sie verpflichten, im wesentlichen übereinstimmend, die Gemeinden dazu, die „für das wirtschaftliche, soziale und kulturelle Wohl ihrer Einwohner *erforderlichen* öffentlichen Einrichtungen" zu schaffen. Solche Einrichtungen zu schaffen und bereitzustellen ist demnach erklärtermaßen eine „Verwaltungsaufgabe". Man wird diesen Satz freilich nicht umkehren dürfen: auch das Betreiben nicht „erforderlicher", aber „nützlicher" Einrichtungen mag durchaus eine Verwaltungsaufgabe sein können, *wenn* diese Einrichtungen von einem Gemeinwesen bereitgestellt werden. Aber das Bereitstellen solcher Einrichtungen ist mangels Erforderlichkeit nicht von Haus aus eine Verwaltungsaufgabe; es ist es insbesondere dann nicht, wenn die Einrichtungen von Privaten betrieben werden. Sind die Einrichtungen dagegen im Sinne der Gemeindeordnungen „erforderlich", so unterfallen sie auch dann den Verwaltungsaufgaben, wenn sie von Privaten betrieben werden und sich die Gemeinde auf eine Beobachtung beschränkt. So ist z. B. der Betrieb eines Schwimmbades in einem Hotel, durch einen Sportverein usw. zunächst eine durchaus private Angelegenheit. Dagegen ist der Betrieb eines kommunalen Schwimmbades, gleichgültig ob erforderlich oder nur nützlich, stets eine Verwaltungsaufgabe. Auch der Betrieb eines privaten, der Öffentlichkeit zugänglichen Schwimmbades kann aber zur Verwaltungsaufgabe werden, wenn ein solches Bad wegen Größe und Struktur der Gemeinde aus Gesundheitsgründen erforderlich wird, die Gemeinde aber (nur) deshalb von der Errichtung eines kommunalen Bades absehen kann, weil ein privates Bad vorhanden ist oder errichtet werden soll. Dann freilich hat die Gemeinde die Aufgabe, Bestand und Funktionieren des Bades in geeigneter Weise zu kontrollieren.

Im Grunde genommen sind jene Vorschriften der Gemeindeordnung nur eine Ausformung des Sozialstaatsprinzips, auf das man — nicht allein, aber in sehr entscheidender Weise — für die Bestimmung der Staats- und damit auch der Verwaltungsaufgaben wird abstellen müssen.

Mit diesen Bemerkungen habe ich nicht mehr tun können, als einen Problemkreis wenigstens anzureißen, der mir in der bisherigen Diskussion zu sehr zurückgetreten zu sein schien.

Brohm: Ich möchte anschließen an das, was Herr *Bachof* gesagt hat. Wenn man von einer „Erfüllung von Verwaltungsaufgaben" in diesem weiten Umfange spricht, wie es Herr *Ossenbühl* in seinem Leitsatz 5 getan hat, dann fallen fast alle beruflichen Tätigkeiten darunter; denn nahezu alle werden heute im Rahmen der Wirtschaftslenkung auf bestimmte Ziele hingeleitet und der Staat hat Möglichkeiten, auf sie einzuwirken. Man könnte dann immer sagen, diese Tätigkeiten seien eigentlich Aufgaben, die der Staat erfüllen müßte. So wurde vorhin zu Recht darauf hingewiesen, daß z. B. auch die Geschäftsbanken zur staatlichen Kreditpolitik eingesetzt werden, wenn sie etwa bei der Bundesbank Mindestreserven unterhalten müssen. Ich glaube, man kommt in dieser Frage nur weiter, wenn man scharf zwischen der „Inpflichtnahme", d. h. der Auferlegung von Pflichten gegenüber dem Staat, und der „Beleihung", d. h. dem Anvertrauen von Hoheitskompetenzen unterscheidet. So treffen etwa die Leitsätze Nr. 9—12 nur auf Private zu, die als „Beliehene" Hoheitsrechte wahrnehmen. Sie passen aber z. B. nicht auf die Mineralölindustrie mit ihrer Bevorratungspflicht oder auf die zur Wegereinigung Verpflichteten. Dafür gelten dann die Leitsätze, die Herr *Ossenbühl* zur Entschädigungsfrage gebracht hat (Leitsätze 14 ff.), gerade auch für die Formen der Inpflichtnahme. Die Leitsätze 20 und 23 ff. dagegen können allenfalls wieder auf die Inhaber von Hoheitskompetenzen zutreffen. Insofern scheint mir hier eine Unterscheidung zwingend geboten zu sein.

Herzog: Nach den Ausführungen von Herrn *Brohm* habe ich sehr wenig nachzutragen. Herr *Bachof* hat seine Bedenken gegen die Thesen der beiden Referate im wesentlichen auf die Abgrenzung der Verwaltungsaufgaben gestützt. Ich möchte mich nun in der anderen Richtung bewegen, die Herr *Bachof* zwar genannt, dann aber ausgeklammert hat. Herr *Ossenbühl* räumt ein, daß die Abgrenzung der natürlichen Staatsaufgaben ungemein schwierig sei, und rekurriert folgerichtig darauf, ob der Gesetzgeber selbst eine Aufgabe für den Staat in Anspruch nimmt. Mit Recht hat aber Herr *Bachof* darauf hingewiesen, daß aus den Formulierungen, die der Gesetzgeber im allgemeinen verwendet, häufig nur sehr schwer festzustellen ist, ob sie nun eine Inanspruchnahme für den Staat oder eine Überlassung zugunsten gesellschaftlicher Kräfte anstreben. Von meinem Standpunkt aus muß ich nun die Frage hinzufügen, anhand welcher Kriterien man denn in dem „grauen Bereich“, über den wir hier sprechen, eigentlich erkennen kann, ob der konkrete Aufgabenträger, den das Gesetz im Auge hat, zum „Staat“ gehört oder nicht. Daß diese Frage hier nicht angesprochen worden ist, ist für mich ein sehr wichtiger Einwand gegen die Thesen von Herrn *Ossenbühl*. Wir haben es ja auch im „staatlichen“ Bereich nicht nur mit Beamten und Angestellten, Ministern und Abgeordneten zu tun, sondern mit sehr vielen von jenen Organisationsfiguren, die Herr *Ossenbühl* als privat bezeichnen würde, die bei einer genaueren Betrachtung aber vielleicht doch noch in die Sphäre der öffentlich-rechtlichen Organisation aufgenommen werden müßten, mit der Folge, daß bei ihnen auch von keiner Garantiepflicht im Sinne von Herrn *Gallwas*, sondern schlicht von einer Dienstpflicht gesprochen werden müßte. *Diese* Frage nach der Unterscheidung zwischen öffentlich-rechtlichen und privatrechtlichen Organisationsformen muß gestellt werden, und ich frage mich, ob sie nicht gerade vom demokratischen Prinzip her zu beantworten wäre — womit zugleich der Bogen zum gestrigen Thema geschlagen wäre. Wenn der Unterschied zwischen Staat und Gesellschaft, wie ich schon gestern angedeutet habe, heute vorwiegend ein organisatorisch-prozeduraler ist, geht es meines Erachtens nicht an, sich einerseits zu ihm zu bekennen, ihn dann aber durch die zahlreichen Abstufungen in Fragen der Einzelausgestaltung, wie sie uns die beiden Referenten vorgeführt haben, aus diesem Themenkreis, in dem er nun wirklich zum Tragen kommen müßte, wieder auszuklammern.

Vogel: Die beiden Referate von heute früh haben sich in sehr glücklicher Weise ergänzt. Herr *Ossenbühl* hat vom *Verwaltungshelfer* gesprochen, Herr *Gallwas* vom *Verwaltungsmittler* — und obwohl Herr *Gallwas* unter seinen Begriff des Verwaltungsmittlers als Grenzfall auch noch den Verwaltungshelfer im Sinne von Herrn *Ossenbühl* einbeziehen möchte, scheint mir doch angesichts der sehr unterschiedlichen Akzentuierung der beiden Begriffe gerade ihre *Gegenüberstellung* als Grundlage für eine Typologie der Inanspruchnahme Privater für Verwaltungsaufgaben besonders geeignet zu sein.

Herr *Ossenbühl* hat uns allerdings nicht ganz genau gesagt, was er unter einem „Verwaltungshelfer“ versteht; man muß es aus seinen Ausführungen erst erschließen. Wenn ich ihn richtig verstehe, meint er nicht alle Fälle privaten Tätigwerdens, die er in These 5 aufgeführt hat, sondern nur die Fälle zu These 5 a und b sowie einen Teil der Fälle zu f. Die unter c aufgeführten öffentlichrechtlichen Bürgerpflichten hat Herr *Ossenbühl* selber als „Verwaltungspflichten" (= Wahrnehmung im *Eigen*interesse des Bürgers), nicht als „Verwaltungsobliegenheiten" (= Wahrnehmung im *Verwaltungs*interesse) bezeichnet. Und auch die unter Buchstaben d und e aufgeführten staatlich überwachten und staatlich angeregten privaten Tätigkeiten — etwa die des subventionierten privaten Unternehmers — will er sicherlich nicht als „Verwaltungshilfe" verstehen. Hier fehlt uns eine verwaltungsrechtliche Lehre von der indirekten Determinierung privaten Handelns durch staatliche Behörden; das ist jedoch etwas anderes als das Thema unserer heutigen Sitzung.

Es bleiben also die Fälle zu a und b, und damit die Frage, die Herr *Bachof* schon angesprochen hat: was kennzeichnet denn eigentlich eine Aufgabe als „staatliche Aufgabe"? Entgegen Herrn *Bachof* vermag ich mich nicht davon zu überzeugen, daß man diese Frage unter dem Gesichtspunkt entscheiden könne, ob die betreffende Aufgabe „staatsnotwendig" sei. Staatsnotwendig ist doch etwa auch die Versorgung der Bevölkerung mit Lebensmitteln; diese Aufgabe wird aber zur Zeit durch die Privatwirtschaft in ausreichender und zweckmäßiger Weise wahrgenommen, deswegen braucht sie der Staat — anders als in Notzeiten — nicht als „staatliche Aufgabe" zu übernehmen.

Ipsen: Und die Einfuhr- und Vorratsstellen?

Vogel: Wenn ich recht sehe, dienten die Einfuhr- und Vorratsstellen, solange sie noch deutsches Agrarrecht ausführten, doch wohl nicht in erster Linie der Sicherung der Versorgung, sondern dem Schutz der Erzeuger, der Landwirtschaft; heute haben sie ohnehin nur noch Hilfsfunktionen bei der Durchführung der Agrarmarktordnungen der EWG. Ich hätte aber wohl besser von der *Verteilung* der Lebensmittel durch den Einzelhandel sprechen sollen. Diese Verteilung ist gewiß eine „staatsnotwendige" Aufgabe; aber daraus kann man doch sicher nicht folgern, daß nun um deswillen der einzelne Lebensmittelhändler eine „staatliche Aufgabe" wahrnehme und somit „Verwaltungshelfer" sei. Ich stimme insoweit Herrn Ossenbühl zu, wenn er in These 8 sagt, ob der Staat eine bestimmte Aufgabe als „Verwaltungsaufgabe" an sich gezogen habe, müsse jeweils durch *Auslegung* des die betreffende Materie regelnden Gesetzes festgestellt werden.

Damit stellt sich natürlich die Frage: nach welchem *Maßstab* ist diese Auslegung vorzunehmen? Wir können, meine ich, eine derartige Auslegung gar nicht anders vornehmen als im Hinblick auf die *Rechtsfolgen,* die die Qualifizierung einer Aufgabe als „staatliche" oder „nichtstaatliche" auslösen soll. Wenn wir nun zusehen, welche Rechtsfolgen Herr *Ossenbühl* an die Qualifizierung einer Aufgabe als „staatliche" knüpft, dann sind dies — vergleichen Sie Thesen 23 ff. — die öffentlichrechtliche Ausgestaltung des Verhältnisses zum Drittbetroffenen, die Eröffnung des Rechtsweges vor die Verwaltungsgerichte, die Anwendbarkeit der Regeln über die Amtshaftung. Als „staatliche Aufgaben" wären danach also diejenigen Verwaltungstätigkeiten zu qualifizieren, für die diese spezifischen, von Herrn *Ossenbühl* genannten Rechtsfolgen angemessen wären. Damit wären wir dann aber wieder beim *Beliehenen* im Sinne der alten „Befugnis-" oder „Rechtsstellungstheorie": auch diese Theorie hat ja doch als Beliehenen nicht lediglich den mit Befehls- und Zwangsbefugnissen Ausgestatteten angesehen (was ich selber zu diesem Thema geschrieben habe, ist gelegentlich dahin mißverstanden worden), sondern jeden Privaten, der von der Rechtsordnung mit der Fähigkeit ausgestattet worden war, seine Rechtsbeziehungen zu Dritten *öffentlichrechtlich* zu regeln. Man mag diesen Privaten künftig statt als „Beliehenen" mit Herrn *Ossenbühl* als „Verwaltungshelfer" bezeichnen — das ist vielleicht besser als der herkömmliche Ausdruck —, aber es bleibt dabei doch der alte Begriff.

In These 13 scheint mir allerdings ein anderer Begriff des Verwaltungshelfers zugrundezuliegen. Wenn der Verwaltungshelfer nämlich durch die öffentlichrechtliche Natur der Rechtsbeziehung zum Drittbetroffenen gekennzeichnet ist, dann braucht es zur Begründung des Gesetzeserfordernisses nicht mehr des Rückgriffs auf einen „demokratischen Gesetzesvorbehalt", eine Rechtsfigur, gegen die ich ohnehin gewisse Bedenken hätte. Daß öffentlichrechtliche Rechtsbefugnisse nur durch Gesetz begründet werden können, ergibt sich doch wohl schon aus dem Wesen des öffentlichen Rechts — jedenfalls dann, wenn man diesen Begriff in dem Sinne versteht, wie ihn Herr *Wolff* uns entwickelt hat; allerdings nicht notwendig durch ein formelles Gesetz, es könnte auch eine Rechtsverordnung oder Gewohnheitsrecht sein. Aber wie Herr *Ossenbühl* aus dem „demokratischen Gesetzesvorbehalt" das Erfordernis eines formellen Gesetzes herleiten will, ist mir ohnehin nicht recht verständlich: das Grundgesetz gestattet doch eine Einschränkung von Grundrechten z. T. durchaus auch durch (lediglich) materielles Gesetz! —

Neben den so verstandenen Verwaltungs*helfer* könnte man dann den Verwaltungs*mittler* im Sinne von Herrn *Gallwas* stellen. Was Herr *Gallwas* in diesem Zusammenhang über die Garantenstellung des Staates bei einer solchen Heranziehung Privater ausgeführt hat, hat mir außerordentlich eingeleuchtet. Den Rahmen, den er uns gezeichnet hat, sollte man allerdings noch durch eine genauere Typologie ausfüllen. Ich hoffe, nicht zu sehr pro domo zu reden, wenn ich etwa daran denke, daß man zwischen einer Inanspruchnahme natürlicher Personen und einer Inanspruchnahme von Unternehmungen unterscheiden könnte, bei diesen wieder danach, ob sie peripher in Anspruch genommen werden (das wäre Herrn *Ipsens* „Indienstnahe Privater") oder im Kern ihrer wirtschaftlichen Tätigkeit. Die Analogien zum öffentlichen Sachenrecht würde ich dabei heute nicht mehr so stark betonen wie früher. — Abschließend möchte ich wegen der fortgeschrittenen Zeit nur noch kurz auf die Kohleneinheitsgesellschaft hinweisen: Hier haben wir den Fall, daß eine private Gesellschaft Verwaltungsaufgaben, solche der Rationalisierung, wahrnimmt, aber nicht gegenüber Drittbetroffenen, sondern gegenüber ihren *Mitgliedern.* In eine noch auszuarbeitende Typologie der Erfüllung von Verwaltungsaufgaben durch Private müßte auch dieser Sachverhalt eingeordnet werden.

Zacher (Diskussionsleiter): Vielen Dank Herr *Vogel,* aber ich glaube, daß es gerade die Aufgabe ist, die Typen, nicht einen Typ, zu finden; die Typen also in ihrer Vielfalt, in ihren Interessenstrukturen aufzudecken; und daß dann die Rechtsfolgen, die hier von den beiden Referenten, wie ich meine, etwas zu undifferenziert für einen Verwaltungshelfer aufgebaut wurden, typenspezifisch entwickelt werden müssen. Davon müssen wir heute für den Rest der Diskussion ausgehen.

Wagener: *Hans Schneider* hat 1960 in Köln über „Verträge zwischen Gliedstaaten" anhand einer gesondert vorgelegten, viele Seiten umfassenden systematisierten Liste berichtet. Dies war vorbereitende Rechts- und Verwaltungstatsachenforschung. In dieser Beziehung hatte ich gegenüber den sonst so ausgezeichneten Vorträgen eine Art „Vermissungserlebnis". Es wurden zwar viele Beispiele des Verwaltungshandelns Privater genannt, aber für einen früheren Praktiker bleiben unbeantwortete Einordnungsfragen für eine große Zahl von Fällen übrig. Man kann sozusagen aus der „hohlen Hand" zahlreiche Regelungen nennen, deren Qualifizierung nicht auf den ersten Blick einleuchtend ist. Um nur einige absonderliche Beispiele zu nennen, auf die man bei wissenschaftlichem Literaturstudium wohl kaum kommen wird: Da ist etwa der sogenannte Abdasseler, der als Privatmann auf gesetzlicher Grundlage die Dasselfliege (Rinderbremse) gegen „Gebühr" bekämpft. Denken Sie an das Wildursprungszeichen, das nach den Jagdgesetzen einiger Länder zur Bekämpfung der Wilderei eingeführt worden ist. Die Jäger haben erlegte Rehe und Hirsche mit dem amtlichen Zeichen zu versehen. Der Schlachter darf das Wild nur kaufen und zerlegen, wenn das Ursprungszeichen da ist; sodann muß es aufgehoben werden. Interessant sind auch die Geldprämien an Jäger für das Vorzeigen von Fuchsschwänzen; das Geld wird häufig von den privaten Jagdverbänden oder Jagdgenossenschaften ausgezahlt. Das Ganze dient der Tollwutbekämpfung. Ein ganz andersartiges Beispiel ist die Gesundheitspflichtuntersuchung durch praktische Ärzte als Voraussetzung für die Berufsausbildung von Lehrlingen. Es wäre nicht schwierig, die Reihe der Beispiele zu verlängern. Aber das kann hier nicht unsere Aufgabe sein. Es sollte jedoch eine Liste aufgestellt werden, die systematisiert werden müßte. Das ist, wenn die Liste einigermaßen vollständig sein soll, eine ungeheuer schwere und langwierige Aufgabe. Dennoch müßte es versucht werden. Dabei wäre eine gewisse Untersuchungsfolge einzuhalten. Der erste Arbeitsschritt wäre die Datenbestandsaufnahme. Man muß einfach wissen, ob der Bereich der Verwaltungstätigkeit Privater 30 % oder 3 % oder evtl. noch weniger der öffentlichen Tätigkeit ausmacht. In einem zweiten Schritt müßte eine Datenanalyse vorgenommen werden. Man muß wissen, welcher Trend in diesem Bereich gegenwärtig besteht. Weiten sich die Aufgaben auf diesem Randgebiet der öffentlichen Verwaltung eigentlich aus, stagniert die Entwicklung oder gibt es einen Rückgang? In einem dritten Arbeitsschritt kann man erst eine Typologie der praktisch vorkommenden Fälle aufstellen. Viertens und fünftens wären dann die rechtliche Prüfung der typischen Fallgestaltung und eine Dogmatisierung vorzunehmen. Wir haben heute im wesentlichen Überlegungen aus den Bereichen gehört, die zu dem vierten und fünften Arbeitsschritt zu zählen sind. Es wurden also Rechtsüberlegungen auf quantitativ nicht ausreichend erforschter Grundlage angestellt. Das ist den Vortragenden kaum anzulasten. Sie konnten die auf diesen und anderen Gebieten fehlende Verwaltungstatsachenforschung nicht in wenigen Monaten nachholen. Es müßte schon insgesamt eine stärkere Rückbesinnung der deutschen Öffentlichrechtler auf die so schwierig festzustellenden tatsächlichen Verhältnisse in Regierung und Verwaltung eintreten.

Kaiser: Wir lesen in den Leitsätzen von Herrn *Gallwas* unter II, Ziff. 2, das Gemeinwesen müsse Steuerungsverluste hinnehmen. Ich frage mich, ob es nicht ebenso kennzeichnend ist, daß dem Gemeinwesen auch *Steuerungsmechanismen* und *-befugnisse zuwachsen.* Ich meine, das schweizerische Uhrenstatut, von dem Herr *Huber* gesprochen hat, ist dafür ein Beispiel, und dieser Kategorie möchte ich auch die Einheitsgesellschaft Ruhrkohle AG zuweisen; dazu rechne ich vor allem auch die Aktionsgemeinschaft Deutsche Steinkohlenreviere GmbH: sie ist das Instrument einer kooperativen Wirtschaftsplanung völlig neuer Art, in dem wir für die Integration von Unternehmerdispositionen und Gewerkschaftsinteressen einen neuen Stil entwickelt sehen.

Unter diesem Gesichtspunkt möchte ich noch wenige Sätze sagen zu dem Punkt 12 der Leitsätze von Herrn *Ossenbühl.* Da ist mit dogmatischer Strenge die *Grundrechtsperspektive* aufgewiesen, und das mit Recht. Mir scheint jedoch, daß diese Perspektive möglicherweise der Ergänzung bedarf, sozusagen durch eine *Privilegierungsperspektive,* leicht zu exemplifizieren wiederum an der Einheitsgesellschaft, in der die Kohle großenteils von dem Unternehmerrisiko befreit wurde durch eine Staatsbürgschaft in Milliardenhöhe. Zu den Gewinnern gehörten aber auch die Gewerkschaften, weil die für die Tarifverhandlungen typische und notwendige Dichotomie geschwächt ist, denn die Gewerkschaften sitzen in der Einheitsgesellschaft ja auch auf der Unternehmerseite. Diese Privilegierung findet nun wiederum ihre Balance in der wettbewerbsrechtlichen Privilegierung der Einheitsgesellschaft: So wie für die Lohnbildung die Parität von Arbeitgebern und Arbeitnehmern geschwächt ist, so ist für die Preisbildung der Kohle auch der Wettbewerb geschwächt. Der Lohn- und Preisbewegung sind damit die bisher wirksamen Bremsen gelockert, wie sich bald zeigen wird, und man wird wohl einmal nach anderen Steuerungsmechanismen Ausschau halten müssen. Bis dahin wird man jener Grundrechtsperspektive, die mehr auf eine Abwehr als auf eine staatliche Einflußnahme gerichtet ist, als möglicherweise ebenso bedeutsam die von mir gekennzeichnete Privilegierungsperspektive — freilich mit der Aussicht auf notwendige neue Steuerungsmechanismen — hinzufügen müssen.

Ipsen: Beide Referate und die bisherige Diskussion haben — nicht überraschend — sichtbar gemacht, daß unter den Komplex der durch Private erfüllten Verwaltungsaufgaben die unterschiedlichsten Sachverhalte gehören, die sehr schwierig in einer Typologie oder Systematik zu ordnen sind. Hierzu nur eine Frage: ist es nicht denkbar — und würde sich daraus nicht eine wesentliche Rechtsfolge herleiten lassen —, die Fälle der Wahrnehmung von Verwaltungsaufgaben durch Private auch danach zu gruppieren, ob ihre Finanzierung bei Erfüllung durch den Staat selbst aus dem öffentlichen Haushalt zu erfolgen hätte? Daraus wäre dann zu folgern, daß dies auch geschehen müsse, falls der Staat zu ihrer Erfüllung Private in Dienst nimmt. Dadurch würde erreicht werden, daß auch solche Aufgaben unter öffentlicher Haushalts- und Rechnungskontrolle finanziert werden, was nicht gewährleistet ist, wenn der Staat dem in Dienst genommenen Privaten überläßt, sich die Kosten der Aufgabenerfüllung selbst zu verschaffen. Wenn das ein privater Wirtschaftsteilnehmer tut — und tun muß —, indem er seine Verwaltungshilfe über den Preis finanziert, können private Interessen in unerwünschter Weise ins Spiel gebracht werden, was vermieden würde, wenn der in Dienst genommene Private öffentlich-kontrolliert aus Steuermitteln erhält, was ihn seine Verwaltungshilfe kostet. Mir schwebt als Beispiel dabei die Pflicht der Wirtschaft vor, in einzelnen Sektoren Bevorratung lebenswichtiger Güter im öffentlichen Interesse zu betreiben.

Mayer: Ich glaube, daß die Referenten überfordert sind, wenn man von ihnen bei der Behandlung des anspruchsvollen Themas auch noch erwartet, sie würden eine Typologie der Verwaltungsaufgaben mitliefern. Herr *Ossenbühl* hat den Begriff Verwaltungsaufgabe synonym mit dem Begriff Staatsaufgabe verwandt. Mögen sich beide Dinge auch partiell decken — Hans Peters hat diese Relation einmal ausführlich dargelegt — sie bedeuten keinesfalls dasselbe. Gerade die gastgebende Hochschule für Verwaltungswissenschaften hat sich über die Jahre bemüht, diesen Begriff „Verwaltungsaufgabe" zu erhellen. Der Klarstellung dieses Begriffs bedarf es nicht nur, weil die Schaffung eines Systems der Verwaltungslehre dies erfordert, sondern auch im Hinblick auf die verwaltungsrechtlichen Konsequenzen, die wir daraus ziehen müssen, und dies gerade in einer Verwaltungsrechtsordnung, die bislang nur einen verhältnismäßig geringen Bestand von Aufgabennormen aufweist. Man muß beim Begriff Verwaltungsaufgabe nicht nur scharf abgrenzen gegenüber dem weiteren Begriff Staatsaufgabe, sondern insbesondere auch unterscheiden zwischen Verwaltungsaufgabe und Verwaltungsfunktion. Die Verwaltungsaufgaben sind über die Jahrhunderte verhältnismäßig konstant geblieben. Die öffentliche Verwaltung ist ja in ihrem Kern Erfüllung öffentlicher Aufgaben; die Rechtsanwendung erscheint demgegenüber hier nachrangig. Die Erfüllung der Verwaltungsaufgaben ist notwendigerweise an der Natur des Menschen ausgerichtet, die sich wiederum über die Jahrhunderte als verhältnismäßig konstant erwiesen hat. Nur die Gemengelage und Akzentuierung der verschiedenen Verwaltungsaufgaben hat sich jeweils nach Staatsgesinnung und Staatsauffassung verschoben. Die Aufgabe Aufrechterhaltung der öffentlichen Sicherheit und Ordnung und die Aufgabe Planung zum Beispiel haben sich von jeher der Verwaltung gestellt. Nur die Akzentuierung, die Bedeutung der einen oder anderen Aufgaben war jeweils sehr verschieden. Von diesem Aufgabenbegriff ist zu unterscheiden der Begriff Verwaltungsfunktion. Art. 33 Abs. 4 GG enthält nicht die Übertragung von Aufgaben, sondern stellt einen reinen Funktionsvorbehalt dar. Es geht hier um die Übertragung von Erfüllungsfunktionen. Die Verwaltung könnte sich im übrigen gar nicht beliebig ihrer *Aufgaben* entledigen, auch wenn sie zur Erfüllung von Verwaltungsaufgaben z. B. Private heranzieht. Die Verfassungen, Grundgesetz wie Landesverfassung, garantieren dem Bürger die Gesetzmäßigkeit der Verwaltung. Das Prinzip der Gesetzmäßigkeit der Verwaltung richtet auch hier wohl insoweit eine Schranke auf. Gerade unter diesem Gesichtspunkt müßte m. E. die Untersuchung noch weitergeführt werden.

Götz: Wie einige meiner Vorredner empfinde ich ebenfalls die Abgrenzung von Verwaltungsaufgaben und privaten Aufgaben, von staatlichem und privatem Kompetenzbereich, auf die Sie, Herr *Ossenbühl*, abgestellt haben, als problematisch. Aber vielleicht über das, was die Vorredner ausgeführt haben, in den Konsequenzen hinausgehend, würde ich meinen, daß das Aufgabenkriterium als solches hier nicht weiterführen kann. Wir könnten auf die Unterscheidung von Verwaltungsaufgaben und privatem Kompetenzbereich doch nur mit Erfolg abstellen, wenn wir noch einigermaßen im Stadium liberalistischer Unschuld lebten, wenn wir uns noch einigermaßen zutrauen könnten, zu wissen, was denn unbedingt Privatangelegenheit und was Staatsangelegenheit ist. Gewiß, es gibt einige notwendige Staatsaufgaben: Wegebau, Polizei usw. Aber das sind nicht die Grenzprobleme, die uns beschäftigen. Herr *Vogel*, warum zögern Sie zu sagen, daß der Getreideimporteur, der Getreide in die Bundesrepublik einführt und dazu beiträgt, die Getreideversorgung hier sicherzustellen, im Ergebnis auch eine Verwaltungsaufgabe erfüllt. Das Ergebnis seiner wirtschaftlichen Tätigkeit ist deckungsgleich mit einer Verwaltungsaufgabe, die die Agrarwirtschaftsgesetze bezeichnen, nämlich die Ernährungsbasis in der Bundesrepublik sicherzustellen.

Dies gilt nicht nur für die Lebensmittelwirtschaft. Nehmen Sie jede beliebige Errichtung eines Industriebetriebes, sagen wir eines Zweigwerkes in einem wirtschaftlich etwas unterentwickelten Raume: die Errichtung des Zweigwerkes ist deckungsgleich mit der Erfüllung der Verwaltungsaufgabe, für eine bessere wirtschaftliche Strukturierung unterentwickelter Räume zu sorgen. Ich weise hier auf die Planungsgesetze hin, wie das Raumordnungsgesetz des Bundes, die Landesplanungsgesetze und das Bundesbaugesetz, die diese Verwaltungsaufgabe insgesamt formulieren. Daraus können wir nur die Konsequenz ziehen, daß eine Unterscheidung nach Aufgaben nicht möglich ist. Ich glaube, daß für unser Thema der Ansatz einmal bei der Übertragung von Hoheitsbefugnissen gesucht werden müßte. Die sollten wir nicht einfach so als weniger wichtig beiseite wischen. Die Übertragung von Hoheitsaufgaben liefert hier die wichtigsten Fälle und die entsprechenden verfassungsrechtlichen und rechtsstaatlichen Probleme. Als der andere wichtige große Bereich erschiene mir der der Vergabe öffentlicher Mittel an private Institutionen, die zur Weiterverteilung der Mittel befugt sind. In dieser Beziehung habe ich es sehr begrüßt, daß das Subventionsthema in beiden Referaten wieder angesprochen worden ist und daß besonders im Korreferat von Herrn *Gallwas* dieser Problemkreis der Vergabe öffentlicher Mittel nun eine ausführlichere Erwähnung gefunden hat.

Bullinger: Herr *Ossenbühl* hat, das sollten wir anerkennen, eine bewundernswürdige rechtsdogmatische und rechtssystematische Leistung erbracht. Er hat es verstanden, die sehr verschiedenartigen Erscheinungen des Verwaltungslebens, die als Erfüllung von Verwaltungsaufgaben durch Private aufgefaßt werden, in ein System zu bringen. Allerdings frage ich mich, ob er dabei nicht allzusehr versucht hat, Rechtsphänomene, die verhältnismäßig wenig miteinander gemein haben, unter einen gemeinsamen Nenner zu zwingen, also Disparates zu harmonisieren. Manch einer von uns mag es heute mittag bedauert haben, von der Domorgel staat Bachscher Harmonien harte Disharmonien (Stockhausen) zu vernehmen. Der Erkenntnis einer Epoche ist es aber unter Umständen dienlicher, wenn reale Gegensätze unerbittlich hörbar oder sichtbar gemacht und nicht zu schöner Einheit stilisiert werden. Um zur Verwaltung durch Private zurückzukehren: wie mir scheint, werden mit diesem Begriff Rechtsbeziehungen von höchst unterschiedlicher, ja gegensätzlicher Struktur überdeckt. Die Unterschiedlichkeit und Gegensätzlichkeit wäre offenzulegen, bevor versucht werden kann, allgemeine oder eben nur partielle rechtliche Gemeinsamkeiten herauszuschälen.

Dafür ein Beispiel. Für Streitigkeiten, die aus den Rechtsbeziehungen zwischen dem Verwaltungshelfer als solchem und dem drittbetroffenen Bürger resultieren, soll nach der Auffassung von Herrn *Ossenbühl* (Leitsatz 24) generell der Verwaltungsrechtsweg offenstehen. Diese Annahme kann aber schwerlich für alle typischen Fälle der Erfüllung von Verwaltungsaufgaben durch Private zutreffen, die Herr *Ossenbühl* seiner Untersuchung zugrundegelegt hat (Leitsatz 5), so z. B. weder für den An- und Verkauf von Mineralöl durch eine bevorratungspflichtige Raffinerie noch für die Beziehungen zwischen einem Betreuungsunternehmen und einem Bauherrn nach §§ 37, 101 Abs. 2 des Zweiten Wohnungsbaugesetzes. Der gleiche Einwand gegen eine rechtliche Gleichsetzung disparater Verwaltungserscheinungen wäre auch bei anderen Thesen von Herrn *Ossenbühl* anzumelden.

Rüfner: Ich sehe in den Ausführungen von Herrn *Ossenbühl* einen Widerspruch: Einerseits entnimmt er die Qualifizierung als Verwaltungsaufgabe dem einfachen Gesetzesrecht, andererseits leitet er aus dieser Qualifizierung eine ganze Reihe von Beschränkungen des Gesetzgebers ab. Das ist nur möglich, wenn man eine Selbstbindung des Gesetzgebers annimmt oder von ihm Konsequenz verlangt. Mit beidem, so meine ich, sollten wir sehr vorsichtig sein. Zumindest müßten wir die einzelnen Typen der Verwaltungsaufgaben differenzierter behandeln.

Kopp: Ich glaube, man sollte bei der Behandlung der heute in den Referaten angeschnittenen Fragen auch mit einschließen, daß dieselben oder doch ähnliche Probleme wie bei Privaten auch bei öffentlich-rechtlichen Stellen, bei Behörden und Körperschaften des öffentlichen Rechts auftreten können. Ich darf hier nur etwa an den Fall erinnern, daß die Bundespost als Inkasso-Bevollmächtigter für den Rundfunk tätig ist und hierbei über sehr weite Vollmachten verfügt. Darüber hinaus aber verdient m. E. ganz allgemein auch die sich hier abzeichnende Entwicklung Aufmerksamkeit. Sie macht es notwendig, eine weitere Gruppe von Verwaltungshelfern zu unterscheiden: Es gibt heute zahlreiche Verwaltungshelfer, die bei der Erfüllung von Aufgaben der öffentlichen Verwaltung nicht selbständig tätig werden, sie nicht mehr in eigener Regie gewissermaßen als beliehene Unternehmer wahrnehmen, sondern — ich darf auf das Beispiel des Inkasso-Bevollmächtigten zurückkommen — nur noch im Auftrag und namens einer Behörde. Dieser Fall ist besonders häufig bei Subventionen in Erscheinung getreten, wo Verbände zwischengeschaltet werden, die nicht mehr im eigenen Namen handeln, sondern ausschließlich namens einer Verwaltungsbehörde und mit Wirkung für und gegen diese. Diese neue Gruppe von Verwaltungshelfern oder Verwaltungsmittlern ist, glaube ich, bisher von der Rechtswissenschaft und Rechtsprechung noch nicht hinreichend beachtet worden, obwohl gerade sie besondere Probleme bietet.

Noch auf einen weiteren Punkt darf ich ganz kurz kommen. Die Errichtung und Beauftragung von Verwaltungsmittlern oder Verwaltungshelfern scheint mir in den Referaten und in der bisherigen Diskussion etwas zu wenig differenziert gesehen worden zu sein. Ich glaube, wir müßten im Hinblick auf den Grundsatz der Gesetzesmäßigkeit der Verwaltung zwei Stufen unterscheiden: 1. die organisatorische Errichtung, die dem Organisationsrecht im engeren Sinn unterliegt und für die außer der Möglichkeit des Gesetzes oder eines Verwaltungsaktes auf Grund eines Gesetzes bei Zustimmung des Betroffenen auch der öffentlich-rechtliche Vertrag in Betracht kommt. 2. Die Übertragung von Zuständigkeiten und Eingriffsbefugnissen gegenüber Dritten. Für diese zweite Stufe gelten die allgemeinen Anforderungen, die auch sonst für die Begründung von Zuständigkeiten und Befugnissen von Behörden beachtet werden müssen und grundsätzlich, soweit es sich um hoheitliches Handeln handelt, die Form eines Rechtssatzes verlangen. Beide Stufen darf man nicht einfach zusammenfassen und verallgemeinernd sagen, die Übertragung von Verwaltungsaufgaben auf Private könne nur durch Gesetz oder Verwaltungsakt oder allenfalls auch durch Vertrag erfolgen.

Ich darf dann als letztes noch darauf hinweisen, daß m. E. die Gründe, die dazu geführt haben, daß vor allem für das Subventionswesen die sog. „Zweistufentheorie" entwickelt worden ist, nämlich unter anderem die Gründe eines besseren Rechtsschutzes und einer wirksameren Kontrolle, wie sie nur das öffentliche Recht bieten kann, in weitem Umfang auch für die Erfüllung von Verwaltungsaufgaben durch Private zutreffen. Auch hier sollten wir im Zweifel annehmen, daß solche Verwaltungsmittler im Bereich des öffentlichen Rechts tätig werden und infolgedessen auch den Schranken des öffentlichen Rechts unmittelbar unterworfen sind. Vielleicht kann die Zweistufentheorie in Verbindung mit der Lehre vom beliehenen Unternehmer bei entsprechender Verallgemeinerung und mit den notwendigen Modifikationen zu einer sachgerechten Lösung der heute aufgezeigten Probleme beitragen. Jedenfalls aber hätte ich Bedenken gegen die von Herrn *Gallwas* aufgestellte These, daß im geltenden deutschen Recht, wenn und soweit Spezialregelungen fehlen, der private Verwalter als Privater unter Privaten zu behandeln ist und insoweit die Privatrechtsordnung eine Auffangfunktion erfüllt.

Rumpf: Meine Herren! Ich möchte nur anmerken, daß es eine Erfüllung von Verwaltungsaufgaben durch Private auch im Bereich der auswärtigen Verwaltung gibt, also im Geschäftsbereich der Außenministerien der wichtigsten Staaten der Welt. Da ist zunächst zu erinnern an das schon klassisch zu nennende Beispiel des Instituts des Wahlkonsuls oder, wie man es auch im Englischen nennt, des honorary consuls. Es handelt sich hierbei um Privatpersonen, die in den auswärtigen Beziehungen, insbesondere zum Schutze der eigenen Staatsangehörigen des beauftragenden Staates gewisse, teilweise auch hoheitliche, jedenfalls aber Verwaltungsaufgaben wahrnehmen. Diese Wahlkonsuln oder Ehrenkonsuln — eine Bezeichnung, die dem Amte etwas besser entsprechen würde —, sind nicht immer Staatsangehörige des beauftragenden Staates — auch das muß in diesem Zusammenhang beachtet werden —; sie sind sogar in der Mehrzahl der Fälle Staatsangehörige des Gastlandes, d. h. des Landes, in dem sie tätig sind. Im deutschen Recht ist die Stellung des Wahlkonsuls durch das Konsulargesetz von 1867, in der Fassung von 1950, geregelt. Interessant auch, daß diesen Ehrenkonsuln in ihrer ursprünglichen Konzeption keinerlei Entschädigung zustand. Heute ist das etwas anders geworden. Heute bekommen wir zum Beispiel, vor allen Dingen in den Touristikländern, keine Wahlkonsuln mehr, wenn wir nicht eine gewisse Entschädigung zahlen. Aber das ist schon eine Abweichung von dem ursprünglichen Bild, das der Gesetzgeber hatte. Andererseits gibt es Länder, die diesen Titel nur gegen eine Spende des Amtsbewerbers vergeben. Weitere Phänomene im Zusammenhang des heutigen Themas finden wir in den auswärtigen Kulturbeziehungen. Die Kulturabteilungen der wichtigsten Staaten bedienen sich heute gewisser privatrechtlicher Institutionen. In der Bundesrepublik ist es insbesondere das Goethe-Institut, das als ein privatrechtlicher Verein kulturelle Verwaltungsaufgaben, z. B. auf dem Gebiet des Sprachunterrichts aber auch andere Kulturaufgaben, wahrnimmt. Im Gebiet der Öffentlichkeitsarbeit wäre hier zu nennen: der Verein *Inter Nationes*, der mit öffentlichen Mitteln und unter einer gewissen Aufsicht des Bundes Öffentlichkeitsarbeit im Ausland betreibt.

In der Entwicklungshilfe haben wir ähnliche Formen und Institutionen. Soviel mag genügen als Hinweis darauf, daß auch in den auswärtigen Beziehungen Verwaltungsaufgaben durch Private erfüllt werden.

Dürig: Meine Herren, darf ich Sie zum Schluß noch eine Minute gewissermaßen „bösgläubig" machen. Wir sind uns wohl doch klar, daß wir bei dem heutigen Thema eindimensional gefahren sind. Ich habe ein bißchen Gegenluft geschnuppert, Herr *Gallwas*, als Sie eingangs den Fernsehjournalisten XY erwähnten, der als Privater also in Österreich, in der Schweiz und bei uns Steckbriefe auf die Bildschirme flimmert. Ich meine also den thematischen Gegenkurs, daß Private in originär hoheitsrechtliche Gebiete eindringen. Das fängt nach alter Tradition an beim Jedermann, der vorläufig festnehmen darf. Das könnten wir fortsetzen bei der Betriebsjustiz im originär hoheitlichen Bereich der Rechtsprechung, bei bewaffneten Werkschutzgruppen und könnten das steigern bis zu paramilitärischen Verbänden, die ja in unserem gloriosen Widerstandsartikel „drin" sind. Wir sprachen heute nur von Überlassung, Übertragung seitens des Staates, von Beliehenen, von Garantenstellung. Jene Tendenz, die ich hier nur anblitzen möchte, verläuft genau entgegengesetzt: Private gerieren sich als Erfüllungshilfen des Staates und usurpieren sich z. B. Verwaltungsmacht. Ich muß gestehen, daß ich diese unserem heutigen Thema gegenläufige Tendenz viel interessanter und brisanter finde.

Zacher: Vielen Dank Herr *Dürig*. Ich darf daran erinnern, daß Herr *Scheuner* dieses Sich-Drängen nach der öffentlichen Gewalt auch schon ausgesprochen hat. Aber es war gut, daß Sie mit Nachdruck noch einmal darauf hingewiesen haben.

Püttner: Nur einen kurzen Hinweis möchte ich anbringen: Ich habe Bedenken gegen die letzten Thesen von Herrn *Ossenbühl*, weil wir hier festgestellt haben, daß sehr unklar ist, was Verwaltungsaufgaben sind. Wenn die Beziehungen zwischen dem Drittbetroffenen und dem Verwaltungshelfer öffentlich-rechtlich aufgefaßt werden, dann stellt sich in jedem Prozeß und in jedem Streit zwischen beiden die Frage, ob eine Verwaltungsaufgabe vorliegt oder nicht. Solange das beiderseitige Verhältnis privatrechtlich behandelt wird, braucht diese Frage nicht erörtert zu werden. Ich sehe also im Standpunkt

Ossenbühl eine Komplizierung und würde mich mehr für das aussprechen, was Herr *Gallwas* mit der Garantenstellung angedeutet hat. Diese bietet nämlich die Möglichkeit, das Verhältnis des Drittbetroffenen zum Privaten privatrechtlich zu belassen und die öffentlich-rechtlichen Fragen nur im Verhältnis des Staates zum Garanten zu klären. Eine nähere Untersuchung wäre allerdings angezeigt.

Thieme: Ich stimme Herrn *Ossenbühl* insoweit zu, als er in These 13 für die Überantwortung einer Verwaltungsaufgabe an Private grundsätzlich das formelle Gesetz fordert. Ich stimme allerdings nicht mit dem überein, was Herr *Ossenbühl* am Ende dieser These sagt. Es taucht dort die freiwillig übernommene unselbständige Verwaltungshilfe auf. Das sei ein Unterfall der Bagatellfälle. Meines Erachtens, Herr *Ossenbühl,* müssen wir neben dem Grundsatzfall, für den das formelle Gesetz gilt, noch den zweiten Fall einbeziehen, nämlich den des öffentlichrechtlichen Vertrages, der ja nach der heute herrschenden Lehre keiner gesetzlichen Grundlage bedarf, jedenfalls in einem bestimmten Rahmen. Das würde auch für die Verträge zur Erfüllung von Verwaltungsaufgaben durch Private gelten. Ganz allgemeine Bedenken hätte ich, gewisse Fälle als Bagatellfälle auszugrenzen und für sie auf den Vorbehalt des Gesetzes zu verzichten. Ich wüßte nicht, wie man sachgerecht Bagatellfälle von den übrigen Fällen unterscheiden kann.

In Leitsatz 18 von Herrn *Ossenbühl* empfinde ich die Bezugnahme auf Art. 3 als etwas einseitig. Es ist sicherlich nicht einfach, darauf haben Herr *Scheuner* und Herr *Ipsen* schon hingewiesen, hier überhaupt irgendeine verfassungsrechtliche Grundlage zu finden, um einen Entgeltanspruch zu begründen. Nun würde ich aber nicht in dieser einseitigen Weise vorgehen und den Art. 14 völlig ausscheiden. Das, was Sie in Ihrem Leitsatz 19 gesagt haben, überzeugt mich in keiner Weise. Die Worte „Verbiegungen" und „unvertretbare Ausweitungen" sind Vorurteile. Man sollte ganz exakt untersuchen, ob es nicht einige Fälle gibt, in denen die Anwendung des Art. 14 möglich ist. Die Junktim-Klausel stört insofern nicht. Es läßt sich doch sicher auch eine Begründung finden, etwa in einer Parallele zum enteignungsgleichen Eingriff, die es erlaubt, auf die Junktim-Klausel zu verzichten.

Ich würde auch für den Dispositionsanspruch nicht mitmachen, Herr *Ossenbühl,* daß es sich bei ihm um eine unterverfassungsrechtliche Konstruktion handelt. Man sollte vielmehr ganz klar darauf dringen, daß der Gesetzgeber in allen Fällen, in denen für eine Leistungspflicht des Bürgers ein Entgelt angemessen ist, dieses Entgelt im Gesetz festsetzt. Es wäre einer Erwägung wert, inwieweit dieses Thema, nämlich das des Entgelts, ein finanzrechtliches Thema ist. Wenn ich mir den Art. 104 Abs. 2 des Grundgesetzes ansehe — man müßte parallel auch im Landesverfassungsrecht suchen — so wäre die Frage zu stellen, ob nicht auch noch hieraus Argumente zu ziehen wären, um gleichsam, sogar von der Verfassung aus, den Anspruch zu begründen.

Martens: Ich möchte zunächst zum Leitsatz 18 von Herrn *Ossenbühl* Stellung nehmen. Ich bin mit Herrn *Thieme* der Meinung, daß der Gleichheitssatz keine hinreichende Grundlage für die Zubilligung von Entschädigungs- und Ausgleichsansprüchen für in Anspruch genommene Private bietet. Ich sehe auch die Schwierigkeiten der Junktim-Klausel nicht, die Herr *Ossenbühl* befürchtet. Ich meine, sie entstehen im Gefolge eines Enteignungsbegriffes, den zu verwerfen gerade die Junktim-Klausel Anlaß geben sollte. Wenn man aber gleichwohl nicht auf Art. 14 rekurrieren möchte, dann sollte doch eher auf den Aufopferungsgedanken zurückgegriffen werden, in dem ja doch der Gleichheitssatz eine spezifische Konkretisierung erfahren hat, die den Rückgriff auf den allgemeinsten Gesichtspunkt erspart.

Ein zweiter Punkt betrifft den Leitsatz 24 von Herrn *Ossenbühl,* und insoweit folge ich dem, was Herr *Bullinger* und Herr *Püttner* bereits sagten. Ich bin entschieden der Ansicht, daß nicht für alle Streitigkeiten zwischen Verwaltungshelfern und den dritten Betroffenen der Verwaltungsrechtsweg eröffnet sein kann, sondern nur unter der Voraussetzung, daß dem in Anspruch Genommenen hoheitliche Befugnisse, öffentlichrechtliche Kompetenzen zugewiesen worden sind. Auch Streitigkeiten zwischen Staat und Bürger entscheiden schließlich nicht immer schon dann die Verwaltungsgerichte, wenn nur öffentliche oder staatliche Aufgaben erfüllt werden. Gerade der angesprochene Fall zeigt, daß es nach wie vor weiterer Differenzierungen auch im Hinblick auf die Rechtsfolgen bedarf, die aus dem Terminus der Verwaltungsaufgabe, so wie sie formuliert worden ist, nicht schlechthin beurteilt und abgeleitet werden können.

Dagtoglou: Zu einigen Begriffsbestimmungen und Begriffsbildungen von Herrn *Ossenbühl* habe ich folgendes zu bemerken. Wenn im Leitsatz 3 festgestellt wird, daß *Privater* jeder grundrechtsgeschützte Bürger ist, ist das nicht eine petitio principii? Und wenn unter C von „staatlichem und privatem Kompetenzbereich" gesprochen wird ,ist das nicht eine Gleichstufung wesensverschiedener Kategorien? Was heißt eigentlich *„private Grundrechtskompetenz"*, die Herr *Ossenbühl* im Leitsatz 21 den Staatskompetenzen gegenüberstellt? Hier wird wohl ein Kompetenzbegriff geschaffen, der von dem eingebürgerten staatsbezogenen Begriff stark abweicht. Ausflüsse der persönlichen Freiheit als „Kompetenzen" zu bezeichnen, dürfte im übrigen der Vorstellung des Grundgesetzes von den Beziehungen zwischen Staat und Einzelnem kaum entsprechen.

Und nun ein paar Worte zu der Frage der *Staatshaftung*. Im Leitsatz 27 heißt es, daß Art. 34 S. 1 GG nicht hindere, auch eine juristische Person des Privatrechts als haftende „Körperschaft" zu qualifizieren. Eine Begründung dieser Auffassung hat uns Herr *Ossenbühl* nicht gegeben und doch ist die entgegengesetzte Meinung immerhin die herrschende. Für sie spricht tatsächlich die Struktur, die Entstehungsgeschichte und das bisherige Verständnis des Art. 34 GG in der Rechtsprechung. Die Bedenken, die Herr *Ossenbühl* in dem selben Leitsatz gegen seine eigene Annahme anmeldet, sind nicht bloß rechtspolitischer Natur, sondern widerspiegeln den Willen des Grundgesetzgebers. Haftungssubjekt ist also stets eine öffentliche Körperschaft — im Falle der Erfüllung von Verwaltungsaufgaben durch Private, diejenige öffentliche Körperschaft, deren Aufgaben der Private erfüllt. Dabei kann es keinen Unterschied machen, ob der Private eine natürliche oder eine juristische Person ist. Wenn der private Verwaltungshelfer nach der richtigen Auffassung von Herrn *Ossenbühl* Amtsträger im Sinne des Art. 34 GG sein soll, so leuchtet es mir nicht ein, wieso der Staat nicht haften soll (was übrigens auch der Garantenstellung des Gemeinwesens im Sinne von Herrn *Gallwas* entspricht). Dann gibt es auch keinen „Mangel des Regresses" (Leitsatz 27), sondern der Rückgriff bleibt bei Vorsatz oder grober Fahrlässigkeit vorbehalten.

Ule: Meine Herren, ich möchte nur drei Bemerkungen machen, und zwar zunächst zwei aus der Sicht des Beamtenrechtlers. Zu Herrn *Ossenbühls* Leitsatz 10 würde ich sagen, der Funktionsvorbehalt des Art. 33 Abs. 4 GG zieht nicht etwa der Verwaltungshilfe Privater nur eine quantitative Grenze, sondern er zieht ihr überhaupt keine Grenze, denn Art. 33 Abs. 4 beschäftigt sich nur damit, ob öffentliche Aufgaben Beamten oder Angestellten und Arbeitern übertragen werden können. Das hat mit dem Problem, das wir hier behandeln, wie ich meine, nichts zu tun.

Bei der zweiten Frage kann ich mich noch kürzer fassen. Herr *Rumpf* hat auf das Beispiel des Wahlkonsuls hingewiesen. Ich glaube, er hat damit den Begriff, den wir hier behandelt haben, maßlos überdehnt. Der Ehrenbeamte ist, wie ich meine, kein Verwaltungshelfer. Und der Beamte, der nebenbei als Widerrufsbeamter mit Verwaltungsaufgaben betraut wird, etwa der Postagent, gehört auch nicht in unseren Zusammenhang. Ich meine also, diese beiden Fragen müßte man aus dem Fragenbereich, der hier behandelt worden ist, ausklammern.

Die dritte Bemerkung möchte ich als Prozeßrechtler zu dem Thema machen, das eben Herr *Martens* angesprochen hat. Der Leitsatz 24 von Herrn *Ossenbühl* geht meines Erachtens viel zu weit. Nur ein kurzes Beispiel dafür: Die Frage etwa der Aufnahme in eine Privatschule oder des Ausschlusses aus ihr ist, was den Rechtscharakter oder den Rechtsweg anbelangt, höchst umstritten. Streitig ist vor allem, ob hier der ordentliche Rechtsweg oder der Verwaltungsrechtsweg beschritten werden muß. Ich würde Herrn *Martens* zustimmen, wenn er sagt, es gehe um die Frage, ob hoheitliche Befugnisse ausgeübt worden sind, und wenn sie ausgeübt worden seien, müsse die Möglichkeit bestehen, gegen derartige hoheitliche Maßnahmen auch den Verwaltungsrechtsweg zu beschreiten. Gerade diese Frage ist aber hinsichtlich des Zuganges und des Ausschlusses aus Privatschulen kontrovers.

Bachof: Ich habe Herrn *Ossenbühls* Leitsatz 24 als eine aus dem Zusammenhang zu interpretierende und zu ergänzende Kurzfassung verstanden, die besagen soll (und dann richtig ist): Da der zuständige Rechtsweg für Streitigkeiten zwischen dem Staat als Hoheitsträger und dem Bürger — normalerweise — der Verwaltungsrechtsweg ist, so ist auch für den Streit zwischen Verwaltungshelfer und Bürger — normalerweise — der Verwaltungsrechtsweg gegeben. Voll ausgeführt, müßte Leitsatz 24 demnach lauten: „Für Streitigkeiten, die aus den Rechtsbeziehungen zwischen dem Verwaltungshelfer als solchem und dem drittbetroffenen Bürger resultieren, steht derselbe Rechtsweg offen, der dann offenstünde, wenn die vom Verwaltungsträger erfüllte Aufgabe vom übertragenden Hoheitsträger selbst wahrgenommen würde“.

Gallwas (Schlußwort): Herr Professor *Wagener,* Sie haben die Typenliste vermißt. Ich muß in diesem Punkte zugeben, ich bekenne mich schuldig, — sofern hier von Schuld geredet werden kann, weil ich gleichzeitig sagen muß: ultra posse . . . Ich hatte in der Tat immer ein wenig den Eindruck, etwas auf dem

Seil vorzuführen ohne sicherndes Netz, wobei zudem ungewiß war, ob nicht auch noch einige Teile des Seils fehlten.

Die Einwendung von Herrn Professor *Kaiser* zu den Steuerungsverlusten erscheint mir nicht durchwegs stichhaltig. Es ist doch ganz bezeichnend, daß Jahre nach den beiden Wohnungsbaugesetzen so etwas kommt wie ein Wohnungsbindungsgesetz. Daran zeigt sich ganz deutlich, daß man zunächst einmal gemeint hat, man könne öffentliche Gelder einpumpen, die Steuerung werde sich hernach schon ergeben. Später mußte man aber feststellen, wie dadurch Steuerungsverluste eintraten, daß die Bauherrn bei steigender Konjunktur alsbald die Darlehen zurückzahlten und sich von den öffentlichen Bindungen befreiten. Um dem zu begegnen, bedurfte es einer gesonderten und kostspieligen Nachsteuerung, nämlich der Regelung, daß bei der Rückzahlung des Darlehens ein Schuldnachlaß gewährt wird und dafür die öffentliche Bindung auf fünf Jahre bestehen bleibt. Ich bin der Ansicht, die Frage nach der Möglichkeit von Kurskorrekturen durch die Verwaltung selbst verlangt in derlei Verhältnissen besondere Aufmerksamkeit. Womöglich fällt nämlich die Last der Nachsteuerung in der Regel an den Gesetzgeber.

Ein weiterer Punkt: Ich bin Herrn Professor *Scheuner* sehr dankbar, daß er meinen Gedanken mit der Garantenstellung aufgegriffen hat. Das ist die Sache, die mir am meisten am Herzen lag. Denn bei allen meinen Untersuchungen zum Thema stieß ich auf die Tatsache, daß man zwar den „Beliehenen" hat, der nach öffentlichem Recht behandelt wird, daß aber dann die große Zäsur kommt: wer nicht „Beliehener" ist, untersteht ausschließlich dem Privatrecht. Wohl sind wir in der Frage des Grenzverlaufs an allen Ecken und Enden in Übergangsphasen, weil das Gemeinwesen unaufhaltsam in die Gesellschaft hineinwächst. Es ist indessen die Frage, warum soll dabei — mindestens zunächst — immer alles zugunsten desjenigen gehen, mit dem die Verwaltung oder das Gemeinwesen kooperiert. Wegen dieses Überhanges kam ich auf die Garantenstellung. Sie bietet einen Lösungsversuch für die Zeit des Übergangs, bis man nämlich jeweils erkennt, daß das, was hier geschieht, dem öffentlichen Recht zugeordnet werden muß.

Zu Herrn Professor *Vogel:* Ich bin mir selbstverständlich bewußt, daß man, was mit der Garantenstellung nur angedeutet ist, in einer Typologie weiter erarbeiten müßte. Aber das, meinte ich, würde Sie langweilen. Es ging mir zuerst einmal um die Garantenstellung als Gedanken. Ich wollte ihn vortragen, um zu sehen, um zu testen, ob es vielleicht in dieser

Richtung gehen könnte. Jetzt freilich würde ich meinen, müßte man anfangen, die einzelnen Strukturen zu erarbeiten und die maßgeblichen Unterscheidungen herauszufinden.

Ihr Bedenken, Herr Professor *Herzog,* daß der „Beliehene" nicht in meine Garantenstellung hineinpasse, trifft mich nicht so ganz. Er paßt durchaus hinein. Wenn die Verwaltung jemanden so mit spezifischen Befugnissen ausstattet, wie der klassische „Beliehene" nach der Rechtsstellungstheorie es ist, dann verengt sich hierdurch für die Regelung seiner Rechtsstellung im übrigen der Raum der Gestaltungsmöglichkeiten, das Auswahlermessen. Die Verwaltung muß sich so behandeln lassen, als würde sie selbst mit eben diesen Mitteln die entsprechende Aufgabe erfüllen.

Ich glaube überdies nicht, daß man, wie das vorgeschlagen wurde, auf die Erfüllungsfunktion allein abstellen darf und dann etwa mit der Vorstellung auskommen könnte, die Erfüllungsfunktion stehe ja ohnehin in vollem Umfang unter dem Vorbehalt des Gesetzes. Es ist doch so, daß, wo das Verwaltungshandeln über einen — wie die Österreicher sagen — Bescheid hinausgeht, also tatsächliches Handeln, Realakt ist, das öffentliche Recht mehr oder minder versagt. Schon im sechsten Heft der Veröffentlichungen unserer Vereinigung hat *Köttgen* darauf aufmerksam gemacht, daß der Verwaltungsrealakt ein Stiefkind der Verwaltungsrechtsdogmatik ist. Aus dieser Stiefkindschaft ist er immer noch nicht herausgekommen. Wir haben keine Gleichstellung des Stiefkindes.

Ein letzter Punkt: Ich bin der Ansicht, bei meiner Garantenstellung mit ihren drei Elementen: Bindung, Ausgleich und Information, ist im Element Bindung die Aufsicht miterfaßt. Ich habe zum einen von Bindung und Kontrolle der Bindung gesprochen. Dabei war zudem Bindung nicht als das ein für allemal Vorfixierte und nur noch zu Kontrollierende gemeint, sondern unter Umständen auch variabel, eben im Sinne eines Nachsteuerungsvorbehalts gedacht. Die Möglichkeit einer nachträglichen weiteren Bindung des Verwaltungsmittlers kann man auch als Aufsichtsmaßnahme qualifizieren. Bindung und Aufsicht gehen hier ineinander über.

Im übrigen danke ich Ihnen sehr herzlich. Zu Beginn meiner Arbeit an dem Thema hatte ich gemeint, jedwedes Aussparen sei unangebracht. Jetzt aber bin ich ganz dankbar, daß Sie mich mit massiver Kritik so aussparend behandelt haben.

Ossenbühl (Schlußwort): Meine sehr geehrten Herren! Ich muß mich aus Zeitnot auf einige wesentliche Punkte beschränken und Sie wollen es bitte nicht als Mißachtung oder mangelnde Würdigung der Einwände auslegen, wenn ich einige an mich gerichtete Bemerkungen und Fragen unbeantwortet lasse.

Das Referat stand — wie alle Referate vor dieser Vereinigung — unter zwei negativen Vorzeichen. Das erste negative Vorzeichen ist die Zeit, die für den Vortrag zur Verfügung steht. Herr *Wagner* hat auf der Bochumer Tagung im Jahre 1968 von 10 Tagen gesprochen, die erforderlich seien, um das Thema zu erschöpfen; ich erinnere in diesem Zusammenhang auch an den *von Simson'*schen Dorfkaplan, der vor dem Kardinalskollegium in einer Stunde zu dem Thema „Die Bibel" reden soll. Dieses Bild gilt in etwa auch für die Referenten des heutigen Tages. — Ich habe in der Aussprache ungezählte Male die Forderung nach Typologisierung und Differenzierung hören müssen und kann nur sagen, diese Forderungen sind berechtigt. Herr *Gallwas* hat dazu eigentlich schon die treffenden Worte gefunden. Ich selbst habe gleich zu Anfang der Referatsvorbereitungen versucht, eine Bestandsaufnahme der Verwaltungshilfen Privater zu machen, mußte aber bald feststellen, daß die eigentlich interessanten Fälle außerhalb der Bibliothek anzutreffen sind, nämlich in der Verwaltungspraxis. Meine Nachforschungen in der Praxis, die ich mehrere Wochen lang in den Ministerien betrieben habe, mußte ich in der Erkenntnis aufgeben, daß diese Sisyphosarbeit zeitlich nicht zu bewältigen war. Das heißt also, meine Arbeiten sind notwendig auf unbestelltem Acker gegründet. Die gedankliche Konzeption, die ich zu entwerfen hatte, konnte praktisch nur eine Art Grundriß sein, *wie* man bauen könnte. Es konnte im Grunde genommen nur eine Problempalette werden, ein Argumentationsraster, mehr nicht.

Herr *Bullinger*, Sie haben mir heute morgen bei allen freundlichen Worten doch gesagt, Sie hätten den Eindruck gewonnen, ich sei wie ein Mäusefänger umhergelaufen, der in einem Raum das nicht zu meisternde Unternehmen versucht habe, tausend weiße Mäuse mit einem Schmetterlingsnetz einzufangen, wobei die Mäuse die verschiedenen Verwaltungshelfer symbolisieren. Nach dem Besuch des Speyerer Doms und dem Orgelspiel in der Mittagspause haben Sie ein vornehmeres Bild gebraucht und von einem Mißklang gesprochen. Ich kann dem nur voll zustimmen, muß allerdings um Verständnis dafür bitten, daß wir praktisch hier von ungeklärten Prämissen ausgehen müssen. Freilich ist es nachahmenswert, eine Bestandsaufnahme anzufertigen, wie das Herr *Hans Schneider* als Anlage zu seinem Referat vor dieser Vereinigung für Verwaltungsabkommen zwischen den Ländern getan hat. Und ich erinnere auch an die schöne Bestandsaufnahme zu den Untersuchungsausschüssen von Herrn *Partsch* in seinem Gutachten zum 45. Deutschen Juristentag. Aber wieviel Leute haben daran mitgewirkt? Welche Zeit haben Sie dazu benötigt? Das war für einen einzelnen nicht zu leisten. Ich sehe selbst ein, daß hier ein wesentliches Anliegen der Rechtstatsachenforschung liegt, Herr *Wagener*, nur daß ich die Dinge mehr unter den juristischen Aspekt stellen würde. Ich meine also, daß die Differenzierungen, die notwendig sind und die sich in den Verästelungen auswirken müssen, nämlich beim Verwaltungsrechtsweg, bei der Haftung usw., daß diese Differenzierungen erst dann abschließend getroffen werden können, wenn der noch ausstehende Typenkatalog erstellt, die Bestandsaufnahme vollständig ist. Vorher kann eine juristische Untersuchung nur paradigmatische und insofern beschränkte Bedeutung haben. Und im Hinblick auf diesen Typenkatalog müßte ich eigentlich zu jeder meiner Thesen einen Zusatz hinzufügen im Sinne von „prinzipiell“ oder „in der Regel“. Das habe ich auch im Klartext getan; Sie können das nachlesen. Insofern hat Herr *Bachof* meine Thesen durchaus richtig interpretiert, wenn er sagt, daß ich die Thesen über den Verwaltungsrechtsweg lediglich so verstanden wissen wollte, daß, wenn der private Verwaltungshelfer an Stelle der Verwaltung handelt, er auch so behandelt werden muß, als ob die Verwaltung selbst gehandelt hätte. — Dies sei zugleich auch zu den Einwänden gesagt, die hier von rechts gekommen sind.

Meine sehr geehrten Herren! Es sind noch einige sehr wichtige Punkte die ich mir notiert habe, und zwar zunächst zu dem Komplex „Verwaltungsaufgaben des Staates“. Herr *Mayer*, Sie haben gesagt, daß Sie in den Verwaltungsaufgaben gegenüber den Staatsaufgaben ein aliud sehen, und ich muß Ihnen offen gestehen, daß ich das nicht recht verstanden habe. — Herr *Götz* möchte offensichtlich die im Prinzip von mir aufrechterhaltene Trennung zwischen staatlichen und privaten Kompetenzen einebnen, wenn er sogar so weit geht, die Getreideversorgung der Bevölkerung als Verwaltungsaufgabe aufzufassen. Ich muß Ihnen entgegnen, mir ist das unheimlich. Ich bin erinnert an die Worte, die Herr *Dürig* gestern geprägt hat. Wenn Staat und Gesellschaft identisch werden, dann gehen für die Freiheit die Lichter aus. Und ich bin der Meinung daß die Tendenz, die Sie, Herr *Götz*, vertreten, Gefahr läuft, sich in diese Richtung zu verirren.

Wenn mir entgegengehalten worden ist, ich hätte praktisch auf einen staatlichen Dezisionismus abgestellt bei der Frage, *wie* man Verwaltungsaufgaben als solche identifizieren könne, so bin ich hier doch etwas mißverstanden worden. Natürlich gibt es einen Kernbestand *staatsnotwendiger* Aufgaben, und insoweit bin ich auch mit Ihnen völlig einig, Herr *Scheuner*. Ich meine nur, daß den Juristen ja gerade die Grenzzonen interessieren, die zweifelhaften Fälle, und für diese zweifelhaften Fälle sollte meine These gelten. Und was die Abgrenzung der *staatlichen* Verwaltungsaufgaben von den *öffentlichen* Aufgaben anbetrifft, so sind auch insoweit eine Menge von Einwürfen gemacht worden. — Gerade über diesen Punkt habe ich sehr lange gesessen und vergeblich nachgedacht. Ich habe nicht den Stein der Weisen gefunden, und ich bin halb beglückt, halb unzufrieden, daß er mir hier auch nicht geboten worden ist. Ich meine aber, den Vorwurf an sich in gewisser Weise verkraften zu können, weil sich hier nämlich nichts anderes ausdrückt als der Mangel einer Staatsaufgabenlehre, wobei dieser Mangel auch schon aus einer Zeit herrührt, zu der ich mich noch nicht dieser Wissenschaft gewidmet habe.

Was den Themenbereich angeht, so hat Herr *Scheuner* ganz zu Recht gesagt, man müßte die staatliche Wirtschaftstätigkeit in Privatrechtsformen ausklammern. Ich glaube, ich habe im Vortrag auch sehr deutlich gesagt, daß ich die eigentliche Spannungslage des Themas, seine Grundproblematik, im Dualismus zwischen Staat und Privaten sehe. Daß ich auf das staatliche Handeln in Privatrechtsformen überhaupt eingegangen bin, war mehr oder weniger eine Konzession an die Themenvorstellung unseres Vorstandes.

Vielleicht noch einige ganz kurze Bemerkungen zu den Details. Es ist mir verschiedentlich vorgehalten worden, ich würde die Artikel 12 und 14 vielleicht in ihrer Tragweite verkennen. Zu Art. 12 ist gesagt worden, man müsse diese Grundgesetzvorschrift doch bedeutsamer sehen. Dabei ist hingewiesen worden auf den Lohnsteuerabzug, der als Annex der beruflichen Tätigkeit anzusehen sei. Ich glaube nicht, daß dies in dieser Form zutrifft. Aus dem Schrifttum ist mir die Bemerkung in Erinnerung, die doch mindestens auf Anhieb nachdenklich stimmen muß, daß man dann nämlich auch die Arbeitgebertätigkeit als Beruf qualifizieren müsse, andererseits die Arbeitgebertätigkeit als Beruf erst noch erfunden werden müsse. Ich glaube diese Bemerkung deutet darauf hin, daß der Schutz- und Themenbereich des Art. 12 GG überspannt würde, wollte man auch den Lohnsteuerabzug an ihm messen. — Und was schließlich den Gleichheitssatz anbetrifft, so bin ich mir darüber im klaren, daß Art. 3 allein wohl keine Anspruchsgrundlage darstellt, sondern daß Art. 3 nur die Aufgabenabwälzung auf den Privaten ohne Kostenübernahme durch den Staat verhindern kann.

Ich habe noch verschiedene Pfeile in meinem Konzept stehen, die auf weitere wichtige Punkte hindeuten, möchte aber zum Schluß kommen und mich sehr herzlich bedanken für alle kritischen Beiträge, die mich natürlich weiter beschäftigen und auch veranlassen werden, die eine oder andere Linie weiter auszuzeichnen.

Zacher: Zum Schluß möchte ich noch einige Bemerkungen machen und zwar weil der Vorstand angesprochen wurde. Ich glaube, Ihnen folgendes sagen zu sollen. Es wurde immer wieder heute Kritik geübt an den Worten „Privater" und „Verwaltungsaufgabe". Diese Worte stammen in diesem Zusammenhang in der Tat vom Vorstand; denn der Vorstand gibt das Thema aus. Wir glaubten dabei aber nicht, daß man von vorneherein weiß, was eine „Verwaltungsaufgabe" ist und was ein „Privater" ist, sondern daß damit eine Spannung angedeutet wird, daß damit Phänomene angedeutet sind, Problembereiche oder, wie ich es nennen möchte, Syndrome bezeichnet sind. Wesentlich ist, daß hier Zurechnungen von Handeln an öffentlichrechtliche Träger stattfinden: Handeln von Personen, die nicht kraft Organschaft, nicht kraft Amts- oder Dienstverhältnis gerade unmittelbar zu diesen Trägern gehören. Da ist eine Vielfalt von Erscheinungen aufzuarbeiten. Nun, es ist sicher nicht gelungen, diese Erscheinungen hier zu klären. Aber wir sind in dieser grauen Zone etwas weitergekommen. Wir haben, wie Herr *Ossenbühl* so treffend formulierte, neue Argumentationsraster vor uns. Und es möge uns allen nicht nur eine Aufgabe sein, nicht nur die Staatsaufgabenlehre, die es, glaube ich, nicht gibt, zu schaffen, sondern die Probleme in dieser grauen Zone weiter aufzuarbeiten.

Damit darf ich auch diesen zweiten Verhandlungstag mit dem Dank an Sie schließen, die Sie so intensiv diskutiert haben, mit dem Dank noch einmal an Herrn *Wenger* und an Herrn *Huber* für die Beiträge aus Österreich und aus der Schweiz und vor allem mit dem Dank an Herrn *Gallwas* und an Herrn *Ossenbühl*, die uns, wie ich glaube, doch sehr eindrucksvoll vorangeholfen haben in dieser schwierigen Frage.

Verzeichnis der Redner

Verzeichnis der Mitglieder der Vereinigung der Deutschen Staatsrechtslehrer

Stand: Mai 1971

Ehrenpräsident auf Lebenszeit

Kaufmann, Dr. jur. Dr. jur. h. c. Dr. phil. h. c. Erich, Professor, 69 Heidelberg, Schweizerweg 1, Tel. (06221) 4 41 18

Vorstand

1. *Schneider,* Dr. Hans, Professor, 69 Heidelberg, Ludolf-Krehl-Straße 44, Tel. (06221) 4 03 81
2. *Zacher,* Dr. Hans F., Professor, 6601 Scheidt/Saar, Im Flürchen 63, Tel. (0681) 81 42 87 (Universität München)
3. *Hollerbach,* Dr. Alexander, Professor, 7801 Hugstetten ü. Freiburg i. Br., Parkstr. 8, Tel. (07665) 62 51

Mitglieder

1. *Abelein,* Dr. Manfred, Professor, 53 Bonn, Rheinweg 12, Tel. (02221) 2 56 92 (Universität Regensburg)
2. *Abendroth,* Dr. Wolfgang, Professor, 355 Marburg, Wilhelm-Roser-Straße 53, Tel. (06421) 50 77
3. *Achterberg,* Dr. Norbert, Privatdozent, 355 Marburg, Universitätsstr. 54, Tel. (06421) 6 11 13
4. *Antoniolli,* Dr. Walter, Professor, A-2344 Maria Enzersdorf, Ottensteinstr. 35, Tel. (02236) 4 99 45 (Universität Wien)
5. *Armbruster,* Dr. Hubert, Professor, 65 Mainz, An der Allee 69, Tel. (06131) 2 59 50

6. *Baade,* Dr. Hans W., Professor, Duke University, Law School, Durham, N. C., USA

7. *Bachof,* Dr. jur. Dr. h. c. Otto, Professor, 74 Tübingen, Auf dem Kreuz 3, Tel. (07122) 6 11 44

8. *Badura,* Dr. Peter, Professor, 8 München 13, Habsburgerstr. 2, Tel. (0811) 34 24 57

9. *Barfuß,* Dr. jur. Dr. rer. pol. Walter, Universitätsdozent, A-1015 Wien, Tegetthoffstr. 3, Tel. (0222) 52 68 41

10. *Bartlsperger,* Dr. Richard, Professor, 6901 Leutershausen, Johann-Sebastian-Bach-Straße 3, Tel. (06201) 5 11 33

11. *Bäumlin,* Dr. Richard, Professor, CH-3073 Gümligen b. Bern, Schubertweg 12, Tel. (031) 52 01 07

12. *Bayer,* Dr. Hermann-Wilfried, Universitätsdozent, 7412 Gomaringen, Schumannstr. 2, Tel. (07122) 71 25 60 (Universität Tübingen)

13. *Becker,* Dr. jur. Dr. phil. Erich, Professor, 672 Speyer, Philipp-Melanchthon-Straße 10, Tel. (06232) 34 39

14. *Berchtold,* Dr. Klaus, Privatdozent, A-1010 Wien, Singerstr. 11a/4/8, Tel. (0222) 5 20 94 83

15. *Bernhardt,* Dr. Rudolf, Professor, 69 Heidelberg, Gustav-Kirchhoff-Straße 2a, Tel. (06221) 4 36 99

16. *Bettermann,* Dr. Karl August, Professor, 2 Hamburg 63, Alte Landstr. 173, Tel. (0411) 5 26 20 64

17. *Bleckmann,* Dr. Albert, Privatdozent, 6900 Heidelberg 1, Baden-Badener Str. 3, Tel. (06221) 3 31 96

18. *Blümel,* Dr. Willi, Professor, 1 Berlin 38, Prinz-Friedrich-Leopold-Straße 29, Tel. (0311) 8 04 94 62 (Universität Bielefeld)

19. *Blumenwitz,* Dr. Dieter, Privatdozent, Juristische Fakultät der Universität München, 8 München 22, Professor-Huber-Platz 2, Tel. (0811) 21 80/742 (741)

20. *Böckenförde,* Dr. jur. Dr. phil. Ernst-Wolfgang, Professor, 48 Bielefeld, Graf-von-Stauffenbergstr. 7, Tel. (0521) 7 25 04

21. *Böckstiegel*, Dr. Karl-Heinz, Professor, 4000 Düsseldorf, Gottsteinstr. 31, Tel. (0211) 35 37 51/52 und (02101) 2 81 51 (Universität Münster)

22. *Böhmert*, Dr. Viktor, Professor, 23 Kiel, Graf-Spee-Straße 9, Tel. (0431) 4 77 77

23. *Brohm*, Dr. Winfried, Professor, 48 Bielefeld, Melanchthonstr. 45, Tel. (0521) 7 96 83

24. *Brunner*, Dr. Georg, Professor, 8702 Lengfeld üb. Würzburg, Sonnenleite 3, Tel. (0931) 2 36 36 (Universität Würzburg)

25. *Bülck*, Dr. Hartwig, Professor, 69 Heidelberg, Werrgasse 9, Tel. (06221) 2 46 70 (Hochschule für Verwaltungswissenschaften Speyer)

26. *Bullinger*, Dr. Martin, Professor, 78 Freiburg i. Br., Sundgauallee 46, Tel. (0761) 8 22 29

27. Frhr. v. *Campenhausen*, Dr. Axel, Professor, 8 München 19, Volpinistr. 54, Tel. (0811) 15 53 31

28. *Carstens*, Dr. Karl, Professor, 53 Bonn-Duisdorf, Edith-Stein-Anlage 3, Tel. (02221) 62 36 57 (Universität Köln)

29. *Dagtoglou*, Dr. Prodromos, Professor, 8411 Hillohe/ Deuerling b. Regensbrg, Hs. Nr. 20, Tel. (09404) 88 19

30. *Delbrück*, Dr. Jost, Privatdozent, 2300 Kiel, Forstweg 16, Tel. (0431) 4 32 27

31. *Denninger*, Dr. Erhard, Professor, 6374 Steinbach, Rossertstr. 10, Tel. (06171) 7 17 78 (Universität Frankfurt)

32. *Doehring*, Dr. Karl, Professor, 69 Heidelberg, Bergstr. 58, Tel. (06221) 4 58 80

33. *Drath*, Dr. Martin, Professor, 75 Karlsruhe, Dragonerstr. 9, Tel. (0721) 5 77 12 (Universität Darmstadt)

34. *Dreier*, Dr. Ralf, Privatdozent, 44 Münster, Wilhelmstr. 67, Tel. (0251) 20 16 06

35. *Dürig*, Dr. Günter, Professor, 7401 Pfrondorf, Staufenstr. 9, Tel. (07122) 8 29 66 (Universität Tübingen)

36. *Ehmke*, Dr. Horst, Professor, 534 Rhöndorf/Rhein, Konrad-Adenauer-Straße 19, Tel. (02224) 61 08

37. *Eichenberger*, Dr. Kurt, Professor, CH-4144 Arlesheim b. Basel, Bärenbrunnweg 4, Tel. (061) 72 33 86

38. *Erichsen*, Dr. Hans-Uwe, Professor, 463 Bochum, Cranachstr. 24, Tel. (02321) 4 22 35

39. *Erler*, Dr. Georg, Professor, 34 Göttingen, Schlegelweg 11, Tel. (0551) 5 93 43

40. *Ermacora*, Dr. Felix, Professor, A-1010 Wien 1, Karl-Lueger-Ring, Universität, Tel. (02222) 42 76 11

41. *Evers*, Dr. Hans-Ulrich, Professor, A-5020 Salzburg, Wolfsgartenweg 30, Tel. (0043/6222) 20 78 67

42. *Folz*, Dr. Hans-Ernst, Privatdozent, 66 Saarbrücken, Waldhausweg 8, Tel. (0681) 3 69 25

43. *Forsthoff*, Dr. jur. Dr. h. c. Ernst, Professor, 69 Heidelberg-Schlierbach, Wolfsbrunnensteige 13, Tel. (06221) 2 67 83

44. *Friauf*, Dr. Karl Heinrich, Professor, 506 Bensberg-Frankenforst, Eichenhainallee 17, Tel. (022204) 45 84 (Universität Köln)

45. *Friesenhahn*, Dr. jur. Dr. h. c. Ernst, Professor, 53 Bonn, Wegeler Straße 2, Tel. (02221) 5 75 38

46. *Fröhler*, Dr. Ludwig, Professor, A-4010 Linz-Urfahr, Altenbergerstr. 39

47. *Fromont*, Dr. Michel, Professor, F-21 Dijon, 35 Bd. François Pompon

48. *Frowein*, Dr. Jochen A., Professor, 4801 Hoberge-Uerentrup ü. Bielefeld, Wasserfuhr 1, Tel. (0521) 72 03 11

49. *Fuß*, Dr. Ernst-Werner, Professor, 8702 Zell am Main, Küsterbergstr. 8, Tel. (0931) 59 71 16

50. *Gallwas*, Dr. Hans-Ulrich, Professor, 8 München 23, Hans-Leipelt-Straße 16, Tel. (0811) 32 83 66

51. *Geck,* Dr. M. A. Wilhelm Karl, Professor, 667 St. Ingbert, Eichendorffstr. 18, Tel. (06894) 73 26 (Universität des Saarlandes)

52. *Gerber,* D. Dr. Hans, Professor, 78 Freiburg i. Br., In der Röte 5, Tel. (0761) 5 33 06

53. *Glum,* Dr. Friedrich, Professor, 8 München 19, Südliche Auffahrtsallee 24, Tel. (0811) 6 34 56

54. *Görg,* Dr. Hubert, Professor, 5062 Ellersberg Post Forsbach, Bez. Köln, Tel. (02304) 25 40 und 355 Marburg a. d. Lahn, Universitätsstr. 10 (Universität Marburg)

55. *Götz,* Dr. Volkmar, Professor, 34 Göttingen, Nikolausberger Weg 56, Tel. (0551) 4 31 19

56. *Grewe,* Dr. Wilhelm G., Professor, Deutsche Botschaft, CPO Box 955, Tokyo/Japan

57. *Gröll,* Dr. Florian, Professor, A-9020 Klagenfurt, Babenbergerstr. 10

58. *Gygi,* Dr. Fritz, Professor, CH-3006 Bern, Beatusstr. 28, Tel. (031) 44 86 38

59. *Häberle,* Dr. Peter, Professor, 355 Marburg/Lahn, Universitätsstr. 6, Tel. (06421) 69 31 25/31 28

60. *Häfelin,* Dr. Ulrich, Professor, CH-8049 Zürich, Müseliweg 1, Tel. (051) 56 84 60

61. *Hahn,* Dr. Hugo J., Professor, A-4020 Linz/Donau, Bachlbergweg 77, Tel. 33 40 05

62. *Hamel,* Dr. Walter, Professor, 355 Marburg, Calvinstr. 21, Tel. (06421) 28 62

63. *Heckel,* Dr. Martin, Professor, 74 Tübingen, Lieschingstr. 3, Tel. (07122) 6 14 27

64. *Hellbling,* Dr. Ernst C., Professor, A-1130 Wien (13), Volkgasse 12

65. *Henke,* Dr. Wilhelm, Professor, 8501 Rückersdorf, Strengenbergstr. 47, Tel. (09123) 27 85 (Universität Erlangen-Nürnberg)

66. *Herzog,* Dr. Roman, Professor, 6904 Ziegelhausen ü. Heidelberg, Heinrich-Stoeß-Straße 29a, Tel. (06221) 5 06 00 (Hochschule für Verwaltungswissenschaften Speyer)

67. *Hesse,* Dr. Konrad, Professor, 7802 Merzhausen, Schloßweg 29, Tel. (0761) 2 56 11 (Universität Freiburg i. Br.)

68. *Hettlage,* Dr. Karl Maria, Professor, 53 Bonn-Bad Godesberg, Friedrich-Ebert-Straße 83, Tel. (02229) 6 43 61 (Universität Mainz)

69. Frhr. v. d. *Heydte,* Dr. Friedrich August, Professor, 8702 Gerbrunn, Gieshügelstr. 45, Tel. (0931) 70 69 14 (Universität Würzburg)

70. *Heyer,* Dr. Friedrich, Professor, 53 Bonn, Humboldtstr. 53, Tel. (02221) 3 73 64

71. v. *Hippel,* Dr. Ernst, Professor, 6531 Perscheid ü. Bingen, Tel. (06744) 520 (Universität Köln)

72. *Hoegner,* Dr. Wilhelm, Professor, 8 München 9, Am Blumengarten 17, Tel. (0811) 43 42 41

73. *Hofmann,* Dr. Hasso, Privatdozent, 852 Erlangen, Gleiwitzer Straße 46, Tel. (09131) 3 18 96

74. *Hoffmann,* Dr. Gerhard, Professor, 355 Marburg, Friedrichstr. 31, Tel. (06421) 6 32 74

75. *Hollerbach,* Dr. Alexander, Professor, 7801 Hugstetten ü. Freiburg i. Br., Parkstr. 8, Tel. (07665) 62 51

76. *Hoppe,* Dr. Werner, Privatdozent, 44 Münster/W., Von-Ossietzky-Straße 41, Tel. (0251) 4 04 78

77. *Huber,* Dr. Ernst Rudolf, Professor, 78 Freiburg-Zähringen, In der Röte 2, Tel. (0761) 5 37 13 (Universität Göttingen)

78. *Huber,* Dr. jur. Dr. h. c. Hans, Professor, CH-3074 Muri bei Bern, Mannenriedstr. 5, Tel. (031) 52 09 25

79. *Ipsen,* Dr. Hans-Peter, Professor, 2 Hamburg 13, Heinrich-Barth-Straße 25a, Tel. (0411) 45 09 22 und 3141 Raven ü. Lüneburg, Haus Opferberg, Tel. (04172) 670

80. *Isensee,* Dr. Josef, Privatdozent, 852 Erlangen, Kochstr. 2, Tel. (09131) 85-22 60

81. *Jaenicke,* Dr. Günther, Professor, 6906 Leimen b. Heidelberg, Waldstr. 13, Tel. (06224) 35 71 (Universität Frankfurt/M.)

82. *Jahreiss,* Dr. jur. Dr. h. c. Dr. h. c. Dr. h. c. LL. D. h. c. Hermann, Professor, 5 Köln 41, Nasse-Straße 30, Tel. (0221) 41 35 53

83. *Kafka,* Dr. Gustav E., Professor, A-8010 Graz, Albertstr. 8, Tel. 3 45 90

84. *Kaiser,* Dr. Joseph H., Professor, 7813 Staufen, Tel. (07633) 57 28 (Universität Freiburg i. Br.)

85. *Kaufmann,* Dr. jur. Dr. jur. h. c. Dr. phil. h. c. Erich, Professor, 69 Heidelberg, Schweizerweg 1, Tel. (06221) 4 41 58 (Universität München)

86. *Kewenig,* Dr. Wilhelm, Professor, 23 Kiel, Schillerstr. 16, Tel. (0431) 5 58 29

87. *Kimminich,* Dr. Otto, Professor, 84 Regensburg, Killermannstr. 6, Tel. (0941) 2 41 75

88. *Kipp,* Dr. Heinrich, Professor, A-6080 Kurort Igls, Lanserstr. 61, Tel. (05222) 72 09 (Universität Innsbruck)

89. *Kisker,* Dr. Gunter, Professor, 6301 Leihgestern ü. Gießen, Albert-Schweitzer-Straße 3, Tel. (06403) 31 30

90. *Klecatsky,* Dr. Hans R., Professor, A-6020 Innsbruck, Reithmannstr. 20, Tel. (05222) 52 21 44

91. *Klein,* Dr. Friedrich, Professor, 44 Münster, Prinz-Eugen-Straße 12, Tel. (0251) 5 53 12

92. *Klein,* Dr. Hans-H., Professor, 3401 Nikolausberg ü. Göttingen, Kalklage 22, Tel. (0551) 2 10 32

93. *Knemeyer,* Dr. Franz-Ludwig, Professor, 463 Bochum, Wiemelhauserstr. 267 b, Tel. (02321) 3 36 88 (Universität Würzburg)

94. *Knies,* Dr. Wolfgang, Privatdozent, 8000 München 23, Giselastr. 5, Tel. (0811) 39 98 74

95. *Knöpfle,* Dr. Franz, Professor, 672 Speyer, Freiherr-vom Stein-Straße 2

96. *König,* Dr. jur. Dr. rer. pol. Klaus, Privatdozent, Oberregierungsrat, 6720 Speyer, Alte Schwegenheimer Straße 17, Tel. (06232) 59 01

97. *Koja,* D. Dr. Friedrich, Professor, A-5020 Salzburg, Lederwaschgasse 22, Tel. (06222) 86 97 85

98. *Kopp,* Dr. Ferdinand O., Privatdozent, 8033 Planegg b. München, Liesl-Karlstadt-Straße 24, Tel. (0811) 89 86 62

99. *Kriele,* Dr. Martin, Professor, 5 Köln-Lindenthal, Wildenburgstr. 1, Tel. (0221) 43 10 23

100. *Kröger,* Dr. Klaus, Privatdozent, 63 Gießen-Wieseck, Reichelsberg 6, Tel. (0641) 3 42 40

101. *Krüger,* Dr. Herbert, Professor, 2 Hamburg 52, Elbchaussee 184, Tel. (0411) 8 80 79 34

102. *Küchenhoff,* Dr. Erich, Professor, 44 Münster, Kanalstr 403, Tel. (0251) 2 13 06

103. *Küchenhoff,* Dr. Günther, Professor, 87 Würzburg, Seinsheimerstr. 13, Tel. (0931) 7 83 34

104. *Laun,* Dr. jur. Dr. rer. pol. h. c. Rudolf, Professor, 207 Ahrensburg, Voßberg 2, Tel. (04102) 5 02 81 (Universität Hamburg)

105. *Leibholz,* Dr. jur. Dr. phil. Gerhard, Professor, 34 Göttingen, Herzberger Landstr. 57, Tel. (0551) 5 70 40 und 75 Karlsruhe, Rheingoldstr. 19, Tel. (0721) 2 68 88

106. *Leisner,* Dr. Walter, Professor, 852 Erlangen, Kochstr. 2, Tel. (09131) 8 70 71/356

107. *Lerche,* Dr. Peter, Professor, 8035 Gauting b. München, Junkerstr. 13, Tel. (0811) 86 20 88

108. *Liermann,* D. Dr. Hans, Professor, 852 Erlangen, Am Meilwald 18, Tel. (09131) 27 60

109. *Link,* Dr. Heinz-Christoph, Privatdozent, 8 München 23, Löwithstr. 2, Tel. (0811) 39 83 70

110. *Mallmann,* Dr. Walter, Professor, 63 Gießen, Arndtstr. 14, Tel. (0641) 7 74 88

111. *Marcic,* Dr. René, Professor, A-5020 Salzburg, Franziskanergasse 2

112. *Martens,* Dr. Wolfgang, Professor, 463 Bochum-Querenburg, Hustadtring 81, Nr. 309, Tel. (02321) 51 10 97

113. *Marti,* Dr. Hans, Professor, CH-3000 Bern, Schwanengasse 9, Tel. (031) 22 16 83

114. *Maunz,* Dr. Theodor, Professor, 8032 Gräfelfing b. München, Hartnagelstr. 3, Tel. (0811) 85 16 30

115. *Maurer,* Dr. Hartmut, Professor, 3551 Wehrda, Freiherr- vom Stein-Straße 8, Tel. (06421) 6 60 21 (Universität Marburg)

116. *Mayer,* Dr. Franz, Professor, 84 Regensburg, Maximilian-Aschenauerstr. 22, Tel. (0941) 5 42 17

117. *Mayer-Tasch,* Dr. Peter Cornelius, Professor, 6500 Mainz, Johannes-Gutenberg-Universität, Haus Recht und Wirtschaft, Tel. (06131) 2 43 18

118. *Meder,* Dr. Walter, Professor, 1 Berlin 33, Buchsweiler 20, Tel. (0311) 76 02 89

119. *Meissner,* Dr. Boris, Professor, 5 Köln, Kleine Budengasse 1, Tel. (0221) 23 97 54

120. *Melichar,* Dr. Erwin, Professor, A-1010 Wien 1, Schulerstr. 20, Tel. (02222) 52 88 83

121. *Menger,* Dr. Christian-Friedrich, Professor, 44 Münster, Vredenweg 14, Tel. (0251) 4 24 36

122. *Menzel,* Dr. Eberhard, Professor, 23 Kiel-Schulensee, Am See 8, Tel. (0431) 6 52 51

123. *Meyer,* Dr. Hans, Privatdozent, 5300 Bonn, Alfred-Bucherer-Str. 20, Tel. (02221) 62 20 02

124. *Mosler,* Dr. h. c. Hermann, Professor, 69 Heidelberg, Mühltalstr. 117, Tel. (06221) 4 00 82

125. *Müller,* Dr. Friedrich, Professor, 78 Freiburg, Aumattenweg 4, Tel. (0761) 6 54 47

126. *Müller*, Dr. Jörg P., Professor, CH-3032 Hinterkappelen, Kappelenring 42 a, Tel. (031) 42 37 44

127. *Münch*, Dr. Fritz, Professor, 69 Heidelberg, Zur Forstquelle 2, Tel. (06221) 3 35 99 (Universität Bonn)

128. v. *Münch*, Dr. Ingo, Professor, 4324 Blankenstein/Ruhr, Wilhelmstr. 44, Tel. (02324) 2 25 04

129. *Mußgnug*, Dr. Reinhard, Professor, 1 Berlin 33, Thielallee 52

130. *Naumann*, Dr. Richard, Professor, 314 Lüneburg, Uelzener Straße 40, Tel. (04131) 47 15 (Universität Hamburg)

131. *Novak*, Dr. Richard, Professor, A-8020 Graz, Thadd. Stammelstr. 8/4

132. *Obermayer*, Dr. Klaus, Professor, 852 Erlangen, Niendorfstr. 25, Tel. (09131) 8 76 06

133. *Oppermann*, Dr. Thomas, Professor, 74 Tübingen, Melanchthonstr. 24, Tel. (07122) 2 66 55

134. *Ossenbühl*, Dr. Fritz, Professor, 5309 Meckenheim, Bergstr. 15, Tel. (02225) 26 28

135. *Partsch*, Dr. Karl Josef, Professor, 53 Bonn, Lennéstr. 53, Gartenhaus, Tel. (02221) 65 54 53

136. *Pernthaler*, Dr. Peter, Professor, A-6020 Innsbruck, Philippine-Welser-Straße 27, Tel. (05222) 93 22 83

137. *Pirson*, Dr. jur. Dr. theol. Dietrich, Professor, 5038 Rodenkirchen (Bez. Köln), Moritz-von Schwind-Straße 1, Tel. (0221) 30 24 98

138. *Podlech*, Dr. phil. Dr. jur. Adalbert, Universitätsdozent, 6902 Sandhausen b. Heidelberg, Am Forst 28, Tel. (06224) 34 82

139. *Püttner*, Dr. Günter, Professor, 6 Frankfurt 50 (Niederursel), Krautgartenweg 30, Tel. (0611) 58 26 55

140. *Quaritsch*, Dr. Helmut, Professor, 1 Berlin 41, Grunewaldstr. 27, Tel. (0311) 8 22 12 64 und 53 Bonn, Bundeshaus, Tel. (02221) 16 24 10/11

141. *Rauschning*, Dr. Dietrich, Professor, 34 Göttingen, Nonnenstieg 47, Tel. (0551) 5 24 24 10

142. *Ridder*, Dr. Helmut, Professor, 6301 Vetzberg, Krofdorferstr. 43, Tel. (06409) 523 (Universität Gießen)

143. *Ringhofer*, Dr. Kurt, Professor, A-5020 Salzburg, Anton-Behacker-Straße 9

144. *Roellecke*, Dr. Gerd, Professor, 7501 Wolfartsweiler ü. Karlsruhe, Veilchenstr. 8, Tel. (0721) 4 51 81 (Universität Mannheim)

145. *Rudolf*, Dr. Walter, Professor, 463 Bochum-Wiemelhausen, Nußbaumweg 25, Tel. (02321) 3 72 36

146. *Rüfner*, Dr. Wolfgang, Professor, 23 Kiel 14, Kieler Weg 110, Tel. (0431) 7 79 80

147. *Rühland*, Dr. Curt, Professor, 33 Braunschweig, Dürerstr. 26, Tel. (0531) 3 21 16

148. *Rumpf*, Dr. Helmut, Professor, 53 Bonn-Bad Godesberg, Bismarckstr. 27, Tel. (02221) 6 46 46

149. *Rupp*, Dr. Hans Heinrich, Professor, 65 Mainz-Bretzenheim, Am Marienpfad 29, Tel. (06131) 3 45 88

150. *Saladin*, Dr. Peter, Privatdozent, CH-3084 Wabern b. Bern, Looserstr. 6, Tel. (031) 54 36 01

151. *Salzwedel*, Dr. Jürgen, Professor, 5201 Heidebergen ü. Siegburg, Siebengebirgsstr. 11, Tel. (02221) 4 47 19 (Universität Bonn)

152. *Sattler*, Dr. Andreas, Professor, 34 Göttingen, Ludwig-Beck-Straße 11, Tel. (0551) 4 32 11

153. *Schack*, Dr. Friedrich, Professor, 8 München 19, Hubertusstr. 7, Tel. (0811) 57 13 69 (Universität Hamburg)

154. *Scheuner*, Dr. Ulrich, Professor, 53 Bonn-Bad Godesberg, Beethovenstr. 77, Tel. (02221) 603/61 72 (dienstlich)

155. *Schick*, Dr. Walter, Professor, 85 Nürnberg, Karolinenstr. 51 III, Tel. (0911) 20 31 91-93

156. *Schindler*, Dr. Dietrich, Professor, CH-8702 Zollikon ZH, Alte Landstr. 44, Tel. (051) 65 41 40 (Universität Zürich)

157. *Schlochauer,* Dr. Hans-Jürgen, Professor, 6 Frankfurt/M., Mertonstr. 17, Tel. (0611) 7 98 31 91

158. *Schmid,* Dr. Carlo, Professor, 53 Bonn, Adenauerallee 120 (Universität Frankfurt)

159. *Schmidt,* Dr. Reiner, Privatdozent, 8702 Gerbrunn üb. Würzburg, Rottendorferstr. 8 a, Tel. (0931) 70 73 65

160. *Schmidt,* Dr. Walter, Privatdozent, 63 Gießen, Wilhelmstr. 63, Tel. (0641) 7 33 36

161. *Schmitt Glaeser,* Dr. Walter, Professor, 3550 Marbach bei Marburg a. d. L., Höhenweg 54, Tel. (06421) 2 43 57

162. *Schneider,* Dr. Hans, Professor, 69 Heidelberg, Ludolf-Krehl-Straße 44, Tel. (06221) 4 03 81

163. *Schneider,* Dr. Peter, Professor, 65 Mainz, Goldenluftgasse 23/10, Tel. (06131) 4 03 81

164. *Schnorr,* Dr. Gerhard, Professor, A-6020 Innsbruck, Franz-Fischer-Straße 40, Tel. 23 63 94

165. *Schnur,* Dr. Roman, Professor, 672 Speyer, Richard-Wagner-Straße 1, Tel. (06232) 65 80

166. *Scholler,* Dr. Heinrich, Privatdozent, 8 München 71, Zwengauerweg 5, Tel. (0811) 79 64 24

167. *Scholz,* Dr. Rupert, Privatdozent, 8 München 22, Veterinärstr. 5, Tel. (0811) 21 80/33 36

168. *Scupin,* Dr. Hans Ulrich, Professor, 44 Münster, Robert-Koch-Straße 46, Tel. (0251) 49 07 09

169. *Seidl-Hohenveldern,* Dr. Ignaz, Professor, A-1170 Wien, Grommeweg 29

170. *Siedentopf,* Dr. Heinrich, Professor, 6721 Gommersheim, Gartenstr. 200, Tel. (06327) 8 92

171. v. *Simson,* Dr. Werner, Professor, Bertrange/Luxemburg, Tel. 3 14 92 und 78 Freiburg i. Br., Luisenstr. 3, Tel. (0761) 3 56 83

172. *Smend,* D. Dr. h. c. Rudolf, Professor, 34 Göttingen, Am Goldgraben 13, Tel. (0551) 5 65 07

173. *Soell,* Dr. Hermann, Professor, 6904 Ziegelhausen ü. (Universität Regensburg) Heidelberg, Neurottweg 36, Tel. (06221) 5 08 31

174. *Spanner,* Dr. Hans, Professor, 8 München 90, Candidstr. 24/VII, Tel. (0811) 65 21 41

175. *Staff,* Dr. Ilse, Privatdozentin, 6233 Kelkheim, Am Forum 4, Tel. (06195) 33 08 (Universität Frankfurt/M.)

176. *Starck,* Dr. Christian, Privatdozent, 8702 Burggrumbach, Hofgartenstr. 11, Tel. (09367) 549 (Universität Würzburg)

177. *Steiger,* Dr. Heinhard, Privatdozent, 4400 Münster (Westf.), Mierendorffstr. 37, Tel. (0251) 7 32 46

178. *Stein,* Dr. Ekkehart, Professor, 775 Konstanz, Hermann-von-Vicari-Straße 33 a, Tel. (07531) 6 45 91

179. *Steinberger,* Dr. Helmut, Privatdozent, 6900 Heidelberg 1, Berliner Str. 48, Tel. (06221) 4 21 47

180. *Stern,* Dr. Klaus, Professor, 5 Köln-Lindenthal, Gyrhofstr. 8 c, Tel. (0221) 4 70 22 89

181. *Stödter,* Dr. Rolf, Professor, 2057 Wentorf, Golfstr. 7, Tel. (0411) 7 20 26 46 (Universität Hamburg)

182. *Thieme,* Dr. Werner, Professor, 2 Hamburg 63, Am Karpfenteich 58, Tel. (0411) 59 49 92

183. *Tomuschat,* Dr. Christian, Privatdozent, 69 Heidelberg, Gerbodoweg 11, Tel. (06221) 2 28 75

184. *Tsatsos,* Dr. Dimitris, Professor (Privatdozent an der Universität Athen), 53 Bonn, Mittelpfad 150, Tel. (02221) 65 06 50

185. *Uber,* Dr. Giesbert, Professor, 4403 Hiltrup (Kr. Münster/W.), Roseneck 5, Tel. (02501) 31 59 (Universität Münster)

186. *Ule,* Dr. Carl Hermann, Professor, 69 Heidelberg, Oberer Gaisbergweg 9, Tel. (06221) 2 78 32 (Hochschule für Verwaltungswissenschaften Speyer)

187. v. *Unruh,* Dr. Georg Christoph, Professor, 2305 Kiel-Kitzeberg, Steenkamp 2, Tel. (0431) 23 14 59

188. *Vogel,* Dr. Klaus, Professor, 69 Heidelberg, Zeppelinstr. 39, Tel. (06221) 4 53 70

189. *Voigt,* Dr. Alfred, Professor, 852 Erlangen, Burgbergstr. 58, Tel. (09131) 8 82 99

190. *Wacke,* Dr. Gerhard, Professor, 2 Hamburg 52, Ordinger Weg 14, Tel. (0411) 82 64 37

191. *Wagener,* Dr. Frido, Professor, 4 Düsseldorf-Oberkassel, Kaiser-Wilhelm-Ring 41, Tel. (0211) 57 12 47 (Hochschule für Verwaltungswissenschaften Speyer)

192. *Wagner,* Dr. Heinz, Professor, 1 Berlin 33, Ihnestr. 24

193. *Walter* D. Dr. Robert, Professor, A-1190 Wien 19, Iglaseegasse 72/1-2, Tel. (02222) 32 14 13

194. *Weber,* Dr. Werner, Professor, 34 Göttingen, Wackenroderweg 1, Tel. (0551) 5 94 03

195. *Wehrhahn,* Dr. Herbert, Professor, 66 Saarbrücken 15, St. Johannes-Stadtwald, Tel. (0681) 2 13 51

196. *Weides,* Dr. Peter, Privatdozent, 65 Mainz, Kaiserstr. 36, Tel. (06131) 2 76 50

197. *Wenger,* Dr. jur. Dr. phil. Karl, Professor, A-1130 Wien, Meytensgasse 18, Tel. (02222) 8 22 72 44

198. *Wengler,* Dr. jur. Dr. rer. pol. Wilhelm, Professor, 1 Berlin 37, Werderstr. 15, Tel. (0311) 84 65 35

199. *Wertenbruch,* Dr. Wilhelm, Professor, 5353 Katzvey (Post Mechernich), An der Rodung 44, Tel. (02256) 318 (Universität Bochum)

200. *Wildhaber,* Dr. Luzius, Privatdozent, CH-3928 Spiegel/Bern, Balsigerrain 25, Tel. (031) 53 83 14 (Universität Basel)

201. *Winkler,* Dr. Günther, Professor, A-1010 Wien I, Hafnersteig 5/I/7

202. *Wolff,* Dr. Hans J., Professor, 44 Münster, Görresstr. 26, Tel. (0251) 2 31 96

203. *Zacher*, Dr. Hans F., Professor, 6601 Scheidt/Saar, Im Flürchen 63, Tel. (0681) 81 42 87 (Universität München)

204. *Zieger*, Dr. Gottfried, Privatdozent, 34 Göttingen, Leuschnerweg 10, Tel. (0551) 5 99 92

205. *Zippelius*, Dr. Reinhold, Professor, 852 Erlangen, Niendorfstr. 5, Tel. (09131) 8 85 10

206. *Zuleeg*, Dr. Manfred, Professor, 5 Köln 51, Novalisstr. 9, Tel. (0221) 38 83 43 (Universität Bonn)

Satzung

(Nach den Beschlüssen vom 21. Oktober 1949, 19. Oktober 1951, 14. Oktober 1954, 10. Oktober 1956, 13. Oktober 1960 und 5. Oktober 1962)

§ 1

Die Vereinigung der Deutschen Staatsrechtslehrer stellt sich die Aufgabe:

1. wissenschaftliche und Gesetzgebungsfragen aus dem Gebiete des öffentlichen Rechts durch Aussprache in Versammlungen der Mitglieder zu klären;

2. auf die ausreichende Berücksichtigung des öffentlichen Rechts im Hochschulunterricht und bei staatlichen und akademischen Prüfungen hinzuwirken;

3. in wichtigen Fällen zu Fragen des öffentlichen Rechts durch Eingaben an Regierungen oder Volksvertretungen oder durch öffentliche Kundgebungen Stellung zu nehmen.

§ 2

Mitglied der Vereinigung kann werden, wer an der rechtswissenschaftlichen Fakultät einer deutschen oder deutschsprachigen Universität oder an der Hochschule für Verwaltungswissenschaften Speyer für das Fach des Staatsrechts und ein weiteres öffentlich-rechtliches Fach als habilitierter Privatdozent oder als planmäßiger Professor tätig ist oder gewesen ist und sich der wissenschaftlichen Forschung auf dem Gesamtgebiete des Staats- und Verwaltungsrechts gewidmet hat.

Das Aufnahmeverfahren wird durch schriftlichen Vorschlag von drei Mitgliedern der Vereinigung eingeleitet. Ist der Vorstand einstimmig der Auffassung, daß die Voraussetzungen für den Erwerb der Mitgliedschaft erfüllt sind, so verständigt er in einem Rundschreiben die Mitglieder von seiner Absicht, dem Vorgeschlagenen die Mitgliedschaft anzutragen. Erheben mindestens fünf Mitglieder binnen Monatsfrist gegen die Absicht des Vorstandes Einspruch oder beantragen sie mündliche Erörterung, so beschließt die Mitgliederversammlung über die

Aufnahme. Die Mitgliederversammlung beschließt ferner, wenn sich im Vorstand Zweifel erheben, ob die Voraussetzungen der Mitgliedschaft erfüllt sind. Von jeder Neuaufnahme außerhalb einer Mitgliederversammlung sind die Mitglieder zu unterrichten.

§ 3

Eine Mitgliederversammlung soll regelmäßig einmal in jedem Jahre an einem vom Vorstand zu bestimmenden Orte stattfinden. In dringenden Fällen können außerordentliche Versammlungen einberufen werden. Die Tagesordnung wird durch den Vorstand bestimmt.

Auf jeder ordentlichen Mitgliederversammlung muß mindestens ein wissenschaftlicher Vortrag mit anschließender Aussprache gehalten werden.

§ 4

Der Vorstand der Vereinigung besteht aus einem Vorsitzenden und zwei Stellvertretern. Die Vorstandsmitglieder teilen die Geschäfte untereinander nach eigenem Ermessen. Der Vorstand wird am Schluß jeder ordentlichen Mitgliederversammlung neu gewählt.

Zur Vorbereitung der Mitgliederversammlung kann sich der Vorstand durch Zuwahl anderer Mitglieder verstärken. Auch ist Selbstergänzung zulässig, wenn ein Mitglied des Vorstandes in der Zeit zwischen zwei Mitgliederversammlungen ausscheidet.

§ 5

Zur Vorbereitung ihrer Beratungen kann die Mitgliederversammlung, in eiligen Fällen auch der Vorstand, besondere Ausschüsse bestellen.

§ 6

Über Eingaben in den Fällen des § 1 Ziffer 2 und 3 und über öffentliche Kundgebungen kann nach Vorbereitung durch den Vorstand oder einen Ausschuß im Wege schriftlicher Abstimmung der Mitglieder beschlossen werden. Ein solcher Beschluß bedarf der Zustimmung von zwei Dritteln der Mitgliederzahl; die Namen der Zustimmenden müssen unter das Schriftstück gesetzt werden.

§ 7

Der Mitgliederbeitrag wird von der Mitgliederversammlung festgesetzt. Der Vorstand kann den Beitrag aus Billigkeitsgründen erlassen.

Bei Fragen zur Produktsicherheit wenden Sie sich bitte an:
If you have any questions regarding product safety,
please contact:

Walter de Gruyter GmbH
Genthiner Straße 13
10785 Berlin
productsafety@degruyterbrill.com